政府规划编制指南

吴维海　著

中国金融出版社

责任编辑：陈　翎
责任校对：孙　蕊
责任印制：陈晓川

图书在版编目（CIP）数据

政府规划编制指南（Zhengfu Guihua Bianzhi Zhinan）/吴维海著．—北京：中国金融出版社，2015.5
ISBN 978 - 7 - 5049 - 7886 - 8

Ⅰ．①政…　Ⅱ．①吴…　Ⅲ．①国家行政机关—编制—工作—中国—指南　Ⅳ．①D630.1 - 62

中国版本图书馆 CIP 数据核字（2015）第 054939 号

出版
发行 **中国金融出版社**
社址　北京市丰台区益泽路 2 号
市场开发部　（010）63266347，63805472，63439533（传真）
网 上 书 店　http://www.chinafph.com
　　　　　　（010）63286832，63365686（传真）
读者服务部　（010）66070833，62568380
邮编　100071
经销　新华书店
印刷　保利达印务有限公司
尺寸　169 毫米 ×239 毫米
印张　30.25
字数　487 千
版次　2015 年 5 月第 1 版
印次　2015 年 5 月第 1 次印刷
定价　60.00 元
ISBN 978 - 7 - 5049 - 7886 - 8/F.7446
如出现印装错误本社负责调换　联系电话（010）63263947

全球化、新常态、"多规合一"等大趋势、大环境，是我国政府规划编制面临的新挑战、新问题。

　　如何科学有效地编制规划，确保规划实施与管理的前瞻性、体系性、规范性和动态性，是各级政府需要认真思考的战略性课题。

　　本书试图通过模型分析和框架设计，从全新的视角，研究、探索并归纳规划编制的规律、技巧与指南。

序

　　全球经济格局演变与我国经济改革开放进入一个新时期，2015 年正值"十三五"规划编制之年，这对各级政府经济决策和发展规划理念提出了更高的要求。按照国家治理体系现代化改革要求，国家需要理顺和规范中央与地方、各部委的职责与边界，妥善解决新旧规划体系的融合与冲突，中央与地方、主体功能区与经济发展规划、土地总体利用与城市规划、总规与控规等各类规划之间的衔接和调整，推动"多规合一"改革。各级政府、规划主管与研究机构，需要探索与使用科学的分析模型，推动规划编制由粗放向精细，由主观向客观，由分割向协同的根本性转变，最终产生能起到实效的"十三五"规划。

　　本书对国外和我国政府规划编制的实践进行了分析总结，以分析模型和结构化的新颖视角，对规划的理论基础、实践体系、编制要领、案例实操、规划执行、跨规衔接、规划评估与动态调整等，进行了较为翔实、系统、规范、前瞻的分析与解读，为地方政府和规划编制单位提供了一套较为系统、直观、有一定的学习与借鉴作用的方法论与编制指南。

　　特此推荐。

郑新立

中国国际交流中心副理事长、中央政策研究室原副主任
2015 年 3 月 10 日

前　　言

　　政府自诞生的第一天起，就具有强制性、垄断性等基本特征。从人类历史演变以及全球的视角看，不同国家和地区的政府角色和国家制度存在差异，但是，都是在不同程度，以各自的方式与机制承担着社会规则制定、资源分配与公共管理等核心职能。

　　随着社会进步和政治环境的演变，以及各国历史文化融合与发展，政府内涵和职能也发生了巨大的、深刻的变化。中华民族的"政府"概念来源于唐宋时期，后来，各朝代对于"政府"概念逐步调整、发展、丰富与延伸。我国宪法规定，中华人民共和国国务院，即中央人民政府，是最高国家权力机关的执行机关，是最高国家行政机关。地方各级人民政府是地方各级国家权力机关的执行机关，是地方各级国家行政机关。中央人民政府和地方各级人民政府共同构成了我国的政府。

　　我国自 1949 年 10 月 1 日中华人民共和国中央人民政府成立以来，各级政府以发展经济、改善人民生活条件、服务社会大众为重要目标，积极发挥执政党的优势和作用，学习、借鉴、探索和推动中央和地方政府职能的改革、转型，以及国民经济与社会管理的持续进步，在探索与提升、彷徨与挫折、改革与开放、发展与成熟当中，不断成长、成熟与完善。特别是十一届三中全会以来，中央政府以改革开放为动力，聚集和引导全国人民、社会各界，大力推动经济改革、社会发展、政治民主与人民生活质量的改善，取得了举世瞩目的巨大成绩。

　　十八届三中全会以来，以习近平同志为总书记的新一届中央领导集体，总结和传承执政党和中央政府多年的实践经验，积极破除阻扰改革发展的障碍与弊端，研究新形势下的全球竞争格局，在纷繁复杂的国际政治、经济、军事变局中，审时度势，研究并出台了一系列规范、指导与推动我国政治文明、经济可持续发展的、重大的、国家战略性政策法规，有力地规范和推动了我国中央政府和地方政府的职能转变，初步塑造了执政党改革创新的良好形象，为今后相当长时期我国政治文明、社会繁荣、经济发展指明了正确的方向，提供了巨大的活力与内在驱动力。

当前，中央政府与各级地方政府、产业园和高新区、企事业单位等，认真学习和贯彻习近平总书记重要指示和中央经济工作会议精神，立足各自实际，研究分析国内外宏观环境与发展形势，跟踪预测全球产业动态，编制各自"十三五"等发展规划、总体规划、专项规划（智慧城市、生态文明、现代服务、战略性新兴产业、文化旅游、改革创新等），以及改革创新模式。在这种改革与发展的形势下，研究政府规划理论、实践与技巧，有较强的实践意义。

为探索与总结政府规划编制的实践和经验，推动、规范和优化地方政府、各类产业园、高新区和开发区等开展规划编制的理念和实践做法，本着"总结规律，创新智库，研究经济，服务地方"的宗旨，笔者总结提炼了自己及研究团队近年来为各级政府、国家发改委、住建部、工信部、国务院国资委、新闻出版和广电总局等国家部委、各类企事业单位、各产业园与高新区等编制百余个发展规划与战略评估等项目实践，归纳各类规划编写的框架和技巧，研究和提炼规划编制模型与分析工具，与各部委、大学教授、研究机构专家学者、地方官员等进行了交流与讨论，逐步修改、优化和编写汇集成《政府规划编制指南》，并出版发行。张欣、邓潇潇、邵光征、吴玥等参与了部分章节的资料搜集、分析和案例编写等工作，在此表示感谢。

本书在编制与修订过程中，征求了国家发改委、财政部、住建部、国土资源部、环保部、工信部、交通运输部等部委专家，中国社科院、中科院、中国人民大学、北京大学、国家行政学院、中央党校等教授学者，以及部分地方政府的意见和建议，进行了完善与优化，在此谨表感谢。本书还研究借鉴了国内外专家、学者、地方政府的研究成果与实践、改革做法，在此一并表示感谢。

本书共五篇，分二十一章，各章节之间层次推进，相互衔接，前后呼应，成为一体。本书通过理论联系实际，以分析模型和案例研究的方式，全面、系统地解读政府规划的理论体系和操作实践，总结归纳我国政府规划编写依据、程序、内容、模型、要领与主要技巧，试图给经济管理、政府规划的官员、政府决策者、高层管理者和规划专家等，提供可操作的、规范的、权威的经济分析与规划编制、评审、修订的实践指南。

本书各章节主要内容如下：

前言，主要描述了政府规划的战略价值与本书的基本内容等。

第一篇，政府规划概述，主要内容包括：

第一章，政府职能，主要介绍政府的概念、分类、职能，以及"中国梦"与新常态的政府职能等。

第二章，规划理论，主要研究欧美政府规划理论、城市设计理论、欧美国家政府规划理论与实践，以及我国政府规划的理论与实践等。

第三章，规划实践，主要分析欧美国家规划的实践做法和我国政府的实践做法，为规划编制提供参考的依据。

第四章，规划体系，主要研究政府规划职能、规划体系、政府的作用，以及"多规合一"改革等。

第五章，规划步骤，主要研究规划编制原则、编制程序、框架思路、编制方法，以及编制步骤等。

第二篇，规划编制实操，主要内容包括：

第六章，规划背景，主要研究"规划背景"的编制依据、基本内容、分析模型、编写规范，以及案例研究等。

第七章，发展基础，主要研究"发展基础"的编制依据、基本内容、分析模型、编写规范，以及案例研究等。

第八章，规划目标，主要研究"规划目标"的编制依据、基本内容、分析模型、编写规范，以及案例研究等。

第九章，重点产业，主要研究"重点产业"的编制依据、基本内容、分析模型、编写规范，以及案例研究等。

第十章，空间规划，主要研究"空间规划"的编制依据、基本内容、分析模型、编写规范，以及案例研究等。

第十一章，重点工程，主要研究"重点工程"的编制依据、基本内容、分析模型、编写规范，以及案例研究等。

第十二章，行动方案，主要研究"行动方案"的编制依据、基本内容、分析模型、编写规范，以及案例研究等。

第十三章，规划保障，主要研究"规划保障"的编制依据、基本内容、分析模型、编写规范，以及案例研究等。

第三篇，政府规划管理，主要内容包括：

第十四章，规划执行，主要研究"规划执行"的编制依据、基本内容、分析模型、编写规范，以及案例研究等。

第十五章，规划评估，主要研究"规划评估"的评估依据、基本内容、评估方法、评估规范，以及案例研究等。

第十六章，规划调整，主要研究"规划调整"的调整依据、基本内容、调整原因、调整规范，以及案例研究等。

第十七章，规划衔接，主要研究"重点产业"的衔接依据、衔接内容、衔接规范、云应用与大数据，以及案例研究等。

第四篇，政府专项规划，主要内容包括：

第十八章，控制性详规，主要研究"控制性详规"的编制依据、编写内容、分析模型、编写规范，以及案例研究等。

第十九章，专项规划，主要研究"专项规划"的概念，以及循环经济、节能环保、低碳生态、城市矿产、循环化改造、智慧城市、工业节能节水、城镇化、生态文明、传统产业转型升级、资源枯竭型城市、一路一带产业融合、文化旅游、城市住房、农村垃圾处理、土地利用、历史文化名城、规划环评报告等专项规划的概念和案例研究等。

第五篇，编制技巧与案例，主要内容包括：

第二十章，规划编写工具，主要研究规划编制技巧、规划编制工具、主要指标、调查问卷、大数据与云应用、规划改革等。

第二十一章，经典案例简析，主要介绍国外政府规划案例与主要借鉴。

后记，主要描述了规划编制的感言与期盼等。

本书的撰写，受到研究团队的时间、精力、专业领域，以及国家有关规划处于改革试点过程中等因素的影响，有些观点、研究方法和规划模型存在不足，书中可能存在漏洞和缺陷，恳请各界专家批评和指正，以便于我们更好地改进、提高、修订和优化。

希望本书对各级地方政府的发改委、规划局、开发区、高新区、产业园等有关部门、各类规划编制机构、高校院所教授学者、行业研究人员等，在研究编制各类规划，分析产业规律，开展规划分析、规划编制、规划评估、规划调整与优化等规划实践的过程中，能够起到一定的、系统的、规范的专业指导与辅助作用。

　　需要说明的是，本书规划思路和规划编制模型应用等，仅代表作者个人观点，不代表所在工作单位的观点，特此说明。

　　联系邮箱：350867541@ qq. com

　　公众微信号：huaxiazhiku，请扫描二维码：

2015 年于北京

目　录

第一篇　政府规划概述

第二篇　规划编制实操

第三篇　政府规划管理

第四篇　政府专项规划

第五篇　编制技巧与案例

图目录

表目录

第一篇
政府规划概述

　　本部分重点介绍了政府的职能、规划理论、规划实践、规划体系，以及规划步骤等。

第一章　政府职能

第一节　政府概念与分类

一、政府的概念

政府，英文 government，旧称"官府"、"官署"、"衙门"等。

"政府"起源于唐宋时期的"政事堂"和宋朝的"二府"的合称。唐宋时中央机关机构是三省六部，尚书省下设吏主管行政事务，中书省起草政令，门下省掌管出纳和常命，审查诏令。唐朝将中书省和门下省合署办公，称为"政事堂"。宋朝将"政事堂"设在中书省，称为中书。宋初设立枢密使，主管军事，其官署称为"政府"。

广义的政府包括立法、行政、司法机关，狭义的政府指国家机构中执掌行政权力、履行行政职能的行政机构。

现代国家中，政府的结构、组成和职权一般由宪法和法律规定。

二、政府的性质

（一）政府的性质

政府是国家机器的重要组成部分，有鲜明的阶级性，它代表统治阶级实行政治统治和管理社会公共事务。

（二）政府的特征

政府的特征主要有：政府行为目标一般是公共利益为准则。在阶级社会里，以统治阶级的利益为服务目标；政府行为主要发生在公共领域，一般以强制手段（国家暴力）为后盾，有凌驾于其他社会组织之上的权威性和强制力；政府机构有整体性，由执行不同职能的机关，按照一定的原则和程序结成严密的组织或系统，彼此之间有分工，各司其职，各负其责。

三、政府的分类

（一）资本主义国家政府分类

根据立法、行政、司法机关的相互关系，资本主义国家政府分为内阁制政府、总统制政府、半总统制政府、委员会制政府等。其中，总统制与内阁制政府是资本主义国家最主要的两种政府类型。

（二）单一制国家政府分类

单一制国家的政府，按照管辖范围分为中央政府和地方政府。其中，中央政府代表国家，行使国家最高行政权力，统一领导国家事务。地方政府在中央政府统一领导和监督下，负责本区域内的公共事务。

（三）我国政府分类

我国宪法规定，国务院即中央人民政府，是最高国家行政机关。地方各级人民政府是地方各级国家权力机关的执行机关，是地方各级国家行政机关。中央人民政府和地方各级人民政府共同构成了我国的政府。

国务院是最高国家权力机关的执行机关，是最高国家行政机关。由总理、副总理、国务委员、各部部长、各委员会主任、审计长、秘书长组成。国务院实行总理负责制。总理领导国务院的工作。副总理、国务委员协助总理工作。

国务院会议分为国务院全体会议和国务院常务会议。国务院全体会议由国务院全体成员组成。国务院常务会议由总理、副总理、国务委员、秘书长组成。总理召集和主持国务院全体会议和国务院常务会议。国务院工作中的重大问题，必须经国务院常务会议或者国务院全体会议讨论决定。

国务院各部、各委员会的设立、撤销或者合并，经总理提出，由全国人民代表大会决定；在全国人民代表大会闭会期间，由全国人民代表大会常务委员会决定。

国务院根据工作需要和精简的原则，设立若干直属机构主管各项专门业务，设立若干办事机构协助总理办理专门事项。每个机构设负责人 2~5 人。

在我国行政系统中，国务院处于最高领导地位，统一领导所属各部、委的工作，统一领导全国各级地方行政机关的工作，有权根据宪法、法律管理全国范围内的一切重大行政事务。

全国地方各级人民政府是国务院统一领导下的国家行政机关，服从国务院的统一领导。地方各级人民政府实行省长、市长、县长（县级市长、区长）、乡长（镇长）负责制。

地方各级人民政府是地方各级国家权力机关的执行机关，是地方各级国家行政机关。县级以上地方各级人民政府依照法律规定的权限，管理本行政区内的经济、教育、科学、文化、卫生、体育事业，城乡建设事业和财政、民政、公安、民族事务、司法行政、监察、计划生育等行政事务；发布决定和命令，任免、培训、考核和奖惩地方各级国家公务员。乡、民族乡、镇的人民政府执行本级人民代表大会的决议和上级国家行政机关的决定和命令，管理本行政区域内的行政事务。省、直辖市的人民政府决定乡、民族乡、镇的建置和区域划分。

县以上地方各级人民政府领导所属各工作部门和下级人民政府的工作，有权改变或撤销所属各工作部门和下级人民政府的不适当的决定。

广义的中华人民共和国政府机构体系包括全国人民代表大会；中华人民共和国主席；中华人民共和国国务院；中华人民共和国中央军事委员会；地方各级人民代表大会和地方各级人民政府；民族自治地方的自治机关；人民法院和人民检察院。

第二节　政府职能

政府职责指政府由于拥有法律赋予职权产生的责任。政府职能指政府在国家和社会生活中承担的职责和功能。

一、欧美政府职能

（一）美国政府职能

世界各国发展状况和历史演变不一致，政府设立和职能也不相同。美国政府分为联邦政府、各级州及市政府，类似于我国中央、省和县政府，但是有较大的差别。联邦政府首脑是总统，总统无权任免州长，州长无权任免市长，政府领导均由相关行政区选举产生，州、市单独设议会，按照美国宪法规定，除非法律规定由联邦政府行使的权力，其余权力由各州政府行使。

美国联邦政府由政府组成部门如各部，总统咨询部门，各种顾问，司法部门，联邦法院，代议机关，参众两院组成。

美国政府实行三权分离的政府体制。其中：

立法、行政、司法三大部门权力来源不同，相互平行，没有最高权力机关。国会参议员由各州选民选举产生，众议员由各区选民选举产生；总统由选民选出选举人团选出；联邦各级法院的法官由总统经参议院同意后任命，一经任命，如无失职行为将终身任职。

立法、行政、司法三大部门相互独立，相互之间没有政治方面的责任。总统及政府的政策纲领不需要向国会负责，除了经弹劾国会无权要求总统辞职；总统无权由于国会不支持其政策纲领而宣布解散国会；总统和国会无权任免联邦法院法官、无权对其撤职或令其提前退休。三个部门的人员不得互相兼职。

立法、行政、司法三个部门相互依赖。立法属于国会，但国会通过的法案须经总统签署生效，生效的法律由总统执行；行政权属于总统，但总统在最高法院首席法官的监督下宣誓就职；总统负责政府，但总统提名的政府高级官员须经参议院批准后才能任命。总统对外签订条约，但签订的条约经参议院批准方能生效，政府预算须经国会通过和拨款；司法权属于联邦最高法院及联邦下级法院，但法院做出的裁决由政府执行，法院运转需要国会拨款。

美国政府职能主要在公共服务和规制政策方面。在公共服务方面，政府提供强有力的社会保障，以及为经济、教育、文化、科技、国防发展提供服务。在规制政策方面，保证企业公平、公正地进行市场竞争，防止垄断。

（二）欧盟政府职能

各成员国政府首脑和国家元首组成欧洲理事会会议。欧洲理事会会议（通常称为欧盟首脑会议或欧盟峰会）是欧盟的最高决策机构。欧盟各成员国政府的部长组成欧盟理事会。欧盟理事会（简称理事会）是欧盟的主要决策机构。

各成员国政府首脑和国家元首组成欧洲理事会会议。

欧洲理事会会议是欧盟的最高决策机构。欧盟各成员国政府的部长组成欧盟理事会。欧盟理事会是欧盟的主要决策机构。

欧盟共有 5 个主要机构：欧洲理事会、欧盟理事会、欧盟委员会、欧洲议会、欧洲法院。其他重要机构还有欧盟审计院、欧洲中央银行、欧洲投资银行、经济和社会委员会、地区委员会、欧洲警察局和欧洲军备局等。

欧洲理事会会议是欧盟的最高决策机构。由各成员国政府首脑和国家元首组成，欧盟委员会主席也是欧洲理事会一个事实上的成员。

欧盟理事会是欧盟的主要决策机构，由来自欧盟各成员国政府的部长组成。主席由成员国轮任，任期 6 个月。部长理事会主要负责制订欧盟法律、法规和有关欧盟发展、机构改革的各项重大政策；负责共同外交和安全政策、司法、内政等方面的政府间合作与协调事务；任命欧盟主要机构的负责人并对其进行监督。欧盟理事会秘书长兼任欧盟共同外交与安全政策高级代表，现任主席国、下任主席国和高级代表组成"三驾马车"。

欧盟委员会是欧盟唯一有权起草法令的机构，欧盟委员会在每届欧洲议会选举后的 6 个月内任命，在政治上向议会负责，议会有权通过弹劾委员会的动议而解散。

欧洲议会是世界上唯一经直接选举产生的多国议会，也是欧盟内唯一经直接选举产生的机构。欧洲议会除和欧盟理事会共享立法权外，还有民主监督权及欧盟预算的决定权。

欧洲理事会和部长理事会是欧盟的政府间机构，部长理事会是欧盟的主要立法机构，主要代表成员国的利益；委员会和欧洲议会是欧盟的超国家机构，主要代表欧盟的整体利益。其中委员会是欧盟的行政执行机构，类似于主权国家的政府；欧洲议会有部分立法权、预算权及咨询和监督权力；欧洲法院是欧盟的最高法院，从司法角度保证欧盟法律的贯彻实施。

二、我国政府职能

我国政府主要职能，一般包括如下：

（一）经济职能

经济职能指政府为国家经济的健康发展，对社会经济生活进行综合管理的职能。我国政府的经济职能有：

（1）经济调节。

（2）公共服务。

（3）市场监管。

（4）社会管理。

（二）文化职能

文化职能主要宣传科学理论，引导人们抵御各种错误、腐朽思想的侵蚀，提高全民族的思想道德素质和科学文化素质；组织并推动教育、科技、文化、卫生、体育等各项事业，提高国家文化软实力。

（三）服务职能

社会公共服务职能指国家提供公共服务，完善社会管理的职能，其有社会公共性，难以完全由市场解决，需要政府引导、扶持、调节和管理。

我国政府的社会职能主要有：

（1）调节社会分配和组织社会保障。

（2）保护生态环境和自然资源。

（3）建立社会化服务体系。

（4）提高人口质量，控制人口增长。

三、政府职能的变化

从全球各国政府的基本职能看，尽管由于政治环境和运作体制的差异，各国政府职能存在差异，但是，一般来说，呈现如下的特征与演变趋势：

（一）体现统治者的政治意志和战略意图

政府作为强制性、法定的、顶层设计的管理组织，对管辖范围内的各类外交和内部事务进行有效的决策与长期的管理，必然体现一定的政治意图和社会服务与管理目标，必然体现或代表了特定政治、经济团体的核心利益和战略意图。这是政府管理的重要职能和核心运作目标，也是一个有效管理的政府机构的外在表现。

（二）注重满足社会发展经济与改善民生的意愿

当前，全球进入了信息化相对发达的新时代，大数据、互联网、新闻传播立体化、实时化、动态化，社会政治文明程度不断提高，人权意识增强，全球化程度不断提升，国际人权组织和各类社会监督力量持续完善，过去那种封闭、残暴、专权的国家运作体系变得几乎不可能。社会公众和各种政治组织为了获得统治权或执政机会，不断改善政府管理职能，持续改善本国经济，提高人们的社会生活质量。

（三）提高经济和社会运行效率

随着全球政治文明和科学技术的进步，各国政府越来越重视本国、地区的国民经济布局和基础设施建设，研究学习全球先进国家和地区经验，推动对外开放和国际贸易，引进外部资金和经验，逐步提高本国政府机构的经济决策与规划执行能力，改善社会运行效率。

第三节　"中国梦"与新常态的政府职能

一、"中国梦"赋予政府的职能

习近平总书记指出，"中国梦"的本质和基本内涵是"国家富强、民族振兴、人民幸福"。"中国梦"对于执政党和各级政府来说，是新命题、新范畴、新概念，具有鲜明的中国特色、时代特色、大众特色，充分体现了执政党的高度历史担当和使命追求，是新一届中央领导集体对全体人民的庄严承诺，是执政党和国家面向未来的政治宣言。

习近平总书记明确指出，实现"中国梦"必须走中国道路，必须弘扬中国精神，必须凝聚中国力量。习近平总书记的重要论述，深刻阐释了"中国梦"的本质和内涵，阐释了国家、民族、个人三者在实现"中国梦"过程中相互依赖、相互依存的辩证统一关系，指明了中国未来的发展道路，这对中央政府和地方政府的职能实施、工作重心转移和规划定位等，提出了全新的、更高的基本要求。

如何立足国富民强、人民幸福的执政理念，科学规划，勤政为民，是各级政府需要研究和探索的重要任务。

二、"新常态"经济的政府职能

相对于经济"新常态"来讲，经济"旧常态"指一段时期增长速度偏高、经济偏热、经济增长不可持续的因素累积，并带来环境污染加剧、社会矛盾增加及国际压力变大的严峻挑战，主要指"十八大"之前我国长期改革滞后形成的"体制病"和宏观失衡"综合征"。

亚太经合组织（APEC）工商领导人峰会上，习近平总书记发表《谋求持久发展，共筑亚太梦想》的主旨演讲，阐述了什么是经济新常态、新常态的新机遇、怎么适应新常态等关键点。

习近平总书记总结了"中国经济呈现出新常态的主要特点是：速度——从高速增长转为中高速增长，结构——经济结构不断优化升级，动力——从要素驱动、投资驱动转向创新驱动。同时，指出了新常态将给中国带来新的发展机遇，包括：

——经济增速虽然放缓，实际增量依然可观。即使 7% 左右的 GDP 增速，无论是速度还是体量，在全球都名列前茅。

——经济增长更趋平稳，增长动力更为多元。以目前确定的战略和拥有的政策储备，有信心、有能力应对各种可能出现的风险。国家正在协同推进新型工业化、信息化、城镇化、农业现代化，有利于化解各种"成长的烦恼"。中国经济更多地依赖国内消费需求拉动，避免依赖出口的外部风险。

——经济结构优化升级，发展前景更加稳定。以前三个季度消费对经济增长的贡献率超过投资、服务业增加值占比超过第二产业、高新技术产业和装备制造业增速高于工业平均增速、单位 GDP 能耗下降等数据为例，表明中国经济结构"质量更好，结构更优"。

——政府大力简政放权，市场活力进一步释放。由于改革了企业登记制度，2014 年前三个季度新增企业数量较上年增长 60% 以上。

习近平总书记关于经济"新常态"特征与重要机遇的演讲，给中央政府和地方政府职能转变和规划目标确定、产业选择等注入了新的元素和指针。

中国社科院副院长李扬认为，全球经济进入了"新常态"，主要表现在：经济增长放缓；去杠杆化；再平衡是长期任务；经济同步性下降；治理体系在重组。中国经济"新常态"直接表现为经济增速放缓，目前经济增长的基础，如人口、投资、储蓄、利率等，都处于"新常态"。"新常态"必须有新动力。要采取改革的方式，促进增长，营造空间。

中国社科院 2014 年 10 月 10 日发布的秋季报告预测，中国经济 2015 年增长 7.0% 左右。在经济"新常态"的背景下，中国需要促进内需平稳均衡发展，促进研发、高端制造业、现代服务业、生态环保、基础设施等领域投资，促进居民合理的住房刚性需求和改善型需求。同时，加大基础社会保障投入，促进居民消费。

三、政府职能与政府规划

从政府管理的视角看，政府职能的实现有赖于包括政府规划在内的诸多经济行为和重大决策。政府规划有助于政府职能的实现和转变。两者相辅相成，同时相互促进。

在新常态下，我国各级政府越来越依赖市场机制，通过市场规律调节和优化经济发展和社会生活，通过各级政府的重点引导和社会力量参与等开发方式，实现重大基础设施建设，推动国有经济的混合所有制改革，刺激重大项目的社会化参与和项目运营。

在新常态下，政府规划更加重视生态文明和绿色发展，注重各类发展规划的融合协同和跨区域的产业互补，注重政府规划的社会参与和信息公开。政府规划的模式和程序逐步优化，有关职能部门需要实质性整合或者跨界融合，国家发改委、国土资源部、城乡规划部等功能割据、工作脱节的不正常决策局面将被彻底打破。

四、基于新思维的政府规划

当前，全球经济进入了开放、互动、互联的新时代，国内外各种政治、经济矛盾和经济发展中的问题不断聚集与碰撞，新生事物不断涌现，大数据、云计算、互联网等新技术、新产业对各国政府决策、企业运营和社会生活等产生了巨大的影响，也对政府规划等经济管理行为提出了新的要求。

如何基于互联网、大数据和全球化等新思维，实现政府规划的科学、前瞻、准确和高效，是政府管理者、规划编制机构、专家学者等普遍关心的课题。因此，应该系统研究，主动探索，以新技术、新思维和新手段，实现有效的政府规划与经济布局，提高政府决策和经济发展的质量与效率。

未来政府规划的改革趋势：我国政府规划、专项规划、总体规划、土地利用规划等各类发展规划，逐步实现"三规合一"、"多规合一"，各类规划之间的衔接将更加紧凑和流畅，各类规划的跨部门协调将更加有效、规范化。

随着我国政府职能的根本性转变和服务意识的显著提高，政府管理的改革方案将陆续发布，政府将采取更加积极有效的变革措施，逐步破除和化解各种规划之间的人为壁垒和边界冲突，降低各类规划的编制成本、执行成本和跨部门协调成本。

未来，政府规划将更加注重绿色发展和生态环保等，注重历史文化名城、基本农田保护与新兴产业布局，注重规范规划编制程序，依法合规编制规划，依法有序开发，政府决策质量和工作效率将不断提高，规划决策与执行的重大失误将得到显著改善。

第二章　规划理论

第一节　欧美国家政府规划理论

规划指针对特定对象或发展目标，研究制订全面的长远的发展计划，对未来特定对象的整体性、长期性、基本性问题的思考、考量和设计未来的行动方案。规划具有综合性、系统性、时间性、强制性等基本特点。

研究欧美国家的政府规划理论及其演变，有助于借鉴国外先进的规划思想，研究我国政府政策与产业基础，进行地方政府与产业园的规划布局，提高政府产业布局与重大项目决策的质量和效率，推动国民经济的可持续发展。

一、田园城市理论

美国是进行城市规划和政府规划研究与探索较早的国家之一。

霍华德提出"三磁铁理论"为核心的田园城市理论，倡导城市分散化发展。1898 年，霍华德《明日：一条通向真正改革的和平道路》出版，1902 年再版并更名为《明日的田园城市》。霍华德认为，解决大城市的拥挤及其产生的弊端的方法是使人们返回"土地"，降低大城市集聚的引力。霍华德的"三磁铁"理论包括：第一枚磁铁是城市，城市的优点是拥有各种经济和社会机遇，缺点是住宅拥挤，环境恶化；第二枚磁铁是乡村，乡村有宽敞的空间和清洁的空气，但是就业机会较少，社会生活相对枯燥；第三枚磁铁是田园城市，它既有城市的经济社会机遇，又有乡村优美的环境，同时避免了两者的主要缺点。按照霍华德的研究，事实并不像人们通常设想的只有城市生活和乡村生活的选择，而是存在第三种选择，即将城市生活的生动活泼与乡村生活的优美快乐等完美结合，这就是田园城市，他把田园城市比喻为万能钥匙，可以解决城市的各种社会问题。

　　霍华德的田园城市思想是城市规划思想，影响了社会开发行为。他推动土地社区所有制代替土地私有制，通过建设田园城市的方法治疗社会弊病。他建议：成立合作性的股份有限公司，发债筹集资金，邀请企业将工厂和工人迁移到田园城市。购买的土地归社区所有，交给信托人管理。田园城市的发展导致土地价格上升，城市地产租金的价格随之上调，上升的租金可以偿还抵押贷款，并建立地方性的社会福利基金。田园城市实行地方自治，社会服务可以让市政机构提供，或由私人公司提供。田园城市的居民通过建筑公司、友好组织、合作组织或者工会等提供的资金建造自己的住宅。

　　花园郊区思想推动了美国城市分散化，郊区低密度的建设模式。

　　霍华德的田园城市理论及其向"花园郊区"演变使得美国郊区低密度蔓延，以勒·柯布西耶为代表的欧洲功能主义的现代主义规划理论应用，导致了美国郊区在区位功能的分割，美国本土规划理论和实践推动了低密度蔓延和功能分割，造成了美国城市的郊区街区和街道布局不合理，对美国经济、社会和生态环境产生了显著的影响。

二、现代主义城市规划

　　柯布西耶等倡导的现代主义城市规划思想对美国郊区产生了很大的影响，这种思想的主要观点是：严格的城市功能分区、批量生产和大规模的开发，以汽车为导向。

　　现代主义城市规划学派认为，城市的形体空间对人们的社会行为有决定性作用，即"形体空间决定论"。法国建筑师勒·柯布西耶1922年出版的《明日之城市》和《阳光城》阐述了现代主义的城市规划思想，核心是理性主义和功能主义。

　　现代主义规划思想认为，随着工业化和城市规模的扩张，功能随机的传统城市空间结构不能适应理性化的经济和社会要求，产生了各种城市病。按照理性的原则，通过城市规划和城市建筑的变革，使城市和建筑的结构与功能适合当代理性化的社会经济生活的要求，城市病症逐步解决。这种规划思想把城市看作是静止的而非动态平衡的事物，城市规划的目的是探索理性化的终极状态的城市，通过建筑师和规划师绘制宏大的形体规划总图，通过技术解决城市的所有问题。

　　柯布西耶反对个性化的和多样化的住宅建设与开发模式，主张进行工业化的批量生产的住宅。他认为，建筑施工要实行工业化发展，必须摆脱过时的根据居民的要求"量身定做"的独栋住宅建设，转向对整条街道，甚至整个地区建设的关注。必须研究基本建设单元，亦即"人"的住所、固定的规模等，遵循大规模生产的需要。为加快汽车的行进速度，柯布西耶反对小规模的街区，主张大规模的街区，大规模的停车场，反对路边停车。

美国在战后郊区的住宅生产上普遍采取了规模化的批量生产的方式，就是采纳了柯布西耶理论，采用批量生产的方法建造住宅和小区，导致了建筑的同质化，降低了郊区的密度，浪费了投资和土地资源，不利于居民步行，导致了汽车流量增加交通拥堵和时间的浪费。

新城市主义规划师卡尔索普认为：专业化和标准化导致了社区的同质性，无视历史的独特的生态系统。批量生产忽视了地方企业、区域系统、全球网络之间的平衡。批量生产的逻辑是规模越来越巨大，这加强了日常生活的专业化和标准化。

三、城市空间理论

（一）城市空间艺术原则

卡米诺·西特（Camillo Sitte，1889）在《城市建设艺术》中，运用艺术原则对教堂等城市空间的实体与广场等空间的相互关系及形式美的规律进行探讨，并通过 19 世纪末欧洲工业化城市空间的比较分析，对当时欧洲工业化城市空间的平淡、缺乏艺术感染力提出了批评。

卡米诺·西特认为，现代城市规划的骄傲是圆形广场，这是现代城市规划的特征。当围绕广场步行时，眼前的景象持续不变，人们不知道自己的确切位置。转一个弯就足以使陌生人在这种旋转木马的广场上无所适从，迷失方向。

卡米诺·西特的城市空间艺术原则，是基于城市物质空间形态中，各实体要素之间功能关联及组合关系而形成的，其艺术原则的核心注重整体性，注重关系，注重关联的内在性。

（二）凯文·林奇城市设计理论

凯文·林奇通过调查，对城市空间提出两个基本要求：易识别性、可认知性。可认知性是林奇提出的城市空间评价的新标准，即城市空间应为不同层次、不同个性的人共同接受。认知意象是城市生活的基石，使用者主要通过认知认识城市，城市设计应以满足人的认知要求为目标。

凯文·林奇指出：市民一般用路径、边界、节点、地区和标志这五个元素，组织城市意象，其中：

路径（path）：观察者习惯或可能顺其移动的路线，如街道、小巷、运输线。其他要素常常围绕路径予以安排。

边界（edge）：指不作道路或非路的线性要素，"边"常由两面的分界线，如河岸、铁路、围墙构成。

区域（district）：中等或较大的地段，这是一种二维的面状空间要素，人对其意识有一种进入"内部"的体验。

节点（node）：城市的战略要点，如道路交叉口、方向变换处抑或城市结构的转折点、广场，也可大至城市一个区域的中心和缩影。它使人有进入和离开的感觉。

标志（landmark）：城市的点状要素，是人们体验外部空间的参照物，但不能进入。通常是明确、肯定的具体对象，如山丘、高大建筑物、树木、招牌、建筑物细部等。

（三）克里斯托弗·亚历山大的设计理论

克里斯托弗·亚历山大（Christopher·Alexander，1965）在《城市并非树形》中把那些在漫长岁月中或多或少地自然生长起来的城市称为"自然城市"，把由设计师和规划师精心创建的城市和城市中那一类的部分称为"人工城市"。人工城市总缺少某些必不可少的成分，与那些充满生活情趣的古城相比，现代人为创建城市的尝试，从人性的观点而言，是完全失败的。

亚历山大认为，自然城市有着半网络（semi－lattice）结构，而人为构造的城市采用了树形（tree）结构，和树形的结构简单性相比，这种极为丰富的可变性标志着半网络有超乎寻常的结构复杂性，由于树形的性质缺乏这种结构复杂性，才使城市概念受到损伤。

亚历山大在《关于形式合成的纲要》和《城市并非树形》中指出了传统规划与设计只考虑形式而不考虑内容，不考虑场所与人的活动之间丰富的、多种多样的变化和联系，是一种失败的规划与设计。

亚历山大的图式语言以各种类型、不同范围的使用倾向和形态关系为基础，企图研究满足使用者要求的设计语言。语言主要由三个明确定义的部分组成，即联系（context）、问题（problem）和解法（solution）。亚历山大图式语言主要研究人的行为与场所情感对应的空间图式。城市土地利用方式与强度，决定了城市空间构成的二维基面和基本形态格局，按照其研究观点，"城市形态"是其表现形式，要素之间的相互作用，以及城市中各种活动对不同区位的竞租过程，带来的动力与压力及其相关效应，形成了城市空间结构的构成机制。

（四）诺伯格·舒尔兹的空间划分

诺伯格·舒尔兹（Norberg Schulz，1971）提出五种空间概念：肉体行为的实用空间；直接定位的知觉空间；环境方面为人形成稳定形象的存在空间；物理世界的认识空间；纯理论的抽象空间，并对存在空间和建筑空间进行详尽分析。

诺伯格·舒尔兹认为，场所是存在空间的基本要素之一。场所概念的发达和作为各种场所体系空间概念的发达，就是找到其存在立足点的必要条件，场所必须有明显的界限或边界线。场所与包围其外部相比，是作为内部来体验的。场所、路线、领域是定位的基本图式，也是存在空间的构成要素。这些要素组合起来，空间才真正成为可测出人的存在的次元。

诺伯格·舒尔兹将存在空间划分为：用具、住房、城市阶段、景观阶段、地理阶段。其中：城市阶段主要根据社会的相互作用、社会共同的生活形态决定。城市的内部结构是"正在那里发生"的个人和社会诸多功能作用的复合结果。在城市阶段，个人一般据有"私有"色调更浓的存在空间，它必须作为更大的总体中的一部分理解。存在空间的诸多阶段形成结构化的整体，是与存在的结构相对应的。人与物理、精神、社会、文化的诸多对象相关联而存在。存在空间是由相互作用的多重穿插的体系构成的。这样复合的总体性中，产生了不定性或矛盾。

（五）图底关系理论

罗杰·特兰西克在《Finding Lost Space》（1986）中提出图底关系理论（figure – ground）和联系理论。

图底关系理论是研究城市的虚空间与实体之间存在规律的理论。在城市环境中，建筑形体的主导性作用使其成为人们知觉的对象，周围的空间被忽视。成为对象的建筑被称为"图"，被模糊的事物被称为"底"。像这样把建筑部分涂黑，把虚空间部分留白，形成的图称为图底关系。把虚空间部分涂黑，建筑部分留白，形成的图称为图底关系反转。

图底关系理论与联系理论的目的是探寻城市空间形态要素间的某种构图关系以及相关的结构组织方式，特兰西克将其归纳为三种关系，即形态关系

（图、底分析）、拓扑关系（关联耦合）与类型关系（场所理论）。这三种关系在结构上的明确组织与确立，是建立一定的空间秩序与相应的视觉秩序的基础和前提。

（六）空间句法分析

比尔·希列尔 1983 年提出的图底关系理论是建立在图底关系理论、联系理论和社区分析基础上的城市空间分析方法。空间句法的分析过程是将城市和建筑形体严格联系起来，借助电脑进行模拟实验，以此作为空间分析、评价设计的工具。在空间句法分析中，希列尔引入了"变量"或称为指标体系：从特定空间观察的一维视线长度，称为"轴线"；空间可以赋予数值表示它与给定分析系统中其他空间的关系，并用电脑绘出深度图，根据数字差别，就可以测绘某一特定点审视其所在空间系统相对深度的精确指标，据此对不同城镇空间格局及城市设计方案进行比较分析。

（七）"类似性城市"理论

阿尔多·罗西（Aldo Rossis，1996）在《城市建筑》中提出，城市是一种集体的人工创造物，一种艺术文化的集体产物，它由时间造就并植根于居住和建筑文化中。传统的建筑形式、场所和空间在城市发展及其形态结构形成的过程中起着至关重要的决定作用。

阿尔多·罗西将城市作为某个地域一个种群人们"集体记忆"的所在地，城市交织着历史和个人的记录，当记忆被某些城市片段所触发，过去遇到的经历就会和个人的记忆一起呈现，罗西从研究场所和记忆入手，就形成了"类似性城市"理论的内涵。

城市空间形态及场所与人类特定的生活密切相关，包含历史与文化，是人类文化观念在形式上的表现，体现在时间因素中现存城市的建筑类型（历时性）。要寻找有共时性和历时性的集体创作的城市（即城市空间）及与某个体参与者（建筑师、规划师和居民）之间的关系，可借助形态—类型学的如下方法：

发现城市建筑环境中变化缓慢或基本稳定的那些特点，它们构成了城市的不同类型；确定城市的主要人工环境（街道、市场、建筑物等）在类型学上的归属；表明这些人工环境的构成关系；研究城市类型和构成的形式问题。

（八）芝加哥学派

帕克、伯吉斯、麦肯齐（1925）联合发表《城市》指出，城市的区位布局与人口的居住方式是个人通过竞争谋求适应和生存的结果。城市空间组织的基本过程是竞争和共生，自然的经济力量把个人和组织合理地分配在特定的功能位置，使之各尽其才，各得其所，最终导致最佳的劳动分工和区域分化，使城市系统保持平衡。

芝加哥学派的基本观点包括：生态或区位；集中；集中化；分散化；隔离；入侵；迁移；支配；竞争；生态社区；自然与道德秩序；自然区。

（九）多元理论探讨

Sherky 和 Williams（1949），Sherky 和 Bell（1995）认为：作为现代城市社会的重要演化趋势的空间表现，城市内部结构可以用经济地位、家庭类型和种族背景三种主要特征要素的空间分异加以概括。

Conzen（1960）认为，固结界线（fixation line）是城市物质空间发展的障碍，包括自然因素（如河道）、人为因素（如铁路）和无形因素（如产权），城市物质空间的发展会在一段时间内受到这些因素的束缚，但最终会克服这些障碍，产生新的边缘地带，直至遇到新的固结界线，从而形成城市物质空间的分布模式。

Foley（1964）认为：城市结构的概念框架表现为多层面，城市结构包括三种要素，即文化价值、功能活动和物质环境。城市结构包括空间和非空间两种属性，城市结构的非空间属性是指文化价值，功能活动和物质环境是空间属性。城市空间结构包括形式和过程两个方面，分别指城市结构要素的空间分布和空间作用的模式。城市结构的演变显而易见，有必要在城市结构的概念框架中引入时间层面。

1963 年，塔弗（E. J. Taaffe）和耶提斯（M. H. Yeatos）等提出城市地域理想结构模式。城市的核心是中心商务区（CBD），有集中的摩天大楼、银行、保险公司、股票交易市场、百货商店和大量的文化娱乐场所；围绕 CBD 的是 CBD 边缘区，属于中心商务区向四周蔓延，由若干扇面组成，需要有批发商地段和工业小区；中间带是以住宅区为主的混合经济社会活动区，占市区用地的较大部分；外缘带属市区的周边地区，或城市的新城区，居住和轻工业混合地带；放东近郊区、沿着城市对外的高速路和快速道路向外辐射、蔓延，包含由工业、农牧、住宅区和高、中级住宅形成的卧城。

英国学者帕顿（John Pacten）提出城市内部空间结构的综合模型。Harvey（1973）认为：任何城市理论必须研究空间形态和作为其内在机制的社会过程之间的相互关系。城市研究的跨学科框架就是在社会学科的方法和地理学科的方法之间建立"交互界面"。Knox（1982）把城市空间结构的研究工作分为：物质环境、感知环境和社会－经济环境。

Forbel 等（1980）认为：20 世纪 70 年代以来，劳动力的国际分工发生了根本性的变化，在原有世界经济格局中，发展中国家作为原料产地，发达国家从事成品制造，在新一轮劳动力的国际分工中，发达国家仍然掌握着管理和控制、研究和开发的功能，发展中国家成为跨国公司的生产和装配基地，产品市场是全球性的，相当一部分将返销到发达国家。新兴工业国家和地区的出现就是这轮劳动力的国际分工的产物。

1979 年，C. P. LO 提出中国城市内部结构的解释性模型，模型由四个同心圆组成，是多中心功能规划的结果。1981 年，Leung ChiKin 将中国城市概括为大城市、中等城市、小城市三种结构模式。

Stewig. R（1983）提出欧洲城市结构、北美城市结构、伊斯兰教城市结构、拉美城市结构四种模型。其中：

欧洲城市结构模型：反映了社会中层和高层的优势，社会低层住宅区位于工业区附近及外城，第二产业在城市边缘环形分布，在主要交通线上线性分布，市中心为城市核心，在城市中心以外有零售业的次中心。

北美城市结构模型：由于种族隔离，低层围绕市中心呈环形分布，市郊化的中层处于外城。第二产业沿主要交通干道线性分布，在城市边缘环形分布，第三产业集中在市中心。

伊斯兰教城市结构：中层和高层居于内城区，低层居于边缘地区，第二产业分布于较老和较新的市郊以及主要交通干道，第三产业集中在市中心。

拉美城市结构：空间安排显示环形和产业的结构元素，第二产业在主要交通干道线性延伸，第三产业在市中心以外的内城和外城的次中心出现。

克鲁格曼的经济地理：生产的空间区位。19 世纪初开始创立区位理论。20 世纪 30 年代，特别是第二次世界大战后，研究对象是单个厂商区位选择发展成宏观区域决策的理论。主要有：德国经济学家杜能的"农业区位论"，六个同心农业圈；韦伯的"工业区位论"，基本决定因素：运费＋劳动力；克里斯泰勒的"中心地理论"，六边形的中心地网络体系等。

战后区位论的发展：从单个厂商区位的区位决策发展到地区总体经济结构及其模型的研究，从抽象的纯理论模型的推导，变为力求作接近区域实际的、有应用性的区域模型。

区位决策客体从原先的工业、农业、市场，增加到包括运输、商业、服务业、银行、保险、旅游、度假等第三产业。区位决策既要考虑节约生产成本、实现利益最大化目标，也要考虑居住、采购、出行、游乐等行为效用最大化目标。

1936 年，凯恩斯《就业、利息和货币通论》一书中表明：面对二三十年代英国经济困境，明确地承认经济运行存在大量的问题，认为不能再放任自流，须运用市场机制以外的力量，进行调节和干预，才能恢复经济的均衡发展。

西方实践表明，在完全竞争条件下，以具体微观的区位选择为主要研究对象的区位理论不能适应制订中观或宏观的国家区域发展计划和区域经济政策的需要。

四、生态城市理论

德国生物学家赫克尔（Ernst Heinrich Haeckel）1869 年首次提出生态学（ecology），1886 年创立了生态学学科。城市生态学是研究城市生态系统的结构、功能及其运动规律的生态学分支学科，是研究城市人口与自然环境和社会环境之间相互关系的应用生态学的新兴学科。

"生态城市"是在联合国教科文组织发起的"人与生物圈计划"研究过程中提出的重要概念。生态城市是经济高度发达、社会繁荣昌盛、人民安居乐业、生态良性循环四者保持高度和谐，城市环境及人居环境清洁、优美、舒适、安全，失业率低、社会保障体系完善，高新技术占主导地位，技术与自然达到充分融合，最大限度地发挥人的创造力和生产力，有利于提高城市文明程度的稳定、协调、持续发展的人工复合生态系统。

理查德·雷吉斯特（Richard Register，1987）认为，生态城市追求人类和自然的健康与活力，生态城市即生态健康的城市，是紧凑、充满活力、节能并与自然和谐共处的聚居地。杨东振等认为，生态城市是基于生态学原理建立的自然和谐、社会公平和经济高效的复合系统，更是具有自身人文特色的自然与人工协调、人与人之间和谐的理想人居环境。

城市生态化指城市向生态城市的转化过程，是从生态环境、经济社会等多个层面促进生态城市建设的重要环节，其建设目标是致力于城市基本生态条件的改善，引导和推动城市向生态城市的目标迈进，为城市向更高层次的社会经济发展转化奠定生态基础。

城市在生态系统的适应性表现在：通过对社会环境的适应，把握时代脉搏和现实需求；通过对自然环境的适应，创造适合地方物理环境和资源条件的舒适空间；通过对地形文化脉络的适应继承的生态经验。

环境生态化表现为：发展以保护自然为基础，与环境的承载能力相协调。自然环境及其演进过程得到最大限度的保护，合理利用自然资源和保护生命支持系统，开发建设活动始终保持在环境的承载能力范围之内。

生态城市的空间设计理念，传承是对过去的适应，发展是对未来的适应，以人的环境、社会环境和自然环境相互适应协调为目标。

绿色城市设计的要素包括：自然环境与城市基础设施，开放空间，建筑空间，交通与停车，人行步道，社会活动及活动场所。

绿色生态城市设计原则包括：整体优先，从社会、经济和环境三者的整体效益考虑，强调人类与自然系统在一定时空整体协调的新秩序下寻求发展；生态优先，以生态为导向，尊重自然，维护和发展自然生态格局和物种多样性，探求人与自然的生态链接，建立新的生态伦理观念；可持续发展，强调发展兼顾当代与后代、自身与区域的利益，整体考虑有限资源的合理利用，实施清洁生产和绿色消费，保护自然资源和生命支持系统，持续提高环境与生活质量。

在 2011 年 11 月 8 日的"中国大型公共建筑绿色节能减排高峰论坛"上，住建部副部长仇保兴表示："生态城最重要的标志就是 100% 的建筑都应该达到绿色建筑的标准，中国近几年要建 50 个生态城市，远期上百个，它们作为绿色建筑的摇篮和基地将会发挥巨大的地区性示范作用，从质和量上保证绿色建筑整体实现飞跃性发展。"

五、区域分工理论

区域分工理论的实施前提是区域的利益实体。区域分工理论源于国际贸易分工理论。贸易保护理论的理论思潮可追溯至 15 世纪兴起的重商主义。

在一个国家内部，各区域的利益实体性容易虚化。区域利益的形成很大程度上与企业的外部经济性有关。企业对所在区域提供税收、就业、消费等一系列的利益。区域具有二重性，它既是商品生产的区位，又是有整体利益的综合主体，这就决定了区域利益的存在，其代言人是地方政府。

早期的区域分工理论主要有绝对利益论、比较利益论和要素禀赋论等，20

世纪中期以来，区域分工理论得到发展，出现了人力技能理论、偏好相似理论与技术差距理论、供给可能论等。已有区域分工理论的一个基本假设是：各区域之间是和谐的合作关系。实际上，各区域之间通常是不和谐的。

区域作为利益实体，在处理区域关系时采用区域分工、区域冲突还是区域保护的方式，完全取决于区域利益最大化的程度。

区域关系包括区域冲突、区域竞争与区域分工等领域，区域冲突与区域分工是区域关系常态性的两大表现。区域关系也指基于竞争基础的合作关系，简称竞合关系。

地方政府与区域规划，既要强调整体利益，更应充分体现各自的区域利益，在整体利益与局部利益两者之间找到结合点，使区域规划更具可操作性、协同性。

地方保护加剧了地区间产业结构的趋同性，人为分割了国内统一市场。趋同性的产业结构依赖于地方保护和市场分割的延续，两相互动，恶性循环，构成诸侯经济的两个层面。研究探索区域分工和区域关系理论，有助于加强区域之间的沟通与合作，降低地方规划与区域经济发展的恶性竞争，实现跨区域的产业协同。

第二节　我国政府规划理论

我国各级政府与产业园（开发区等）规划通常采取如下的理论依据：

一、城市发展理论

（一）区域发展梯度理论

区域发展梯度理论认为：区域经济发展不平衡，就像处于不同的阶梯上，高收入地区处于高梯度，低收入地区处于低梯度，在高收入地区和低收入地区之间，还有几个中间梯度。

有梯度就有空间的转移，高梯度地区首先应用新技术，先发展起来，以后随着时间的推移，逐步有序地从高梯度地区向处于二级、三级的低梯度地区推移。随着经济发展，梯度推移加快，区域间差距可以逐步缩小，最终实现经济分布的相对均衡。

区域经济梯度推移过程中，有三种效应同时起作用，即极化效应、扩展效应和回程效应，它们共同制约着地区生产分布的集中和分散。极化效应作用的结果使生产进一步向条件好的高梯度地区集中，扩展效应使生产向其周围的低梯度地区扩散，回程效应削弱低梯度地区，促成高梯度地区进一步发展。三种效应综合作用的结果就是不断扩大发达地区与不发达地区之间的差别。其中起主导作用的是极化效应，回程效应起到了推波助澜的作用。

一般认为，高梯度区域一般采取创新型经济发展战略；中梯度的萧条区可以实行改造型发展战略；低梯度区域可以实行渐进型发展战略。

（二）区域发展辐射理论

区域发展辐射理论认为，经济发展与现代化进程中的辐射指经济发展水平和现代化程度相对较高的地区（辐射源）与经济发展水平和现代化程度相对较低的地区进行资本、人才、技术、市场信息（辐射媒介）等的流动和思想观念、思维方式、生活习惯等方面的传播。通过流动和传播，进一步提高经济资源配置的效率，以现代化的思想观念、思维方式、生活习惯取代与现代化相悖的旧的习惯势力。一般将经济发展水平和现代化程度较高的地区称为辐射源。辐射的媒介是交通条件、信息传播手段和人员流动等。

（三）区域发展增长极理论

区域经济发展增长极理论认为，在经济增长过程中，不同产业的增长速度不同，其中增长较快的是主导产业和创新产业，这些产业和企业一般都是在某些特定区域集聚，优先发展，然后对周围地区进行扩散，形成强大的辐射作用，带动周边地区的发展。这种集聚了主导产业和创新产业的区域被称为"增长极"。

增长极的吸收和扩散作用表现为：技术的创新和扩散；资本集中和输出；规模经济效益；产生聚集经济效果。

增长极的作用效应表现为：

极化效应：指增长极通过推进型产业吸引和拉动周围地区的要素和经济活动不断趋向增长极，从而加快增长极自身的成长。

扩散效应：指增长极向周围地区进行要素和经济活动输出，从而刺激和推动周围地区的经济发展。

溢出效应：增长极的极化效应和扩散效应的综合影响。如果极化效应大于扩散效应，溢出效应为负值，结果有利于增长极的发展。反之，如果极化效应小于扩散效应，就溢出。效应为正值，结果对周围地区的经济发展有利。

（四）区域发展比较理论

1. 区域差异理论。古典区位论认为，区位选择总是趋向生产总成本费用最低的地点，这就是"成本决定论"。

近代区位论认为，以市场—价格分析揭示利润最大化是影响区位选择的决定性因素，使区位论走向宏观化，弥补了传统成本决定论排除市场因素的缺陷，这就是利润决定论。

现代区位论认为：合理的区位选择和产业配置受到多种因素的影响，必须对多种因素综合分析。决策者最终选择的区位，不一定是成本最低的或利润最高的区位，通常是综合优势显著的区位。

2. 地域分工理论。绝对优势理论认为，每个国家都自己生产所需的全部物品是不明智的。每个国家都有擅长生产和不擅长生产的东西，每个国家都有其绝对有利的、适宜于某些特定产品的生产条件，如果每个国家都按其绝对有利的生产去进行专业化生产，然后进行交换，各国的资源就能正确地配置和有效地利用，从而提高劳动生产率，增加国民财富。这种绝对优势理论也可用于不同国家的同种产品。

比较优势理论认为，参与国际贸易的各个国家虽然在经济发展、资源情况等方面存在差异，但每个国家都能以比较优势的产品参与国际贸易。只要成本比率在各国之间存在差异，各国就能生产各自的比较优势产品，并在国家间进行交换，通过贸易增进利益。

3. 区域结构比较理论。区域产业结构静态比较指各区域某一时点上的产业结构在区际分工阶梯中的相对地位的比较。决定一个地区在全国区际分工中的相对地位的主要因素是该地区非农产业的发展水平，特别是主要制造业的专业化程度。地区产业结构静态比较可从非农产业发展水平和制造业构成技术水平的区域比较两方面进行。非农产业发达、主要制造业专业化程度较高的地区，在经济联系和区际分工中的地位相对有利。

区域产业结构动态比较指地区产业结构的变动比较，包括产业结构变化状况的区域比较、产业结构转换能力的区域比较。

（五）区域规划理论

区域规划理论包括区域（空间）经济学理论、社会生态学理论、系统科学理论和区域管制理论等。

空间经济研究：关于资源在空间的配置和经济活动的空间区位问题。空间经济的核心问题：解释地理空间中经济活动的集聚现象。解释经济活动地理结构和空间分布是如何在集聚的向心力和分散的离心力这两股力量的相互作用下形成的。

空间经济学的基本模型包括：

（1）区域模型：中心—外围模式（CP Model）。

（2）城市模型：城市层级体系的演化。

（3）国际模型：产业集聚与国际贸易。

为消除区位论的限制，开始应用宏观经济学进行区域规划，研究区域资本积累、劳动力就业、技术创新与国民经济增长的关系，区内产业结构等经济要素和有关影响。

我国政府自20世纪80年代开始，编制地区国土规划、区域发展战略和地区产业政策；90年代，对区域发展模式、区域产业结构优化、城市经济、城乡联系、农业可持续发展等区域经济进行规划，并注重区际之间发展差异分析、区际分工合作等研究，对跨区域行业联合等微观领域的经济活动进行研究。一些学者开始翻译西方区域经济学著作和文献，与我国区域经济实践结合，逐渐形成区域经济学。

（六）城市经营理论

20世纪中叶，城市经营的思想在国外萌芽，90年代传入我国。关于城市经营的主体，有一元论（政府是城市经营的主体）、二元论（市场和政府）和多元论（以政府为主体的多元化参与）等理论与观点。

一般认为，城市经营指以城市政府为主导的多元经营主体，根据城市功能对城市环境的要求，运用市场经济手段，对以公共资源为主体的各种可经营资源进行资本化的市场运作，实现资源资本在容量、结构、秩序和功能上的最大化与最优化，从而实现城市建设投入和产出的良性循环、城市功能的提升，以及促进城市社会、经济、环境的和谐可持续发展。

（七）区位论

区位论，又称区位理论，是关注经济活动地理区位的理论，已成为经济地理学、区域科学和空间经济学不可或缺的组成部分。区位论研究和解决经济活动的地理方位及其形成原因等。区位论以德国经济地理学家约翰·海因里希·冯·杜能1826年发表的《孤立国同农业和国民经济的关系》第一卷为标志。区位论有以韦伯、杜能等为代表的成本学派、以克里斯泰勒等为代表的市场学派和以丹妮逊、普莱德等为代表的行为学派等分类。

区位作为开放的、复杂的、动态的环境子系统，在区位选择时，要保持系统内各部门以及系统（区位系统与地理系统）之间的协调与统一；在区位活动中，要关注经济效益，兼顾经济效益、社会效益和环境效益的统一。

（八）中心地理论

中心地理论是由德国城市地理学家克里斯泰勒（W. Christaller）和德国经济学家廖士（A. Lsch）分别于 1933 年和 1940 年提出的，50 年代开始流行于英语国家，后传播到其他国家，被认为是 20 世纪人文地理学最重要的贡献之一。该理论认为，每一点均有接受一个中心地的同等机会，一点与其他任何一点的相对通达与距离成正比，不管方向如何，均有一个统一的交通面。

中心地指向居住在周围地域（尤指农村地域）的居民提供各种货物和服务的地方。中心地主要提供贸易、金融、手工业、行政、文化和精神服务。根据中心商品服务范围的大小，中心地分为高级中心商品和低级中心商品。高级中心商品指名牌服装等服务范围的上限和下限都很大的中心商品。低级中心商品指小百货、蔬菜等商品服务范围的上限和下限较小的中心商品。

中心货物与服务分别指在中心地内生产的货物和提供的服务，也称为中心地职能。中心货物和服务分为较高（低）级别的中心地生产的较高（低）级别的中心货物或提供较高（低）级别的服务。

一个地点的中心性可理解为该地点对围绕周围地区的相对意义的总和，是中心地所起的中心职能作用的大小。

服务范围指中心地提供的每一种货物和服务的涉及范围。范围的上限是消费者愿意去一个中心地货物或服务的最远距离，超过这一距离便可能去另一个较近的中心地。以最远距离 r 为半径，可得到一个圆形的互补区域，表示中心地的最大腹地。服务范围的下限是保持一项中心地职能经营必需的腹地的最短距离。以 r 为半径，也得到一个圆形的互补区域，表示维持某一级中心地存在必需的最小腹地，也称需求门槛距离（threshold），即最低必需销售距离。

构成市场原则的两个限制因素：各级供应点必须达到最低数量以使商人的利润最大化；一个地区的所有人口都应得到每一种货物的提供或服务。

克里斯泰勒认为，有三个条件或原则支配中心地体系的形成，即市场原则、交通原则和行政原则。市场原则适用于由市场和市场区域构成的中心地商品供给情况。交通原则适合新开发区，交通过境地带或聚落呈线状分布区域。在文化水平高、工业人口多、人口密度高的区域，交通原则比市场原则作用更大。行政原则适用于有强大统治机构的时代，或以行政组织为基础的社会生活。自给性强、与城市分离、相对封闭的偏远山区，行政原则的作用较强。高级中心地按照交通原则布局，中级中心地按照行政原则作用较大，低级中心地的布局用市场原则解释较为合理。以上三个原则共同导致了城市等级体系（urban hierachy）的形成。

均衡模式：在满足上述前提条件下，中心地均匀分布在平原上，同一等级的中心地之间的距离相等，服务范围是相同半径的圆形区。每三个相邻 B 级中心地之间有一个空白区，得不到这三个中心地任何一个提供的商品和服务，因此，在这个空白区的中心产生一个次一级 K 级的中心地，用来满足居民消费。每三个 K 级中心地之间又出现空白，出现次一级中心地 A 级，依次类推。中心地可分为许多等级。由于竞争机制的存在，各中心地都想扩大服务区范围，相邻的中心地服务区之间将出现重叠，根据到中心地购物的原则，重叠区的消费者将以中心线为界被最近的中心地吸引。于是，每个中心地的服务区变成最稳定空间结构的六边形，每个次一级的中心地成为六边形的六个顶点，各级中心地组成一个有规律递减的多级六边形图形，形成一般均衡状态下的中心地空间分布模式。

（九）交易成本理论

交易成本理论由诺贝尔经济学奖得主科斯（R. H. Coase，1937）提出，交易成本理论的根本论点在于对企业本质加以解释。由于经济体系中企业的专业分工与市场价格功能的运作，产生了专业分工；但是，使用市场的价格功能成本相对偏高，形成企业机制，它是人类追求经济效率所形成的组织体。

交易成本的类别：

搜寻成本：商品信息与交易对象信息的搜集。

信息成本：取得交易对象信息和与交易对象进行信息交换所需的成本。

议价成本：针对契约、价格、品质讨价还价的成本。

决策成本：进行相关决策与签订契约所需的内部成本。

监督成本：监督交易对象是否依照契约内容进行交易的成本，如追踪产品、监督、验货等。

违约成本：违约时需付出的事后成本。

交易成本理论又称交易费用理论。

（十）政府规制理论

"规制"是规制部门通过对某些特定产业或企业的产品定价、产业进入与退出、投资决策、危害社会环境与安全等行为进行的监督与管理。

依据规制性质，可分为经济性规制与社会性规制。经济性规制主要关注政府在约束企业定价、进入与退出等方面的作用，重点针对有自然垄断、信息不对称等特征的行业。社会性规制是以确保居民生命健康安全、防止公害和保护环境为目的所进行的规制，主要针对与对付经济活动中发生的外部性有关的政策。

对规制经济理论的研究主要分为两类：规制规范分析与规制实证分析。规制规范分析学派产生于19世纪，主要代表人物是查得威克、马歇尔、庇古、德姆塞茨、威廉姆森等。规制实证分析学派萌芽于19世纪法国经济学家迪普特（Dupuit，1849）的研究，主要代表人物有斯蒂格勒、卡恩、帕尔兹曼、贝克尔等。

规制规范分析学派主要观点有：由于市场机制不完善及存在市场失灵，如自然垄断、外部性等，应对企业活动进行规制，规制目的是确保资源配置效率情况下，保证公共利益不受损害。

规制实证分析学派主要观点有：政府规制的目的是维护个别集团的利益，在规制者与被规制者之间的相互利用，通过经验数据分析，佐证观点。

规制俘虏理论是斯蒂格勒20世纪70年代初提出的。核心内容是：具有特殊影响力的利益集团——被规制企业——进行寻租活动，使规制者成为被规制者的"俘虏"，并参与共同分享垄断利润，使政府规制成为企业追求垄断利润的一种手段。

政府规制内容主要有：进入（退出）规制；价格（收费）规制；数量、质量规制；资源、环境规制等。

二、产业发展理论

（一）产业定位理论

定位理论认为，品牌就是某个品类的代表或者说是代表某个品类的名字。建立品牌要实现品牌对某个品类的主导，成为某个品类的第一。找到定位的基本方法有聚焦、对立和分化。

定位理论共同创始人迈克尔·波特与里斯先生合著《定位》《商战》《营销

革命》《22 条商规》等定位书籍，开创了定位理论，还著有《新定位》《什么是战略》等。

产业定位理论是研究如何进行产业定位的基本理论。

（二）产业集群理论

产业集群理论是 20 世纪 20 年代出现的西方经济理论。产业集群理论是 20 世纪 90 年代由美国哈佛商学院的迈克尔·波特创立的：在一个特定区域的一个特别领域，集聚着一组相互关联的公司、供应商、关联产业和专门化的制度和协会，通过这种区域集聚形成有效的市场竞争，构建出专业化生产要素优化集聚洼地，使企业共享区域公共设施、市场环境和外部经济，降低信息交流和物流成本，形成区域集聚效应、规模效应、外部效应和区域竞争力。

迈克尔·波特提出由四种关键要素形成的"钻石体系"理论，从竞争力角度对集群的现象进行分析和研究，结果显示集群不仅降低交易成本、提高效率，而且改进激励方式，创造信息、专业化制度、名声等集体财富。集群能改善创新的条件，加速生产率的增长，有利于新企业的形成。虽然集群内企业竞争暂时降低了利润，但相对于其他地区的企业建立了竞争优势。

Krugman（1991）从区域经济与规模经济的角度，解释了工业活动的集中性，聚集效应的关键是规模经济，特别是外部规模经济，聚集能导致生产某一产品的平均成本下降，产生递增的规模效应。

（三）全球化理论

全球化（globalization）是一种概念，也是一种人类社会发展的现象过程。T. 莱维 1985 年在《哈佛商报》提出"全球化"概念，认为经济全球化就是商品、服务、资本和技术在全球生产、消费和投资领域的扩散。

国际货币基金组织认为，全球化就是通过贸易、资金流动、技术涌现、信息网络和文化交流，实现世界范围的经济融合。

美国哈佛大学的杰弗里·萨克斯教授认为，经济全球化至少包含四方面的内容：促进经济更快增长、影响宏观经济稳定、改变收入分配状况和对国际政治格局产生影响。

新自由主义经济学认为，自由贸易有利于发挥比较优势，经济自由化能够产生生产要素的最佳配置，形成新的国际劳动分工，创造更多利润，推动经济增长。

（四）劳动地域分工理论

劳动地域分工又称生产地域分工或地理分工。它与部门分工一起成为社会分工的两种基本形式。劳动地域分工指一个国家或地区按某一优势的社会物质生产部门实行专业化生产，是社会分工的地域表现形式，是在生产地与消费地分离、靠运输进行交换的条件下形成的。通常实现分工的前提是产品在生产地的价格与运费之和低于在消费地生产同种产品的价格。

地域分工分为：绝对地域分工，由于自然条件和社会条件的限制，某地区不能生产某种产品，必须由其他地区输入；相对地域分工，某地区生产某种产品，但生产耗资大，收效小，外部输入更好。

劳动地域分工有四个特点：

地区生产的产品主要是通过交换和贸易在其他国家和地区最终实现消费；一定的运输手段和商品贸易的存在是劳动地域分工发展的前提；劳动地域分工得以实现的原动力是经济效益；劳动地域分工发展的最终结果是经济区的形成。

劳动地域分工有以亚当·斯密的绝对成本论、大卫·李嘉图的比较成本论、马克思的劳动地域分工思想构成的古典经济学的劳动地域分工，以及以赫克谢尔·俄林的要素禀赋说、里昂梯夫之谜等新古典经济学的劳动地域分工理论等分类。

（五）比较优势理论

大卫·李嘉图在《政治经济学及赋税原理》中提出了比较成本贸易理论（后人称为"比较优势贸易理论"）。比较优势理论认为，国际贸易的基础是生产技术的相对差别（而非绝对差别），以及由此产生的相对成本的差别。每个国家都应根据"两利相权取其重，两弊相权取其轻"的原则，集中生产并出口有"比较优势"的产品，进口有"比较劣势"的产品。

（六）主导产业理论

主导产业最先由美国的经济学家罗斯托在其经典著作《经济成长阶段》中提出。罗斯托将其定义为革新创造的可能或利用新的有利可图或至今未开发的资源的可能，将造成很高的增长率并带动这一经济中其他方面的扩充力量。

主导产业有三个明显的特征：具有与新技术相关联的新的生产函数；有超出国民经济总增长率的持续高速增长的部门增长率；主导产业对其他部门乃至国民经济有着回顾效应、旁侧效应、前瞻效应。

一国或地区的主导产业通常都是成熟产业或较为成熟的新兴产业。

主导产业的选择基准：DEA 有效基准、波特的钻石理论基准、可持续发展基准、人力资本匹配基准、就业功能基准、SSM 基准等。从主导产业选择基准的发展过程看，有如下特点：

在理论上，部门主导产业转向区域主导产业群和主导产业链，强调区域特性、产业组织生产方式对主导产业的重要性；区域主导产业的选择由单一工业部门扩展到区域各个产业部门的综合；对区域概念的理解更加深入；产业环境从封闭到开放，关注区域经济一体化和经济全球化的影响；主导产业的选择注重生态环境和人本主义。

我国使用的主导产业定量选择方法大致分为两类：

1. 传统的参数模型方法。运用参数模型计算有效边界，采用观察点到有效边界的某种距离确定决策单元的运作效率。

该方法的主要缺点：研究者难以摆脱主观的对有效边界的函数类型和模型随机结构的预先假设，结果缺乏客观性。样本数量较少时，研究者陷入两难境地：复杂的模型拟合效果更好，但包含更多的参数，无法计算；简单模型的参数较少，可以全部估计，但模型可能失真，结果失去意义。这类方法以主成分分析和层次分析法为代表。

2. 非参数数据包络分析法 DEA。DEA 可以避免参数模型的缺点，不必事先人为地对有效边界做任何假设，完全以数据为依据，具有客观性，被广泛应用于公共领域的绩效评估和主导产业的选择等领域。

（七）点轴开发理论

点轴开发理论（点轴理论）由波兰经济学家萨伦巴和马利士提出。点轴开发模式是增长极理论的延伸。研究区域经济发展的过程，经济中心总是首先集中在少数条件较好的区位，呈斑点状分布。这种经济中心既可称为区域增长极，也是点轴开发模式的点。随着经济发展，经济中心逐渐增加，点与点之间，由于生产要素交换需要交通线路以及动力供应线、水源供应线等，相互连接起来，就是轴线。这种轴线首先为区域增长极服务，但轴线一经形成，对人口、产业也有吸引力，吸引人口、产业向轴线两侧集聚，并产生新的增长点。点轴贯通，形成点轴系统。点轴开发可以理解为从发达区域的经济中心（点）沿着交通线路向不发达区域纵深地发展推移。

其主要特征：（1）方向性和时序性：点轴渐进扩散过程有空间和时间的动态连续特征，是极化能量摆脱单点的限制走向整个空间的第一步。（2）过渡性：点轴开发开始将开发重点由点转向了轴线，多个点轴的交织构成网络，点轴开发变为网络形成的过渡阶段；随着区域网络的完善，极化作用减弱，扩散作用增强，区域经济趋于均衡。点轴渐进是区域不平衡向平衡转化的过程，是欠发达地区二元经济结构逐渐消除的过程。

（八）现代物流业

现代物流业指原材料、产成品从起点至终点及相关信息有效流动的全过程。它将运输、仓储、装卸、加工、整理、配送、信息等方面有机结合、形成完整的供应链，为用户提供多功能、一体化的综合性服务。现代物流业是新型的跨行业、跨部门、跨区域、渗透性强的复合型产业。现代物流业涉及国民经济行业主要包括铁路运输、道路运输、水上运输、装卸搬运及其他运输服务业、仓储业、批发业、零售业等。现代物流业是政府规划和园区规划考虑的重要因素。

（九）产品生命周期理论

产品生命周期理论是美国哈佛大学教授雷蒙德·弗农（Raymond Vernon）1966 年在《产品周期中的国际投资与国际贸易》中首次提出的。产品生命周期（product life cycle），简称 PLC，是产品的市场寿命，一种新产品从开始进入市场到被市场淘汰的整个过程。产品的生命经历初创、成长、成熟、衰退等基本的周期。这个周期在不同技术水平的国家和地区，发生的时间和过程不一样，其间存在较大的差距和时差，该时差表现为不同国家或地区技术水平的差距，反映了同一产品在不同国家或地区间的竞争差异，决定了国际贸易、国际投资，以及国内贸易和投资等变化。

判断某个产业或产品生命周期处在哪个阶段的方法：曲线判断法、类比判断法、经验判断法（家庭普及率推断法）、销售量增长率法和比率增长判断法等。

（十）循环经济理论

循环经济即物质闭环流动型经济，指在人、自然资源和科学技术的大系统内，在资源投入、企业生产、产品消费及其废弃的全过程中，将传统的依赖资源消耗的线性增长经济，转变为依靠生态型资源循环发展的经济。

循环经济是在物质的循环、再生、利用的基础上发展经济，是建立在资源回收和循环再利用基础上的经济发展模式。主要原则是资源使用的减量化、再利用、资源化再循环。其生产的基本特征是低消耗、低排放、高效率。

循环经济的实施包括三个层面：小循环（企业内部）、中循环（企业之间）、大循环（社会化）。从资源利用的技术层面看，主要通过资源的高效利用、循环利用和废弃物的无害化处理的技术路径实现。

三、产业结构理论

（一）二元结构理论

从产业供给与需求的角度看，由于农业的边际劳动生产率为零或接近零，农业剩余劳动力对城市工业的供给价格低，工业的边际劳动生产率高于农业剩余劳动力的工资，工业生产可以从农业获得无限廉价的劳动力供给，从劳动力供给价格与边际劳动力差额当中获得较高的利润。由于工业利润的储蓄倾向较高，城市工业发展对农村剩余劳动力的吸纳能力增强，由此产生累积性效应。累积的结果使得农业劳动力的边际生产率提高，工业劳动力的边际生产率下降，导致工业、农业劳动力边际生产率趋向一致。这时，二元经济转变为一元经济。

政府与产业规划编制时，需要研究和分析各类产业的发展现状，用二元结构理论作为依据，进行二元结构的状况及变化分析。政府部门习惯于划分为一产（农业）、二产（工业）、三次产业（服务业）分析与评价产业现状、产业结构的趋势，通常以3~5年的经济数据和发展趋势，判断产业分析与趋势。

（二）赫尔曼的不平衡增长理论

由于发展中国家资源的稀缺性，全面投资和发展所有部门是不可能的，政府只能把有限的资源有选择地投入某些行业，使有限资源最大限度地促进经济增长，这就是不平衡增长。

赫尔曼认为，在发展中国家，有限的资本在社会资本和直接生产之间的分配具有替代性，有两种不平衡增长的基本途径：

一是"短缺的发展"，先对直接生产资本投资，引起社会资本短缺。社会资本短缺引起直接生产成本的提高，迫使投资向社会资本转移进而实现二者的平衡，然后，通过对直接生产成本的投资引发新一轮的不平衡增长过程。

二是"过剩的发展"，对社会资本投资，使二者平衡后再重复此过程。

（三）罗斯托的主导部门理论

罗斯托按照技术标准，把经济成长阶段划分为传统社会、为起飞创造前提、起飞、成熟、高额群众消费、追求生活质量六个阶段，每个阶段的演进以主导产业部门的更替为特征。按照其理论，经济成长的各阶段存在起主导作用的产业部门，主导部门通过回顾、前瞻、旁侧三重影响带动其他部门的发展。罗斯托的《战后二十五年的经济史和国际经济组织的任务》列出了五种主导部门综合体系：

（1）作为起飞前提的主导部门综合体系，主要是食品、饮料、烟草、水泥、砖瓦等工业部门。

（2）替代进口货的消费品制造业综合体系，主要是非耐用消费品的生产。

（3）重型工业和制造业综合体系，如钢铁、煤炭、电力、通用机械、肥料等工业部门。

（4）汽车工业综合体系。

（5）生活质量部门综合体系，主要指服务业、城市和城郊建筑等部门。

罗斯托认为主导部门序列不可任意改变，任何国家都要经历由低级向高级的发展过程。罗斯托的主导部门通过投入产出关系带动经济增长的观点，以及主导部门可以变化的观点，对我国的经济布局和产业规划有一定的借鉴意义。

（四）两基准理论

两基准理论指收入弹性基准和生产率上升基准。收入弹性基准要求把积累投向收入弹性大的行业或部门，主要是由于这些行业或部门有广阔的市场需求，便于实现规模经济效益，迅速地提高利润率；生产率上升基准要求积累投向生产率（指全要素生产率）上升最快的行业或部门，这是由于这些行业或部门由于生产率上升快，单位成本下降最快，在工资一定的条件下，该行业或部门的利润必然上升最快。两基准理论以下列条件为基本前提：

（1）基础产业相当完善，不存在瓶颈制约；或即使存在一定程度的瓶颈制约，但要素有充分的流动性，资源能够短期内迅速向瓶颈部门进行转移，缓解产业发展的瓶颈。

（2）产业发展中不存在技术约束。

（3）不存在资金约束。如果上述条件不存在，两基准理论未必成立，利用两基准理论选择优先发展产业也未必可行。

（五）产业分配理论

1. 配第－克拉克定律。英国经济学家配第和克拉克研究发现：随着全社会人均国民收入水平的提高，就业人口首先由第一产业转移；当人均国民收入水平进一步提高时，就业人口大量向第三产业转移。这种由人均收入变化引起的现象称为配第－克拉克定律。进一步研究发现：工业收入比农业多；商业收入（服务业）又比工业收入（附加值）多。克拉克研究了产业结构的演进趋势，得出了产业结构演进的规律性结论。

2. 库兹涅茨人均收入影响论。库兹涅茨在继承配第和克拉克等研究成果的基础上，依据人均国内生产总值份额基准，考察了总产值变动和就业人口机构变动的规律，揭示了产业结构变动的总方向，进一步证明了配第－克拉克定律。他研究发现，产业结构的变动首先引发人均国民收入变动的影响，这被称为库兹涅茨人均收入影响论。

3. 罗斯托主导产业扩散效应理论和经济成长阶段论。罗斯托提出了主导产业及其扩散理论和经济成长阶段论：无论在任何时期，甚至在已经成熟并继续成长的经济体系中，保持经济增长的原因是，为数不多的主导部门迅速扩大，这种扩大又产生了对产业部门的重要作用，即产生了主导产业的扩散效应，包括回顾效应、旁侧效应和前向效应。罗斯托的这些理论被称为罗斯托主导产业扩散效应理论。根据科学技术和生产力发展水平，罗斯托将经济成长的过程划分为五个阶段：传统社会、为"起飞"创作前提的阶段、"起飞"阶段、向成熟挺进阶段、高额大众消费阶段。后来在《政治与成长阶段》中又增加了"追求生活质量"的阶段。

4. 钱纳里工业化阶段理论。钱纳里从经济发展的长期过程考察了制造业内部各产业部门的地位和作用的变动，揭示制造业内部结构转换的原因，即产业间存在产业关联效应，为了解制造业内部的结构变动趋势奠定了一定基础，他发现：制造业发展受人均 GNP、需求规模和投资率的影响大，受工业品和初级品输出率的影响小。他将制造业的发展分为三个时期：经济发展初期、中期和后期；将制造业也按照三种不同的时期划分为如下三种不同类型的产业：

（1）初级产业，指经济发展初期对经济发展起主要作用的制造业部门，如食品、皮革、纺织等部门。

（2）中期产业，指经济发展中期对经济发展起主要作用的制造业部门，如非金属矿产品、橡胶制品、木材加工、石油、化工、煤炭制造等部门。

（3）后期产业，指在经济发展后期起主要作用的制造业部门，如服装和日用品、印刷出版、粗钢、纸制品、金属制品和机械制造等部门。

5. 霍夫曼工业化经验法则。霍夫曼对工业化问题进行了富有开创性的系列研究，提出了被称为"霍夫曼工业化经验法则"的问题阶段理论。他根据霍夫曼比例，即消费品工业净产值与资本工业净产值的比例，把工业化分为四个阶段：

第一阶段：消费品工业占主导地位，霍夫曼比例为（5 +／ - 1）。

第二阶段：资本品工业快于消费品工业的增长，消费品工业降到工业总产值的50%左右或以下，霍夫曼比例为（2.5 +／ - 0.5）。

第三阶段：资本品工业继续快速增长，并已达到和消费品工业相平衡状态，霍夫曼比例为（1 +／ - 0.5）。

第四阶段：资本品工业占主导地位，该阶段被认为实现了工业化，霍夫曼比例为1以下。

在经济实践应用中，霍夫曼比例经常采用轻工业品净产值与重工业品净产值的比例表示。霍夫曼的工业阶段论主要阐述工业过程中重化工业阶段的演变情形。

（六）立体产业分类理论

1. 三次产业的划分。三次产业分类理论于20世纪40年代初提出，其中，第一次产业指广义的农业，划分依据为第一次产业的属性为取自于自然；第二次产业为广义的工业，划分依据为第二次产业的属性为加工取自于自然的生产物；第三次产业是广义的服务业，划分依据为第三次产业是繁衍于有形物质财富生产活动之上的无形财富的生产部门。

2. 三次产业分类法的局限性。近10年来，信息技术、互联网、高新技术等不断出现，需求结构不断变化，产业分析更加复杂，三次产业分类理论出现了很多的局限性。围绕信息产业化浪潮展开的"第四次产业"、"环境产业"、"资源产业"、"生态环保产业"等，逐步形成了新的战略性产业。现有的产业分类理论，不能明确界定新兴产业的内涵、范围和地位等，有必要创新。

3. 立体产业分类理论的内容。随着新技术、信息化和互联网等新概念的出现，逐渐形成了一批被称为"新兴产业"的独立的产业部门，包括自然资源产业、环境产业、高技术产业等。

新兴产业与传统产业，尤其是一次、二次产业存在交融及被包含关系，与传统产业之间的界限是有一定宽度的"带"，产业界限模糊，产业定义难以统一。

新兴产业活动与传统产业活动有高依附性和相关性。高次产业（新兴产业）来源于传统三次产业但又有所差异。

立体产业分类理论的核心内容：引入了两类新的独立产业，即自然资源产业作为零次产业，以及由环境产业、高技术产业（包括信息产业）等组成的高次产业；提出了产业结构立体层级理论。

四、土地开发理论

（一）土地开发模式

地方政府土地开发包括一级开发和二级开发等类别。

一级开发：有权属转移的过程，如通过农地征用、收购等实现权属国有；毛地变净地、生地变熟地。通过农地征用、地上附属物拆迁实现净地，进行市政基础设施的建设和投入实现熟地。土地一级开发的目的，达到出让条件，以备二级市场出让。

二级开发：包括公建配套开发、商品房开发和产业园开发等主要模式。土地使用者经过开发建设，将新建成的房地产进行出售和出租的市场。一般指商品房首次进入流通领域进行交易而形成的市场。

房地产二级市场也包括土地二级市场，土地使用者将达到规定可转让的土地，进入流通领域进行交易的市场。主要运作模式有三种：

（1）由政府主导的运作模式。土地储备机构充当政府土地一级开发机构，开发土地的权属登记在该机构名下，可以保证政府完全控制地价，熟地后的增值收益不流失，土地一级开发法律关系单纯，便于政府实施土地一级开发的事务；缺点是政府自筹土地开发资金压力较大，土地储备投入较多，开发效率低。

（2）企业主导的运作模式。有效利用市场资源，减轻政府开发资金压力。促成二级市场拿地，由于在一级开发中具备了土地成本定价、对规划及地块的熟悉程度等优势，与当地政府的深度合作，二级市场拿地的成功率较大。

（3）政府和企业混合模式（城市运营开发模式）。企业采取与政府签订合作协议的方式，或合作成立第三方公司，资金投入与利润分成进行约定，在前台职能及程序以有收储资格的政府机构实施。通过土地一级开发的参与和运作，在二级市场进行项目和土地操作。

（二）产品（项目）开发模式

产品开发模式的基本要素包括：

（1）城市选择，基于战略发展规划选择拟进入的目标城市或地区。

（2）区位选择，选择项目在城市的中观区位和具体特征。

（3）确定项目规模，确定项目的占地面积、建筑面积、容积率等。

（4）目标客户选择，研究并锁定核心消费者。

（5）确定项目风格，设计项目独特的、便于识别的"符号"，使社会公众、目标客户容易识别是企业开发的类型和特定项目。

（6）设计定型，对各项目进行规划设计、景观设计等。

（7）卖场设计、广告风格定型，宣传资料（包括楼书、媒体广告等）。

（8）统一的 VIS，对特定项目或具体产品的策划和总体包装等。

第三章　规划实践

第一节　政府规划功能

一、贯彻国家政策法规

国家和各地方政府、经济组织等采取一定的决策流程和组织形式，选择专业机构或人员，构建特定规划调研与编写团队，系统研究国家、地方有关政策与法律法规，遵循特定原则和规律，通过在国家层面、部委、省、市、县（县级市或区）、乡（镇、街道），或者特定产业园、各类高新区、各类经济开发区、各类功能区等进行系统规划，立足区位、资源与行业等优势，对特定领域、特定地点的国家政策、地方政策和产业趋势等进行界定，具有对特定范围的发展环境、资源条件、发展目标、产业布局、重点任务、资源供给，以及实现规划的基本保障等予以明确，进而实现预期的经济和产业发展诉求。

二、落实国家发展战略

通过编制各类经济规划和行动方案等，贯彻落实相应层级（国家、省市等政府机构）的战略意图或总体发展目标，达成地方经济发展与科学决策的共识，提升到一定的行为准则层面，确保持续实施和执行。如国家通过出台"十三五"能源发展规划，能够对未来五年的能源布局和能源战略进行有效规划，有助于各部委、各省市、各中央企业等根据各自职责，确立未来的战略方向和重点任务，有助于我国能源结构优化和能源供应的根本保障。

三、编制特定规划方案

各地区、各经济主体在经济发展的不同时期，需要根据本阶段的工作任务和发展要求，进行特定规划的研究、编写、审阅和确认，进而统一思想，逐步形成地方政府或特定产业园等的行动纲领。如国家通过"十三五"规划的调研、编制和公布，可以有效地统一和聚集全国各部门、各机构的经济和社会发展思路，确保2016—2020年的行动纲领。

四、制定特定经济目标

通过政府规划、产业园规划等的外部环境分析与系列研究，科学编制和持续执行有关规划或方案，推动上级政府机构、主管部门以及本单位等预定发展目标或工作重点的顺利实现。如：国务院2010年12月21日发布的《全国主体功能区规划》在"战略目标"中，提出了"战略目标"和主要任务，为未来几年国务院各部委和各省市区的国土资源使用与合理布局奠定了行动指南。再如：国务院发布的《能源发展"十二五"规划》提出，2015年能源发展的主要目标是：

能源消费总量与效率。实施能源消费强度和消费总量双控制，能源消费总量40亿吨标准煤，用电量6.15万亿千瓦时，单位国内生产总值能耗比2010年下降16%。能源综合效率提高到38%，火电供电标准煤耗下降到323克/千瓦时，炼油综合加工能耗下降到63千克标准油/吨。

能源生产与供应能力。着眼于提高安全保障水平、增强应急调节能力，适度超前部署能源生产与供应能力建设，一次能源供应能力43亿吨标准煤，其中国内生产能力36.6亿吨标准煤。石油对外依存度控制在61%以内。

能源结构优化。非化石能源消费比重提高到11.4%，非化石能源发电装机比重达到30%。天然气占一次能源消费比重提高到7.5%，煤炭消费比重降低到65%左右。

国家综合能源基地建设。加快建设山西、鄂尔多斯盆地、内蒙古东部地区、西南地区、新疆五大国家综合能源基地。到2015年，五大基地一次能源生产能力达到25.6亿吨标准煤，占全国70%以上；向外输出13.7亿吨标准煤，占全国跨省区输送量的90%。

生态环境保护。单位国内生产总值二氧化碳排放比2010年下降17%。每千瓦时煤电二氧化硫排放下降到1.5克，氮氧化物排放下降到1.5克。能源开发利用产生的细颗粒物（PM2.5）排放强度下降30%以上。煤炭矿区土地复垦率超过60%。

城乡居民用能。全面实施新一轮农村电网改造升级，实现城乡各类用电同网同价。行政村通电，无电地区人口全部用上电，天然气使用人口达到 2.5 亿人，能源基本公共服务水平显著提高。

能源体制机制改革。电力、油气等重点领域改革取得新突破，能源价格市场化改革取得新进展，能源财税机制进一步完善，能源法规政策和标准基本健全，初步形成适应能源科学发展需要的行业管理体系。

五、确定阶段性任务

通过各类规划的科学研究和系统编制，有助于明确各阶段的主要工作和重点任务，有助于明确本单位经济发展的总体方向和核心思路，有助于统一行动和做好资源分配，更好地实现本级政府机构、各类产业园或其他经济组织的工作目标。如：国务院 2013 年以国发〔2013〕2 号颁布的《能源发展"十二五"规划》明确提出了九大"主要任务"，分别是："加强国内资源勘探开发、推进能源高效清洁转化、推动能源供应方式变革、加快能源储运设施建设、实施能源民生工程、控制能源消费总量、深化能源体制机制改革、提升能源科技和装备水平、深化能源国际合作"。

六、有效匹配稀缺资源

鉴于经济资源的短缺性和经济行为的多元化、发散性、冲突性，通过各类经济规划与产业规划的研究与编制，有助于梳理特定政府机构或其他经济单位在特定时间的资源结构、总量、限制条件，以及资源优先使用顺序等，更好地制定计划，合理匹配资源，实现资源的优先使用和投入产出，有助于实现资源的持续优化和合理供给。

七、转变经济增长方式

各级政府规划和产业规划的一个主要作用就是，进一步明确本地区、本单位经济发展的主要思路和具体模式，寻找和总结以往经济发展中的各类问题和发展中的困境与缺陷，设计更加科学有效的转型思路，更好地促进地方经济发展，实现产业转型与经济增长方式的转变。

八、完善组织运行体系

一般来讲，各类政府规划和产业规划等都会明确、原则性地提出实现特定发展规划的领导机制、组织体系、运行规则、重大决策流程、决策程序，以及操作管理办法等，这就有助于地方政府和园区等的运行机制规范与完善。如：国务院 2010 年 12 月 21 日发布的《全国主体功能区规划》在"保障措施"中，明确提出了明确各省职责和部门职责等，为完善国务院和各省市的组织运行起到了较好的促进作用。

九、明确监督评价体系

各类经济规划和产业规划等实施与优化，离不开有效、完善的责任考核和责任界定，这也是一般经济规划与行动方案需要进一步明确界定和予以规范的重要环节。在各类规划实施方案中，一般还会对具体的责任主体、权利义务、责任边界、行动准则、奖励规则、惩罚机制等予以明确，便于地方政府、各主体部门、有关领导和其他人员对照规定与要求，自觉地执行和落实，有助于明确责权与标准，提前进行行为规范的约束和监督，确保政府规划、产业规划和发展目标的逐步执行和实施。如：国务院 2010 年 12 月 21 日发布的《全国主体功能区规划》在"保障措施"中，明确提出了明确考核体系、强化考核结果应用、明确各省职责和部门职责，以及监督考核的要求，对于全国各地的主体功能区布局和责任落实指明了方向。

第二节　政府规划的作用

一、完善规划体系

中央政府、地方政府、产业园等经济组织与行政机构通过编制和修订五年发展规划、总规划、详细性控制规划、修建性详细规划、专项规划等，有助于构建完善的地方和城市发展规划体系，指导地方经济和城市重大决策。

其中：

中央政府和地方政府五年发展规划从经济、政治、文化、军事、技术和其他领域对国家、本地区的经济发展和社会生活等领域做出较全面、科学的定位，为我国和地方经济发展提供强有力的基础保障。

城市发展总规划以全国城镇体系规划、省域城镇体系规划及其他更高层次法定规划为依据，从区域经济社会发展的角度研究城市定位和发展战略，按照人口与产业、就业岗位的协调发展要求，控制人口规模、提高人口素质，按照有效配置公共资源、改善人居环境的要求，充分发挥中心城市的区域辐射和带动作用，合理确定城乡空间布局，促进区域经济社会全面、协调和可持续发展。

详细规划通过编制城市控制性详细规划，依据已经依法批准的城市总体规划或分区规划，考虑相关规划的要求，对具体地块的土地利用和建设提出控制指标，作为建设主管部门（城乡规划主管部门）做出建设项目规划许可的依据。

城市修建性详细规划依据已经依法批准的控制性详细规划，对所在地块的建设提出具体的安排和设计。

专项规划包括交通规划、资源利用规划、循环经济、节能环保、现代服务业等专题规划，从技术角度对总体规划或分区规划进行细化与深化，从管理角度将某个地区或城市功能分解成为若干密切相关的系统进行专项研究，确保各个地区和城市活动的有机性与多样性。

二、满足经济发展需求

五年经济规划、总体规划和专项规划等不同规划方案，能够从整体性、土地空间和专业领域等进行一个国家、一个地区、一个城市的经济、社会生活、产业和交通等的框架勾画与规范设计，有助于体系化、科学化、规范化地进行经济发展和社会管理目标分解与效果预估，更好地满足经济发展的需要，对特定地域和特定系统的开发速度、开发时序、开发分布、开发重点等作出控制性安排，较好地满足市场和社会需要，使空间资源产生最大效应。

三、经营政府和城市

通过总体经济规划、土地规划、产业规划和城市规划等，使得有限的财力、资料和资源得到更好的分配。对特定国家、特定地区、特定城市有着更加系统、全面、准确、前瞻的认知。通过制定各类规划，开展重大工程与项目设计，有助于加快我国城市规划与社会经济规划、生态环境规划融合，掌握和运用城市发展与管理规律，提高一个地区和城市规划的操作性、系统性、前瞻性。

四、改善社会民生

一个国家和特定地区经济发展的最终目的是改善民生，提高国民福利与生产、生活质量，努力使全体国民有悠闲的生活，有舒适的工作环境，有清新的空气，享受便利、富足的日产生活等。各类规划应该确定该类目标。

第三节　欧美规划实践

一、美国政府规划

在 2000 年前，美国政府没有建立全国的国土空间战略规划，主要是州市的地方规划和部门专项规划等，包括城市规划、公共用地规划、土地利用规划等。

20 世纪 30 年代以前，美国以城市规划为主，如土地利用分区规划；20 世纪 30 ~ 60 年代，美国政府规划以资源开发规划为主；20 世纪 60 ~ 90 年代，美国跨州区域规划主要是经济发展规划。从 2000 年开始，美国空间规划进入以区域可持续发展为核心的综合规划阶段。

2006 年，为应对 21 世纪美国人口的急剧增长、基础设施需求、经济发展和环境等问题的挑战，美国联邦政府提议，由洛克菲勒基金、福特基金、林肯土地政策研究所等主要资助，"美国 2050"国家委员会具体管理，联合美国区域规划协会、林肯土地政策研究所、大学等专家、学者和政策制定者，共同研究构建美国未来空间发展的基本构架。

"美国 2050"空间战略规划主要包括基础设施规划、巨型都市区域规划、发展相对滞后地区规划和大型景观保护规划四个方面的内容。重点确定 11 个巨型都市区域：东北地区、五大湖地区、南加利福尼亚、南佛罗里达、北加利福尼亚、皮尔蒙特地区、亚利桑那阳光走廊、卡斯卡底、落基山脉山前地带、沿海海湾地区和得克萨斯三角地带。该规划的主要特征：针对关键问题，瞄准重点区域；建立科学的分区标准；加强国家级空间战略规划重点区域划分研究；广泛的公众参与和制度创新。

二、欧盟政府规划

欧盟各成员国之间根据具体情况和发展问题，充分考虑成员国和地区的差异性，在尊重各自发展的基础上，提出了着眼区域平衡和共同发展的规划目标和计划，建立三级规划协调组织框架，对欧盟各国事务和规划展开协调，制定了 ESDC 欧盟空间发展规划。

第四节　我国规划实践

一、政府规划的演变

我国新中国成立初期，政府规划体系不很完善，城镇化规划基本空白。

党的十一届三中全会以后，我国确立了对外开放的改革道路，城市建设进入高速发展轨道，西方理论引入我国实践，综合国土规划、城市／区域规划、大城市市域规划等逐步完善。

1989 年，《中华人民共和国城市规划法》提出"国家实行严格控制大城市规模，合理发展中等城市和小城市的方针"，将城镇体系规划纳入法定规划框架内。根据该法，我国城镇体系规划包括全国、省、自治区和直辖市层面的城镇体系规划，以及各地级市、县市级总体规划内容框架内的城镇体系规划。

20 世纪 90 年代后期，《中国二十一世纪议程》提出适当控制大城市人口增长过快的势头，发展大城市的卫星城市，积极发展中小城市与大力发展小城镇。2005 年《全国城镇体系规划（2005—2020 年）》推动了城镇规划的进一步发展。

2005 年，国务院发布《国务院关于加强国民经济和社会发展规划编制工作的若干意见》（国发〔2005〕33 号），对五年规划编制提出了明确的要求。2007 年国务院发布《国务院关于编制全国主体功能区规划的意见》（国发〔2007〕21 号）。

2007 年国家发展和改革委员会关于印发《国家级专项规划管理暂行办法》的通知（发改规划〔2007〕794 号）规定，国家级专项规划是指国务院有关部门以经济社会发展的特定领域为对象编制的、由国务院审批或授权有关部门批准的规划。

关于我国城市新区的发展阶段，李矿辉、张有才、王建军等在《新区总体规划编制的理念与内容创新实践》中提出了"我国新区建设经历了工业发展带动型、疏解老城压力型、低碳生态型三个阶段"，按照他们的研究，三个阶段各自的特点如下：

1. 第一个阶段：工业发展带动型。我国当代的第一代新城主要通过工业用地的建设带动新城的开发，以土地换投资，从而带动城市的基础设施建设，经过多年的发展,这类新区有的已经完成了从工业增长向综合性新区的转变。

2. 第二个阶段:疏解老城压力型。城市化已经成为我国重要的发展战略。经过多年的城市快速发展,我国许多老城区已经不能满足城市发展的需要。为了培育新的城市中心并分散老城中心区交通压力,新城建设应运而生。它不仅能带动周边地区的城市化,也能有效疏散和缓解老城的人口、产业及部分职能压力,构筑多中心的城市发展体系,促进城市空间结构的良性发展。以触媒启动为主,通过触媒建设,带动周边地区的土地升值,完成基础设施的建设。

3. 低碳生态型。中国第三代新城将是在"低碳"、"生态"理念指导下的新型人居环境示范区。以循环经济和低碳经济等模式促进新型低碳新城、生态新城,将会被广泛认可并逐步成为21世纪城市可持续发展的理想范式。三个阶段的不同特征如表1所示:

表1 中国当代不同阶段新城对比

分类指标	第一代新城	第二代新城	第三代新城
地区发展战略	工业化带动城市化	城市化发展战略	城市化发展战略
城市发展政策	经济技术开发区重点开发	扩大城市规模、有机疏散老城	城乡统筹,区域一体化发展
城市空间结构	单中心	单中心向多中心转变	城市内部多中心,城市之间网络化
建设目标	经济增长	综合性新城	能够充分采用生态技术,构建可持续发展的示范区域
选址原则	成本优先	区位优先	传统条件下无法利用的地区
启动方式	工业启动	触媒带动	可持续的区位择优
代表性新城	大连经济技术开发区	广州新城	天津中新生态城

二、政府规划的缺陷

我国政府规划和城镇规划等制度体系和编制程序,尽管逐步得到不断完善与优化,但是规划编制与执行中存在一些缺陷,如规划编制自上而下为主,规划编制受到行政干预,缺少对市场规律和专业权威的尊重,规编成果以规划末期发展图景的静态规划为主,对市场与环境变化预测少,缺乏规划期内未来趋势探索和多种发展情景的模拟。规划过于理想化和追求形式，对社会服务研究不够，生态和环境保护规划重视不够，土地使用违反土地使用总体规划，规划各方参与社会宣传不够等。如：2012 年国土资源部对各类开发区、工业园区规划及用地情况督察，发现 460 个园区实际规划土地面积 1144.8 万亩，其中不符合土地利用总体规划 361.95 万亩，占比 31.6%。

概括来说，我国目前各类规划体系存在的缺陷包括：部分规划缺失、规划内容滞后、规划主管机构过度、规划编制分散、规划相互交叉，跨部门职责相对分割，不同规划之间的边界存在冲突，等等。

三、我国政府规划的发展阶段

中国政府规划的理念与城市、产业发展模式及未来趋势紧密相关。为研究归纳我国城市、产业园的主要特征、驱动模式、发展阶段与未来方向等，笔者与研究团队归纳分析了国内外经典案例和专业文献，逐步形成了中国城市与产业园发展五个阶段的研究观点，并在 2014 年 9 月，为河北省保定市市委、市政府、市政协、市人大及各县市区，包括各级发改委、经信委、高新区和开发区等管理层，进行政府规划与运营专题培训时，探索和提出了我国城市和产业园发展 5 个阶段的最新观点，研究认为，我国城市和产业园发展一般经历由低到高的发展阶段，包括生产要素聚集阶段、产业主导阶段、创新突破阶段、都市科技阶段和生态文明家园阶段。这些阶段可能是跳跃式的，不一定每个阶段必然经过，或者有时候几个阶段的产业特征并存。在不同的发展阶段，呈现不同的功能、特征和驱动方式等。具体如图 1 所示：

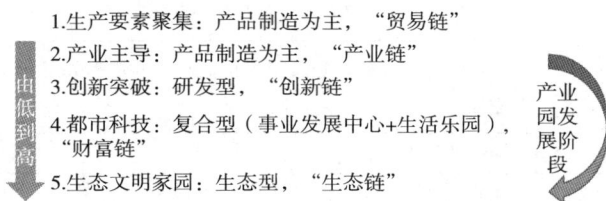

1.生产要素聚集：产品制造为主，"贸易链"

2.产业主导：产品制造为主，"产业链"

由低到高

3.创新突破：研发型，"创新链"

4.都市科技：复合型（事业发展中心+生活乐园），"财富链"

产业园发展阶段

5.生态文明家园：生态型，"生态链"

图 1　我国城市和产业园发展五个阶段

我国产业园发展可以划分为五个阶段，各阶段的产业链导向、产业发展需求要素、园区功能、与城市空间关系、核心驱动力、主要产业类型、产业空间形态、园区增值方式等分别如表 2 所示。

产业园发展的第一阶段是生产要素聚集。该阶段的主要特征如表 2 所示：

表 2   第一阶段：生产要素聚集

分析维度	主要特征
产业链导向	低成本导向，要素低效串联配置
产业发展需求要素	廉价的土地、劳动力，优惠的税收政策
园区功能	加工型，单一的产品制造、加工
与城市发展的空间关系	基本脱离（点对点式）
核心驱动力	政府优惠政策等"外力"的驱动
主要产业类型	低附加值，劳动密集型传统产业
产业空间形态	纯产业区，在空间上呈现沿交通轴线布局，单个企业或同类企业聚集
园区增值方式	园区主要活动的关注顺序：贸—工—技。增值手段主要是"贸易链"，即通过与区内外、国内外的贸易交换获取附加值

如表 2 所示，在生产要素聚集阶段，产业园主要是低成本导向，要素之间低效率串联配置，政府依靠廉价的土地、劳动力和优惠政策，吸引企业和聚集产业，这阶段产业园功能是加工型企业，单一的低附加值、劳动密集型的产品制造和加工。产业空间形态呈现沿着交通线路的轴线布局，单个企业或同类企业聚集。园区增值模式是"贸易链"，即以贸易交换带动工业制造，促进技术研发等活动。

产业园发展的第二阶段是产业主导聚焦。该阶段的主要特征如表 3 所示：

表 3   第二阶段：产业主导聚集

分析维度	主要特征
产业链导向	生产要素重新整合，形成稳定的主导产业和上、中、下游结构特征的产业链，有较好的产业支撑与配套条件
产业发展需求要素	一定的配套服务和研发能力，企业主要依靠外部科学结构和大学的支撑
园区功能	以产品制造为主
与城市发展的空间关系	相对脱离（串联式）
核心驱动力	由政府的优惠政策等"外力"的驱动
主要产业类型	低附加值，劳动密集型传统产业
产业空间形态	纯产业区，在空间上呈现沿交通轴线布局，单个企业或同类企业聚集
园区增值方式	对园区主要活动的关注顺序：贸—工—技。"高技术产品生产基地"，增值手段主要是"产业链"

如表 3 所示，在产业主导聚焦阶段，产业园主要生产要素重新整合，形成稳定的主导产业和上、中、下游结构特征的产业链。这时的产业园已经具有了一定的配套服务和研发能力，企业主要依靠外部科学结构和大学的支撑。园区功能以产品制造为主，产业园与城市之间是相对脱离的串联关系。核心驱动力是由政府的优惠政策等外力的驱动。这个阶段产业类型仍然是低附加值、劳动密集型的加工企业，产业空间形态是纯产业区，空间上呈现沿着交通线路的轴线布局，单个企业或同类企业聚集。园区增值方式是"产业链"，即通过产业的聚集，确立贸易订单，促进工业制造，重视技术研发活动。

产业园发展的第三阶段是创新突破阶段。该阶段的主要特征如表 4 所示：

表 4　　　　　　　　　　　　　第三阶段：创新突破

分析维度	主要特征
产业链导向	创新文化
产业发展需求要素	高素质人才、较好的信息、技术及其他高端产业配套服务。园区自身能力不断增强
园区功能	研发型。科技产业区、制造、研发复合功能
与城市发展的空间关系	相对耦合（中枢轴辐式）
核心驱动力	内力为主，技术推动，企业家精神
主要产业类型	技术密集型、创新型产业。信息技术、生物医药、新能源技术、新材料和先进制造技术等
产业空间形态	产业社区。产业间开始产生协同效应，在空间上形成围绕产业集群的圆层布局
园区增值方式	对园区主要活动的关注顺序：技—工—贸。其增值手段主要是"创新链"。代表园区：中关村科技园、台湾新竹、法国索菲亚高科技园区

如表 4 所示，在创新突破阶段，大力倡导创新文化，产业园主要依赖高素质人才、较好的信息、技术及其他高端产业配套服务获得发展，园区自身能力不断增强。这时的产业园已经具有科技产业区、制造、研发复合功能。产业园与城市之间是相对耦合（中枢轴辐式）的关系。核心驱动力是内力为主，技术推动，企业家精神。这个阶段主要产业类型是技术密集型、创新型产业。信息技术、生物医药、新能源技术、新材料和先进制造技术等。产业空间形态是产

业社区：产业间开始产生协同效应，在空间形态上，逐步形成围绕产业集群的圆层布局。园区增值方式是"创新链"：技—工—贸。代表园区有中关村科技园、台湾新竹、法国索菲亚高科技园区。

产业园发展的第四阶段是科技都市阶段。该阶段的主要特征如表 5 所示：

表 5　　　　　　　　　　　　第四阶段：科技都市阶段

分析维度	主要特征
产业链导向	高势能优势
产业发展需求要素	高价值的品牌、高素质的人才资源、高增值能力和高回报率的巨额资本
园区功能	复合型（事业发展中心＋生活乐园）。现代化综合城市功能，产业集聚地，人气的集聚区、文化的扩散区、资本的融通区
与城市发展的空间关系	紧密整合（多极耦合式）
核心驱动力	高价值的"财富级"要素的推动
主要产业类型	文化创意、科技创新产业及其他高端现代服务业为主
产业空间形态	综合新域。在空间上城市功能和产业功能完全融合
园区增值方式	对园区主要活动的关注顺序：技—贸—工。以研发中心、研发型产业、科技服务业为主体，其增值手段主要是"财富链"。代表园区：美国硅谷

如表 5 所示，在科技都市阶段，产业链导向是高势能优势。产业园主要依赖高价值的品牌、高素质的人才资源、高增值能力和高回报率的巨额资本获得发展。这时的产业园已经具有复合型（事业发展中心＋生活乐园）。现代化综合城市功能，产业集聚地，人气的集聚区、文化的扩散区、资本的融通区。产业园与城市之间是紧密整合（多极耦合式）的关系。产业区动力是高价值的财富级要素的推动。这个阶段产业形态是文化创意、科技创新产业及其他高端现代服务业为主。产业空间形态是综合新域，在空间上城市功能和产业功能完全融合。园区增值方式是财富链，以研发中心、研发型产业、科技服务业为主体，其增值手段主要是财富链。代表园区：美国硅谷。

产业园发展的第五阶段是生态文明家园。该阶段的主要特征如表 6 所示：

表6　　　　　　　　　　　　　第五阶段：生态文明家园

分析维度	主要特征
产业链导向	生态与循环发展
产业发展需求要素	高生态环境、高技术应用、高资源利用率
园区功能	产业生态化。生态的城市业态，产业与自然和谐，以人为中心的资源集聚与产业协同，产业园与园区周边环境、产业的协同
与城市发展的空间关系	融合与耦合
核心驱动力	生态利用与创新驱动
主要产业类型	生态产业、生态生活、生态环境
产业空间形态	人与自然、城市与产业的完全融合
园区增值方式	对园区主要活动的关注顺序：人—产—城。以生态产业、生态技术和生态服务业为主体，其增值手段主要是基于"人本"价值观的"生态圈"。未来几十年内全球先进国家和地区将要追求"未来城"——基于"生态圈"的"泛产业园"

如表6所示，在生态文明阶段，产业链导向是生态与循环发展，这是我们研究之后归纳和倡导的最高产业生态。产业园主要依赖高生态环境、高技术应用、高资源利用率，获得可持续发展。这时的产业园已经具有产业生态化。生态的城市业态，产业与自然和谐，以人为中心的资源集聚与产业协同，产业园与园区周边环境、产业的协同。产业园与城市之间是融合与耦合的关系。核心区动力是生态利用与创新驱动。这个阶段产业类型主要是生态产业、生态生活、生态环境。产业空间形态是人与自然、城市与产业的完全融合。园区增值方式是"生态圈"，园区主要活动的关注顺序是人—产—城。以生态产业、生态技术和生态服务业为主体，其增值手段主要是基于"人本"价值观的"生态圈"。未来几十年内全球先进国家和地区将要追求"未来城"——基于"生态圈"的"泛产业园"。

四、我国政府规划的改革方向

近几年，国务院、国家发改委、国土资源部等部委、地方政府和专业机构等，积极研究探索"多规合一"的实践应用与规划体系改革。

武汉市提出"1＋6＋1"的"一张图"的规划编制改革。其中："1"是主干体系，包括总规、分规、控规三个层次；"6"是专项规划，包括城市设计、历史文化名城保护、交通及市政、地下空间、旧城专项改造及其他要素规划；

"1"是基础研究，包括政府政策与专业技术标准研究等。武汉市提出城乡规划和土地利用规划的两规合一，与其他专项规划的多规协调。新编制体系包括两段五层次、主干加专项："两段"是指导控型规划＋实施型规划，"五层次"是指导控制型规划有3个层次，即"城乡土地规划＋市级土地总体利用规划"、"分区规划＋区级土地总体利用规划"、"控规＋乡级土地总体利用规划"；以及"实施型规划"，即"近期建设规划＋中长期土地储备规划＋功能区实施规划"、"年度实施计划＋年度土地储备供应计划"。

围绕新的规划体系，武汉市国土和规划局开展"一张图"建设工作，建立全市统一的规划信息平台。"一张图"以基础地理信息、规划审批信息、土地现状信息为基础，以控制性详规和乡镇土地利用规划为核心，同时，纳入控制性详规、大型单位总平面、规划论证报告，以及市政基础设施专项规划等。法定规划库由控制性详规、分区规划、城乡总体规划、市区乡镇土地总体利用规划等组成；专项规划库由交通、历史文化名城保护、地下空间、基本农田保护、乡镇用地增减挂钩、城中村改造、其他专项规划组成。

国家发改委、国土资源部、环保部和住建部四部委联合下发《关于开展市县"多规合一"试点工作的通知》，提出在全国28个市县开展"多规合一"试点，实现一个市县"一本"规划、"一张蓝图"，积极推动规划编制的改革试点。

第四章　规划体系

第一节　政府规划体系

一、我国政府规划类别

我国政府规划的类别很多，也有不同的观点与争议。国家各部委、有关部门、学者等也在持续地进行规划讨论、改革与修正。

常见规划类型包括主体功能区规划、总体发展规划、土地利用总体规划和城市总体规划等。

全国主体功能区规划，就是根据不同区域的资源环境承载能力、现有开发密度和发展潜力，统筹谋划未来人口分布、经济布局、国土利用和城镇化格局，将国土空间划分为优化开发、重点开发、限制开发和禁止开发四类，确定主体功能定位，明确开发方向，控制开发强度，规范开发秩序，完善开发政策，逐步形成人口、经济、资源环境相协调的空间开发格局。2011年6月初，《全国主体功能区规划》正式发布。

发展规划指对一定时期、范围内的国民经济和社会发展的战略谋划与总体部署，包括国民经济和社会发展总体规划、国民经济和社会发展年度计划、专项发展规划、主体功能区规划、区域发展规划等。

编制土地利用总体规划、城市总体规划依据国民经济和社会发展总体规划。《中华人民共和国城乡规划法》第一章第五条明确提出：城市总体规划、镇总体规划以及乡规划和村庄规划的编制，应当依据国民经济和社会发展规划，并与土地利用总体规划相衔接。

二、按照政府层级的规划分类

按照我国政府的层级，对各类规划进行分类，主要有：

（一）国家级层面政府规划

主要是以国务院总理等名义颁布的重大综合性规划和产业政策等，如国家"十二五"规划纲要的编制历时两年多。规划基本思路研究起草阶段，国家发展改革委委托和选聘 70 多个国内外权威研究机构，对 40 多个经济社会发展中的重大问题进行专项研究。在广泛调查研究的基础上，有关部门 2009 年底形成"十二五"规划基本思路，对拟议的《纲要》主要指标进行测算，对支撑"十二五"发展的重大工程、重大项目做了初步安排，2010 年 8 月底形成《纲要》（草案）的框架。经过广泛征求地方各部门和社会各界对规划编制的意见和建议，《纲要》（草案）初稿于 2010 年出炉，并先后经国务院常务会议、中央政治局常委会议、国务院全体会议和中央政治局会议讨论审议。2011 年 3 月 14 日，第十一届全国人民代表大会第四次会议审查了国务院提出的《中华人民共和国国民经济和社会发展第十二个五年规划纲要（草案）》，会议同意全国人民代表大会财政经济委员会的审查结果报告，决定批准规划纲要。3 月 16 日，新华社受权发布《中华人民共和国国民经济和社会发展第十二个五年规划纲要》。

（二）国务院发布的各类规划

主要由国务院组织有关部门编写并发布，如《国务院关于印发全国主体功能区规划的通知》由国务院以国发〔2010〕46 号的形式发布，并要求"各地区、各部门要从全局出发，统一思想，高度重视，加强领导，明确责任，切实抓好《规划》的贯彻落实。各省、自治区、直辖市人民政府要按照《规划》明确的原则和要求，尽快组织完成省级主体功能区规划编制工作，并认真实施。各部门要根据《规划》明确的任务分工和要求，调整完善财政、投资、产业、土地、农业、人口、环境等相关规划和政策法规，建立健全绩效考核评价体系，加强组织协调和监督检查，全面做好《规划》实施的各项工作"。该功能规划从规划背景、指导思想与规划目标、国家层面主体功能区、能源与资源、保障措施等方面进行了我国主体功能区的空间布局，为全国各省市的产业布局和土地资源使用确立了主体格局和基本要求。

（三）部委和省（直辖市、自治区）的政府规划

国家部委和各省市区出台的经济规划包括五年发展规划、专项规划等。如：

《2014 年国家新型城镇化规划（2014—2020 年）》由国家发改委编制并发布，其主要编制依据："根据中国共产党第十八次全国代表大会报告、《中共中央关于全面深化改革若干重大问题的决定》、中央城镇化工作会议精神、《中华人民共和国国民经济和社会发展第十二个五年规划纲要》和《全国主体功能区规划》编制，按照走中国特色新型城镇化道路、全面提高城镇化质量的新要求，明确未来城镇化的发展路径、主要目标和战略任务，统筹相关领域制度和政策创新，是指导全国城镇化健康发展的宏观性、战略性、基础性规划。"再如：《山东省人民政府关于贯彻落实国发〔2014〕31 号文件促进旅游业改革发展的实施意见》，发送"各市人民政府，各县（市、区）人民政府，省政府各部门、各直属机构，各大企业，各高等院校"，预计"到 2020 年，全省旅游总消费额达到 1.1 万亿元，城乡居民年人均出游达到 5 次，旅游业增加值约占生产总值的 6%"。

（四）地级市的政府规划

这类经济规划等一般由地市级人民政府或其职能部门如各级发改委、经信局等组织编写，或者委托专业机构编写，组织专家审核并予以完善，有些综合性的发展规划，还需要提报市人大等审批后予以发布，如：《廊坊市城市总体规划（2012—2030 年）》分为市域、规划区（中心城市）、中心城区三个层次。市域层次：包括两区两市六县全部行政区划范围，国土面积 6429 平方千米。规划区层次：规划区范围为廊坊中心城市，具体包括广阳区、安次区，以及固安县、永清县的行政辖区，面积为 2477 平方千米。中心城区层次：中心城区包括广阳区全部范围，以及安次区大部分范围，用地总面积约 488.7 平方千米。规划期限为 2012—2030 年。其中，近期 2012—2015 年；中期 2016—2020 年；远期 2021—2030 年；远景展望 2031 年之后。

（五）县（市区）政府规划

这类规划一般由各县、县级市、市辖区等组织编制，由县市区人民政府发布并实施。如：笔者负责编制的《潍坊节能环保产业园中长期规划》，由潍坊市人民政府委托潍城区人民政府选择专业机构，提供基础资料并协助调研，委托国家发改委国际合作中心组织编制，该产业园发展规划由笔者负责和牵头组织，汇集了产业、行业等专家学者，对潍坊市各县市区进行了调研和企业走访，搜集了大量数据和行业资料，走访了部委专家，按照"发展背景、发展基础、资源禀赋、愿境与战略定位、行业选择与规划目标、空间布局和发展步骤、重点工作、重点工程、保障机制及附件"10 个部分，进行了报告撰写，并确立了"1358"的战略定位，积极推动潍坊节能环保产业园的产业聚集和资源配置等。

（六）城乡规划

根据《中华人民共和国城乡规划法》，城乡规划包括城镇体系规划、城市规划、镇规划、乡规划和村庄规划。

城市规划、镇规划分为总体规划和详细规划。详细规划分为控制性详细规划和修建性详细规划。城市总体规划、镇总体规划包括城市、镇的发展布局，功能分区，用地布局，综合交通体系，禁止、限制和适宜建设的地域范围，各类专项规划等。

规划区范围、规划区内建设用地规模、基础设施和公共服务设施用地、水源地和水系、基本农田和绿化用地、环境保护、自然与历史文化遗产保护以及防灾减灾等内容，应当作为城市总体规划、镇总体规划的强制性内容。

城市总体规划、镇总体规划的规划期限一般为 20 年。城市总体规划还应当对城市更长远的发展做出预测性安排。

乡规划、村庄规划的内容包括：规划区范围，住宅、道路、供水、排水、供电、垃圾收集、畜禽养殖场所等农村生产、生活服务设施、公益事业等各项建设的用地布局、建设要求，以及对耕地等自然资源和历史文化遗产保护、防灾减灾等的具体安排。乡规划还应当包括本行政区域内的村庄发展布局。

乡镇和街道办经济规划一般是参照县级规划，结合本地核心优势和主要特点研究编制。如：《青川县三锅乡 2011—2015 年发展规划》规定："到 2015 年，力争全乡国民生产总值 6 亿元，比"十一五"末增 50%，农民人均纯收入达 5500 元，比"十一五"末增 2350 元；产业结构进一步优化，强化农业发展，加大第三产业投入，力争到"十二五"规划末实现产业产值 4000 万元，到 2015 年实现农民人均粮食产量 420 公斤，粮食总产量达到 468 万公斤。综合实力大幅提升。"该乡镇"十二五"时期的十大重点工作任务：建设特色农业产业大乡，扎实推进社会主义新农村建设；大力发展循环经济，转变经济发展方式；加快科技兴农步伐，提高自主创新能力；促进城乡统筹协调发展；加强农村基础设施建设，巩固退耕还林成果，实施荒山造林和全民义务植树，强化森林资源管护；加大环境综合整治力度，创建环境优美乡镇；加强公共事业建设，促进社会全面进步；加强民主法制建设；加强社会主义精神文明建设。"

除了上述各类规划之外，其他各类开发区、国家级或省级高新区、国家级新区等经济规划参照各类级别进行编制计划确定和分类，如国家级开发区规划一般是地市级或略低于地市级层面。国家级新区根据所在地区的级别不同，可能是副省级或地市级等。

三、按照规划时限的分类

（一）中长期规划

政府中长期规划期限一般超过 5 年，有 10 年、20 年或更长的时间跨度。如：《国家中长期教育改革和发展规划纲要（2010—2020 年）》时间跨度 10 年，从 2010 年至 2020 年。《广州市中长期人才发展规划纲要（2010—2020 年）》规划期限 10 年，从 2010 年至 2020 年。再如：《北京市中长期科学和技术发展规划纲要（2008—2020 年）》规划时间从 2008 年开始，到 2020 年，共 13 年。

（二）五年规划

2005 年国务院《关于加强国民经济和社会发展规划的意见》明确规定：五年规划分别包括 3 级（国家级、省级和市县级）和 3 类（总体规划、区域规划和专项规划）。国家总体规划、省（区、市）级总体规划和区域规划的规划期限一般为 5 年，可以 10 年以上。市县级总体规划和专项规划的期限，可以根据当地的经济发展需要确定。

借鉴王磊、沈建法在《空间规划政策在中国五年计划/规划体系中的演变》一文中的研究成果，从政府（分为中央和地方）与市场主体的关系、中央和地方的关系（空间政策和规划方面），以及相应的空间发展状态所引起的规划反馈，构建 3 个维度的分析框架，我国空间规划经历了 3 个阶段，具体如图 2 所示：

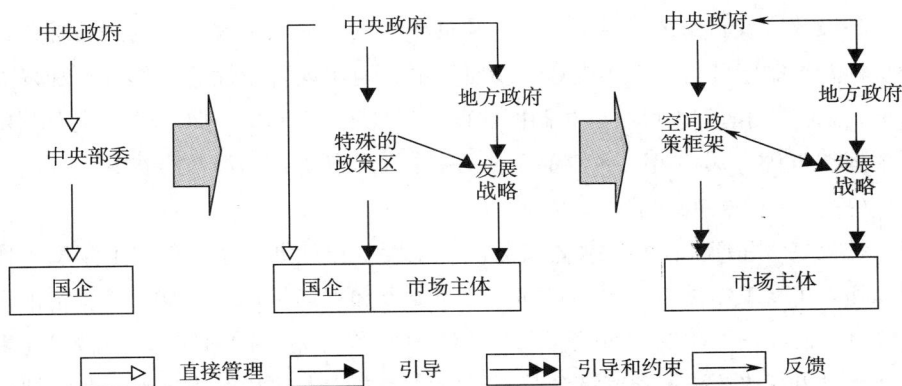

图2 中国五年计划/规划体系中空间政策演变分析框架

借鉴王磊、沈建法的观点，我国空间规划政策演变的3个阶段分别为：

（1）改革开放后市场经济逐步建立，市场主体得到培育，直接参与空间经济的发展。

（2）中央和地方关系逐步调整。地方政府参与组织和规划地方经济的发展事务，成为地方最重要的利益主体。中央政府通过空间规划手段加强了对盲目的地方增长主义的约束，形成多层级管制的制度架构。

（3）从空间政策角度看，改革开放前，五年计划体系没有空间规划。"十一五"规划以来，五年规划体系通过加强空间规划手段，达到分类引导和管制规划的目的。

各级地方政府与各类产业园五年经济规划等，一般有各级政府"十三五"规划之类的国民经济与社会发展规划，也有循环经济、现代服务业、城市矿产、节能环保、生态文明等专项规划，如《中华人民共和国国民经济和社会发展第十二个五年规划纲要》属于综合类规划。再如：《北京市人民政府关于印发北京市"十二五"时期绿色北京发展建设规划的通知》主要是关于北京市2010—2015年的绿色发展专项规划，制定的建设目标是："'十二五'时期绿色北京发展建设的主要目标是：按照在推动科学发展、加快转变经济发展方式中当好标兵和火炬手，走在全国最前面的要求，努力推动北京率先形成'创新驱动、内涵促降'的科学发展新格局，初步形成人与自然和谐共处的集约、高效、生态型绿色城市发展新模式，打造成为生产清洁、消费友好、环境优美的绿色发展先进示范区"。

（三）三年发展规划

各级政府或开发区等经济组织为了贯彻落实有关经济规划与发展目标，部分机构开始制定各自的三年规划，以便于更好地实现阶段性的工作计划和发展目标，如：《湖南省人民政府法制网建设三年规划（2008—2020年）》主要制定了湖南省2008—2010年共3年的主要目标、工作任务、措施与经费等。

（四）年度专项规划

各级政府和产业园年度规划实际就是年度工作计划，主要界定上年度工作情况和本年度工作重点、主要目标、工作要点和保障措施等，如：《北京市人民政府办公厅关于印发〈市政府2014年立法工作计划〉的通知》，提出"注重把立法决策与改革决策紧密结合起来，以法治方式推动和保障改革，及时把改革开放的成熟经验上升为地方性法规、政府规章；需要修改地方性法规、政府规章的，要抓紧工作，为全面深化改革提供法制保障"。

四、按照规划的范围分类

（一）总体（综合）规划

国家和地方政府等综合规划一般涉及多个方面、多个地域的经济布局或社会发展规划，如《国民经济和社会发展五年规划》、《大连国家级金普新区发展规划》等。

（二）专项规划

专项规划主要是对特定领域、区位或产业等进行的经济规划或其他规划，如：《国家新能源发展规划》、《地方循环经济发展规划》、《河北省白洋淀科技产业园规划》、《智慧北京行动纲要》、《潍坊节能环保产业园发展规划》、《贵阳高新区低碳发展规划》、《贵阳市低碳城市发展规划》等。

按照在政府规划中的作用，专项规划可分为总体规划附属的专项规划、完善总体规划的专项规划和指导城市开发的专项规划。其中：

1. 总体规划附属的专项规划。从技术上确保城市总体规划的合理性和可行性，主要指道路交通、给水工程、排水工程、供电工程、电信工程、供热工程、燃气工程、人防工程等项目的规划。

2. 完善总体规划的专项规划。主要指随着经济建设的需要新增加的内容，主要是社会发展过程中新观点在经济发展或城市建设中的应用。新问题在地区发展或城市建设中的对策和总体规划中复杂问题的系统化。如城市生态规划、历史文化保护规划、城市景观工程规划等，这类专项规划一般独立于总体规划单独编制。另外，还有循环经济规划、工业转型规划、高端服务业规划、现代制造业规划、文化旅游规划等经济类专项规划。

3. 指导城市开发的专项规划。对区域经济或城市发展中系统性强、关联度大的要素进行重点开发时，关注城市空间规划、城市滨水区规划、城市市场体系规划等。

五、按照规划的功能分类

（一）全国主体功能区规划

根据不同区域的资源环境承载能力、现有开发密度和发展潜力，统筹谋划未来人口分布、经济布局、国土利用和城镇化格局，将国土空间划分为优化开发、重点开发、限制开发和禁止开发四类，确定主体功能定位，明确开发方向，控制开发强度，规范开发秩序，完善开发政策，逐步形成人口、经济、资源环境相协调的空间开发格局。

全国主体功能区规划是战略性、基础性、约束性的规划，是国民经济和社会发展总体规划、人口规划、区域规划、城市规划、土地利用规划、环境保护规划、生态建设规划、流域综合规划、水资源综合规划、海洋功能区划、海域使用规划、粮食生产规划、交通规划、防灾减灾规划等在空间开发和布局上的基本依据。同时，编制全国主体功能区规划要以上述规划和其他相关规划为支撑，并在政策、法规和实施管理等方面做好衔接工作。

全国主体功能区规划由国家主体功能区规划和省级主体功能区规划组成，分国家和省级两个层次编制。国家主体功能区规划由全国主体功能区规划编制工作领导小组（以下简称领导小组）会同各省（区、市）人民政府编制，规划期至 2020 年，并通过中期评估实行滚动调整；省级主体功能区规划由各省（区、市）人民政府组织市、县级人民政府编制，规划期至 2020 年。编制全国主体功能区规划的主要任务是，在分析评价国土空间的基础上，确定各级各类主体功能区的数量、位置和范围，明确不同主体功能区的定位、开发方向、管制原则、区域政策等。

（二）土地利用总体规划

《中华人民共和国土地管理法》：各级人民政府应当依据国民经济和社会发展规划、国土整治和资源环境保护的要求、土地供给能力以及各项建设对土地的需求，组织编制土地利用总体规划。《中华人民共和国土地管理法实施条例（国务院令第 256 号）》：土地利用总体规划的规划期限一般为 15 年。

依照《土地管理法》规定，土地利用总体规划应当将土地划分为农用地、建设用地和未利用地。

县级和乡（镇）土地利用根据需要，划定基本农田保护区、土地开垦区、建设用地区和禁止开垦区等；其中，乡（镇）土地利用总体规划还应当根据土地使用条件，确定每一块土地的用途。

土地分类和划定土地利用区的具体办法，由国务院土地行政主管部门会同国务院有关部门制定。

（三）经济（区域发展）规划

1. 基本概念。经济规划指在生产资料公有制的基础上，根据社会主义基本经济规律和国民经济有计划按比例发展规律的要求，由国家按照经济、社会建设与发展的计划，管理国民经济的社会经济制度。

区域发展规划以跨行政区的特定区域国民经济和社会发展为对象，以促进相关行政区之间合作与协调发展为目的编制规划，是规划纲要在特定区域的细化与落实，是编制该区域内专项发展规划和区域内各行政区规划纲要的依据。

区域发展规划分为省级、州（市）级，规划期限一般为 10 年，可以进行远期展望。主要内容：发展基础和条件；区域定位、发展战略和目标；区域发展的空间结构框架；区域基础设施、产业布局、市场体系、公共服务、城乡建设、生态环保等一体化发展的重点内容；区域协调机制等规划实施的保障措施。

2. 主要分类。经济规划可按照不同的标准分类，如：根据政府层级分为国家级、国务院、部委和各省（直辖市、自治区）、地市、县市区、乡镇经济规划等；根据功能分为综合经济规划和专项经济规划等。

（四）控制性详细规划

控制性详细规划以城市总规划或分区规划为依据，确定建设地区的土地使用性质和使用强度的控制指标、道路和工程管线控制性位置以及空间环境控制的规划要求。

控制性详细规划的主要任务：以城市总体规划或分区规划为依据，确定建设地区的土地使用性质和使用强度的控制指标、道路和工程管线控制性位置以及空间环境控制的规划要求。

《中华人民共和国城乡规划法》：城市人民政府城乡规划主管部门根据城市总体规划的要求，组织编制城市的控制性详细规划，经本级人民政府批准后，报本级人民代表大会常务委员会和上一级人民政府备案。

镇人民政府根据镇总体规划的要求，组织编制镇的控制性详细规划，报上一级人民政府审批。

县人民政府所在地镇的控制性详细规划，由县人民政府城乡规划主管部门根据镇总体规划的要求组织编制，经县人民政府批准后，报本级人民代表大会常务委员会和上一级人民政府备案。

（五）修建性详细规划

修建性详细规划是以城市总体规划、分区规划或控制性详细规划为依据，制定用以指导各项建筑和工程设施的设计和施工的规划设计，是城市详细规划的一种。

编制修建性详细规划的主要任务：满足上一层次规划的要求，规划总平面图——制作直接对建设项目做出具体的安排和规划设计，并为下一层次建筑、园林和市政工程设计提供依据。

根据建设部《城市规划编制办法》，修建性详细规划包括：

①建设条件分析及综合技术经济论证。

②做出建筑、道路和绿地等的空间布局和景观规划设计，布置总平面图。

③道路交通规划设计。

④绿地系统规划设计。

⑤工程管线规划设计。

⑥竖向规划设计。

⑦估算工程量、拆迁量和总造价，分析投资效益。

（六）产业或项目环境评价

项目环评（EIA）指在一定区域内进行开发建设活动，事先对拟建项目（规划）可能对周围环境造成的影响进行调查、预测和评定，提出防治对策和具体措施，为项目决策提供科学的依据。

环境影响评价制度是从环境保护的角度，决定开发建设活动能否进行、如何进行的有强制性的法律制度。

环境影响评价严格执行《环境影响评价法》，以及环境评价法律法规（宪法、环境保护法、环境保护单行法、环境保护相关法规等）、环境政策与产业政策、环境标准和规范、建设项目（规划）的技术文件等。

环境标准从内容和性质上予以分析，主要包括：

环境质量标准、污染物排放标准、方法标准、标准样品标准、基础标准。

环境标准从行政级别上主要分为国家环境保护标准和地方环境保护标准。其中：

国家环境保护标准包括国家环境质量标准、国家污染物排放标准、国家方法标准、国家标准样品标准、国家基础标准、国家环境保护行业标准。

地方环境保护标准包括地方环境质量标准、地方污染物排放标准。

建设项目环境影响评价的管理程序主要包括编制大纲→编制报告书→评估报告书→审批报告书。

六、主体功能区规划

主体功能区规划指以全国、各省（直辖市、自治区）等国土空间为对象编制战略性、基础性、约束性的规划，是规划纲要在空间开发和布局方面的体现，是规划纲要、区域发展规划和土地利用总体规划、城乡规划、人口、环境保护、生态建设、流域综合开发、水资源综合利用、粮食生产、交通、防灾减灾等专项规划在空间开发和布局上的基本依据。

主体功能区规划的规划期一般为20年，主要内容为：

①资源环境承载能力、现有开发密度和发展潜力分析。

②主体功能区的分类及其划定原则。

③各类主体功能区的数量、位置和范围。

④各主体功能区的功能定位、发展方向、开发时序和管制要求等。

⑤能源和资源开发。

⑥保障措施和财政、投资、产业、土地、农业、人口、民族、环境、应对气候变化等相关配套政策。

七、城市总体规划

总体规划是在一定区域内，根据国家社会经济可持续发展的要求和当地自然、经济、社会条件，对土地的开发、利用、治理、保护在空间上、时间上所做的总体安排和布局。

《城市规划编制办法》规定，总体规划的主要任务为：以全国城镇体系规划、省域城镇体系规划以及其他上一层次法定规划为依据，从区域经济社会发展的角度研究，城市定位和发展战略，按照人口与产业、就业岗位的协调发展要求，控制人口规模、提高人口素质，按照有效配置公共资源、改善人居环境的要求，充分发挥中心城市的区域辐射和带动作用，合理确定城乡空间布局，促进区域经济社会全面、协调和可持续发展。

城市总体规划为了实现一定时期内城市的经济和社会发展目标，确定一个城市的性质、规模、发展方向，合理利用城市土地，协调城市空间和进行各项建设的综合布局和全面安排，还包括选定规划定额指标，制定该市远、近期目标及其实施步骤和措施等。总规的规划期限一般为20年。

城市规划指城市人民政府依据国民经济和社会发展规划以及当地的自然环境、资源条件、历史情况、现状特点，统筹兼顾、综合部署，为确定城市的规模和发展方向，实现城市的经济和社会发展目标，合理利用城市土地，协调城市空间布局等所做的一定期限内的综合部署和具体安排。

城市总体规划是城市在一定时期内发展的计划和各项建设的总体部署，是城市规划编制工作的第一阶段，也是城市建设和管理的依据。

八、土地利用总体规划

土地利用总体规划指在各级行政区域内，根据土地资源特点和社会经济发展要求，对今后一段时期内（通常为 15 年）土地利用的总安排。

根据《土地管理法》第一章第四条和第三章的规定，全国土地利用总体规划到省、市、县、乡土地利用总体规划分别由各级人民政府编制。

土地利用总体规划是城乡建设、土地管理的纲领性文件，是落实土地用途管制的依据，是实行最严格的土地管理制度的基本手段。

土地利用总体规划的编制依据，包括国民经济和社会发展规划、国土整治和环境保护要求、土地供给能力、各项建设对土地需求、上级土地利用总体规划等。

九、五年发展规划

（一）分析层次

政府经济规划一般分为两个层次：

一是解释选择的规划指标，说明应该规划什么，如为什么选择特定指标、为什么选择基本指标等。一般采用定性情景分析等方法。

二是针对每个规划指标（对象），分析在规划期末应该达到的目标值（任务）及达到该目标值应采取的手段。以定量分析趋势为主。

（二）基本概念

总体发展规划是以国民经济和社会发展为对象编制的战略性、纲领性、综合性规划，是统领规划期内经济社会发展的行动纲领，是对本辖区国民经济和社会发展的全面部署和总体安排，是编制各级各类规划的基本依据。规划期限一般为 5 年。

五年规划是中国国民经济计划的一部分，主要是对全国重大建设项目、生产力分布和国民经济重要比例关系等做出规划，为国民经济发展远景规定目标和方向。从 1953 年第一个五年计划开始，国家已经编制了十个"五年计划"和三个"五年规划"，"十三五"规划正在编制与即将实施。各省市县可以结合本地区的经济发展阶段和自身资源特征，组建或邀请专家团队，系统调研和编制各自的"十三五"乃至"十四五"国民经济和社会发展规划纲要，为本地区的经济发展和社会活动提供决策指南。

（三）一般结构

中央政府和地方政府"十三五"国民经济和社会发展规划的基本内容，包括但不限于：

1. 发展环境。主要包括上一个五年规划的经济情况、主要指标、取得的成绩，以及本个五年规划的产业形势、机遇与挑战等。

2. 指导思想。主要描述本个五年规划的核心思路和重点方向，以及重点产业布局等。

3. 主要目标。主要描述本个五年规划的经济、产值、资源、人才、科技、开放、能耗、人均收入等指标以及阶段性任务目标等。

4. 政策导向。主要描述本个五年规划的政策依据和产业导向，以及需要抓住的发展机遇等。

5. 现代农业。主要描述农业产业发展的主要方向、产业调整结构、科技创新、农业教育、基础设施、县域经济、农业服务体系等，为下一个五年发展奠定基本的思路。

6. 先进制造业。主要描述本个五年规划的钢铁、船舶、建材、轻工、纺织等重点制造业发展方向、制造业优化结构、技术路线、重大布局、重点项目或龙头企业等。

7. 战略性新兴产业。主要描述本个五年规划的节能环保、新一代信息技术、生物医药、高端装备制造、新能源、新材料、新能源汽车、海洋产业等重点领域、产业结构、重点技术、产业布局、重点项目或龙头企业等。

8. 交通运输业。主要描述本个五年规划的区际交通、城际交通、公共交通、运输服务等重点领域、重点项目、重点技术、重大工程或龙头企业等。

9. 现代服务业。主要描述本个五年规划的金融、物流、商务服务和高技术等生产性服务业，以及商贸服务、家庭服务、旅游、体育等生活性服务业、重点项目、重点技术、重大工程或优惠政策等。

10. 区域发展战略。主要描述本个五年规划的区域战略、老工业基地战略、主体功能区布局等。

11. 城镇化建设。主要描述本个五年规划的城镇化布局、城镇化工程、城镇基础设施、城镇服务体系以及重点工程等。

12. 绿色发展 。主要描述本个五年规划的生态环保、循环经济、节能减排等政策、环保目标、产业布局、重大工程、生态基础设施、环保监控体系等。

13. 友好型社会。主要描述本个五年规划的生态环保、循环经济、节能减排等政策、环保目标、产业布局、重大工程、基础设施、监控体系等。

14. 科教人才。主要描述本个五年规划的各类教育、科技、卫生、医疗养老、人才战略等。

15. 公共服务。主要描述本个五年规划的就业培训、收入分配、社会保障、医疗改革、重大工程等。

16. 市场体系。主要描述本个五年规划的文化改革、财税改革、税收分配、资源配置等。

17. 对外开放。主要描述本个五年规划的对外贸易、利用外资、国际化战略等。

18. 政治文明。主要描述本个五年规划的政治改革、民主法制、政府改革等。

19. 港澳台关系。主要描述本个五年规划的港澳台关系、国家政策、重大导向等。

20. 国防建设。主要描述本个五年规划的国防政策、军队建设、重大变革等。

21. 规划实施。主要描述本个五年规划的规划组织实施、机制体系、资源供应、考核激励、监督优化等。

总体发展规划大体包括：

——上一个规划期的实施情况。

——本规划期的发展环境和条件。

——指导思想和发展战略、原则、目标、指标体系。

——空间布局、主要任务、发展重点和发展时序。

——保障措施。

各省市县区五年规划报告的框架内容，可以根据上述规划纲要，结合当地经济、资源实际与发展需求，予以适当调整、优化。

国民经济和社会发展年度计划指对国民经济和社会发展所做的年度安排，是国民经济和社会发展总体规划在年度中需要付诸实施的具体工作计划。计划期为 1 年。国民经济和社会发展年度计划包括：

——上年度计划执行情况和本年度计划目标。

——本年度国民经济和社会发展的主要任务和政策措施。

——与本年度计划相配套的专项计划。

——其他需要安排的重大事项。

十、专项发展规划

（一）基本概念

国家级专项规划指国务院有关部门以经济社会发展的特定领域为对象编制的、由国务院审批或授权有关部门批准的规划。

国家级专项规划的编制原则上限于以下领域：

（1）关系国民经济和社会发展全局的重要领域。

（2）需要国务院审批或核准重大项目以及安排国家投资数额较大的领域。

（3）涉及重大产业布局或重要资源开发的领域。

（4）法律、行政法规和国务院要求的领域。

地方专项规划指地方政府及其有关部门，对其组织编制的工业、农业、畜牧业、林业、能源、水利、交通、城市建设、物流、旅游、环保、文化、自然资源开发等有关专项规划。

专项规划是针对国民经济和社会发展的重点领域和薄弱环节、关系全局的重大问题编制的规划。是总体规划的若干主要方面、重点领域的展开、深化和具体化，应该符合总体规划的总体要求，并与总体规划相衔接。

下列领域可以编制专项发展规划：总体发展规划确定的重大战略和重大工程；农业、林业、水利、能源、交通、通信、信息化应用等基础设施建设；土地、水、矿产、湖泊等重要资源的开发利用和保护；环境保护、生态建设、循环经济、低碳发展、园林绿化、安全生产、防灾减灾、公共安全和应急能力建设；教育、科技、文体广电、卫生、社会保障、住房保障、人力资源、社会管理等公共事业和公共服务；产业发展和结构调整；区域合作、对外开放和体制改革的重点领域；国家、省、市确定的其他领域。

（二）专项规划的特点

1. 规划编制期限灵活。作为总体规划所附属的专项规划应与总体规划同步；补充完善城市总体规划的专项规划期限以目标完成情况确定，不必受限于总体规划期限；指导城市开发的专项规划一般与近期建设规划同期，并可以根据发展情况调整。专项规划以解决问题程度为划分规划阶段的参照。

2. 规划编制专业性与可操作性强。专项规划有大量专业、非专业人员和机构参与。专项规划编制从管理权限和实际出发，规划内容体现特定领域的特点，对供求进行分析预测，发展目标尽可能量化，任务明确、重点突出、布局合理、保障措施可行。

（三）编制审批流程

国家级专项规划编制与审批的一般程序如下：

1. 立项。国家级专项规划由国务院有关部门依据相关法律、行政法规和国务院规定的职责负责编制。

编制国家级专项规划均需制定工作方案。工作方案包括规划编制必要性、规划期、衔接单位、论证方式、进度安排和报国务院审批的依据或理由等。

工作方案是国家级专项规划立项的依据，由发展改革部门统筹协调后予以立项确认。

2. 起草。编制国家级专项规划，必须认真做好基础调查、信息搜集、课题研究以及纳入规划重大项目的论证，采取多种形式广泛听取各方面意见。

国家级专项规划文本一般包括现状、趋势、方针、目标、任务、布局、项目、实施保障措施以及法律、行政法规规定的其他内容。

内容要达到以下要求：符合国家总体规划，发展目标尽可能量化，发展任务具体明确、重点突出，政策措施具有可操作性。对需要国家安排投资的规划，要充分论证并事先征求发展改革和相关部门意见。

3. 衔接和论证。国家级专项规划的发展方针、目标、重点任务要与国家总体规划保持一致，相关规划之间对发展趋势的判断、需求预测、主要指标和政策措施要相互衔接。

国家级专项规划草案，应送发展改革部门与国家总体规划进行衔接，涉及其他领域的，还应送相关部门进行衔接。

有关部门自收到规划草案之日起30个工作日内反馈衔接意见。

国家级专项规划草案，由发展改革部门与有关部门共同组织论证。

国家级专项规划应委托规划专家委员会、有资质的中介机构或组织专家组进行论证。参加论证的其他相关领域专家不少于专家总数的1/3。

论证后出具论证报告。论证报告应全面、客观、公正，由专家组组长签字，并附每位专家的论证意见。

4. 报批。由国务院批准的专项规划，要拟定年度计划。编制部门应在已确认的立项基础上，每年 10 月向发展改革部门提出下一年度国家级专项规划报批建议。发展改革部门商有关部门在此基础上拟订国家级专项规划年度审批计划，于每年 12 月前报国务院，经国务院批准后执行。基础工作不深入，不能保证在一年内完成上报程序的规划，不应列入年度审批计划。

各部门按照审批计划有序报批。未列入审批计划的，原则上不予受理。

国家级专项规划报批时，除了规划文本外还应附下列材料：

（1）编制说明，包括编制依据、编制程序、未予采纳的相关部门和专家意见及其理由等。

（2）论证报告。

（3）法律、行政法规规定需要报送的其他有关材料。

报国务院审批的国家级专项规划，编制部门须会签发展改革部门后上报，也可与发展改革部门联合上报。国务院授权由有关部门批准的国家级专项规划，编制部门应会签发展改革部门。

5. 备案和公布。国务院授权有关部门印发或批准的专项规划应在印发同时报国务院备案，并抄送发展改革部门。

除法律、行政法规另有规定以及涉及国家秘密的内容外，国家级专项规划应在批准后一个月内向社会公布。国家级专项规划报批时，应明确公布事项，即全文公布、删去涉密内容后公布或不公布，以及公布机关。

发展改革部门建立规划信息库。有关部门在规划印发的同时，应将电子文档和纸质文件送发展改革部门入库。

6. 实施。国家级专项规划经批准后，编制部门要及时对规划的主要目标和任务进行分解，明确责任，保障规划的实施落到实处。

国家级专项规划实施过程中，编制部门要加强跟踪监测，应适时对实施情况进行评估，并向审批机关提交评估报告。

国家级专项规划经评估或者因其他原因需要进行修订的，编制部门应将修订后的规划报原审批机关批准。规划期 10 年及以上的，应进行定期滚动修订。

（四）规划内容

中央政府、各部委、各地区的专项规划根据不同产业、不同行业和不同地区的资源与产业特征，具体规划结构可以略有不同。

以《全国海洋经济发展"十二五"规划》为例，归纳专项规划的一般结构，如下所示：

1. 前言。主要描述本规划编制的意义、目的、依据、范围、核心思路等。

2. 规划背景。主要描述本规划编制的产业环境、政策机遇、资源特征、资源禀赋、主要优势、发展重点、趋势预测等。

3. 总体要求。主要描述本规划的指导思想、规划目标、资源需求、重点技术等。

4. 规划布局。主要描述本规划的主导产业、重点项目、产业步骤、发展路径和行动计划等。

5. 重点工程。主要描述本规划确定的重点工程，实施基础、龙头企业、技术方向、发展目标等。

6. 主要任务。主要描述本规划确定的主要任务，如产业筛选、招商、运营、融资、孵化器、公共服务平台建设等。

7. 保障措施。主要描述本规划实施的组织领导、决策机制、重点资源、出台政策、考核激励、规划分解与国际交流等。

十一、产业园发展规划

（一）基本概念

产业园发展规划指各类产业园为了实现特定发展目标，根据已有总体布局和产业特征，结合产业园基础与发展潜力，研究制定未来几年发展目标、重点工程、主要任务、实施路径以及保障机制等，进而推动特定产业园的可持续发展。

（二）一般结构

各省市、各地区、不同类别的产业园发展规划的报告格式略有不同，以笔者组织编写的《潍坊节能环保产业园中长期发展规划》《贵阳高新区低碳发展规划》等规划编写实务为例，归纳各类产业园规划的一般结构，如下：

（1）前言。

（2）产业园区规划的背景。主要包括产业园区规划的目的、意义以及产业园区发展的有利条件等。

（3）产业园区的发展定位。主要包括产业园区的区位选择、功能定位、产业定位等。

（4）产业园区的规划布局。主要包括产业园区的用地布局、各功能区的建设规模与产业布局。

（5）产业园区的投资成本与收益估算。主要包括产业园区总投资、分阶段投资、成本估算、产值、销售收入及销售税金估算和社会效益、生态效益评估。

（6）产业园区适应性评价指标体系。主要包括目标适应性指标、经济适应性指标以及社会适应性指标等。

（7）产业园区招商引资方案。主要包括产业园区的品牌推广策略、团队管理及运作模式、招商引资目标企业推介等。

（8）产业园保障机制。主要包括产业园组织体系、重大工程、责任分解、资源匹配、服务平台、风险管理以及对外合作等。

十二、控制性详细规划

控制性详细规划指以城市总体规划或分区规划为依据，确定建设地区的土地使用性质和使用强度的控制指标、道路和工程管线控制性位置以及空间环境控制的规划要求。

编制城市控制性详细规划，依据已经依法批准的城市总体规划或分区规划，考虑相关专项规划的要求，对具体地块的土地利用和建设提出控制指标，作为建设主管部门（城乡规划主管部门）做出建设项目规划许可的依据。

编制城市修建性详细规划，依据已经依法批准的控制性详细规划，对所在地块的建设提出具体的安排和设计。

控制性详细规划的一般结构：确定规划范围内不同性质用地的界线，确定各类用地内适建、不适建或有条件地允许建设的建筑类型；确定各地块建筑高度、建筑密度、容积率、绿地率等控制指标；确定公共设施配套要求、交通出入口方位、停车泊位、建筑后退红线距离等要求；提出各地块的建筑体量、体形、色彩等城市设计指导原则；根据交通需求分析，确定地块出入口位置、停车泊位、公共交通场站用地范围和站点位置、步行交通及其他交通设施。规定各级道路的红线、断面、交叉口形式及渠化措施、控制点坐标和标高；根据规划建设容量，确定市政工程管线位置、管径和工程设施的用地界线，进行管线综合。确定地下空间开发利用具体要求；制定相应的土地使用与建筑管理规定。

控制性详细规划确定各地块的主要用途、建筑密度、建筑高度、容积率、绿地率、基础设施和公共服务设施配套规定应当作为强制性内容。

十三、修建性详细规划

城市、县人民政府城乡规划主管部门和镇人民政府可以组织编制重要地块的修建性详细规划。修建性详细规划符合控制性详细规划。

乡、镇人民政府组织编制乡规划、村庄规划，报上一级人民政府审批。村庄规划在报送审批前，经村民会议或村民代表会议讨论同意。

第二节　规划体系的改革

一、规划体系现状

我国政府规划存在不同类别的相互分割，功能重复或交叉，跨部门编制与审批协调困难，造成了极大的人力、资金、资源、时间等浪费，降低了经济与项目开发效率，出现了阻碍经济发展的问题和矛盾，有待尽快优化和深度改革。

目前，我国土地利用规划、经济发展规划、城市空间规划等存在多个部门分割，各自为政，各自组织规划编制、规划审批、规划执行等跨部门管理，相互之间协调机制和体系很不顺畅等实际问题与运行障碍。

二、地方"多规合一"改革

国内学者、行业专家和国务院、国家发改委、国土资源部、住建部等部委、各规划编制与经济研究机构，近年来积极推动、探索和实施了政府规划政策体系和编制流程等改革研究，积极探索经济发展规划、城市空间规划、土地利用总体规划等不同规划的相互影响关系，以及完善、优化、整合与合并各类规划的必要性与现实需求。

目前，国家部委和地方政府积极推动的规划合并的改革包括：土地总体规划、城市总体规划、经济发展规划的"三规合一"，以及政府专项规划如环保、交通、教育、文化、市政、环卫等专项规划的跨界整合和专项规划的一体化等。

我国处于高速城市化的阶段，规划编制与规划管理脱节严重制约了地方经济的规范、高效、有序发展，造成了巨大的浪费，也影响了我国改革开放的对外形象。

（一）上海市"三规合一"试点

为了探索和推动规划体系的一系列规范化改革，国家各部委、各地区近年来做了一些有益的试点，如：上海市 2008 年前后，研究并实行了国土资源部门和规划部门的合并试点，逐步实施"两规合一"，并在嘉定、青浦两组开展了改革试点，按照"统一目标，各有侧重，突出重点，有序衔接"的原则，推动土地利用规划和城市总体规划的有效衔接。后来，上海市进一步推动了土地利用规划、城市总体规划和经济发展规划的"三规合一"改革试点。

上海市"两规合一"的改革方式：坚持城市总体规划确定的城市发展方向、空间布局、基础设施基本不变的前提下，依据国家下达的土地总体规划指标，同步进行城市建设用地和基本农田保护任务落地。两规按照"统一数据地板、统一用地分类、统一技术规程"的原则，实施技术层面的衔接。通过关键技术衔接，确定规模，优化布局，确保流量。为此，确立了建设用地控制线、产业区块控制线、基本农田保护控制线管控方案、配套政策和城乡规划编制体系。

（二）广东云浮"三规合一"试点

广东省推动云浮的"三规合一"试点，整合有关部门，优化资源配置，构建"一套规划、统一规划、统一平台、分工实施"的"三规合一"整体方案。为此，成立了规划审批委员会，是政府规划的决策机构，对规划建设的重大事项决策与审议，他们的意见作为地方政府进行土地行政审批、管理与决策的主要依据。规划审批委员会下设的规划监督监察委员会，是规划委员会的监督机构，对规划执行进行监督并提出意见。监督意见是市监督局予以处罚的主要依据。

成立"规编委"，统筹规划编制与审批，对原来的由发改委编制的经济发展规划、城乡规划局编制的城乡总体规划、国土资源局编制的土地利用规划三者合并和上收，由"规编委"统一编制与审查。"规编委"下设总规划师和总建筑师，负责规划编制的技术把关。"规编委"下设地理信息中心，构建"一个平台、统一标准、分类管理"的规划管理体系，对经济发展、交通、国土、市政、环保、教育、文化等地理信息管理工作，制定多规适用、认可的技术标准与规则。

特定规划编制定稿之后，分别由发改委、国土资源部和城乡规划局具体实施。实施过程中发现的某些问题，及时反馈到信息平台进行技术处理，如有必要，反馈给"规编委"调整规划，形成实施、反馈、调整的循环过程。具体如图3所示。

（三）重庆的"五规合一"试点

重庆的"多规合一"由规划局转到发改委牵头，由"三规合一"到"四规

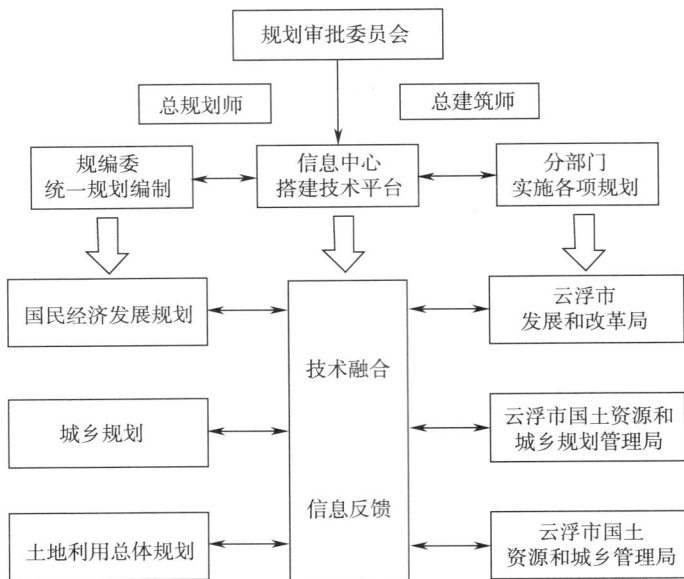

图 3　云浮新型城乡规划框架体系

叠合"，逐步到"五规叠合"。重庆的"四规叠合"要求同时编制四个规划和叠合规划，实施规划的一张图、建设一盘棋、管理一张网，依据"国土定量、规划定位"规划的思想，建设用地指标依据土地总体规划。按照"框架、弹性利用"的原则进行具体布局，将可调整的建设用地指标在空间上进行布局。

"四规叠合"工作由"四规叠合"工作小组管理，采取自上而下，自下而上，综合平衡，联合审批的工作流程，由"四规叠合"工作小组下达各区主体功能定位和重要控制指标的具体数据，作为相关规划编制的依据；各单位开展国土空间状况调研，形成方案初稿；"四规叠合"工作小组根据各单位上报的方案综合平衡，提出修改意见；各单位根据"四规叠合"反馈的修改意见，完成自己的规划修改，再次上报"四规叠合"工作小组，进行联合审批。在各个规划编制的基础上，形成综合四规影响要素的规划方案，用于指导五年发展规划。

重庆市以沙坝为试点，推动了经济社会发展规划、城乡总体规划、土地利用规划、产业规划、人口和环境规划的"五规叠合"，又称"五规合一"的编制工作，并向社会公布规划方案。

"五规合一"的基本原则如下：

开放务实、科学规划；立足地区核心优势和发展目标编制规划。

部门协调，各方互动：五个核心机构的多部门协调合作。

精明增长、刚弹分管：把全区划分为建设开发的主体功能区域——刚性空间（彩色用地）、可调功能地域——弹性空间（灰色用地），从全域的角度实现生产、生活和生态三大空间的合理布局。

图件共建，标准统一：在发展定位和功能目标的导向下，通过统计口径、用地标准、规划年限等指标，协调各要素，通过空间规划的协调整合进行落地实施，实现"五规合一"方案的引导管理。

（四）广州的新增上位规划型

广州市 2008 年开始推动"三规合一"，2009 年编制《广州市总体发展战略规划（2010—2020 年）》，该规划实施了主体功能区规划、城市总体规划、土地利用总体规划的"三规合一"，属于指导性、综合性的区域规划，是在各规划之上的一个综合规划，综合发展规划、空间规划、人口和环境规划的内容，为编制具体规划提供依据。

广州市发展规划采取了"三上三下"的编制步骤，其中：一上一下，实现了图斑衔接（控制性详规与土地总体规划对比的差异图斑，进行对比调整），划定"四线"：建设用地控制线——引导城乡建设项目布局、产业区域控制线——产业项目选址区域、生态控制线——保障城市基本生态安全、基本农田控制线——落实农田保护；广州市制定了《广州市区（县级市）"三规合一"规划编制技术指引》、《广州市"三规合一"规划成果数据标准》，对各地提交的规划审核和反馈意见。

"二上而下"：明确方案、优化"四线"：各单位根据反馈的意见，进行"四线"调整，明确两规图斑调整方案，依据技术标准调整后二次上报，审核指导并完成"四线"规划。

"三上三下"：汇总方案，形成全市成果，并制定相应的管制规则。

具体流程和实施过程如图 4 所示。

三、部委"多规合一"探索

国家发改委、国土部、环保部和住建部四部委 2014 年 8 月联合下发《关于开展市县"多规合一"试点工作的通知》，提出在全国 28 个市县开展"多规合一"试点，实现一个市县一本规划、一张蓝图。

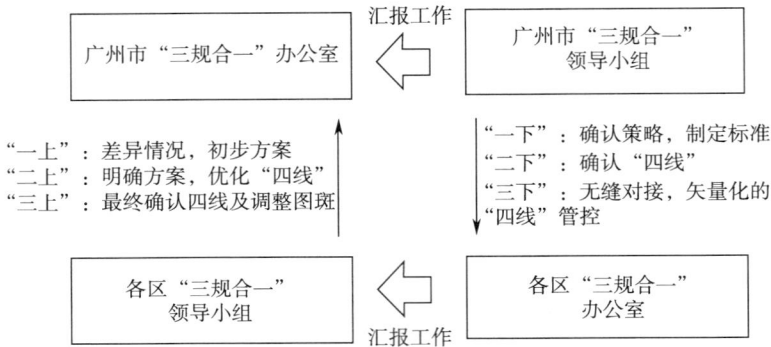

图4 广州市"三上三下"编制规划过程

"多规合一"指推动国民经济和社会发展规划、城乡规划、土地利用规划、生态环境保护规划等多个规划的相互融合，融合到一张可以明确边界线的市县域图上，实现一个市县一本规划、一张蓝图，解决现有的这些规划自成体系、内容冲突、缺乏衔接协调等突出问题。

"多规合一"试点的主要任务是，探索经济社会发展规划、城乡规划、土地利用规划、生态环境保护等规划"多规合一"的具体思路，研究提出可复制可推广的"多规合一"试点方案，形成一个市县一本规划、一张蓝图。探索完善市县空间规划体系，建立相关规划衔接协调机制。具体任务是：

（一）合理确定规划期限

统筹考虑法律法规要求和相关规划的特点，探索确定统一协调的规划中期年限和目标年限，作为各类规划衔接目标任务的时间节点。以2020年作为规划的中期年限，研究探索将2025年或2030年作为规划中长期目标年限的可行性和合理性。

（二）合理确定规划目标

把握市县所处的大区域背景，按照县市的不同主体功能定位，以及上位规划的要求，统筹考虑经济社会发展规划、城乡规划、土地利用规划、生态环境保护规划等相关规划目标，研究"多规合一"的核心目标，合理确定指标体系。

（三）合理确定规划任务

按照资源环境承载能力，合理规划引导人口、产业、城镇、公共服务、基础设施、生态环境、社会管理等方面的发展方向与布局重点。探索整合相关规划的空间管制分区，划定城市开发边界、永久基本农田红线和生态保护红线，形成合理的城镇、农业、生态空间布局，探索完善经济社会、资源环境政策和空间管控措施。

（四）构建市县空间规划衔接协调机制

从支撑市县空间规划有效实施的需要出发，提出完善市县规划体系的建议，探索整合各类规划及衔接协调各类规划的工作机制。

《通知》要求，研究制定"多规合一"试点方案，探索实现"多规合一"的技术路径和具体内容。2014年11月底，形成推进"多规合一"试点工作的方案，上报经济体制与生态文明体制改革专项小组。《通知》提出，国家发展改革委将会同国土资源部、环境保护部、住房城乡建设部，做好试点工作的统筹指导，加强对重点难点问题的调查研究，及时组织开展咨询论证，适时将试点经验进行提炼总结，上报中央全面深化改革领导小组推广实施。

第三节　案例研究：北京市"十二五"期间规划体系

北京市"十二五"期间规划体系编制目录

北京市是我国政治、经济、文化和金融中心，也是全球经济最活跃的特大型城市之一。北京市"十二五"期间，逐步确立了各类总体规划、综合专项规划、一般专项规划与经济发展规划、城市建设管理规划、重点区域规划等不同类别的规划体系，分别进行了各类规划编制与组织实施，有效地促进了该市经济发展和社会文化质量提升。北京市的规划管理与体系设计理念，以及该城市决策者的规划体系化、系统化的城市管理运营模式，值得认真研究和学习借鉴。

北京市"十二五"期间的各类规划体系框架目录如下：

北京市"十二五"期间各类规划体系编制目录

一、总体规划

北京市国民经济和社会发展第十二个五年规划纲要

二、市级（综合专项规划）

1．北京市"十二五"时期人文北京发展建设规划

2. 北京市"十二五"时期科技北京发展建设规划

3. 北京市"十二五"时期绿色北京发展建设规划

4. 北京市"十二五"时期世界城市建设规划

5. 北京市"十二五"时期中关村国家自主创新示范区发展建设规划

6. 北京市"十二五"时期现代产业发展与重点功能区建设规划

7. 北京市"十二五"时期国际商贸中心建设发展规划

8. 北京市"十二五"时期中小企业发展促进规划

9. 北京市"十二五"时期社会公共服务发展规划

10. 北京市"十二五"时期社会保障发展规划

11. 北京市"十二五"时期基础设施发展建设规划

12. 北京市"十二五"时期城市信息化及重大信息基础设施建设规划

13. 北京市"十二五"时期水资源保护和利用发展规划

14. 北京市"十二五"时期土地资源保护与开发利用规划

15. 北京市"十二五"时期能源发展建设规划

16. 北京市"十二五"时期应对气候变化及节能减排规划

17. 北京市"十二五"时期重点新城建设实施规划

18. 北京市"十二五"时期城乡经济社会一体化发展规划

19. 北京市"十二五"时期体制改革规划

三、市级：一般专项规划、经济发展规划

1. 北京市"十二五"时期生产性服务业发展规划

2. 北京市"十二五"时期金融业发展规划

3. 北京市"十二五"时期文化创意产业发展规划

4. 北京市"十二五"时期旅游业发展规划

5. 北京市"十二五"时期会展业发展规划

6. 北京市"十二五"时期物流业发展规划

7. 北京市"十二五"时期商业服务业发展规划

8. 北京市"十二五"时期房地产业发展规划

9. 北京市"十二五"时期建筑业发展规划

10. 北京市"十二五"时期工业发展规划

11. 北京市"十二五"时期高技术产业发展规划

12. 北京市"十二五"时期都市型现代农业发展规划

13. 北京市"十二五"时期对外经贸发展规划

14. 北京市"十二五"时期公共财政发展规划

15. 北京市"十二五"时期精神文明建设规划

16. 北京市"十二五"时期社会建设规划

17. 北京市"十二五"时期人口发展和调控规划

18. 北京市"十二五"时期人才发展规划

19. 北京市"十二五"时期就业促进规划

20. 北京市"十二五"时期文化发展改革规划

21. 北京市"十二五"时期教育发展改革规划

22. 北京市"十二五"时期卫生发展改革规划

23. 北京市"十二五"时期体育发展改革规划

24. 北京市"十二五"时期知识产权事业发展规划

25. 北京市"十二五"时期政法事业发展规划

26. 北京市"十二五"时期民政事业发展规划

27. 北京市"十二五"时期老龄事业发展规划

28. 北京市"十二五"时期妇女事业发展规划

29. 北京市"十二五"时期儿童事业发展规划

30. 北京市"十二五"时期残疾人事业发展规划

31. 北京市"十二五"时期文物博物馆事业发展规划

32. 北京市"十二五"时期档案事业发展规划

33. 北京市"十二五"时期消防事业发展建设规划

34. 北京市"十二五"时期气象事业发展规划

35. 北京市"十二五"时期统计发展规划

36. 北京市"十二五"时期历史文化名城保护建设规划……

四、城市建设管理规划

1. 北京市"十二五"时期固定资产投资和重大项目规划

2. 北京市"十二五"时期住房保障规划

3. 北京市"十二五"时期交通发展建设规划

4. 北京市"十二五"时期环境保护和建设规划

5. 北京市"十二五"时期城市绿色生态功能建设规划

6. 北京市"十二五"时期城乡环境建设规划

7. 北京市"十二五"时期固体废弃物处理和综合利用规划

8. 北京市"十二五"时期供水排水发展建设规划

9. 北京市"十二五"时期电力发展建设规划

10. 北京市"十二五"时期燃气发展建设规划

11. 北京市"十二五"时期供热发展建设规划

12. 北京市"十二五"时期新能源和可再生能源发展规划

13. 北京市"十二五"时期应急体系发展规划

14. 北京市"十二五"时期防震减灾规划

15. 北京市"十二五"时期国民经济动员规划

16. 北京市"十二五"时期安全生产规划

17. 北京市"十二五"时期市场监管体系建设规划……

五、重点区域规划

1. 北京市"十二五"时期永定河绿色生态发展带发展规划

2. 北京市"十二五"时期北京经济技术开发区发展规划

3. 北京市"十二五"时期区域合作发展规划……

注：北京市政府根据国家有关政策和本市经济与社会发展的基本需要，后来陆续增加与调整了有关经济与社会规划体系框架，这里不一一列举。

第五章　规划步骤

第一节　编制原则

一、符合国家政策及规划纲要

国民经济和社会发展纲要是规划期内社会主义现代化建设的总体战略部署，是制定其他各类规划的重要依据，应符合国家中长期政策和法律要求。

专项规划是对地区发展战略、目标及发展重点和任务的具体落实，专项规划不能与规划纲要相违背。

二、体现政府承担的职责

五年规划、总体规划、专项规划等有政府管理色彩，应该符合国家或地域性的政府管理与服务职责，满足经济发展的基本需要，体现政府的意志和责任等。

三、反映经济与社会发展规律

规划任何一种事物既有共性，又有个性。在进行各类规划原则的描述时，应揭示其发展的独特规律，反映经济和社会生活的内在逻辑。

四、综合各方意志或意见

在制定各类规划时，需要有高度综合性，要考虑经济社会各方面的因素，吸收专家与利益有关方，听取社会各方意见，考虑规划实施的可行性与先进性等。

五、设计规划保障机制

各类规划与行动方案一般通过下一层规划或者具体的重大项目安排予以实施、执行。无论是哪种规划保障措施，都要与国家政策、法律法规相一致，有利于各类规划目标实现，并且与各类规划、行动方案紧密配合和辅助促进。

第二节　编制程序

各类经济与社会发展规划的编制背景、编制依据、规划原则、规划内容、具体要求各不相同。但是一般包括如下基本程序：

一、进行规划立项

贯彻执行上级有关政策和具体规定，结合本地区、本单位的经济发展和社会生活实际要求，在不同发展阶段，履行特定的审批程序，确立相应的规划编制任务，进行规划编制机构和人员的筛选与确定，进行规划立项。

二、组织编制团队

通常专项规划涉及的部门不仅是单一领域，参与专家也尽量吸收各个相关专业。在进行规划编制与审核时，应该由多个部门专家组成。

三、搜集相关资料

根据规划主体的要求进行，制定具体的调研和资料搜集计划，分工到人，列出时间表，系统收集有关社会和经济方面的资料，访谈行业专家和部委领导、上级主管部门等。

四、评估原有规划

进行新的规划调整的原因：
一是以往的规划可能到期，需要重新制定发展规划。
二是以往的规划在实施中发现某些问题，需要进行问题解决和规划修编。
三是以往的规划在执行中遇到外界环境巨大的变化，需要重新调整规划。

五、编制规划初稿

这是规划工作的核心。正式规划的编制不可能在一个环节完成，需要经过讨论和论证，审核与修订，需要专家研究、讨论，经过特定的程序，予以确定并发布。

六、规划紧密衔接

以现有规划编制为基础，研究国家政策和区域政策，研究全球、国家经济形势和发展趋势，做好专项规划与总体规划的衔接，重点关注和分析五年规划与国家政策、法律是否一致，总体规划确立的重大规划方针和实施举措在专项规划中是否得到延伸和具体细化。专项规划在指导思想、发展目标、具体任务、政策措施等方面是否符合总体规划的核心要求，规划内容是否体现了总体规划的精神和具体方向。同时，本级规划是否与上一层级规划相衔接等。

七、适当征求意见

将编制的规划方案在一定范围内，包括政府和利益相关方等，采取一定的交流与论证模式，组织专家等进行交流、讨论，吸收各类专家和利益相关方等的反馈意见，予以修改、完善和优化。

八、组织规划修改

根据各方的意见和信息反馈，对初稿进行必要的优化、修改和适度调整。

九、规划论证

规划在送审之前进行专家论证。可以委托同级规划咨询委员会论证，也可以由规划编制单位自行组织论证，由组织论证的单位提出论证报告。未经论证的规划不得报请批准并公布实施。

十、规划报送审批

五年规划或专项规划等由规划编制单位提出规划草案，经本级发改委等职能机构审核后，由本级发改委会同编制单位上报本级人民政府批准。需要提报人大会议室审议的，执行有关审批程序。经审核同意后，由各级政府或有关职能部门签发并颁布。

十一、对外发布规划

五年规划纲要执行审批程序予以发布，专项规划由本级政府或由授权的职能部门批准、发布。除法律、行政法规另有规定外，本级政府批准的专项规划由行政负责人签署命令公布，本级人民政府有关部门批准的专项规划由部门领导人签署命令并公布。

十二、开展规划评估

五年规划或专项规划可以在规划实施的中期阶段组织评估，并将评估结果报送同级人民政府或有关部门。

十三、规划修订与废止

经过中期评估或其他原因需要对原有规划进行修订和废止时，规划编制单位应提出规划修订和废止方案，按规划的程序报批和对外公布。

国家关于五年发展规划编制程序的特殊说明：国家从 1953 年开始编制以五年为一个时间段的国家五年发展规划。

中华人民共和国国民经济和社会发展五年规划纲要的规划编制工作包括前期调研、编制起草、论证衔接、审批发布四个阶段。在制定程序上，各部委省市区提前完成本领域、本地区的规划统一汇总到国务院，编制全国的"五年"规划，将在规划前一年下半年的中共中央全会讨论建议稿，提交全国"两会"审议通过付诸实施。

第三节　一般编制方法

一、定量与定性分析结合

在各类规划编制过程中，对于发展现状的基本描述，必须进行定量指标分析。发现现有的缺陷和问题。在各类规划中对于问题和关键因素的系统研究，尽可能采用数量指标和规范分析。

对各类规划的发展方向、规划目标、产业趋势和基本规律，必须有定量指标进行描述或测算。

在政策建议方面，应研究有关经济形势与行业特征，提出针对性的建议或措施。

在规划定位方面，应有一些定性描述和未来展望，定性描述需要清晰和科学的基本判断。

二、自上而下与自下而上结合

各类规划在有关研究领域之内，与上级、下级规划相衔接、相融合。如地市级发展规划，既要和部委、本省有关规划衔接，也要征求下级、基层的意见与建议，作为修改本级规划的重要依据和必要补充。

三、理论分析与实证研究相结合

在规划编制过程中，需要一定的理论分析，有必要的实证研究。规划编制必须以事实为依据，进行必要的科学分析，针对基础的调查研究对各类规划存在的问题和方案进行佐证，必要时进行实际调查与专家访谈。

四、理论模型与案例研究结合

在规划编制过程中，需要使用理论依据和分析模型，进行系统设计和规划编制。系统研究国内某一行业、产业园或国内外先进地区或经典案例，分析其内在规律和发展特征，找出可持续发展的经验和核心特征，剖析存在的问题或缺陷，为规划编制或后期执行提供经验借鉴或者可能的实践预警。

第四节　城市规划编制规定

一、城市规划分类

目前，我国城市规划分为总体规划和详细规划两个阶段。大、中城市根据需要，可以依法在总体规划的基础上组织编制分区规划。城市详细规划分为控制性详细规划和修建性详细规划。

二、城市规划编制办法

（一）基本规定

中华人民共和国成立以来，我国城市规划编制办法经历了四次修订。2005年住建部（原建设部）颁布《城市规划编制办法》，自2006年4月1日实施，该办法规定"坚持政府组织、专家领衔、部门合作、公众参与、科学决策的原则"。

国务院建设主管部门组织编制的全国城镇体系规划和省、自治区人民政府组织编制的省域城镇体系规划，作为城市总体规划编制的依据。城市人民政府负责组织编制城市总体规划和城市分区规划。具体工作由城市人民政府建设主管部门（城乡规划主管部门）承担。城市人民政府依据城市总体规划，结合国民经济和社会发展规划以及土地利用总体规划，组织制定近期建设规划。

控制性详细规划由城市人民政府建设主管部门（城乡规划主管部门）依据已经批准的城市总体规划或者城市分区规划组织编制。

修建性详细规划可以由有关单位依据控制性详细规划及建设主管部门（城乡规划主管部门）提出的规划条件，委托城市规划编制单位编制。

（二）编制程序

城市总体规划按照以下程序组织编制：

（1）组织前期研究，提出进行编制工作的报告，经同意后组织编制。其中，组织编制直辖市、省会城市、国务院指定市的城市总体规划的，向国务院建设主管部门提出报告；组织编制其他市的城市总体规划的，向省、自治区建设主管部门提出报告。

（2）组织编制城市总体规划纲要，按规定提请审查。其中，组织编制直辖市、省会城市、国务院指定市的城市总体规划的，报请国务院建设主管部门组织审查；组织编制其他市的城市总体规划的，报请省、自治区建设主管部门组织审查。

（3）依据国务院建设主管部门或者省、自治区建设主管部门提出的审查意见，组织编制城市总体规划成果，按法定程序报请审查和批准。

在城市总体规划的编制中，对于涉及资源与环境保护、区域统筹与城乡统筹、城市发展目标与空间布局、城市历史文化遗产保护等重大专题，在城市人民政府组织下，由相关领域的专家领衔进行研究。

城市总体规划的编制中，在城市人民政府组织下，充分吸取政府有关部门和军事机关的意见。

对于政府有关部门和军事机关提出意见的采纳结果，应当作为城市总体规划报送审批材料的专题组成部分。

组织编制城市详细规划，应听取政府有关部门的意见，保证有关专业规划的空间落实。

在城市总体规划报送审批前，城市人民政府应依法采取有效措施，充分征求社会公众的意见。

在城市详细规划的编制中，应采取公示、征询等方式，充分听取规划涉及的单位、公众的意见。对有关意见采纳结果应当公布。

城市总体规划调整，按规定向规划审批机关提出调整报告，经认定后依照法律规定组织调整。

城市详细规划调整，应取得规划批准机关的同意。规划调整方案，向社会公开，听取有关单位和公众的意见，并将有关意见的采纳结果公示。

（三）城市规划编制要求

城市总体规划包括市域城镇体系规划和中心城区规划。

编制城市总体规划，应编制总体规划纲要，研究确定总体规划中的重大问题，作为编制规划成果的依据。妥善处理城乡关系，引导城镇化发展，体现布局合理、资源节约、环境友好的原则，保护自然与文化资源、体现城市特色，考虑城市安全和国防建设需要。

对涉及城市发展长期保障的资源利用和环境保护、区域协调发展、风景名胜资源管理、自然与文化遗产保护、公共安全和公众利益等内容，应当确定为必须严格执行的强制性内容。

编制城市总体规划，以全国城镇体系规划、省域城镇体系规划以及其他上一层次法定规划为依据，从区域经济社会发展的角度研究城市定位和发展战略，按照人口与产业、就业岗位的协调发展要求，控制人口规模、提高人口素质，按照有效配置公共资源、改善人居环境的要求，充分发挥中心城市的区域辐射和带动作用，合理确定城乡空间布局，促进区域经济社会全面、协调和可持续发展。

编制城市近期建设规划，依据已经依法批准的城市总体规划，明确近期内实施城市总体规划的重点和发展时序，确定城市近期发展方向、规模、空间布局、重要基础设施和公共服务设施选址安排，提出自然遗产与历史文化遗产的保护、城市生态环境建设与治理的措施。

编制城市分区规划，依据已经依法批准的城市总体规划，对城市土地利用、人口分布和公共服务设施、基础设施的配置做出进一步的安排，对控制性详细规划的编制提出指导性要求。

编制城市控制性详细规划，依据已经依法批准的城市总体规划或分区规划，考虑相关专项规划的要求，对具体地块的土地利用和建设提出控制指标，作为建设主管部门（城乡规划主管部门）做出建设项目规划许可的依据。

编制城市修建性详细规划，依据已经依法批准的控制性详细规划，对所在地块的建设提出具体的安排和设计。

历史文化名城的城市总体规划，包括专门的历史文化名城保护规划。历史文化街区应当编制专门的保护性详细规划。

城市规划成果的表达应当清晰、规范，成果文件、图件与附件中说明、专题研究、分析图纸等表达应有区分。

城市规划成果文件以书面和电子文件两种方式表达。

城市规划编制单位严格依据法律、法规的规定编制城市规划，提交的规划成果符合本办法和国家有关标准。

三、城市规划编制内容

（一）城市总体规划

城市总体规划期限一般为 20 年，可以对城市远景发展的空间布局提出设想。

确定城市总体规划具体期限，应当符合国家有关政策的要求。

总体规划纲要应当包括下列内容：

（1）市域城镇体系规划纲要，内容包括：提出市域城乡统筹发展战略；确定生态环境、土地和水资源、能源、自然和历史文化遗产保护等综合目标和保护要求，提出空间管制原则；预测市域总人口及城镇化水平，确定各城镇人口规模、职能分工、空间布局方案和建设标准；原则确定市域交通发展策略。

（2）提出城市规划区范围。

（3）分析城市职能、提出城市性质和发展目标。

（4）提出禁建区、限建区、适建区范围。

（5）预测城市人口规模。

（6）研究中心城区空间增长边界，提出建设用地规模和建设用地范围。

（7）提出交通发展战略及主要对外交通设施布局原则。

（8）提出重大基础设施和公共服务设施的发展目标。

（9）提出建立综合防灾体系的原则和建设方针。

市域城镇体系规划应当包括下列内容：

（1）提出市域城乡统筹的发展战略。其中位于人口、经济、建设高度聚集的城镇密集地区的中心城市，根据需要，提出与相邻行政区域在空间发展布局、重大基础设施和公共服务设施建设、生态环境保护、城乡统筹发展等进行协调的基本建议。

（2）确定生态环境、土地和水资源、能源、自然和历史文化遗产等的保护与利用的综合目标和要求，提出空间管制原则和措施。

（3）预测市域总人口及城镇化水平，确定各城镇人口规模、职能分工、空间布局和建设标准。

（4）提出重点城镇的发展定位、用地规模和建设用地控制范围。

（5）确定市域交通发展策略；原则确定市域交通、通信、能源、供水、排水、防洪、垃圾处理等重大基础设施，重要社会服务设施，危险品生产储存设施的布局。

（6）根据城市建设、发展和资源管理的需要划定城市规划区。城市规划区的范围应当位于城市的行政管辖范围内。

（7）提出实施规划的措施和有关建议。

中心城区规划应当包括下列内容：

（1）分析确定城市性质、职能和发展目标。

（2）预测城市人口规模。

（3）划定禁建区、限建区、适建区和已建区，并制定空间管制措施。

（4）确定村镇发展与控制的原则和措施；确定需要发展、限制发展和不再保留的村庄，提出村镇建设控制标准。

（5）安排建设用地、农业用地、生态用地和其他用地。

（6）研究中心城区空间增长边界，确定建设用地规模，划定建设用地范围。

（7）确定建设用地的空间布局，提出土地使用强度管制区划和相应的控制指标（建筑密度、建筑高度、容积率、人口容量等）。

（3）确定市级和区级中心的位置和规模，提出主要的公共服务设施的布局。

（9）确定交通发展战略和城市公共交通的总体布局，落实公交优先政策，确定主要对外交通设施和主要道路交通设施布局。

（10）确定绿地系统的发展目标及总体布局，划定各种功能绿地的保护范围（绿线），划定河湖水面的保护范围（蓝线），确定岸线使用原则。

（11）确定历史文化保护及地方传统特色保护的内容和要求，划定历史文化街区、历史建筑保护范围（紫线），确定各级文物保护单位的范围；研究确定特色风貌保护重点区域及保护措施。

（12）研究住房需求，确定住房政策、建设标准和居住用地布局；重点确定经济适用房、普通商品住房等满足中低收入人群住房需求的居住用地布局及标准。

（13）确定电信、供水、排水、供电、燃气、供热、环卫发展目标及重大设施总体布局。

（14）确定生态环境保护与建设目标，提出污染控制与治理措施。

（15）确定综合防灾与公共安全保障体系，提出防洪、消防、人防、抗震、地质灾害防护等规划原则和建设方针。

（16）划定旧区范围，确定旧区有机更新的原则和方法，提出改善旧区生产、生活环境的标准和要求。

（17）提出地下空间开发利用的原则和建设方针。

（18）确定空间发展时序，提出规划实施步骤、措施和政策建议。

城市总体规划的强制性内容包括：

（1）城市规划区范围。

（2）市域内应当控制开发的地域。包括：基本农田保护区，风景名胜区，湿地、水源保护区等生态敏感区，地下矿产资源分布地区。

（3）城市建设用地。包括：规划期限内城市建设用地的发展规模，土地使用强度管制区划和相应的控制指标（建设用地面积、容积率、人口容量等）；城市各类绿地的具体布局；城市地下空间开发布局。

（4）城市基础设施和公共服务设施。包括：城市干道系统网络、城市轨道交通网络、交通枢纽布局；城市水源地及其保护区范围和其他重大市政基础设施；文化、教育、卫生、体育等方面主要公共服务设施的布局。

（5）城市历史文化遗产保护。包括：历史文化保护的具体控制指标和规定；历史文化街区、历史建筑、重要地下文物埋藏区的具体位置和界线。

（6）生态环境保护与建设目标，污染控制与治理措施。

（7）城市防灾工程。包括：城市防洪标准、防洪堤走向；城市抗震与消防疏散通道；城市人防设施布局；地质灾害防护规定。

总体规划纲要成果包括纲要文本、说明、相应的图纸和研究报告。

城市总体规划的成果包括规划文本、图纸及附件（说明、研究报告和基础资料等）。在规划文本中应当明确表述规划的强制性内容。

城市总体规划明确综合交通、环境保护、商业网点、医疗卫生、绿地系统、河湖水系、历史文化名城保护、地下空间、基础设施、综合防灾等专项规划的原则。

编制各类专项规划，应当依据城市总体规划。

（二）城市近期建设规划

近期建设规划的期限原则上与城市国民经济和社会发展规划的年限一致，并不得违背城市总体规划的强制性内容。

近期建设规划到期时，依据城市总体规划组织编制新的近期建设规划。

近期建设规划的内容包括：

（1）确定近期人口和建设用地规模，确定近期建设用地范围和布局。

（2）确定近期交通发展策略，确定主要对外交通设施和主要道路交通设施布局。

（3）确定各项基础设施、公共服务和公益设施的建设规模和选址。

（4）确定近期居住用地安排和布局。

（5）确定历史文化名城、历史文化街区、风景名胜区等的保护措施，城市河湖水系、绿化、环境等保护、整治和建设措施。

（6）确定控制和引导城市近期发展的原则和措施。

近期建设规划的成果包括规划文本、图纸，以及相应说明的附件。在规划文本中应明确表达规划的强制性内容。

（三）城市分区规划

编制分区规划，应当综合考虑城市总体规划确定的城市布局、片区特征、河流道路等自然和人工界线，结合城市行政区划，划定分区的范围界线。

分区规划应当包括下列内容：

（1）确定分区的空间布局、功能分区、土地使用性质和居住人口分布。

（2）确定绿地系统、河湖水面、供电高压线走廊、对外交通设施用地界线和风景名胜区、文物古迹、历史文化街区的保护范围，提出空间形态的保护要求。

（3）确定市、区、居住区级公共服务设施的分布、用地范围和控制原则。

（4）确定主要市政公用设施的位置、控制范围和工程干管的线路位置、管径，进行管线综合。

（5）确定城市干道的红线位置、断面、控制点坐标和标高，确定支路的走向、宽度，确定主要交叉口、广场、公交站场、交通枢纽等交通设施的位置和规模，确定轨道交通线路走向及控制范围，确定主要停车场规模与布局。

分区规划的成果包括规划文本、图件，以及相应说明的附件。

（四）控制性详细规划

控制性详细规划包括下列内容：

（1）确定规划范围内不同性质用地的界线，确定各类用地内适建、不适建或者有条件地允许建设的建筑类型。

（2）确定各地块建筑高度、建筑密度、容积率、绿地率等控制指标；确定公共设施配套要求、交通出入口方位、停车泊位、建筑后退红线距离等要求。

（3）提出各地块的建筑体量、体型、色彩等城市设计指导原则。

（4）根据交通需求分析，确定地块出入口位置、停车泊位、公共交通场站用地范围和站点位置、步行交通以及其他交通设施。规定各级道路的红线、断面、交叉口形式及渠化措施、控制点坐标和标高。

（5）根据规划建设容量，确定市政工程管线位置、管径和工程设施的用地界线，进行管线综合。确定地下空间开发利用具体要求。

（6）制定相应的土地使用与建筑管理规定。

控制性详细规划确定的各地块的主要用途、建筑密度、建筑高度、容积率、绿地率、基础设施和公共服务设施配套规定应当作为强制性内容。

（五）修建性详细规划

修建性详细规划应当包括下列内容：

（1）建设条件分析及综合技术经济论证。

（2）建筑、道路和绿地等的空间布局和景观规划设计，布置总平面图。

（3）对住宅、医院、学校和托幼等建筑进行日照分析。

（4）根据交通影响分析，提出交通组织方案和设计。

（5）市政工程管线规划设计和管线综合。

（6）竖向规划设计。

（7）估算工程量、拆迁量和总造价，分析投资效益。

控制性详细规划成果应当包括规划文本、图件和附件。图件由图纸和图则两部分组成，规划说明、基础资料和研究报告收入附件。

修建性详细规划成果应当包括规划说明书、图纸。

（六）环境评价规划报告

根据《环评法》第十七条和《建设项目环保管理条例》第八条规定：建设项目的环境影响报告书包括下列必备内容：

（1）建设项目概况。

（2）建设项目周围环境现状。

（3）建设项目对环境可能造成影响的分析、预测和评估。

（4）建设项目环境保护措施及其技术、经济论证。

（5）建设项目对环境影响的经济损益分析。

（6）对建设项目实施环境监测的建议。

（7）环境影响评价的结论。

涉及水土保持的建设项目，必须有经水行政主管部门审查同意的水土保持方案。环境影响报告表和环境影响登记表的内容和格式，由国务院环境保护行政主管部门制定。

根据《环境影响评价法》第八条、第十条规定，国务院有关部门、设区的市级以上地方人民政府及其有关部门，对其组织编制的工业、农业、畜牧业、林业、能源、水利、交通、城市建设、旅游、自然资源开发的有关专项规划，在该专项规划草案上报审批前，组织进行环境影响评价，并向审批该专项规划的机关提出环境影响报告书。专项规划的环境影响评价报告书包含以下内容：

（1）实施该规划对环境可能造成影响的分析、预测和评估。

（2）预防或者减轻不良环境影响的对策和措施。

（3）环境影响评价的结论。

随着我国政府职能的转变，国家各部委放权，社会各界环保意识增强，以及国家最新环保法的实施，环境评价和环境保护有关制度、评价程序和条款可能出现修订与优化，届时将依据修订的法规制度进行环境评价。

第五节 政府规划编制步骤

一、规划编制的框架思路

从一个省份综合发展规划编制看，综合发展规划由国民经济和社会发展中长期规划、城市总体规划、土地利用总体规划和中长期专项规划中提炼、归纳、编制而成。这些规划可以从五年国民经济和社会发展规划、地区远期建设规划、地区五年专项规划等予以总结和提炼编制而成。

上述五年规划可以通过提炼和归纳年度国民经济和社会发展规划、近期建设规划年度实施计划，以及专项规划年度计划等构建框架体系和组织编制，按照既定程序审核，并对外发布，具体如图 5 所示：

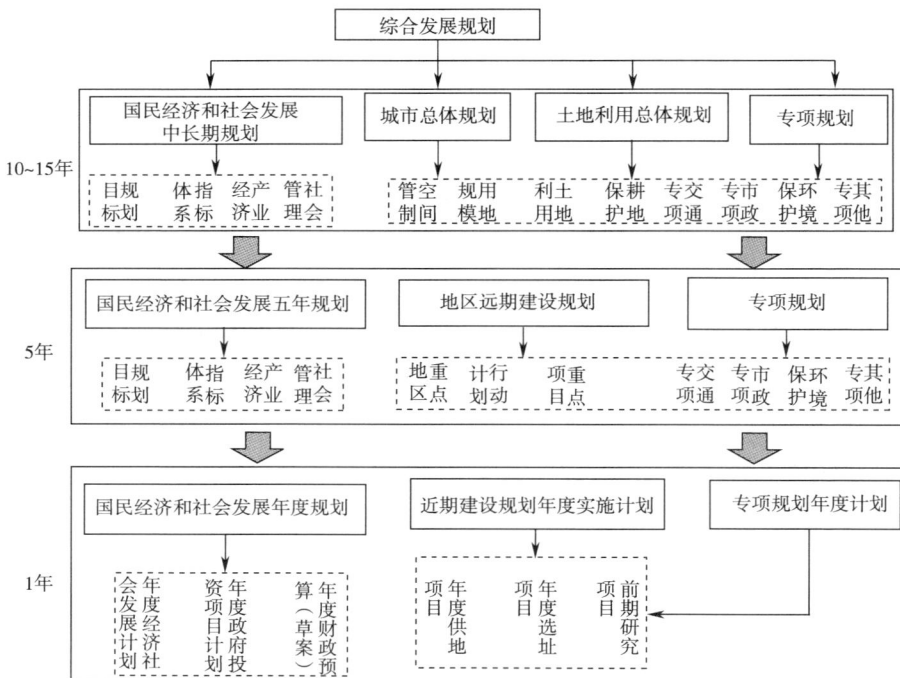

图 5　综合发展规划编制路线

一般来说，各类发展规划、专项规划、城市总体规划等编制步骤和框架有所不同，归纳起来，主要内容如下：

1. 环境与资源能力分析。主要分析特定规划的外部环境、产业政策和内部环境、资源能力、愿景等。

2. 政府规划或上级战略研究。主要研究政府或上级单位的规划、战略定位与发展思路等。

3. 业务战略或产业战略。主要研究具体产业和业务的方向和定位等。

4. 目标确定。主要确立规划目标和重点任务、路径等。

5. 职能战略。主要研究保障战略实施的土地、交通、环保、人力、资金、研发、融资、市场等专业规划与竞争战略。

6. 预算与战略管理。主要进行预算编制，进行战略实施、风险控制与战略优化等。

二、各类规划的编制步骤

总结归纳近年我们研究团队为地方政府、高新区、开发区等编制的各类规划项目，一般来说，首先要与委托单位签订委托编制合同，然后，针对规划的核心要求和专业性，组建规划编制课题组，制定具体的规划编制计划，交流与确认调研提纲和访谈计划，组织安排现场调研与专家访谈，并遵循如下规划编制"五步法"（见图6）：

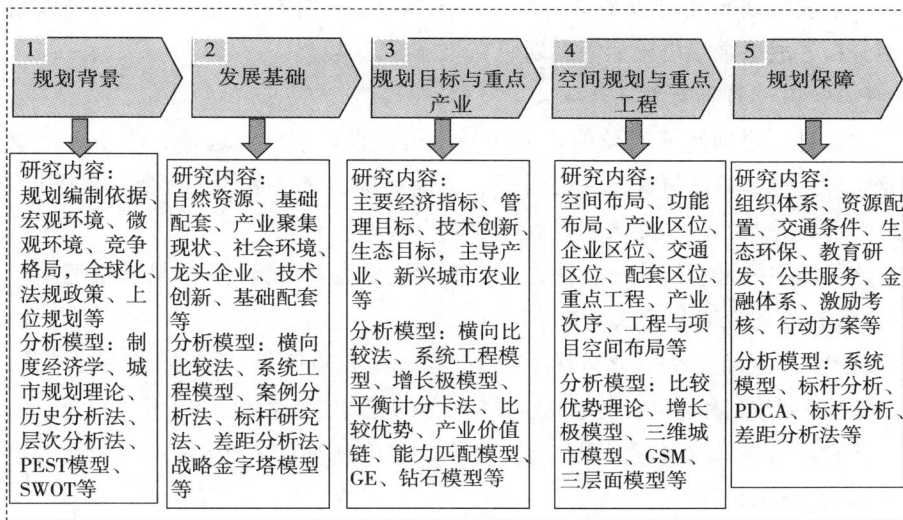

图 6　规划编制"五步法"

（一）规划背景

（1）按照特定规划编制的要求和专业领域，选择组建规划编制团队。

（2）与规划委托单位协商，确立调研计划和时间安排，组织项目调研组，按照既定的调研计划和规划编制程序，有计划地开始搜集、整理和分析国家政策、市场布局、地方政府提供的各类规划文本、地域性文件、年度报告、经济数据、统计报表等。

（3）组织行业访谈、政府座谈与交流、抽调部分企业进行现场调研，开展居民与社区走访，以及发放问卷、网上调研等方式，进行地方政府或高新区、开发区的经济基础和产业现状等研究与分析。

该阶段一般采取历史比较法、标杆分析法、比较优势法、PEST 等分析工具，研究并撰写形成特定规划的编制背景和外部环境调研报告，或者产业现状诊断报告等，提交规划委托单位交流论证，为下一步的规划编制与工作推进，提供基础信息和初步参考。

（二）发展基础

主要是分析研究对象的产业现状与行业、产业、企业、市场、社会生活等情况，分析研究对象的资源与能力，研究核心竞争力，研究特定行业或产业链现状，对比参照标杆单位等，提出存在的问题与可能的挑战，寻找市场机遇与自身的优势等。

该阶段规划研究可以采取区位法、案例分析、标杆研究、比较优势理论、差距分析、战略金字塔模型等规划研究与分析工具。

（三）规划目标与重点产业

主要进行规划研究对象的产业布局、指标设计、行业选择、产业链构建，以及管理目标、科技目标、人力目标、土地资源、交通条件、资金平台等重点目标确定，并对特定功能区和重点产业进行选择与定位等。

该阶段主要采用层次分析法、增长极理论、能力匹配模型、钻石模型等。

（四）空间规划与重点工程

主要是研究确立规划的空间布局、重点工程、重点任务、实施步骤和区域分布等。通过规划编制和讨论，确定规划研究对象的规划实施路线图和工作重点等。

该阶段主要采取系统工程、比较优势、增长极理论等理论模型与研究工具。

（五）规划保障

主要确定规划实施的保证措施及建议的政策措施等。主要包括政策、组织、财务、土地、交通、金融、人才、服务平台等。

该阶段的分析工具主要有 PDCA、标杆分析、系统工程法、差距分析法等。

各种规划报告编写与规范有各自不同的特点，具体要求和侧重点也各有差异，如环境影响报告书的编写，需要满足以下要求：

（1）环境影响报告书总体编排结构符合《建设项目保护管理条例》（1998年 11 月 29 日颁布）的要求，即《建设项目环境影响报告书内容提要》的要求。内容全面，重点突出，实用性强。

（2）基础数据可靠。基础数据是评价的基础。基础数据不能有错误。需要对不同的参数数据进行核实。

（3）预测模式及参数选择合理。环境影响评价预测模式有一定的适用条件。选择模式的推导（总结）条件和评价环境条件相近（相同）的模式。选择总结参数时的环境条件和评价环境条件相近（相同）的参数。

（4）结论观点明确，客观可信。结论中必须对建设项目的可行性、选址的合理性做出明确回答。结论必须以报告书中客观的论证为依据，不能带感情色彩。

（5）语句通顺、条理清楚、文字简练、篇幅不宜过长。综合性、结论性的图放到报告书的正文中，有参考价值的图放到报告书中，减少篇幅。

（6）环境影响报告书中应有评价资格证书，报告书的署名，报告书编制人员按行政总负责人、技术总负责人、技术审核人、项目总负责人依次署名盖章，报告编写人署名。

第六节　案例研究：大连国家级金普新区发展规划

大连（国家级）金普新区发展规划

受大连市政府规划编制委托，项目组参与编制《大连金普新区（国家级）发展规划》，主要采取了规划编制"五步法"。

一是开展发展环境和规划背景研究。制定了调研计划，组成了规划研究团队，由大连市政府安排，进行了当地政府、金州、普兰湾新区、保税区等实地调研和重大项目考察，召开了各种座谈会，访谈了重点企业，初步了解金普新区的产业结构和产业环境，以及发展基础等。同时，分析了国务院、国家发改委批准建立大连金普新区的产业背景，以及大连金普新区面临的东北产业振兴、东北亚战略等大环境，深刻领会了大连金普新区的建设战略价值和区位优势等。

二是开展产业发展现状与能力研究。重点分析了金普新区的优势、劣势、机遇、挑战，并就大连市的产业特征，以及金普新区的产业地位等进行了分析，初步确定了产业发展中存在的问题，新区建设中的主要困难，以及可能的发展机遇等。规划项目组到大连市进行国家级金普新区发展规划编制的现场调研（图7右一为笔者在调研现场），听取当地政府工作人员介绍大连金普新区发展规划的沙盘模拟效果场景，具体如图7所示。

图7　项目组在大连国家级金普新区规划现场调研

三是进行规划目标和产业选择等研究。结合大连市产业优势和金普新区的国家战略定位，立足金普新区的产业基础和发展方向，确立了金普新区的规划目标、产业体系、战略步骤等，为下一步金普新区的资源配置、工作任务和招商引资等工作指明了方向。

四是确定重点产业和重大工程。重点研究和系统确定了重点产业布局和功能定位，以及空间布局和产业链构建，为研究对象的经济发展、基础设施建设、交通条件改善、环境保护、金融服务等提供明确的重点行动方向。

五是确定规划保障机制。主要是体现特定规划的核心目标，围绕主导产业和重点项目建设，建议修订或出台的相关政策与土地利用办法、组织运行模式、开发区或产业园入园标准、生态环保、交通水利、能源供给、金融与人才培养等服务体系。

基于上面的规划编制步骤，系统研究和科学编制各类政府规划、专项发展规划、土地利用规划、控制性详细规划等（各类规划的格式和内容有所差异），形成专门的规划报告文本，按照一定的审批程序和颁布要求，提交有关部门组织论证和修改，组织专家审核，提交有关审批程序，定稿后由有关部门颁布与执行。

第二篇
规划编制实操

本部分重点介绍政府规划的编写实务与具体操作，包括但不限于：规划背景、发展基础、规划目标、重点产业、空间规划、重点工程、行动方案，以及规划保障等。主要阐述了规划编写的核心内容、分析模型、编写规范、编写要领，以及案例研究等。

第六章　规划背景

第一节　编制依据

一、研究要素

规划背景的编制依据是国家政策、法律法规、各类政府规划、产业园规划、控制性详细规划、专项规划等进行编制的基本依据和主要信息来源。

从各类规划背景分析情况看，主要依据全球化趋势和国内外政治、经济环境与产业特征、国家有关政策与法律法规、地区性政策和产业环境、政府经济与社会统计数据、基础报表资料、行业统计数据、重点企业和重大工程经济指标（数据），各类政府规划与文件、上级和本级政府各类已有经济规划与文件、主体功能区规划、土地利用规划，以及市场供需方和其他利益相关者的各类调研、国家部委、政府机构和专家学者的实地访谈、二手资料与有关数据等。

二、理论依据

各种规划编制的理论依据有制度经济学、城市规划学理论、市场经济理论等。

制度指人际交往中的规则及社会组织的结构和机制。制度经济学是把制度作为研究对象的一门经济学分支。它研究制度对于经济行为和经济发展的影响，以及经济发展如何影响制度的演变。

制度学派分为旧制度经济学和新制度经济学，新制度经济学认为制度就是规则。

城市经济学是一门研究城市范围内的各种经济现象的学科。一般而言，研究城市经济的路径主要有：一是侧重微观经济理论的研究；二是侧重从宏观层面来研究。其理论流派主要为"主流城市经济学"与"保守主义城市经济学"。

围绕市场经济存在两种理论传统：

一是强调市场机制绝对合理的传统。由斯密、萨伊到马歇尔、哈耶克代表的经济自由主义或新古典经济学的传统。认为资本主义市场经济是内在完美，具备自我均衡机制的完善体系，市场机制本质上没有缺陷，市场本身的均衡调整机制足以保证经济长期均衡运行，可以导致资源的最佳配置。周期性危机是非必然的，可以避免的。

二是认为市场机制有缺陷的传统。以马克思和凯恩斯为代表，马克思认为，近代资本主义的历史是由小市场经济走向大市场经济，即由民族市场走向世界市场经济的进程。这就是"全球化"。马克思认为这个进程不可阻挡，在世界市场经济统治全世界的时候，周期性的世界经济危机最终会产生破坏世界市场的力量，从而撕毁这一体制。他把这种全面危及世界统一市场的危机称作"普遍危机"或"总危机"。

马克思认为，市场体制中的危机机制是不可救的。凯恩斯相信，通过政府对经济做宏观干预的方法，可以补救市场机制的缺陷。

政府规划的编制依据与研究背景，基于各种制度对于经济发展的外部制约和强制性，以及与宏观经济、微观经济的关联性，市场经济的内在规律等，开展有关制度研究、环境分析和产业布局等。

第二节　编制内容

一、基本概念

规划背景分析是各级政府经济规划和产业园专项规划研究与编制的基础和起点，也是国民经济和社会发展五年规划纲要编制需要系统研究和通常要编写到有关规划报告文稿中的重要组成部分。

规划背景分析的一项重要工作是编制依据的系统研究与归纳。以《北京市国民经济和社会发展第十二个五年规划纲要》为例，其编制的主要依据是《中共中央关于制定国民经济和社会发展第十二个五年规划的建议》《中共北京市委关于制定北京市国民经济和社会发展第十二个五年规划的建议》、国务院对《北京城市总体规划（2004—2020年）》的批复。进一步研究分析，该规划的编制背景还包括国务院和北京市主体功能区规划定位等有关规划与文件。

二、主要内容

（一）基本内容

规划背景的系统分析一般划分为总体背景、行业背景、政策背景和竞争背景等。其中总体背景，即宏观环境分析，主要包括前言（序言）、政治、经济、社会文化、技术等一系列具体的分析。

（二）宏观环境分析

"规划背景"的宏观环境分析，其规划报告文稿的一般写法，有的规划文稿是从国际、国内、地区分层级研究，先综述，再分别阐述；有的报告是先阐述各层级的主要特征，然后结论性概述；还有的是从政治、经济、文化、社会等维度研究，具体规划风格与规划文本不太一致。

关于宏观环境分析，可以重点跟踪全球经济形势与产业趋势，分析国务院最新政策，研究国家发改委、科技部等产业政策与行业导向，评估确定未来几年的行业与产业选择等，如全球石油价格持续下滑的大环境下，石油加工行业、煤炭行业、天然气行业等，据此可以做出下一年度能源进出口、产成品价格、市场走向等基本判断与重大决策。

再比如：我们项目组在编制研究山东省地方政府节能环保产业发展规划时，采用了分层分析法、对比分析法等分析工具，对全国、山东等节能环保市场进行了简要分析，从单位GDP、建筑能耗、机动车能耗等研究维度，进行了各个层次的分析。在此基础上，逐步归纳了山东省节能环保产业存在的问题，为下一步的规划编制目标设定与重点项目、主要任务等提供了研究的方向和基本参考。

（三）微观环境分析

微观环境分析包括：行业背景、政策背景和竞争背景等分析。

行业背景、政策背景等对于规划编制的影响很大，如：国家发改委初步提出2015年创新引领产业结构升级，积极发现培育新增长点的三项工作重点：

一是进一步优化产业布局。落实重点产业布局调整和产业转移的指导意见。加快产业有序转移，引导产业集聚发展，避免产业在空间上的简单平移。统筹经济建设和国防建设，促进基础设施和重要领域军民融合深度发展。

二是以增强核心竞争力为重点加快传统产业优化升级。出台增强制造业核心竞争力三年行动计划，以工业机器人、轨道交通装备、高端船舶和海洋工程装备、新能源汽车、现代农业机械、高端医疗器械和药品等领域为重点，培育制造业竞争新优势。要落实好化解产能严重过剩矛盾的指导意见及配套措施，相关地方要进一步落实主体责任，严格控制新增产能项目，坚决防止违规项目复工建设，支持企业加快兼并重组，大力淘汰落后产能。

三是加快培育新兴产业。积极发展信息经济。支持云计算与物联网、移动互联网等融合发展，积极培育高技术服务业。深入落实加快发展生产性服务业促进产业结构优化升级的指导意见，大力发展工业设计、融资租赁等生产性服务业。抓紧制定加快发展生活性服务业的政策意见。实施物流业发展中长期规划及三年行动计划，开展现代物流业创新发展城市试点和国家级物流园区示范，支持物流公共信息平台建设。

根据国家发改委 2015 年产业升级和培育新增长点的工作重点，各省市县可以结合各自的区位优势与主要特征，进行各自产业升级、行业选择，以及招商引资策略调整等前瞻性的规划与决策。

竞争背景分析主要包括：本单位、竞争者、消费者、供应商、中间商及其他利益相关者等。

规划背景的微观环境分析的报告文稿，可以划分行业、产业、市场等展开分析，并得出基本结论，也可以横向比较分析。分析的基本要素包括：政治与法律、经济、社会文化、科技创新等。

行业研究与产业研究的方法很多，其中横向比较法、层次分析法是经常使用的方法。

以《北京市国民经济和社会发展第十二个五年规划纲要》为例，该报告分析了三大产业的结构和第三产业与上一个五年规划的变化，规划报告文稿如下："（'十一五'期间）全市（北京）地区生产总值年均增长 11.4%，总量达到 13777.9 亿元，人均超过 1 万美元。经济发展高端化格局初步形成，中关村国家自主创新示范区加快建设，六大高端产业功能区初具规模，首都经济特征进一步显现，第三产业比重达到 75% 。"该规划阐述了六大高端产业的发展趋势，以及第三产业的结构数据，给规划报告审阅和报告使用者等一个清晰的产业结构分析和决策参考。

再比如，我们规划编制团队综合研究了 1990—2010 年我国二氧化碳排放量与变化趋势，如图 8 所示：

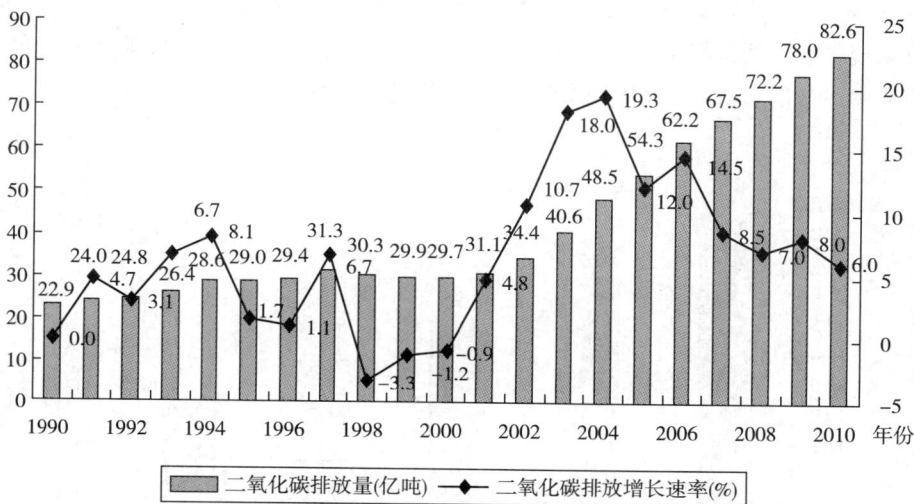

图中数据标注（二氧化碳排放量 亿吨）：22.9、24.0、24.8、26.4、28.6、29.0、29.4、31.3、30.3、29.9、29.7、31.1、34.4、40.6、48.5、54.3、62.2、67.5、72.2、78.0、82.6

图中数据标注（二氧化碳排放增长速率 %）：0.0、4.7、3.1、6.7、8.1、1.7、1.1、6.7、−3.3、−1.2、−0.9、4.8、10.7、18.0、19.3、12.0、14.5、8.5、7.0、8.0、6.0

二氧化碳排放量(亿吨)　二氧化碳排放增长速率(%)

图 8　我国二氧化碳 1990—2010 年排放量和变化趋势

从图 8 分析可知，我国二氧化碳在 1990—2010 年间排放总量持续增加，2010 年达到 82.6 亿吨，占全球排放量的 18% 以上，增速达到 22% 以上。由此初步判断，我国碳减排的工作任务十分艰巨。

特定产业的未来趋势预测是经济发展规划的重要内容，也是预测未来规划目标的重要依据。以节能减排的趋势预测为例，具体如表 7 所示：

表 7　　　　　　我国"十三五"期间节能减排的影响因素分析

有利因素	不利因素
国家高度重视节能减排	我国产业结构调整
企业节能减排技术创新	国家节能减排与地方经济发展的冲突
生态环境的协同需求	我国节能减排的市场机制不完善
国民节能减排意识增强	我国节能减排技术水平不高

从表 7 可知，在"十三五"规划实施期间，我国节能减排既有国家政策支持、企业研发技术提高、生态环境、国民环保意识增强等有利的因素，同时，也存在产业结构调整、地方经济发展冲动、节能减排的市场机制不完

善、节能减排的技术水平不高等不利因素，未来几年，节能减排的工作压力很大。

进一步分析研究可以初步预测，未来几年特定产业的全球行业政策、国际贸易规则、市场规模、产业趋势和技术方向等，这里仍以节能减排产业为例，简要阐述政府规划中，产业预测与趋势分析的基本思路，如图9所示：

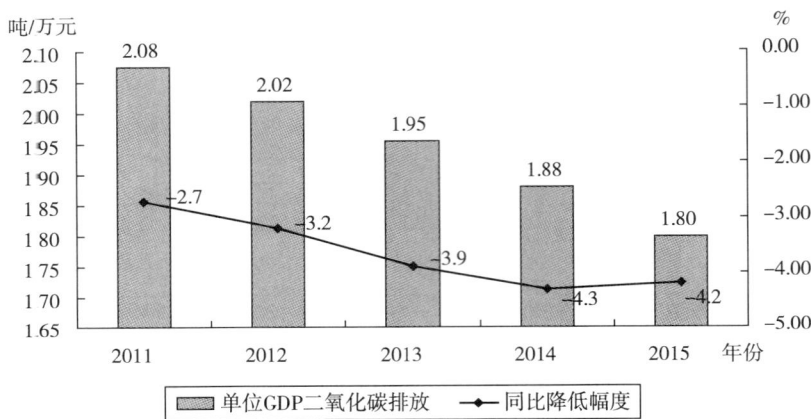

图9 我国 2011—2015 年单位 GDP 二氧化碳排放预测

从图9可知，2011—2015 年我国单位 GDP 的二氧化碳排放量将逐年降低（注：这里仅作为研究思路介绍，预测数据可能与国家统计局等公布数据有差异）。

（四）SWOT 分析

优劣势与机会、威胁分析是规划背景分析的重要内容，可以通过 SWOT 模型予以体现和详细展示。

（五）五力模型分析

市场、竞争者、供应商等市场与竞争格局分析，经常使用"五力模型"等分析工具。如：通过对特定市场的进入壁垒、替代品威胁、买方议价能力、卖方议价能力以及现存竞争者之间的竞争等维度分析，并得出进一步的市场预测或基本判断。如：一个开发区是否需要引进和构建新能源汽车产业，是否需对特定产业的某些环节进行"增链"或"补链"，都可以使用"五力模型"具体分析，并做出产业和市场选择的判断。

（六）PEST 分析

PEST 分析主要是研究国家和地方政府产业政策、法律法规、经济形势、社会文化、消费习惯、技术研发和产业化趋势等，以某地区的节能环保产业规划为例，简要分析如下（见图 10）：

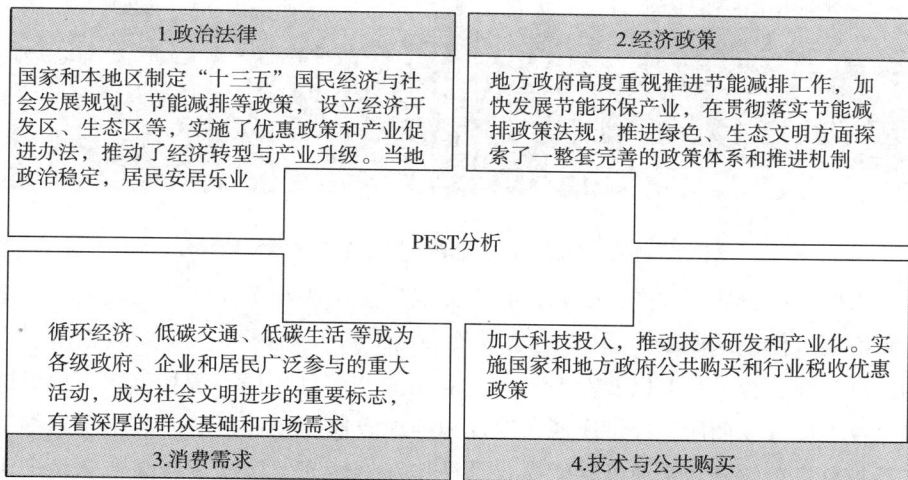

1.政治法律	2.经济政策
国家和本地区制定"十三五"国民经济与社会发展规划、节能减排等政策，设立经济开发区、生态区等，实施了优惠政策和产业促进办法，推动了经济转型与产业升级。当地政治稳定，居民安居乐业	地方政府高度重视推进节能减排工作，加快发展节能环保产业，在贯彻落实节能减排政策法规，推进绿色、生态文明方面探索了一整套完善的政策体系和推进机制

PEST分析

循环经济、低碳交通、低碳生活 等成为各级政府、企业和居民广泛参与的重大活动，成为社会文明进步的重要标志，有着深厚的群众基础和市场需求	加大科技投入，推动技术研发和产业化。实施国家和地方政府公共购买和行业税收优惠政策
3.消费需求	4.技术与公共购买

图 10　节能环保产业 PEST 分析

通过 PEST 分析，可以全面把握特定地区的政治环境、经济基础、产业趋势、社会文化、消费习惯、技术研发与技术应用等现状与未来趋势，有助于下一步的产业定位和目标预测等研究工作。

（七）规划调研

毛泽东主席曾说过，"没有调查就没有发言权。"因此，在政府规划编制之前，组织一系列系统、规范的宏观环境、产业形势等调研与访谈很有必要。可以说，资料搜集是规划编制的基础和前提条件。

政府规划的基础资料包括：政策法规、产业环境、研究对象现状、区域经济数据、各种发展规划以及自然资源资料等。

我们项目组编制地方经济规划时，除了组织团队到现场调研、系统搜集、整理和分析地方政府近几年以及年度规划文件、统计数据、产业指标等信息资料之外，还会选择当地各行业前十的规模以上企业进行摸底调研，以便更客观地掌握当地主导产业现状和未来可能的经济发展方向与速度，等。笔者参与了江苏淮安能源装备产业发展论坛（图 11 左图右七）与亳州地区经济现状圆桌对话交流（图 11 右图右二）。

图 11　中国淮安产业发展论坛与重点产业调研对话

　　为做好政府规划与产业研究，我们提倡现场调研和企业经营摸底调查，把规划前期工作做深做细。图 12 是笔者及研究团队于 2014 年对于安徽省亳州市的重点产业、骨干企业以及对亳州市政府工业和信息化局、各县市区、规模以上企业等的现场调研、经济座谈，以及为当地政府和企业开展的战略规划编制技巧与重点、政府和企业投融资模式及操作案例研究的座谈调研与专题培训讲座（图 12 左图为笔者（左一）及研究团队进行地方政府和产业园发展调研与座谈；右图为笔者（右一）为亳州市政府和企业讲解规划编制与融资会议现场。

图 12　亳州市经济调研与规划编制及融资模式专题讲座

　　笔者与规划编制团队设计的地方政府规划编制相关工业企业调研表，如表 8 所示：

表8　　　　　　　　　　按照行业划分的规模以上工业企业　　　　　单位：万元

要素指标	2007 年	2008 年	2009 年	2010 年	2011 年	2012 年	2013 年	2014 年
企业名称								
负责人介绍								
主营业务								
上下游企业								
员工数量								
投资额								
市场布局								
主营业务								
用电量								
年产值								
年业务收入								
产值销售率（%）								
年业务收入增长率（%）								
净利润								
税金								

注：本表所列指标可根据规划需要增加与调整，本表由地方政府填写。

工业企业划分：①采矿业；②制造业；③电力、热力、燃气及水生产和供应业；④建筑业；⑤新兴产业；⑥其他。

在政府规划编制的前期调研阶段，对产业进行前期调研时，一般选择部分规模以上企业进行调研，研究和掌握当地产业现状和未来可能的发展速度与产业布局。

以服务业调研为例，阐述规划调查问卷如表9所示：

表9　　　　　　规模以上服务业 2007—2014 年主要经济数据调研　　　单位：万元

主要指标	2007 年	2008 年	2009 年	2010 年	2011 年	2012 年	2013 年	2014 年
规模以上企业数量								
员工数量								
产业类别								
主营业务								
用电量								

续表

主要指标	2007 年	2008 年	2009 年	2010 年	2011 年	2012 年	2013 年	2014 年
年产值								
年业务收入								
产值销售率（%）								
年业务收入增长率（%）								
净利润								
税金								

注：本表所列指标可根据规划需要增加或调整。

服务业分类：①农、林、牧、渔服务业；②开采辅助活动；③金属制品、机械和设备修理业；④批发和零售业；⑤交通运输、仓储和邮政业；⑥住宿和餐饮业；⑦信息传输、软件和信息技术服务业；⑧金融业；⑨房地产业；⑩租赁和商务服务业；⑪科学研究和技术服务业；⑫水利、环境和公共设施管理业；⑬居民服务、修理和其他服务业；⑭教育；⑮文化、体育和娱乐业；⑯公共管理、社会保障和社会组织；⑰国际组织。

第三节　分析模型

一、历史分析法

（一）模型解读

国家或地方性五年规划、总体规划、专项规划等一般使用历史分析法，用于比较规划编制前的经济数据和产业变化，总结成绩，分析缺陷，发现经济增长的一般规律，为下一个五年发展规划，或者本行业、本地区、本产业园的中长期规划目标、重点业务等增长速度和定量指标的设定等提供科学的分析依据和测算支撑。

（二）模型应用

历史分析法通常使用在规划调研分析和规划报告的规划背景分析或发展环境的文稿部分，作为以往经济和社会生活的总结与回顾。如：《北京市国民经济和社会发展第十二个五年规划纲要》总结了"十一五"期间北京市取得的经济成绩，即："十一五"期间，"全市地区生产总值年均增长 11.4%，总量达到13777.9 亿元，人均超过 1 万美元。经济发展高端化格局初步形成，中关村国家自主创新示范区加快建设，六大高端产业功能区初具规模，首都经济特征进一步显现，第三产业比重达到75%。经济增长的质量和效益显著提高，地方财政一般预算收入增加1.7倍，节能减排走在全国前列"。这些经济数据和产业规律分析，将为下一个五年经济发展速度和产业方向提供科学测算的基础依据。

从笔者多年规划编制实践看，有些政府规划纲要对上一个发展阶段总结对比的经济数据与结论，也可能不编入新的规划报告文本，只作为前段经济发展的分析内容与基本结论，并作为未来一个时期设定（如十三规划）规划目标的重要参考。

二、层次分析法

（一）模型解读

在五年规划和专项规划等的背景分析中，有时候也可以使用层次分析法，对不同经济指标按照总指标—分指标的模式予以研究和阐述，使报告审阅者更加清晰地关注主要数据和核心观点，便于政府决策者的观点提炼。如：关于经济指标，可以从大指标的"一、二、三产业"入手进行经济分析，在给出大指标的数据之后，进一步分解和阐述细分的行业指标，如："工业产业"可分解为："轻工业和重工业"。

《中国统计年鉴》对重工业的定义：为国民经济各部门提供物质技术基础的主要生产资料的工业。轻工业的定义：主要提供生活消费品和制作手工工具的工业。

重工业指为国民经济各部门提供物质技术基础的主要生产资料的工业。按其生产性质和产品用途，可以分为下列三类：

1. 采掘（伐）工业，指对自然资源的开采，包括石油开采、煤炭开采、金属矿开采、非金属矿开采和木材采伐等工业。

2. 原材料工业，指向国民经济各部门提供基本材料、动力和燃料的工业。包括金属冶炼及加工、炼焦及焦炭、化学、化工原料、水泥、人造板以及电力、石油和煤炭加工等工业。

3. 加工工业，指对工业原材料进行再加工制造的工业。包括装备国民经济各部门的机械设备制造工业、金属结构、水泥制品等工业，以及为农业提供的生产资料如化肥、农药等工业。

轻工业指主要提供生活消费品和制作手工工具的工业。按其所使用的原料不同，分为两大类：

1. 以农产品为原料的轻工业，指直接或间接以农产品为基本原料的轻工业。主要包括食品制造、饮料制造、烟草加工、纺织、缝纫、皮革和毛皮制作、造纸以及印刷等工业。

2. 以非农产品为原料的轻工业，指以工业品为原料的轻工业。主要包括文教体育用品、化学药品制造、合成纤维制造、日用化学制品、日用玻璃制品、日用金属制品、手工工具制造、医疗器械制造、文化和办公用机械制造等工业。

（二）模型应用

《河北省国民经济和社会发展第十二个五年规划纲要》报告使用了层级分析法，对地方财政收入细分了地方一般预算收入的指标，对全社会固定资产投资完成额细分了"城镇固定资产投资额"，这样层层分析，使报告审阅和使用者清晰地掌握主要的指标和经济数据，其报告中的文字描述为："（'十一五'期间，河北省）全部财政收入完成 2410.5 亿元，其中地方一般预算收入 1330.8 亿元，分别是 2005 年的 2.3 倍和 2.6 倍；规模以上工业增加值达到 8182.8 亿元，增长 1.1 倍；全社会固定资产投资完成 14850 亿元，其中城镇固定资产投资 12921.8 亿元，分别增长 2.5 倍和 2.8 倍"。

三、PEST 模型

（一）模型解读

PEST 分析法是分析各种规划报告"外部环境"的基本工具，通过政治的（politics）、经济的（economic）、社会的（society）和技术的（technology）分析，从总体上把握各种宏观环境，评价这些主要因素对规划目标和未来规划定位的重大影响。

1. P，Politics，政治要素，指对组织经营活动有较大影响的政治力量和有关的法律、法规等。当一个国家或地区的政治制度与体制、各级政府对组织经营环境和产业政策发生变化时，规划目标和方向需要及时调整。法律环境包括国际、本国政府等出台的有约束力的法律法规，如贸易保护主义、税法、环境保护法等。政治、法律环境和经济环境密不可分。产业规划需要研究全球或各级政府与本规划涉及的产业、活动等有关的政策和趋势，了解国际贸易规则、知识产权法等，进而确保经济社会活动的合法性、有效性。

需要研究的影响因素包括：产业、企业和政府的关系，环境保护，外贸与外交，产业政策，专利法，财政政策，货币政策，政府换届，政府预算，产业法规等。

2. E，Economic，经济要素，指国家的经济制度、经济结构、产业布局、资源状况、经济发展水平及未来走势等。分析经济环境的关键要素包括 GDP 增速、利率变化、通货膨胀、失业率、居民可支配收入、汇率、能源供给成本、市场机制、市场需求、市场自由化等。经济环境决定和影响特定规划定位，全球经济政策影响各国经济的依赖性，以及进出口贸易、海外投资等。

3. S，Society，社会要素，指组织所在社会中成员的民族特征、文化传统、价值观念、宗教信仰、教育水平、风俗习惯等。

分析社会环境的要素包括：人口规模、年龄、种族、收入、消费水平、计划生育、教育程度、户籍政策等。

文化核心价值观，也是需要研究和分析的重要因素。文化由许多亚文化组成，由共同语言、共同价值观念体系、共同生活经验或生活环境的群体构成，不同的社会态度、爱好和文化，影响了不同市场需求和消费行为。不同国家、民族有不同的文化，也影响了经济规划的制定和产业选择等。

自然环境指规划涉及地区市场的地理、气候、资源、生态等。它们对规划制定有一定程度的影响。

规划主要考虑的社会文化因素包括：特殊利益集团；对政府的信任程度；对退休的态度；社会责任感；对经商的态度；对售后服务的态度；生活方式；公众道德观念；对环境污染的态度；收入差距；购买习惯；对休闲的态度。

4. T，Technology，技术要素。包括：引起革命性变化的发明，与企业生产有关的新技术、新工艺、新材料的出现和发展趋势及应用前景。

（二）模型应用

根据上述研究模型，《中华人民共和国国民经济和社会发展第×个五年规划纲要》、国务院、各部委、各省（直辖市、自制区）、各地级市等五年规划及总体规划一般应该对全球主要国家和我国内部、外部的各种政治、经济、社会文化、技术等宏观环境进行综合分析。限于篇幅和报告的风格等因素，有些规划报告可能不会完全描述这四个维度的具体分析过程，只是引用其中的分析结论或隐含的观点，如：《北京市国民经济和社会发展第十二个五年规划纲要》在规划背景分析部分"新时期的战略选择"报告中，使用了 PEST 分析方法，得出了基本的结论，描述了北京市"在党中央、国务院的坚强领导下，全市上下深入学习实践科学发展观，振奋精神、顽强拼搏、克服重重困难，成功举办了一届无与伦比的奥运盛会，圆满完成了新中国成立 60 周年庆祝活动筹办任务，积极应对了国际金融危机冲击，有力推动了全市的科学发展，'十一五'规划确定的主要目标任务圆满完成"（即：政治，P）。"首都经济实现重大跨越。全市地区生产总值年均增长 11.4％，总量达到 13777.9 亿元，人均超过 1 万美元"（即：经济，E）。"社会民生得到显著改善。基本公共服务均等化取得明显成效，基层社区和农村的公共服务能力显著提升"（即：社会，S）。"城市服务功能明显提升。城市基础设施实现跨越式发展"（即：技术服务，T）。PEST 的分析模型，巧妙地隐含在了该规划报告的文字当中。

四、SWOT 模型

（一）模型解读

SWOT 分析代表优势（Strength）、劣势（Weakness）、机会（Opportunity）和威胁（Threats）。SWOT 分析是将内外部条件综合和概括，分析一个国家、地方政府、产业园或经济组织的优势、劣势、机会和威胁的研究方法。环境发展趋势分为环境威胁和环境机会。环境威胁指环境中不利的发展趋势形成的挑战，如果不采取果断的行为，这种不利趋势将导致竞争能力降低。环境机会指在特定领域，主体拥有竞争优势。SWOT 模型主要分析杠杆效应（优势＋机会）、脆弱性、问题性等。

（二）模型应用

SWOT 分析模型是我国编制政府规划和产业园发展规划经常使用的分析工具。对于特定的地方政府或产业园，可以分析主要优势、存在的劣势、产业机会、可能的威胁或挑战等维度，进而得出未来的重点定位和可能的产业选择、重点任务等。如：研究组在组织编写《潍坊节能环保产业园中长期发展规划》时，使用 SWOT 分析工具，对产业园的内外部环境进行了分析研究，得出初步结论：

潍坊市建设节能环保产业园的主要优势是：各级政府高度重视、产业基础较好、节能减排的需求大、有较好的节能环保领域专业人才、技术和基础条件等。

主要劣势包括：核心关键技术少、研发投入相对不足、跨企业合作机制不健全、高能耗与高污染企业使用节能环保技术或专用设备的意愿不强、特大型规模节能环保企业数量少，等。

规划编写组还对该产业园的发展机遇和可能的挑战进行了分析，提出了下一步建设节能环保产业园的规划目标和发展方向。具体分析结果如图 13 所示：

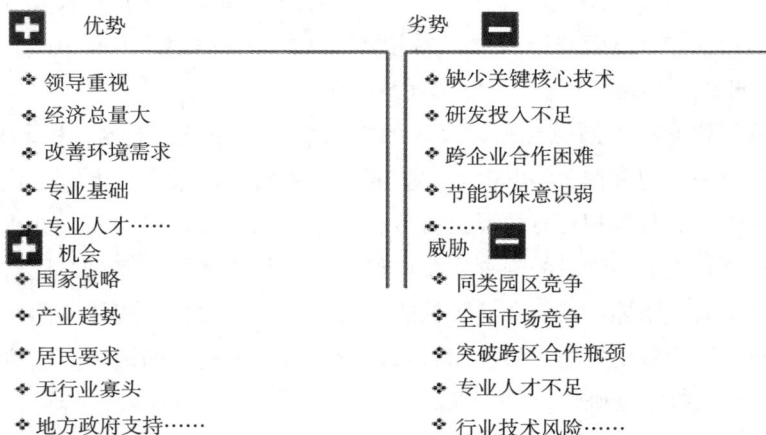

优势	劣势
❖ 领导重视	❖ 缺少关键核心技术
❖ 经济总量大	❖ 研发投入不足
❖ 改善环境需求	❖ 跨企业合作困难
❖ 专业基础	❖ 节能环保意识弱
❖ 专业人才……	……
机会	威胁
❖ 国家战略	❖ 同类园区竞争
❖ 产业趋势	❖ 全国市场竞争
❖ 居民要求	❖ 突破跨区合作瓶颈
❖ 无行业寡头	❖ 专业人才不足
❖ 地方政府支持……	❖ 行业技术风险……

图 13 《潍坊节能环保产业园中长期发展规划》的 SWOT 分析

关于政府规划、专项规划、控制性详细规划等，在编制规划"规划背景"方面的分析模型很多。

不同的规划类型，不同背景和学科的规划编写团队可能使用不同的分析模型与研究工具，如果使用得当，都可以达到类似的规划编制效果。这里受篇幅等限制，以下不再一一列举。

第四节　编写规范

一、基本规范

关于如何撰写政府规划与专项规划等"规划背景"的规划报告文稿，各类规划方案和不同部门、地方政府可能有不同的偏好或理解，但是，一般遵循如下的基本规范：

（一）阐述相关政治、法律、经济政策与产业环境

各类"规划背景"研究涉及特定规划的编写背景，编制单位或委托单位的产业和业务背景，以及上级、本级政府及海外相关产业与环境背景等，这些方面应在规划报告的发展环境或背景研究中进行分析和描述。

（二）阐述相关社会文化与技术趋势

各类规划的"规划背景"一般需要研究相关地区、产业或市场的社会文化、消费习惯、生活习惯、购买行为、对环保的态度，以及就业和教育等，这是多数规划报告"规划背景"或"发展环境"部分需要阐述的内容。

（三）阐述历史数据和主要行业的发展趋势

各级政府和专项规划等规划方案一般涉及政治、经济、土地、社会文化、消费能力等，一般期限在 3 年以上，这就需要对被研究对象及其上级单位或更大区域的相关历史数据和已有情况进行分析，便于总结以往的经验，剖析发展的问题和瓶颈，为下一阶段的规划定位与经济预测等提供测算基础。同时，通过历史数据有效地阐述重点研究的领域或主要方向，使得各类规划编制和规划审阅者、政府决策者更好地对历史和未来比较，从一个侧面印证规划定位和规划目标等的可行性、前瞻性或科学性。

（四）文笔精练，数据准确简要，有权威的数据支撑

由于规划报告篇幅受限，不同规划文本可能的呈现方式有所不同，但是，在规划报告的"规划背景"部分，文字要高度概括，该部分的文字篇幅要尽可能精练和准确，要通过核心的经济指标或数据说明核心观点、经济现状、工作成绩，或者存在的问题及缺陷等。

（五）背景分析与政策环境、规划目标和重点任务紧密呼应

规划背景分析主要进行规划依据、产业环境等系列研究，描述特定规划的实施环境、主要特征和需要解决的重点课题，它是规划文本中后期规划愿景、指导思想、规划目标和重点任务等的基本依据和重要引领。

二、编写要领

（一）体现政策性

背景分析要紧跟全球、国家或地区的政府导向，系统客观地分析问题和重点领域。

（二）体现系统性

规划背景研究与描述要从正反维度，从经验和缺陷等方面分析规划环境与重点，避免过于片面和主观。

（三）体现前瞻性

规划背景与环境分析应该立足于现状，不局限于现状，要以未来发展的视

角，进行规划背景研究，并分析存在的不足或制约瓶颈，以便指导未来的经济与社会管理工作。

（四）体现专业性

各类规划必须贯彻执行国家和地方政策法规，立足国民经济与社会文化实际，系统提炼以往的管理经验和典型案例，前瞻性、系统性地构建未来地方政府经济与社会文化等中长期发展目标、重点领域、重大项目、主要工作，以及实施路径等，因此，它必须体现专业性和规范性，体现政策导向和行业发展规律等，绝不能与国家政策和法律法规相抵触。

第五节　案例研究

一、北京市政府规划编制的 PEST 模型应用

近年来，北京以增强自主创新能力为核心，取得了显著成效，但是各级政府在科技创新方面的政策优惠（P）、专项规划、项目组织、行动统筹、组织协调和综合服务等职能需要加强；以经济需求（E）和重点企业为主的技术创新体系需要不断完善，各地产业园和企业的创新动力、研发实力及承接创新成果的能力相对薄弱。

北京经济社会发展不平衡、不协调、不可持续的问题突出（S），出现了人口增长过快、交通拥堵、环境污染等"城市病"。北京必须立足首都城市功能，全面实施创新驱动战略，加快转变经济发展方式，加快推进技术、商业模式和制度创新，实现"北京科技"向"首都科技"的转变。

《北京技术创新行动计划（2014—2017 年）》明确指出：要使科技支撑城市可持续发展和服务民生重大需求的能力显著提升。在计划确定的 12 个重大专项中，"首都蓝天行动"位列榜首（T）。"首都蓝天行动"专项计划称，将开展细颗粒物（PM2.5）的污染成因、传输规律、源解析、源排放清单研究，大气中氨排放现状及来源分析，以及细颗粒物对人群健康影响的研究；开展大气重污染监控及预警技术体系研究，开发监测仪器设备。

根据上述计划，到 2015 年，大气污染成因与传输规律研究取得阶段性成果，推广应用 7 万辆新能源和清洁能源汽车。到 2017 年，建立动态高分辨率的污染源排放清单，提高重污染天气预测预警准确率，推广应用 20 万辆新能源和

清洁能源汽车，全市工业重点行业挥发性有机物排放比 2012 年累计减少 50% 左右。

案例研究发现，《北京技术创新行动计划（2014—2017 年）》通过对北京市的政治与政策、经济与产业、社会与文化、技术变革等进行系统分析，为北京市未来的技术方向和产业定位提供了决策依据。

二、杭州市政府规划编制的历史对比法应用

《杭州市战略性新兴产业发展规划（2011—2015 年）》使用历史对比法，对比研究了杭州市当前与过去一段时间的经济与社会发展变化。

该规划系统对比分析了杭州市的经济结构变化，认为："近年来，我市（杭州市）非常重视战略性新兴产业，坚持把发展战略性新兴产业作为推动经济转型和产业升级、促进区域经济跨越式发展的重要举措，战略性新兴产业发展势头良好，进一步加快发展的产业基础基本形成。"

规划从创新基础能力、优势产业突出、龙头企业引领、发展环境与服务体系完善等方面分析了杭州的经济发展变化特征，其规划原文如下：

"1. 创新基础能力良好。我市战略性新兴产业科技创新能力基础良好，形成了一定的技术储备，已累计培育认定国家级技术创新平台（包括国家工程研究中心、国家工程实验室、国家工程技术研究中心、国家重点实验室）51 家。其中，新材料领域国家级研发机构有 3 家，省级研发机构 16 家、市级研发机构 16 家，硅材料国家重点实验室是我国该领域唯一的国家重点实验室，是国内最早从事硅材料研究和应用的主要基地之一。我市生物产业科技创新资源也非常丰富，集中了浙江省主要的生物科技资源，有 22 家涉及生物技术研发的国家级、部级重点实验室。我市还有创新型城市试点、首批"三网融合"试点、信息化综合试点等 21 个国家级试点和高技术服务产业基地、软件产业基地、生物产业国家高技术产业基地等 23 个国家级基地，为大力发展战略性新兴产业奠定了良好基础。

2. 优势产业比较突出。信息产业、生物产业作为我市战略性新兴产业的两大重点领域，一直保持主力军地位，在全国具有重要影响。在认定的高新技术企业中，计算机技术、通信技术和软件技术等新经济类企业异军突起，涌现了阿里巴巴、支付宝、连连科技、网盛生意宝等 30 多家商业模式创新企业。目前，我市累计有 2.08 万家中小企业开展了电子商务运用。我市生物产业特色优

势非常明显，在国家高技术产业基地已形成以生物技术药物为核心，现代中药为基础，现代化学药物与新型医疗器械协同发展的态势。同时，新能源产业加快发展，目前从事新能源产业的企业140余家，以太阳能光伏为主，同时涉及风电、新型电池、潮汐能及核能等多个领域，2010年新能源产业销售产值约200亿元。另外，作为全国首批13个节能与新能源汽车应用示范推广城市之一，我市新能源汽车产业的研发和产业化起步早、基础好，万向、众泰、东风裕隆等纯电动汽车均有一定特色，已投产和正在建设的新能源汽车企业有12家，整个行业具备了较好的发展基础。此外，我市是国内物联网技术研发和产业化应用研究的先行地区之一，位处全国物联网产业发展的"第一方阵"，到2010年底，已集聚物联网及相关企业近100家，主营业务收入达300亿元，正加快形成从关键控制芯片设计、研发，到传感器和终端设备制造，再到物联网系统集成以及相关运营服务的产业链体系。

3. 龙头企业引领发展。龙头骨干企业是我市发展战略性新兴产业的核心力量，这些企业规模大，体制活，创新能力强，掌握了一批行业核心技术，带动了整个产业的发展。我市战略性新兴产业产品结构日益优化，若干龙头企业开发了不少高技术含量、高附加值、高竞争力的特色优势产品，如一批重点装备产品在国内处于领先水平，并进入了国家重大装备配套领域，成为我市参与国内国际竞争的优势产品，其中有些产品不仅填补了国内空白，还达到国际领先水平。

4. 发展环境与服务体系初步形成。杭州市委、市政府制定了一系列的政策和法规，有力地支持和促进了高科技与战略性新兴产业的发展，在我市重点发展的七大战略性新兴产业领域，大多出台了引导发展、加大投入、吸引人才的扶持政策，专项资金累计约有20亿元。我市的政策环境、市场经济机制、社会上强烈的创业与创新意识，再加上产业链各环节的配套、较完善的金融服务与科技中介服务体系的支撑，初步形成了高新技术和战略性新兴产业发展的良好环境。"

杭州市采用历史比较法等研究工具，归纳分析了存在的问题：产业结构不合理、政策落实不到位、风投机制不完善等。其规划报告文稿如下：

"我市（杭州市）在发展战略性新兴产业方面已经取得了初步成效，但也存在一定的问题，需要切实加以解决。

1. 产业布局不尽合理。目前，我市战略性新兴产业发展主要在主城区，重点又集中在杭州经济技术开发区和滨江高新技术开发区，其他城区和县、市战略性新兴产业集中度偏低，布局较分散，招商引资各自为政。已有的战略性新兴产业集聚区又呈现结构趋同化趋势，对产业优势和产业特色的形成不利。

2. 政策落实还需加强。战略性新兴产业的发展需要政府的引导和组织，建立有效的政策扶持体系和规范的市场秩序。与苏州、无锡等地相比，我市对战略性新兴产业的支持力度不具备优势，在对战略性新兴产业政府专项扶持资金的整合优化、各级政府鼓励战略性新兴产业发展优惠政策的贯彻落实、战略性新兴产业基地的建设和管理等方面还需进一步加强。

3. 风投机制尚待完善。战略性新兴产业项目具有高投入、高风险的特点，处于初始启动阶段的企业缺乏风险基金和贷款担保基金的支持，融资较为困难，启动资金、创业资金尤其缺乏，只能靠自身积累一步步做大，影响了发展速度，有的错过了最好的市场发展时机。

4. 高端人才有所欠缺。战略性新兴产业是人才创新创业的主要舞台。我市虽人力资源丰富，但发展战略性新兴产业所急需的人才尤其是企业高端人才仍很短缺。有些企业在培育期也吸引了一些科技人才，但高级管理人才、高级技术开发人才及高级复合型人才缺乏，特别是中小型企业很难吸引、留住高端人才。

5. 研发投入存在不足。我市战略性新兴产业研发投入强度整体不高，研究开发能力不够强，尚未形成大规模的推进产业发展的研发基地。企业和高等院校、科研院所的合作与交流还不够紧密，没有较好地实现成果转化与优势互补，形成推进战略性新兴产业的合力。"

杭州市政府规划编制过程中使用了对比分析法，对当地的政治、经济、社会文化和技术创新的变化与趋势等进行了分析判断，初步确立了未来该市经济发展的重点领域和主要任务。

三、保定市政府规划研究的 SWOT 模型应用

2014 年，笔者受邀对河北省保定市全体领导干部进行了政府规划专题培训，结合当地资源和产业特点，运用 SWOT 模型，研究归纳了保定市的地区性产业特征、优势、劣势，以及机会、威胁（挑战）。具体分析情况如图 14 所示。

通过分析保定市经济发展的优势、劣势、机遇与挑战，初步归纳了保定市

➕ 优势　　　　　　　劣势 ➖

❖ 河北省与保定市领导高度重视
❖ 汽车、纺织、食品等优势产业
❖ 独特的区位优势与交通便利
❖ 有34家园区战略布局
❖ 有一定的技术人才与资源……

❖ 缺少核心关键技术
❖ 产业园布局同质化、过于分散
❖ 跨县市、跨产业园合作困难
❖ 产业转型与招商策略单一
❖ 技术研发与创新能力不足……

➕ 机会　　　　　　　威胁 ➖

❖ 国家生态环保等政策鼓励
❖ 京津保一体化产业承接与协同机遇
❖ 保定市土地和历史文化等资源
❖ 京津冀巨大的市场需求
❖ 中央、省市政府支持……

❖ 其他省份及邻近地市的激烈竞争
❖ 同类产业园之间的市场挑战
❖ 重点行业、优势产业的外在竞争
❖ 各产业园利益引发的产业雷同与资源内耗等
❖ 专业人才与创新不足……

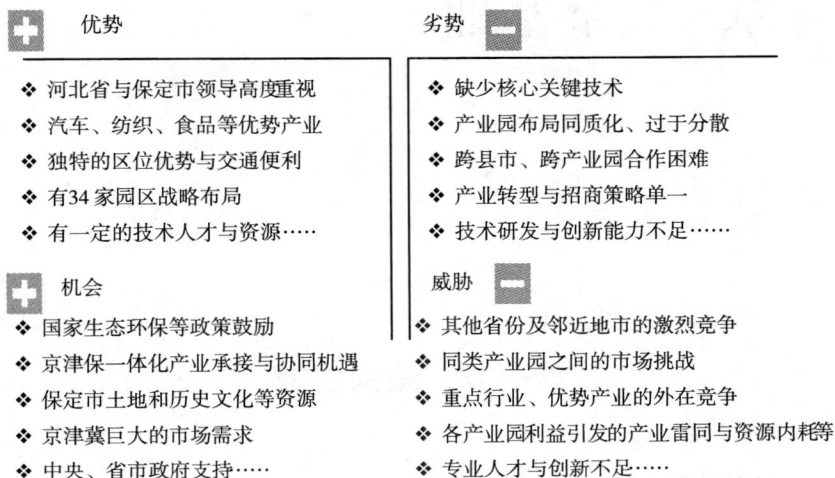

图14　保定市产业规划的 SWOT 分析

的发展机遇、可能的优势、主要的劣势、存在的威胁与风险，进而提出了保定市未来在生态环保、节能产业、高端装备制造等方面的产业规划与空间布局方向。

第七章 发展基础

第一节 编制依据

一、研究要素

发展基础的规划研究与规划报告的文本描述，主要涉及地方政府、产业园等经济组织或者特定行政区域的土地、能源、交通、地质条件等主要资源，以及产业基础与现有禀赋等分析与描述，主要包括但不限于：分析地方政府和产业园的自然资源、核心能力、产业基础及核心竞争力。资源包括有形资源和无形资源。有形资源包括财务、组织、实物、技术等资源，无形资源包括人力、创新、声誉资源。规划管理目标是培养可持续性竞争优势，积极开发有价值的、稀有的、难以模仿的、不可替代的能力，尽快形成核心竞争力。

二、理论基础

分析我国政府规划"发展基础"的理论基础，包括但不限于：生态城市理论、全球化理论等。

在"新常态"的大环境下，我国各地政府积极推动生态城市建设。生态城市的设计、建设和评价等，从"人—社会—自然"三个层次和城市的结构、功能、协调、优化等方面进行定位，进而实现产业结构转型、开发功能优化、核心资源协调、城市优美和谐的发展目标。

当前，各国、我国各地区的政治、经济、技术和市场等处于全球化竞争与融合的发展状态。研究任何一个地区、一个城市或一个开发区的发展规划，都需要从全球化的视角，进行区域发展机遇、产业选择和空间功能等战略定位，才能确立核心优势，提高全球竞争力。

第二节　编制内容

一、基本概念

"发展基础"是各级政府经济规划和产业园专项规划编制的主要依据，也是国民经济和社会发展五年规划纲要的目标设计和重大工程实施的环境条件，以及各类规划报告文稿的重要组成部分。

二、主要内容

（一）基本内容

"发展基础"一般分为：政策基础、经济基础、产业基础、资源基础、交通基础、人才基础、教育基础、创新基础等。

规划报告在研究和分析"发展基础"时，可以采用标杆分析法，对特定国家、特定城市、特定企业等进行案例分析，研究被分析单位的管理经验或经济发展的主要教训等，为本单位的规划制定与框架构建提供有益的实践借鉴。

"发展基础"的规范研究和报告文本撰写是规划编制的重要工作内容，它需要规划编写人员花费大量的精力和时间，研究基础与现状，提出合理的趋势与思路，进行科学的调研与综合研判。

（二）人口要素分析

以人口的影响分析为例，人口是经济建设的参与者和生产者，它们对区域发展的影响表现在：

一是人口数量对区域发展的影响。区域劳动人口的数量影响区域自然资源开发利用的规模、生产规模的大小。在人口稀少的地区，生产规模的扩大受到人口数量不足的限制。人口过多的地区，由于资源的限制，可能出现人力资源过剩，大量失业，不利于区域经济发展。

二是人口素质对经济发展的影响。区域人口的素质影响区域经济的发展水平和区域产业结构。人口素质包括人口体质、文化技术、道德修养等。在那些劳动力较多，有一定的教育文化素质的地方，可以发展劳动密集型和技术密集型的产业。在那些人口教育和文化水平高的地方，如深圳，可以发展技术含量高的电子信息等产业。

三是人口迁移对地方经济的影响。人口迁移与分布影响区域生产的格局，影响地方的投资意愿等。如：我国经济重心由东部转向中西部，大量的劳动人口迁移将对经济发展产生较大的影响，如制造企业的农民工短缺等，导致用工很难和工资成本增加，影响地区性投资和低端产业的生产活动。

（三）资源条件分析

在"发展基础"的分析过程中，需要分析土地、交通、环境、能源、地质等要素。以区域性交通条件分析为例，北京市"十二五"发展规划分析了本市的轨道交通条件，确定了下一步的建设方向，"优先加快中心城轨道交通建设。全面完成 2015 年轨道交通 561 千米近期线网建设规划，加快实施中心城轨道交通加密工程，2015 年全市轨道交通线网运行总里程达到 660 千米"。具体如图 15 所示：

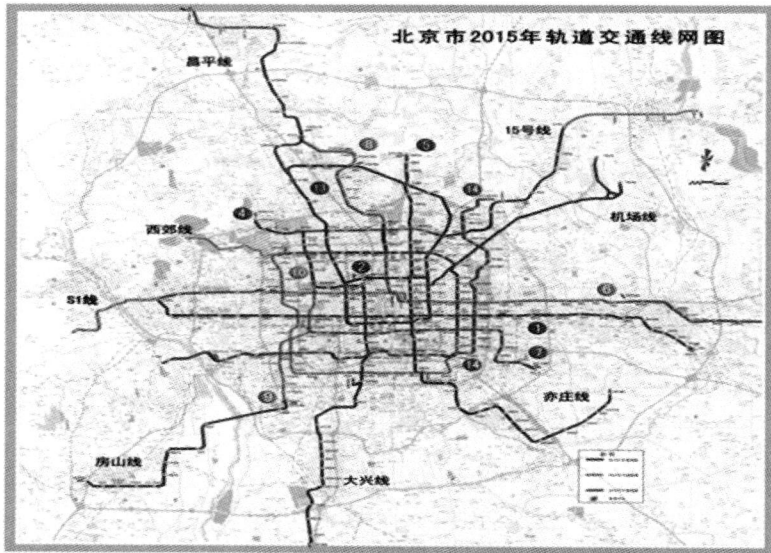

图 15　北京市 2015 年轨道交通线网图

再比如：我们编制《潍坊节能环保产业园中长期规划》，综合分析了当地产业园的交通、供水、教育、土地、地质、生态、人才等主要的资源条件，具体如图 16 所示。

通过特定地区的资源条件分析，初步确定研究对象和地方经济发展规划实施需要的重点工程和有关基础设施配套项目，可以为下一步的交通运输专项规划、人才发展专项规划、生态环境专项规划等提供基本的决策依据。

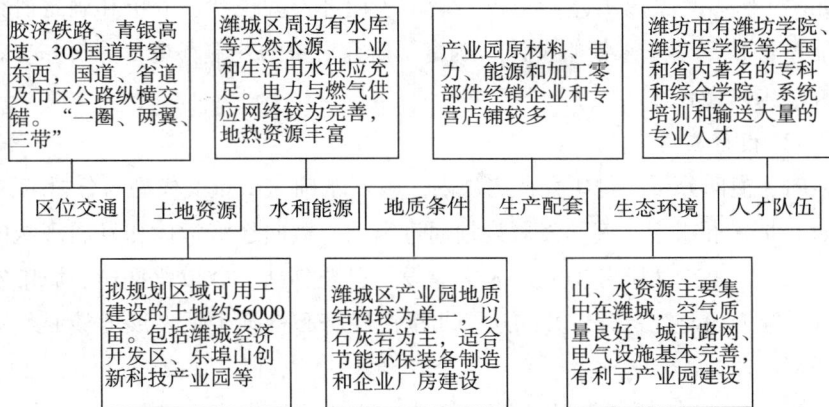

图 16　潍坊节能环保产业园的资源条件分析

第三节　分析模型

一、纵（横）向对比法

（一）模型解读

主要是通过对跨年度经济数据和主要业绩，以及不同国家、不同地区经济数据和发展速度等的纵向、横向分析与比较，初步揭示某种研究观点或者展现特定地区或研究对象的经济特征、市场表现等。

政府规划的资源分析框架如图 17 所示：

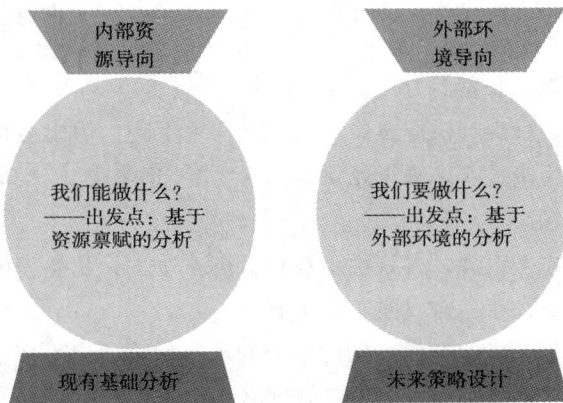

图 17　资源环境的历史对比分析

如图 17 所示，"现有基础分析"确定了内部资源现状，分析和确定研究对象"能做什么"。"未来策略设计"确定了研究对象的外部环境，分析和确定研究对象"未来做什么"。

（二）模型应用

纵向、横向分析法是研究特定规划"发展基础"的重要模型与分析工具。

如：北京市"十二五"发展规划通过纵向、横向经济指标和发展现状的比较分析之后，重点从服务功能、人文建设、科技创新、城市化提速、城市发展空间格局等方面研究、分析并描述了北京市经济和社会生活发展的核心优势与产业基础，即，

"首都服务功能拓展提升和潜力释放，全国政治中心、文化中心、国际交往中心和正在形成的国家创新中心的功能显著增强，为我们在更高层次上参与全球分工、实现更高水平发展提供了新的契机。人文北京、科技北京、绿色北京发展战略和中国特色世界城市长远目标得到确立，成为全市上下凝心聚力、持久推进首都科学发展的强大动力。城市化快速推进和消费结构加快升级，在有效带动发展的同时，不断推动供给升级，为我们优化经济结构、深入推进经济发展方式加快转变创造了新的条件。城市发展空间格局优化和新发展区域崛起，推动新的增长极加快形成，为长期平稳较快发展注入新的活力。区域城市群的蓬勃兴起和共同发展，有利于在更大范围配置资源，拓展发展腹地，为增强首都经济的辐射带动能力形成了新的支撑。"

如果对区域性经济发展的影响要素"人口增长"进行分析，可以采取横向、纵向比较法。

其中：

按照人口自然增长特点分类，主要有：

年轻型：由于社会经济的发展，人口死亡率下降，但出生率还保持在原始型水平上，使出生率显著地高于死亡率，自然增长率提高，人口总量迅速增多，年龄构成趋于年轻。

成年型：死亡率下降，大致稳定在较低的水平上，出生率明显降低，人口进入低速增长阶段，年龄构成向老年化演变。

衰老型：由于人口的老化，死亡率由低水平回升，出生率继续下降，跌到死亡率以下，自然增长率为负，人口数量逐渐减少。

对不同的人口增长情况，采取历史比较法，分析特定地区当前、历史时

期，以及未来区域人口自然增长的趋势，主要指标：出生率、生育率、死亡率和自然增长率。分析人口的自然增长，即人口再生产是一般区域人口增长的主要方式，有助于判断一个地区未来的劳动力供应和产业工人市场供求变化等趋势。

人口惯性指人口再生产过程中，人口群体保持原有增长或减少趋势的特性。

经济、政治、宗教、文化、战争和灾荒等，影响一个地区人口的净迁入。区域人口的净迁入，通常用机械增长率表示。

城市人口机械增长率 ＝（本年城市迁入人口数 － 本年城市迁出人口数）÷年平均城市总人口数 × 1000（‰）

机械增长率为负，说明区域人口为净迁出，为正说明为净迁入。

区域人口素质是区域经济发展的重要影响因素。区域人口素质分析包括身体素质、文化技术素质和思想素质的对比分析。这一要素指标影响地区的经济结构和产业未来变化。

环境人口容量是区域规划的环境分析较关注的重要因素。一个地区在一定时期内的环境人口容量，指以不损害该区域环境质量和破坏资源的永续利用为前提，该地区的资源环境条件在能够充分合理利用的情况下，能持续供养的相对于一定生活水平的最高人口数。

一般来说，人口发展必须与特定区域物质资料的生产和资源供给水平相适应，与生态系统的载荷能力及其动态平衡相适应，人口数量的增长与质量的提高相适应，这是区域经济发展需要的人口环境。

二、系统工程

（一）模型解读

系统工程是从整体出发，合理开发、设计、实施和运用系统科学的工程技术。根据总体协调的需要，综合应用自然科学和社会科学中有关的思想、理论和方法，利用电子计算机作为工具，对系统的结构、要素、信息和反馈等进行分析，达到最优规划、最优设计、最优管理和最优控制的目的。

管理系统工程是以政府或企业管理系统为研究对象的组织管理技术，是以系统科学、运筹学、计算机应用技术为主体的综合交叉性课程。其基本思想是坚持整体观念、统筹兼顾，运用优化分析方法，提高管理系统的整体功能。

在互联网、云计算和大数据时代，如何使用系统工程的战略思维，运用数学模型和运筹学、大数据等分析，是政府规划研究与编制的重要方向。

（二）模型应用

该模型在政府规划工作中，主要用来研究特定区域人口、经济协调发展规划、区域资源最优利用、区域经济结构等。同时，用于分析和解决结构性和非结构性规划研究的重大问题。

城市与区域规划的编制工作构成管理决策系统。包括人员组织，经验、知识、价值观体系，工作程序，技术支持系统。城市与区域规划编制工作不是个别规划师的设计活动，是多维结构的系统工程。城市与区域规划的编制工作构成特定规划的决策系统。包括：人员、组织、经验、知识、价值观体系、工作程序、技术支持系统等。

城市和区域规划分层次。上层次对下层次起到控制与引领作用，下层次对上层次有反馈与修正作用。总体规划、分区规划、详细规划之间相互影响，相互衔接。编制某个地区的体系规划，必须以总体规划为基础，总体规划也要以体系规划为指导。如：编制山东省五年规划，需要以国家五年规划为指导，同时，结合山东省的经济与社会实际，予以研究和编制。再如：编制潍坊市经济规划，应该研究山东省五年规划和国家主体功能区规划等，需要通过正常的审核程序，及时反馈山东省有关规划部门和潍坊市有关规划参与、审核部门，其土地指标和相关功能调整也要相应优化和修订，并做到彼此衔接。

系统工程模型强调各类规划的问题发现与问题解决路径。通过规划需求导向的研究，可能发现经济发展的各种问题，对各类问题进行结构化分类，用不同的规划和研究方法解决不同性质的问题。如：城市总体规划涉及人口计算公式、区域布局、发展条件、发展策略、定性定位等。这些问题是非结构化的，适宜定性分析，主要依靠规划师的知识和实践经验。关于城市化水平、人口与用地规模、空间布局、耕地置换、经济增长等，要执行国家标准、规范和可供选择的定量计算公式，属于结构化问题。一般来讲，定性分析解决城市发展规划问题，定量分析解决建设规划问题。定量分析由定性分析指导，定性结论需要定量分析的支撑。

采用系统工程模型，研究政策制度变迁对区域规划的影响。通过改变特定区域的制度安排的激励机制，改变制度安排的效率，可以影响区域经济发展的速度与质量。制度变迁可以降低交易费用、减少交易风险，优化交易行为，推进区域的产出增长率。制度变迁能够改变贸易和专业化范围，促进经济活动的途径、方式发生改变，影响区域经济发展的广度与深度。制度改革与变迁，有助于扩大经济的自由程度。实施制度创新的主体，可以是个人、团体或地方政府。

根据系统工程模型，分析消费者市场，可以发现，消费能力和收入状况等影响一个地区的产业规划和经济布局，地区人口数量及其增长影响区域市场的规模、劳动力资源的供给及扩大再生产的投资供给。人口素质影响区域收入水平和区域消费结构，进而影响区域生产结构和产业投资。人口的迁移及分布影响消费市场的分布与变化。人口年龄构成对人口本身的再生产产生影响，同时对区域社会经济发展产生影响。在人口老龄化的地区，劳动密集型的制造业将可能出现产业工人方面的压力和挑战。

按照系统工程模型研究可知，劳动适龄人口与被抚养人口的比例关系，以及不同生长发育阶段的人口对社会环境有不同的影响和具体要求。社会的物质消费结构、文化教育设施、医疗卫生和社会保障事业、住宅和交通，都与人口年龄构成有关。

从民族空间布局的视角看，各民族的空间布局和人口数量，以及其在文化、宗教、习俗等方面的差异，影响着区域发展规划和民族政策。

技术创新也是政府规划编制重点研究和关注的影响要素，技术进步与规划目标之间的相互关系，符合系统工程模型的基本特征。技术进步改变了自然资源的经济意义，有利于减少区域发展对非地产资源的依赖程度。同时，技术的进步推动了区域经济结构多样化，为区域劳动就业开辟了广阔的出路。

不同规划方案使用的分析模型可能不同，有些分析工具和模型在正式规划文稿中无法体现和直观展示，这些规划文稿只是描述特定规划方案的研究成果，如区位理论、比较优势理论、五力模型理论、运筹学、模拟技术、协同学、突变论等规划实践，在各类规划文本中可能并不体现或展示。关于各种规划模型和分析工具，这里不多阐述。

三、战略金字塔模型

（一）模型解读

战略金字塔模型是总结提炼了本研究团队所编写的政府规划与企业战略规律和主要特点，逐步构建的规划编制框架模型。该模型从内外部环境等方面分析，确立组织的愿景与使命，描述了组织要"成为什么"。通过标杆分析和案例研究，以及组织内部资源禀赋的充分调研等，制定特定组织的规划目标，确立组织未来要达到的位置，描述"是什么"。

在此基础上，研究和制定组织的总体规划（战略）、业务规划（战略）、职能规划（战略），并对组织的规划实施体系机制进行科学的设计，解答"怎么做"。具体如图18所示：

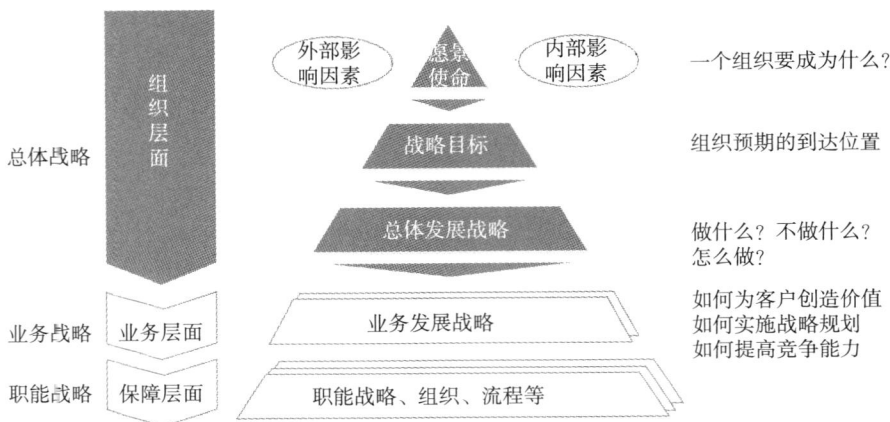

图18　规划编制的战略金字塔模型

（二）模型应用

战略金字塔模型主要是分析规划编制的思维框架和分析层次，并系统描述政府规划的不同内容及其功能等。

如：《北京市"十二五"时期生物和医药产业发展规划》的报告框架分为六部分，即发展回顾、发展形势、发展规划与目标、重点发展领域、重大实施专项、保障措施。

本专项规划编制过程中，对"发展基础"的研究分析，基本使用了战略金字塔模型的分析思路。该规划编制团队首先从市场总量、市场结构、市场趋势三个层次分析了北京市生物医药产业的未来市场需求。同时，从产业格局、产业结构、产业竞争三个方面研究了北京市生物医药产业供给趋势，最终得出的初步结论是："十二五"时期，是北京生物和医药产业进一步夯实基础和壮大规模的战略机遇期。

该规划通过"发展形势"分析和规划文稿的简要撰写，为下一步专项规划的经济目标制定和"重点发展领域"确定提供了决策依据。

四、标杆分析法

（一）模型解读

标杆分析主要是选择政府、城市、行业或产业标杆，进行系统分析和研究，提炼其发展中的经验和做法，研究其产业发展中的可能缺陷或教训，为本单位的规划编制和规划执行提供基本的借鉴。

（二）模型应用

我们在进行政府规划和战略编制过程中，经常使用标杆分析法，进行重点单位研究和分析，总结归纳经验，分析教训和不足，提出可能的研究借鉴。如：我们编制潍坊节能环保产业园规划时，对北京市环保产业园的现状、产业结构和主要特征进行了分析，归纳了三个方面的主要借鉴，即定位高端、行业集中、产业承接。

具体概述，如图 19 所示：

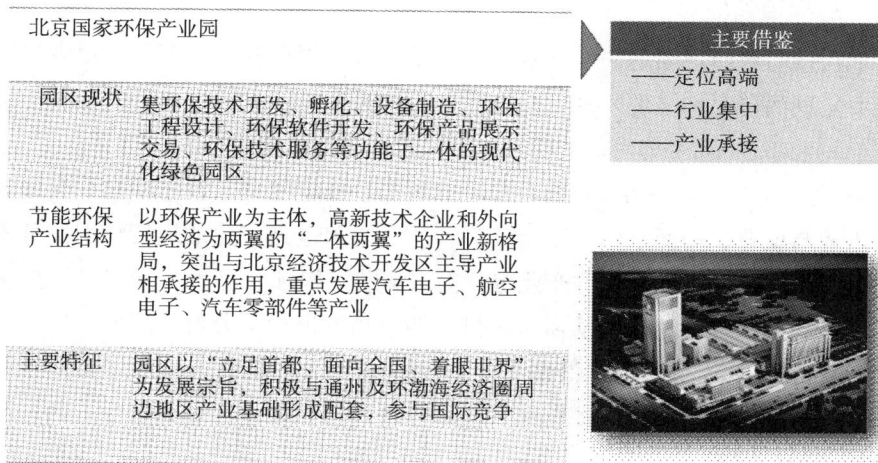

图19　北京国家环保产业园案例标杆分析

案例研究发现，北京国家环保产业园区是集环保技术开发、孵化、设备制造、环保工程设计、环保软件开发、环保产品展示交易、环保技术服务等功能于一体的现代化绿色园区，是国家环保技术装备生产基地，及京、津、冀都市圈及华北地区的环保技术开发转化中心。环保产业园区对于科技含量高，经济效益好，单位土地面积投资大、产出多，环境污染少，能够吸纳当地劳动力，建设周期快的其他行业企业也可以引进。引进跨国公司、国内知名企业、外资企业、上市公司、高新技术企业，重点引进世界 500 强、国内 500 强企业等。

北京节能环保产业园建设的主要借鉴：

一是定位高端。园区定为国家环保产业园，以"立足首都、面向全国、着眼世界"为发展宗旨，设立之初就作为市级产业园进行布局和提升，并确定了引进技术领先型和国内外 500 强企业等招商目标。

二是行业集中。园区行业定位于装备生产基地和技术开发中心等重点领域。

三是产业承接。园区产业与已有企业、领近产业相互支撑和承接，与通州及环渤海经济圈周边地区产业基础形成配套，推动了核心产业链的延伸和聚集。

第四节　编写规范

一、基本规范

如何撰写政府规划的"发展基础"章节，各类规划和不同部门、地方政府可能有不同的研究和呈现风格。一般遵循如下规范：

（一）阐述产业资源与运营基础，寻找未来产业定位

各类规划"发展基础"着重分析产业资源、企业基础、技术应用、交通条件、人才与就业、资源条件，以及政府、产业园和重点产业的运行情况，基本优势或特征等，为寻找未来的产业定位提供帮助。如《北京市"十二五"生物医药专项规划》对生物医药从需求和供应两个角度进行了分析，认为"医疗模式由'治疗型'向'治疗＋保健型'转变，由'医院集中式'向'医院、社区和家庭分散式'过渡，医疗保健、健康咨询、家庭诊疗、远程医疗等新兴服务市场将加快发展。"

（二）阐述业绩或表现，预测未来的变化趋势

各类规划的"发展基础"一般需要研究特定政府、特定地区、特定产业或特定市场的上一阶段的经济指标和运营管理能力，以及人才、资金、技术、购买力等现有水平，据此，预测未来几年或十几年的经济规律、方向或趋势等。

如：北京市"十二五"生物医药规划回顾了发展背景，认为："北京市生物和医药产业继续保持良好发展态势，在总体规模、经济效益、结构升级、研发创新、潜力领域、集聚发展、节能降耗等方面取得了显著成绩"。

（三）阐述生态环保与对外合作，预测开放与包容能力

规划研究"发展基础"的重要方向，基于全球绿色经济的大背景、大环境，特定研究对象现有的节能减排、居民生活与消费习惯、生态环保状况等，是否满足政府政策和产业发展导向，是否需要进行结构性战略调整，需要认真研究并详细阐述，以便科学预测主导产业、发展模式及经济特征。

（四）表现风格稳重简练，多以文字描述，辅以图和指标数据

由于不同规划报告的风格和格式不同，"发展基础"的规划思路和报告风格差异较大，如：国家层面的国民经济和社会发展五年规划纲要一般是文字和数字描述，有时也采用一些指标数据和特定专栏。省市级五年规划纲要一般是文字描述与专栏相结合，有些也加一些绘图和线性趋势分析等。

（五）发展基础与规划定位、重点项目和发展路径等相互关联

发展基础是地方经济发展和社会活动的基础，也是政府和产业园的产业布局、招商引资的基本依据。同时，它与特定规划的战略定位相互依托，有好的产业基础或者未来潜力的产业或领域才能被确定为重要的规划方向，因此，它与规划文本的规划目标、发展策略、招商引资和重点工作等密不可分。在规划编制时，文字描述体现这一相互关系，并尽可能揭示其中的内在规律或定位原则。

二、编写要领

（一）体现政策法规的适应性

"发展基础"的分析研究是规划报告的重要工作，需要与国内外产业政策、法律法规、贸易规则等保持一致，能够体现或充分考虑未来可能的政策法律风险，能够通过政策法规的适应性研究，分析和把握经济发展规律和潜在的市场机遇。如：北京市"十二五"规划分析了北京市产业发展的政策环境与基础，即"经济全球化深入发展，科技创新孕育新的突破，国际市场分化组合，特大城市在全球网络中扮演着日益重要的角色"。在研究北京市的五年发展基础时，规划报告指出："国内外产业变革和调整加快进行，资源环境压力正在转化为科技创新的强大动力。首都经济在服务业主导格局总体确立、消费拉动作用日益突出之后，面临着发展动力转换、产业结构深度调整和升级的任务。需要更加注重高端引领、创新驱动、绿色发展，走技术含量高、经济效益好、资源消耗低、环境污染少、人力资源优势得到充分发挥的科学发展道路。"这为北京

市确立下一个五年发展绿色经济和现代服务业等产业定位奠定了决策基础。同时，规划报告分析了北京市经济发展的有利条件，总结了北京市"十一五"规划的发展成绩：首都经济实现重大跨越，社会民生得到显著改善，城市服务功能明显提升，城乡区域发展趋向协调，改革开放取得新的突破，百年奥运梦想圆满实现。通过产业基础分析与经验总结，为北京市下一个五年规划或下一阶段的产业转型和战略选择提供了决策参考。

（二）体现规划实施主体的内在禀赋

发展基础很大程度依赖于已有规划背景的深入研究与描述，要从多个维度，从优势和缺陷等方面，综合分析规划环境与产业重点，避免过于片面和主观的结论。如：北京市"十二五"规划报告研究分析了"十二五"时期北京市的发展机遇，即："是首都在新的起点上全面建设小康社会的关键时期，是深化改革开放、深入推进经济发展方式加快转变的攻坚时期，全市发展呈现新的阶段性特征和要求"。同时，研究分析了下一个五年规划需要解决的突出问题，即："集中力量解决好制约和影响首都科学发展的不平衡、不协调、不可持续问题：人口资源环境矛盾更加突出，尤其是城市人口规模过快增长给资源平衡、环境承载、公共服务和城市管理带来严峻挑战。特大型城市建设和运行管理的压力更加凸显，交通拥堵、垃圾治理等困扰人们生活的问题日益突出，保障城市常态安全运行和应急协调面临更大考验。国内外多层面竞争更加激烈，世界范围内对经济、科技制高点，以及国内地区间对高端要素和产业资源的竞争加剧，深入调整结构、实现创新驱动发展需要付出更大努力。社会结构变化更加复杂，教育、医疗、健康、住房、社会保障、收入分配和人口老龄化等问题日益成为社会关注的焦点，多元利益诉求协调难度加大，社会管理工作亟待加强。城乡区域协调发展的要求更加迫切，改变薄弱地区发展状况，逐步缩小城乡差距，仍需付出艰苦努力。"

（三）研究地区发展的要素和经济结构

"发展基础"的规划编制研究，不是简单的理论分析与研究，也不仅限于已有主要产业、现有企业、交通条件或少数项目等表层的分析，而是立足现有或将来可以开发或招商引资的重点产业、重点项目研究，关注国家即将出台或者已有政策、国家战略、地区战略，从国家和区域战略的分析与研究高度，系统思考、科学分析国家政策法规可能带来的产业、市场机遇和项目变化，进行新产业研究和综合分析，如：在研究编制北京市经济发展中长期规划时，规划编制人员要立足北京市各县市区已有产业和业务基础，深度分析国家大力推动的京津冀一体化、生态文明示范城市建设，以及北京市经济发展较为落后的丰台区、平谷区等的经济结构，研究某种经济现象形成的原因，存在的问题和缺陷，北京市和丰台区等如何破解制约发展的瓶颈，实现战略转型，进而预测特定地区可能的新产业、新态势、新模式和产业升级路径。

基于系统工程的思维，可以对北京市及下属区域，如丰台区中长期新产业、新业态、新布局相关的产业或区域进行研究，遵循规划编制原则，对北京市及海淀区、西城区、朝阳区等核心经济、文化、金融区域进行各自的产业布局和资源分配，对于通州区、大兴区等快速发展的新兴经济区域进行产业定位，对于交通偏僻的怀柔、平谷等进行新的规划定位和产业布局。重点研究和帮促地理位置好、产业空间大、产业发展落后的丰台区，推动和协助该地区决策者确定并提出超常规发展的新思路、新战略、新路径，如：通过规划前期基础研究，可以思考：丰台区前几年经济落后和产业布局不合理的内在原因和主要问题是什么？如何立足发展基础，科学编制与实施基于京津冀一体化大背景的丰台区差异化发展战略？丰台区如何探索文化旅游、健康产业、美容产业、生态养老产业等现代服务业和生态文明产业，等等。进行海淀等经济先进地区的标杆分析、规划编制前期调研等工作之后是否应该思考并判断：丰台区南城金融街如何构建？丰台区如何转变发展理念、招商策略和开发模式？丰台区如何设计健康发展、超常规发展的大战略、大格局？等等，这就是基于国家产业政策和地区性长远战略布局的规划编制思维模式。

第五节　案例研究

一、广州南沙新区规划的纵向分析模型应用

《广州南沙区发展规划》对本地区的经济发展速度进行了分析，将 2011 年数据和 2002 年的研究基期进行了比较，从而得出了规划期初 2011 年该区的经济增长速度较快的观点，具体规划报告呈现如下："经过近十年来的开发建设，南沙新区综合实力显著增强，奠定了进一步开发开放的坚实基础。2011 年南沙新区实现地区生产总值 571 亿元，是 2002 年的 9 倍多；税收总额达 235 亿元，是 2002 年的 26 倍。"

二、《潍坊节能环保产业园中长期发展规划》的系统工程模型应用

《潍坊市节能环保产业园中长期规划》的"发展基础"在产业研究过程中，对产业现状进行了调研分析，分析了三大产业的比重、规模以上企业经济数据，以及地区产值等，有关经济情况分析如图20所示：

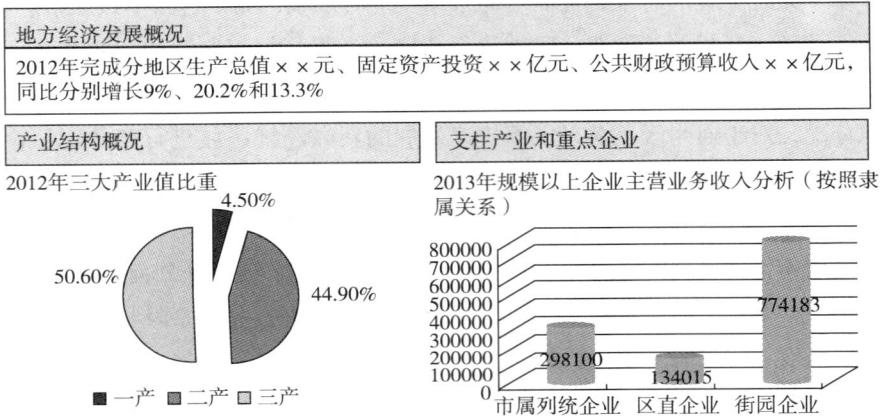

图 20　潍坊市节能环保产业园的地方经济概况

研究分析潍坊节能环保产业园发展的交通条件时，项目组到当地进行了调研，重点研究了潍坊市的公路、铁路、飞机等交通工具和未来的基础设施建设规划，初步认为，潍坊市"一圈、两翼、三带"，"一圈"的战略空间布局为处于"一圈"的节能环保产业园快速发展带来了新的机遇。该产业园交通条件分析如图21所示。

规划编制团队运用系统工程理论，研究分析了该产业园的产业基础和周边环境，以及各产业园的土地利用总体规划。具体如图22所示。

如图22所示，潍坊节能环保产业园已经构建了省级经济开发区、鲁东物流中心、齐鲁台湾城、低碳产业园、于河工业园、望留产业园、乐埠山产业园等产业聚集地和现代物流基础，周边水库和风筝放飞场等旅游和配套设施较好。已有产业多数处于土地利用总体规划当中，基本符合潍坊市的主体功能区规划要求，产业园建设的土地利用和其他条件基本具备。

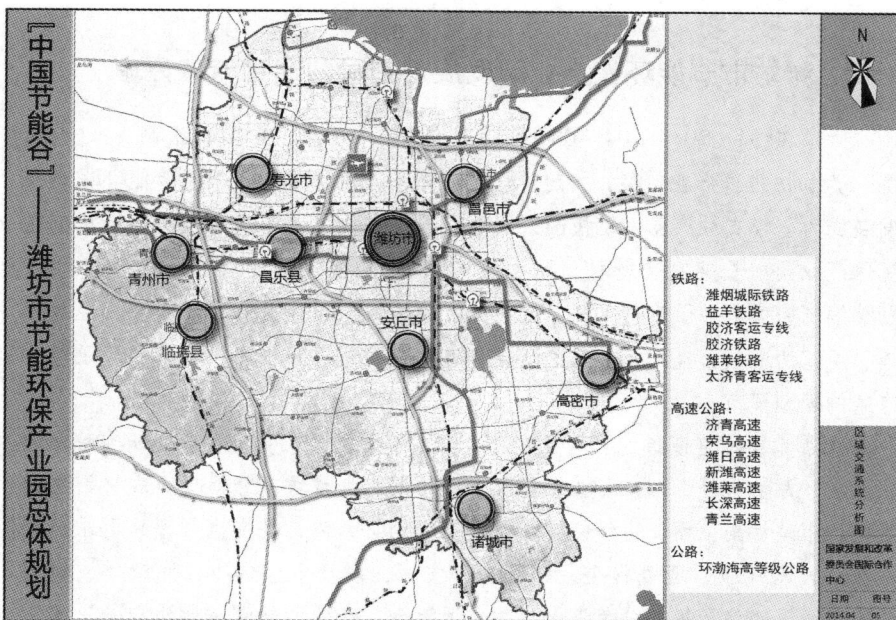

图 21　潍坊节能环保产业园区域交通条件分析

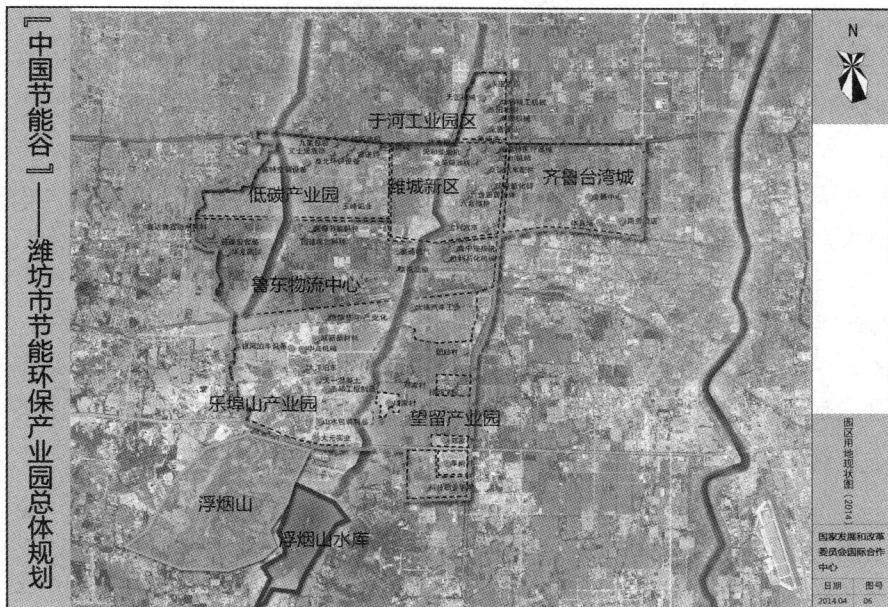

图 22　潍坊节能环保产业园用地现状图

潍坊市节能环保产业园发展规划顺利通过专家评审

时间：2014－04－08 16：53：15　　来源：中国日报网

为加快推进产业转型，构建现代产业体系，潍坊市积极推动节能环保产业发展成为全市支柱产业，委托国家发改委国际合作中心专家组编制潍坊市节能环保产业园中长期发展规划。历时4个月，产业园发展规划（2014—2020年）初稿编制完成，并于4月4日，由潍坊市政府组织召开了专家评审会，经过严谨、规范的汇报、提问、专家论证、答辩、专家评审等程序，顺利通过了与会专家的规划评审。

参加本次规划评审的有国务院发展研究中心、国家发改委宏观研究院、山东大学、潍坊市等专家、行业权威人士。评审会由潍坊市经信局王成喜副主任主持，市政协副主席、市经信委主任李传恒到会致辞，并提出了评审要求，潍城区区长刘泮英，区委常委、副区长孙文力，以及市经信委、发改委、规划局、潍城区经信局等部分负责人参加了评审会。产业园规划编制组组长、国家发改委国际合作中心城市发展咨询院副院长吴维海博士介绍了产业园发展规划编制的依据、指导思想，产业园战略定位，以及规划报告核心内容，提请评审组专家进行了论证分析，并就规划的产业园愿景、发展目标、建设思路和"三步走"的实施步骤、以节地节能为重点的百亿级停车设备、住宅工业化产业、智慧节能节地农业等12个重点工程进行了重点讨论和专家论证、深度交流。与会专家对规划报告给予了积极的评价，同时提出了建设性的优化意见与具体建议。

与会专家表示，通过潍坊市节能环保产业园规划的编制与重点工程的筛选确立，将对潍坊市节能环保产业的发展方向、战略目标、工作重点、资源匹配、项目运作、园区管理等起到积极的促进和提升作用。有专家指出，潍坊市通过实施重点园区发展战略，以潍坊市节能环保产业园为聚集区域和核心载体，整合全市优势资源与关键核心技术，推动核心关键技术和大型企业集团分总部基地的引进、聚集，实施聚集、辐射和带动策略，通过7年左右的产业培育，可以打造千亿级的节能环保产业园区，逐步形成潍坊市、全省、全国，乃至全球细分行业有一定影响力的高端节能产业聚集地、关键技术试验田和行业标准引领者。

第八章　规划目标

第一节　编制依据

一、研究要素

"规划目标"的制定，主要依赖于顶层政策与上级规划目标，规划编制背景、发展基础和已有资源禀赋。同时，考虑国际形势、国家政策、地区产业布局和市场机遇提供的发展空间等。

二、理论基础

我国各类规划报告的"规划目标"设定，可以依据的理论基础，包括但不限于：

（一）区域发展梯度理论

我国不同地区和城市的区域经济发展不平衡，各地经济收入和产业空间布局呈现梯度分布的状态。有梯度就可能存在空间的转移，高梯度地区一般新技术应用较早，优先发展并逐步向中部地区、西部地区或北部地区推移。

随着各地经济的有序发展，梯度推移加快，区域间差距逐步缩小，最终实现全国范围内经济分布的相对均衡。

区域经济梯度推移过程中，极化效应、扩展效应和回程效应共同制约地区生产分布的集中和分散，起主导作用的是极化效应。

一般来说，我国高梯度区域如东部沿海的江苏、浙江、广东、北京、山东等地区一般采取创新型经济发展战略。中梯度的安徽、江西等产业转移承接地区可以实行改造型发展战略。低梯度的西藏、新疆、青海、云南、贵阳、内蒙古、黑龙江等区域可以实行渐进型发展战略。如：《北京市国民经济和社会发展第十二个五年规划纲要》确立了北京市的规划目标："紧紧围绕人文北京、科技北京、绿色北京战略和建设中国特色世界城市的目标，按照在推动科学发展、加快转变经济发展方式中当好标杆和火炬手，走在全国最前面的要求，率先形成创新驱动的发展格局，率先形成城乡经济社会一体化发展新格局，努力把北京建设成为更加繁荣、文明、和谐、宜居的首善之区。"该规划定位是由北京市是全国政治、经济、文化和金融等现代服务中心，以及北京拥有全国最多的科技创新人才、中关村创新基地，以及众多的高等教育资源等核心要素决定的。

（二）区域发展辐射理论

我国经济发展水平和现代化程度相对较高的东部地区（辐射源）与经济发展水平和现代化程度相对较低的中西部、东北三省等地区进行资本、人才、技术、市场信息等的有序流动和价值观、实践理论、生活习惯等的传播，提高经济资源配置的效率，提高经济发展的质量。

（三）区域发展增长极理论

在经济增长过程中，我国各地区、不同产业的增长速度不同，一般来说，增长较快的是主导产业和创新产业，这些产业、企业一般是在特定区域集聚，优先发展，它们辐射带动周边的省市县等经济区域，形成"增长极"。

"增长极"有技术的创新和扩散，资本集中和输出，规模经济效益，产生聚集经济效果等主要作用，引进产业和拉动周围地区的要素和经济活动聚集，向周围地区输出要素和经济活动并刺激和推动周围地区的经济发展，对周边地区产生溢出效应。

（四）区域发展比较理论

我国各地区的政府规划遵循区域差异理论，产业区位布局未必是成本最低或利润最高的区位，通常是综合优势显著的区位。

我国各地政府规划应该遵循地域分工理论，本地区以比较优势的产品参与贸易，确立重点发展的产业和产业链。

遵循区域结构比较理论和区域规划理论，基本模型包括：区域模型：中心－外围模式（CP Model）；城市模型：城市层级体系的演化；国际模型：产业集聚与国际贸易。

第二节　编制内容

一、基本概念

规划目标是各级政府经济规划和产业园专项规划编制的重要内容，也是国民经济和社会发展五年规划纲要和各类规划的研究核心。

二、主要内容

（一）基本内容

"规划目标"在不同类型规划中的内容与结构不同，一般包括指导思想、愿景、使命、规划定位、中长期目标、年度目标、管理目标等。

（二）规划步骤

规划目标和重点产业的研究分两章进行分析，具体如图 23 所示：

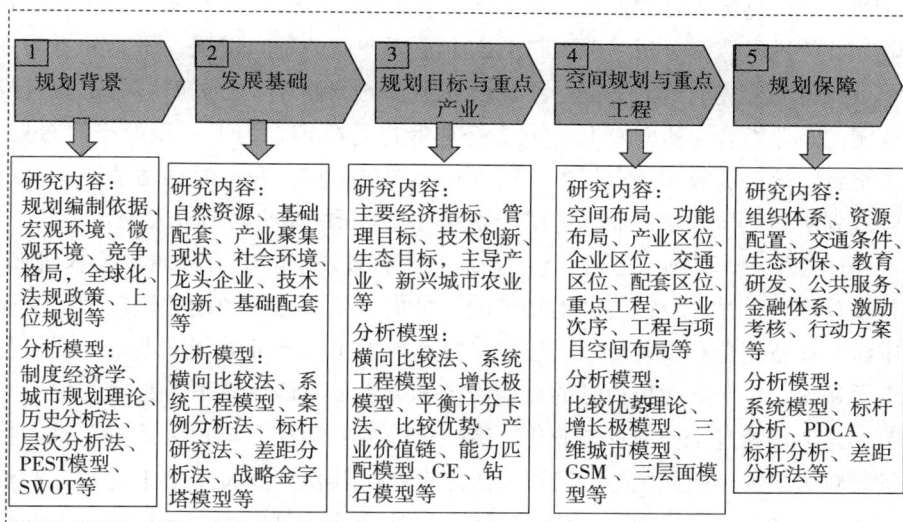

1 规划背景	2 发展基础	3 规划目标与重点产业	4 空间规划与重点工程	5 规划保障
研究内容：规划编制依据、宏观环境、微观环境、竞争格局，全球化、法规政策、上位规划等	研究内容：自然资源、基础配套、产业聚集现状、社会环境、龙头企业、技术创新、基础配套等	研究内容：主要经济指标、管理目标、技术创新、生态目标，主导产业、新兴城市农业等	研究内容：空间布局、功能布局、产业区位、企业区位、交通区位、配套区位、重点工程、产业次序、工程与项目空间布局等	研究内容：组织体系、资源配置、交通条件、生态环保、教育研发、公共服务、金融体系、激励考核、行动方案等
分析模型：制度经济学、城市规划理论、历史分析法、层次分析法、PEST模型、SWOT等	分析模型：横向比较法、系统工程模型、案例分析法、标杆研究法、差距分析法、战略金字塔模型等	分析模型：横向比较法、系统工程模型、增长极模型、平衡计分卡法、比较优势、产业价值链、能力匹配模型、GE、钻石模型等	分析模型：比较优势理论、增长极模型、三维城市模型、GSM、三层面模型等	分析模型：系统模型、标杆分析、PDCA、标杆分析、差距分析法等

图 23　规划编制"五步法"的规划目标和重点产业

其中：

规划目标是战略金字塔的第二层级，主要解决一个组织的发展指标和应达到的位置，一般分为中长期目标，如十年；战略目标，如五年规划目标，年度指标等，具体如图 24 所示：

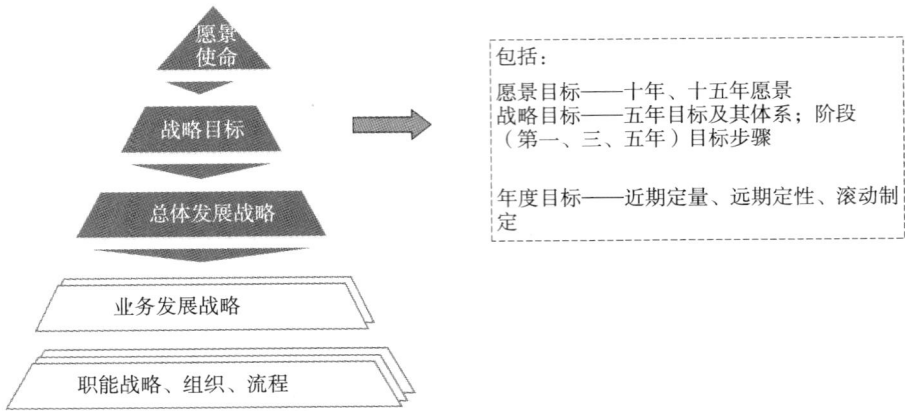

图 24　战略金字塔模型的"战略目标"

（三）产业价值链

产业价值链分析是产业选择的基础。它是基于对研究对象现有产业布局和产业环节等进行综合分析，总结归纳已有主要产业的基本情况，研究分析下一步重点扶持和优先引进的关键产业，以及主要的产业环节，进而对特定地区或产业园的产业组合、重点项目、龙头企业等进行确定，为下一步的空间布局、主要项目、核心资源和重点任务等确立提供依据。如：我们对潍坊节能环保产业园规划中的立体停车产业，使用产业价值链分析模型进行研究发现：

立体停车泊车产业链分为上、中、下游三部分，位于上游的是技术研发、工程设计环节，是产业链的高附加值端，是提升核心竞争力的关键环节。产业链中游是设备制造和安装环节，当前多数企业的主导产业处于中游环节，是传统竞争领域，位于产业价值链的低端，盈利能力低。产业链下游是维修保养等环节，是体现特定企业服务专业化、高端化、维护和提升客户关系的关键，目前发展较为迅速。除此之外，该产业链还存在与其他产业发生上下游联系的辅助产业链，如新材料产业、节能环保装备制造产业，可以为主导产业链上的企业提供更环保、更节能的材料或设备。

对潍坊节能环保产业园进一步研究之后，项目组发现，潍坊市节能环保产业园泊车产业在主导产业链的上中下游皆有企业，大洋泊车集上、中、下游业务于一身。但是，单靠一家企业研发力量不足，需要加强上游研发、设计环节，引进专门人才或者专业研发机构；中游制造环节企业较多，大部分的配套企业都集中在这一环节，能力较强；下游维修保养需要延伸与加强。

（四）共同愿景

愿景是组织对于未来勾画的远景目标，是组织在一定时期内对于未来长期目标的设定和憧憬，是可变的。

愿景的调查研究和逐步确立过程充满激情、感情、智慧、理性、行动和判断。它要求有发散型思维，具备收敛型思维，是一个反省甚至是妥协的过程。在愿景确立过程中，主要研究者和参与者可能抛开理性，超越过去和现在，展望和假设未来。通过研究和碰撞的过程建立共同愿景，对之修改和不断补充、更新。

构建组织价值观的基本要素：时代的特征、经济性和社会责任感。

共同愿景必须符合政府行政的规范要求，共同愿景是容易被别人感知，容易识别，被广泛认可和感觉感知的政府精神或奋斗目标与理想。

构建共同愿景，需要分析组织内外部的利益相关者，特别是组织影响力最大的利益相关者。

制定组织愿景需要自我超越，突破已有成就、目标、愿望等，确立组织新的目标、愿望。

根据组织和组织内部所有参与者形成的文化，探讨与构建共同愿景。将共同愿景有效传达，使组织成员知晓与理解共同愿景。

建立共同愿景的基本途径：培养共同语言，开展团队学习，进行各层次交谈，以及实现自我超越等。

愿景具有的基本特点：

（1）推动性。良好的愿景能够推动组织面对挑战，超越现实，不懈创新。

（2）激励性。良好的愿景描述清晰表达组织领导者对于未来的观点并激励员工。

（3）方向性。愿景能够指引内部和外部组织的未来努力方向。

（4）协同性。愿景能使同一组织内部的各个部分向一致的方向努力。

关于规划报告的愿景编制，有的报告直接描述，有的报告文稿通过战略目标间接描述。

使命是关于组织存在的目的或对社会发展的某方面应做出的贡献的陈述，是组织长期保持不变的核心理念，是将组织凝聚在一起的无形的凝固剂，是激励组织不断发展的源动力。多数政府规划报告不直接阐述特定规划研究对象的使命。

（五）规划目标

政府规划的核心目标是分析研究、科学确立和正确选择到达预期位置的最

佳路径。具体如图 25 所示:

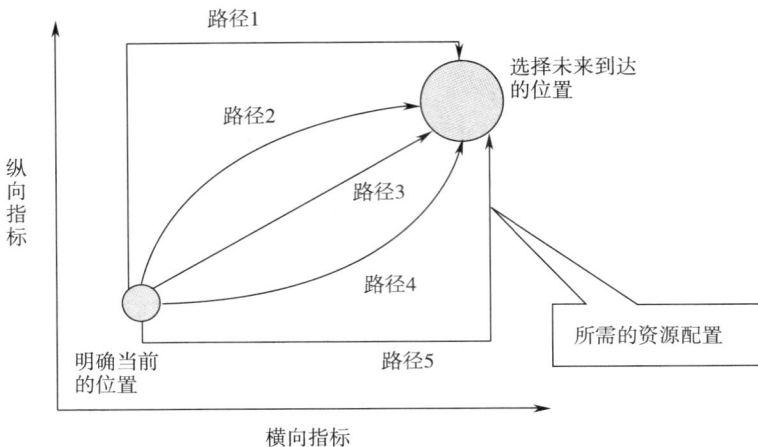

图 25 政府规划的核心目标

政府规划的经济指标根据规划类型而有所差异。其中:

政府五年规划纲要的规划目标,一般包括经济规模、经济结构、发展速度、城乡居民收入、生态保护、公共服务、改革开发等主要指标。

专项规划的指标主要聚焦于特定领域,如:新能源规划指标包括能源消费总量、能源自给率、非石化能源占比、天然气占比、煤炭产能等,以《河南省能源中长期发展规划(2012—2030 年)》为例,该专项规划指标包括:"争取全省能源消费总量不突破 3.8 亿吨标准煤,生产总量达到 2 亿吨标准煤,能源自给率达到 52.6%;非化石能源占能源消费总量的比重达到 8% 左右,天然气占能源消费总量的比重达到 10% 左右;煤炭产能稳定在 2.2 亿吨以上,原油炼化能力达到 3300 万吨,电力装机总容量达到 1.14 亿千瓦。"

产业园规划目标主要聚集在重点产业方面,以《潍坊节能环保产业园中长期规划(2014—2025 年)》为例,该规划目标包括近期目标和远期目标,其中:

近期目标:"实现预期的节能环保控制目标。到 2015 年,全市万元地区生产总值能耗低于 × 吨标准煤(按 2005 年价格计算),全市化学需氧量和氨氮排放总量(含工业、生活、农业)分别控制在 × 万吨、× 万吨以内,二氧化硫和氮氧化物排放总量分别控制在 × 万吨、× 万吨以内。节能环保产业园区各项控制指标均优于平均控制水平。

聚集和提升潍坊节能环保产业园的软实力。探索创新节能环保技术推广机制和模式，推动多领域节能减排，全面实现'386'环保治污行动。争取获得×个左右省级或以上产业示范基地或示范园授牌。"

编制该发展规划时，我们研究制定产业园的中长期规划目标："到 2025 年，潍坊节能环保产业园企业确保年实现营业收入突破×亿元，力争年实现营业收入×亿元，利税×亿元以上，实缴税金×亿元以上……力争×亿元，比 2013 规模以上企业主营业务收入力争增长×倍。力争培育×家过 100 亿元，×家过 50 亿元，×家过 10 亿元、×家过亿元的龙头企业。力争实现×家企业新三板、主板或海外上市。节能环保产业成为潍坊市支柱产业。单位产值能耗持续降低，生态环境显著改善。

到 2025 年，全市万元地区生产总值能耗、化学需氧量和氨氮排放总量、二氧化硫和氮氧化物排放总量均达到规定目标。产业园各项节能环保指标明显优于全市平均控制水平。

到 2025 年，节能环保产业占潍坊市 GDP 的比重显著提升，对地方财政收入贡献率超过×%以上。安置就业超过×万人，拉动住宅和生活性服务业收入×亿元。"

管理目标：主要阐述社会生活、教育培训、文化艺术、生态环保、公共服务、国防开支等非经济类指标。

"规划目标"的规范研究和文本撰写是规划编制的核心工作，需要科学调研，精心编写，反复揣摩，多次沟通和组织专家评审，进行文字加工与提炼。

第三节　分析模型

一、纵（横）向对比法

（一）模型解读

纵向比较和横向比较法，主要是通过跨年度经济数据和主要业绩，以及不同国家、不同地区经济数据和发展速度等纵向、横向分析与比较，初步揭示某种研究观点或者展现特定地区或研究对象的经济特征、市场表现等，进而确定规划目标和重点任务。

（二）模型应用

"规划目标"的系统研究与综合编制，主要采用对比分析法（横向、纵向）

进行分析，如《北京市"十二五"时期生物和医药产业发展规划》通过分析上一个五年规划目标实现情况，以及全球趋势、国家政策、产业环境等，研究确立了"十二五"生物医药产业规划的指导思想和规划目标。其指导思想的确定是基于横向跟周边的城市比较，纵向与本城市的发展速度和产业基础比较，同时考虑了国家政策与产业环境之后确立的，即："将北京打造成具有国际影响力的生物和医药研发创新中心、全国高端制造基地、全国医药流通中心，推动生物和医药产业由先导产业向主导产业跨越"。

北京市生物医药产业"十二五"期间规划目标从总量规模、自主创新、产业集中和绿色发展四个方面进行了具体测算和确定，具体文字表述为：

"总量规模进一步做大。到 2015 年，全市生物医药产业实现行业经济总量翻番。其中：生物医药实现工业总产值 1300 亿元左右，年均增长率 24% 左右，占全市工业总产值比重 5% 以上，对生产性服务业的带动作用进一步增强；医药流通业实现销售收入翻番。

自主创新能力显著增强。到 2015 年，建成工程（技术）研究中心、工程（重点）实验室以及企业技术中心 100 个以上，推出国家一类新药 2~3 个，实现一批重大科技成果在京产业化，新产品产值占工业总产值的比重超过 30%。

产业集中度明显提升。到 2015 年，前 20 强企业产值占全市生物医药总产值的 70% 以上；亿元品种销售收入占全市生物医药销售收入的比重超过 50%；国家生物产业基地产值占全市生物医药总产值的比重接近 70%。

绿色发展取得新成效。积极开展园区生态建设，鼓励企业开展节能降耗的技术改造。到 2015 年，生物医药规模以上企业能耗总量控制在 55 万吨标准煤左右；生物医药规模以上企业消耗新鲜水总量控制在 1300 万立方米左右。"

二、系统工程模型

（一）模型解读

系统工程是从整体出发，合理开发、设计、实施和运用系统科学的工程技术。根据总体协调的需要，综合应用自然科学和社会科学中有关的思想、理论和方法，利用电子计算机作为工具，对系统的结构、要素、信息和反馈等进行分析，达到最优规划、最优设计、最优管理和最优控制的目的。

管理系统工程是以各级政府或企业管理系统为研究对象的组织管理技术，是以系统科学、运筹学、计算机应用技术为主体的综合交叉性课程。其基本思想是坚持整体观念、统筹兼顾，运用有关优化分析方法，实现管理系统整体功能的提高。

政府规划和专项规划等规划目标测算和制定，需要运用系统工程的编制思路，综合考虑各方面的要素和资源支撑能力。同时，尊重产业发展的基本规律。

（二）模型应用

该规划模型在政府规划编制与研究时，主要体现系统思考和不同规划目标的协同，要进行规划目标的测算和评估，避免出现脱离实际的假设目标。

规划目标的实现依赖于政府外部环境、产业政策、发展规律、组织基础和资源等，要充分考虑各种要素之间的衔接和协同，注意操作性和前瞻性的有机结合。

系统工程模型强调各类规划的问题发现与问题解决路径。通过规划需求导向的研究，发现经济发展的各种问题，对各类问题进行结构化分类，用不同的规划和研究方法解决不同性质的问题。对于非结构化的问题，适宜定性分析，主要依靠规划师的知识和实践经验。对于发展速度等结构化问题，可以采用计算模型和公式予以研究解决。定量分析由定性分析指导，定性结论需要定量分析的支撑。如《北京生物医药十二五规划》的总量目标是：到 2015 年，全市生物医药产业实现行业经济总量翻番，主要考虑了上一个五年规划的发展速度、北京市的经济总量、生物医药的占比，以及北京市产业基础等因素。

三、平衡计分卡模型

（一）模型解读

平衡计分卡是把组织的使命和战略转化为全方位的运作目标和绩效指标，作为执行战略和监控的工具，它也是一种管理方法和有效的沟通工具。通过平衡计分卡将宏观的、抽象的战略转化为运作方案或工作计划，达到执行战略、监控战略，最终协助组织实现发展战略的目的。平衡计分卡的目的是以战略为出发点，将组织发展战略落实到具体行动，最终实现财务或经济回报。

（二）模型应用

政府规划目标制定和管理可以探索使用平衡计分卡法进行设定与规范管理。如：对北京市高端装备制造业五年发展规划目标的设定，除了考虑产值、税收、利润等经济指标（财务类），还应考虑市民满意度、单位能耗等环保改善类指标（客户类），以及政府服务水平提高、基础设施改善等指标（内部运营类）。

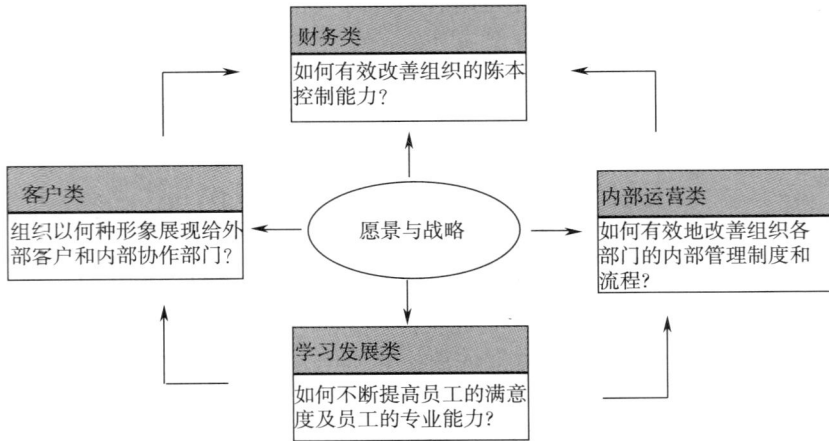

图 26　基于组织规划目标的平衡计分卡模型

另外，还包括政府培训、学历教育、学习与培训等指标（学习发展类）。

通过四个维度的指标设计，能够全面地进行特定规划目标确立，避免单纯追求经济指标而忽视社会责任、组织成长和日常管理等工作。如可设计产值、税收、单位能耗、空气质量、组织培训、社会福利等指标，进行多维度的构建与管理。

四、增长极模型

（一）模型解读

增长极指如果将发生支配效应的经济空间看作力场，位于力场中推进性单元可以描述为增长极。增长极是围绕推进性的主导工业部门而组织的有活力的高度联合的一组产业，它不仅能迅速增长，而且能通过乘数效应推动其他部门的增长。

增长极理论有几个基本点：第一，其地理空间表现为一定规模的城市；第二，存在推进性的主导工业部门和不断扩大的工业综合体；第三，具有扩散和回流效应。

增长极体系有三个层面：先导产业增长；产业综合体与增长；增长极的增长与国民经济的增长。

（二）模型应用

增长极理论指那些通过解释地区的发展过程，说明在增长中的都市中心引起周围地区经济增长的各种假说。这些假说认为，在地理空间上经济增长不是均匀地发生，而是以不同强度呈点状分布，通过各种渠道影响区域经济。

　　以广东南沙新区发展规划为例，该区发展规划提出了"区域联动发展路径"：通过打造重点产业和增长点，沿着交通线路或经济聚集区，辐射带动周边区域，形成经济发展的增长极。具体如图27所示：

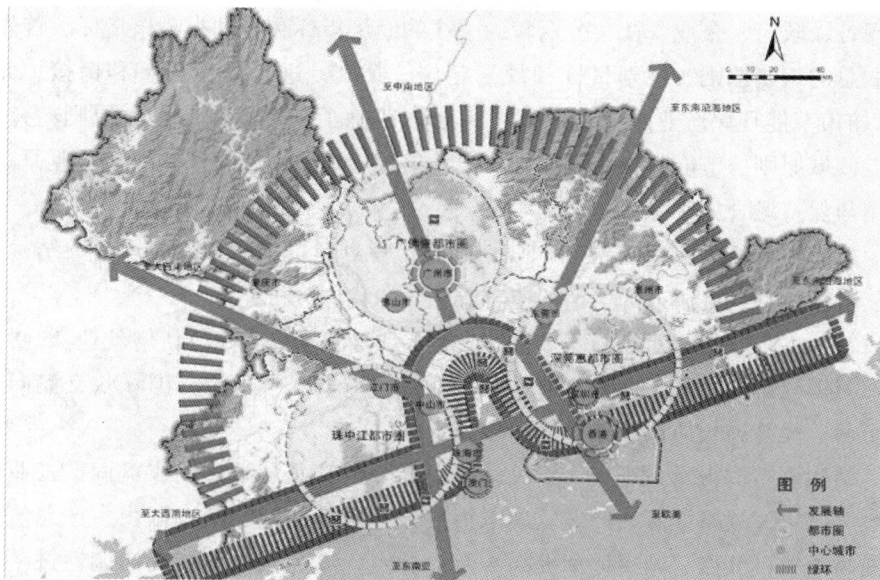

图27　南沙新区的区域联动发展路径

第四节　编写规范

一、基本规范

　　如何撰写政府规划的"规划目标"章节，各类规划和地方政府可能有不同的理解和报告要求。总体来讲，一般遵循如下规范：

　　（一）确定规划愿景和指导思想

　　通过规划愿景和指导思想的界定，为各类规划实施主体的产业领域和行动指明方向，有助于经济指标和管理目标的实现。如：我们编制《潍坊节能环保产业园中长期发展规划》时，将其愿景定位为"打造立足潍坊，辐射带动全省、全国乃至全球生态经济的'中国节能谷'。"通过愿景定位，给当地政府的节能环保产业园建设提出了宏伟蓝图和奋斗的方向，坚定了有关规划实施主体、利益相关方和各类外部投资者的信心，确立了未来的行动纲领和工作目标。

（二）制定规划长远目标并分解阶段性目标

各级政府和产业园规划报告，具有鲜明的中国经济特色和时代烙印，一般体现各级政府、企业、社会公众较为关注的经济指标和管理类考核指标。首先，确立总的编制原则、规划目标和规划定位。其次，进行目标分解和衔接。如：《潍坊市节能环保产业园中长期发展规划》明确了规划编制的五大原则：突出重点领域原则、节能环保优先原则、节约集约用地原则、总部和楼宇工业原则、利用与保持融合原则。

研究与分析国家"十二五"规划确立了规划目标，包括经济增长、结构调整、科技教育、资源节约、生活改善等领域，具体分析如下：

"经济平稳较快发展。国内生产总值年均增长 7%，城镇新增就业 4500 万人，城镇登记失业率控制在 5% 以内，价格总水平基本稳定，国际收支趋向基本平衡，经济增长质量和效益明显提高。

结构调整取得重大进展。居民消费率上升。农业基础进一步巩固，工业结构继续优化，战略性新兴产业发展取得突破，服务业增加值占国内生产总值比重提高 4 个百分点。城镇化率提高 4 个百分点，城乡区域发展的协调性进一步增强。

科技教育水平明显提升。九年义务教育质量显著提高，九年义务教育巩固率达到 93%，高中阶段教育毛入学率提高到 87%。研究与试验发展经费支出占国内生产总值比重达到 2.2%，每万人口发明专利拥有量提高到 3.3 件。

资源节约环境保护成效显著。耕地保有量保持在 18.18 亿亩。单位工业增加值用水量降低 30%，农业灌溉用水有效利用系数提高到 0.53。非化石能源占一次能源消费比重达到 11.4%。单位国内生产总值能源消耗降低 16%，单位国内生产总值二氧化碳排放降低 17%。主要污染物排放总量显著减少，化学需氧量、二氧化硫排放分别减少 8%，氨氮、氮氧化物排放分别减少 10%。森林覆盖率提高到 21.66%，森林蓄积量增加 6 亿立方米。

人民生活持续改善。全国总人口控制在 13.9 亿人以内。人均预期寿命提高 1 岁，达到 74.5 岁。城镇居民人均可支配收入和农村居民人均纯收入分别年均增长 7% 以上。新型农村社会养老保险实现制度全覆盖，城镇参加基本养老保险人数达到 3.57 亿人，城乡三项基本医疗保险参保率提高 3 个百分点。城镇保障性安居工程建设 3600 万套。贫困人口显著减少。

社会建设明显加强。覆盖城乡居民的基本公共服务体系逐步完善。全民族思想道德素质、科学文化素质和健康素质不断提高。社会主义民主法制更加健全，人民权益得到切实保障。文化事业加快发展，文化产业占国民经济比重明显提高。社会管理制度趋于完善，社会更加和谐稳定。

改革开放不断深化。财税金融、要素价格、垄断行业等重要领域和关键环节改革取得明显进展，政府职能加快转变，政府公信力和行政效率进一步提高。对外开放广度和深度不断拓展，互利共赢开放格局进一步形成。"

如上所述，国家"十二五"规划对于产业规模（国内生产总值、价格等）、产业结构、科技教育、资源节约与环保、社会生活、公共建设、改革开放等确立了五年发展的规划目标。

（三）对规划目标的未来前景进行预测与描述

各类规划一般要描述规划期内的发展前景、主要目标、主要经济指标和管理指标可能达到的未来状态，给上级主管、利益相关人等一个较为清晰的量化或定性说明。同时，给有关投资机构、投资企业和将要进入的其他合作者一个信心和行动方向。

（四）规划愿景和管理目标在专项规划中阐述较多

由于各类规划的格式和编制重点不同，规划目标的基本内容和呈现格式不一样。有些规划需要明确组织的愿景使命、经济指标、管理指标、科技创新指标等，有些规划可能只涉及经济指标等，这就需要根据具体的规划要求和管理习惯进行确定和评估。

二、编写要领

（一）根据产业或指标重要性进行阐述

规划目标一般从最为重要的指标开始研究，重点阐述主要经济指标和社会管理方向，可以给各类规划的评审、决策和规划使用者清晰的指标体系和导向，便于规划期内优势资源的有序匹配和各项工作的优先次序安排。如：国家五年规划纲要一般要反映 GDP、产业结构、社会教育、公共服务、科技创新、国防建设等发展指标。

（二）指标和规划目标不宜过于保守或过于冒进

总体规划、经济规划的指标和规划目标较为概括和简要，不应过于烦琐，避免采用与规划主题弱相关或无关的指标等。如：地区经济规划一般包括三产结构、工业产值、服务业产值等主要指标，一般不会阐述具体企业的收入指标或业务特征。同时，规划目标要优先进行，经过努力基本可以实现，不应该明显超出经济发展规律或者过于悲观消极。

（三）不同类别的规划指标各有时代的烙印

规划指标与指标类别和需要解决的核心问题等紧密相关。不同地区的同类型发展规划，其指标体系也可能不同，同一地区、同一类别规划在不同的发展时期，其主要指标体系可能存在差异。如：国家"九五"规划目标是"全面完成现代化建设的第二步战略部署，2000年，在中国人口将比1980年增长3亿左右的情况下，实现人均国民生产总值比1980年翻两番；基本消除贫困现象，人民生活达到小康水平；加快现代企业制度建设，初步建立社会主义市场经济体制；2010年国民经济和社会发展的主要奋斗目标是：实现国民生产总值比2000年翻一番，使人民的小康生活更加宽裕，形成比较完善的社会主义市场经济体制"，该规划目标基本反映了当时国家经济社会发展重心和历史任务。国家"十二五"规划目标有了较大的变化与调整，主要聚集在经济总量、增长速度、产业结构、社会生活、居民收入等方面，这与当前国家经济发展思路的转变和经济发展程度紧密相关。

第五节　案例研究

一、北京市"十二五"规划的纵向比较模型应用

纵向比较是研究规划目标常用的工具和分析模型。如：北京市"十二五"规划明确规定，"'十二五'时期全市发展的主要目标是：紧紧围绕人文北京、科技北京、绿色北京战略和建设中国特色世界城市的目标，按照在推动科学发展、加快转变经济发展方式中当好标杆和火炬手，走在全国最前面的要求，率先形成创新驱动的发展格局，率先形成城乡经济社会一体化发展新格局，努力把北京建设成为更加繁荣、文明、和谐、宜居的首善之区。"为此，北京市将总目标分解为经济发展、社会发展、创新发展、绿色发展四个维度，设置了地区生产产值、一般预算财政收入、城镇失业登记率、发明专利等二级指标，并从经济增长、居民收入、城乡环境、社会生活、文化产业、改革开放等领域进行了总体规划，具体规划报告文稿如下：

"经济平稳较快发展。率先形成创新驱动的发展格局，综合经济实力和竞争能力显著增强，为国家发展服务的功能进一步完善。地区生产总值年均增长8%，地方财政一般预算收入年均增长9%，价格总水平保持基本稳定。中关村国家自主创新示范区初步建成具有全球影响力的科技创新中心，战略性新兴产业的支柱地位初步形成，服务业占比达到78%以上，"北京服务"、"北京创造"品牌和影响力明显增强。

居民收入较快增加。城镇居民人均可支配收入、农村居民人均纯收入扣除价格因素年均增长8%，低收入者收入明显增加，中等收入群体持续扩大，收入差距不断缩小。市民健康水平得到显著提升，市民生活质量不断提高。

城乡环境更加宜居。率先形成城乡经济社会发展一体化新格局。全市生态服务价值进一步提高，林木绿化率提高到57%。交通拥堵现象得到有效治理，中心城公共交通出行比例达到50%。万元GDP能耗、万元GDP二氧化碳和主要污染物排放持续下降，空气质量二级和好于二级天数的比例达到80%。基本实现城市生活垃圾零增长、污水全处理。城市管理的精细化、智能化水平进一步提高。

社会发展和谐稳定。公共服务体系更加完善，基本公共服务均等化程度明显提高。城镇登记失业率控制在3.5%以内。城乡社会保障体系基本健全，社会保障卡覆盖所有保障人群。中低收入群众的住房条件得到明显改善。社会管理和服务体制更加完善。人口调控管理服务能力进一步增强，防范和化解社会矛盾的机制更加健全，社会治安防控体系更加严密，社会更加和谐稳定。

文化大发展大繁荣。社会主义核心价值体系建设更加深入，市民文明素质和城市文明程度进一步提高。历史文化资源得到有效的保护、挖掘、传承和利用，文化创意产业和文化事业迅速发展。首都科技、教育、文化等资源优势充分彰显，城市文化软实力显著提升，全国文化中心功能显著增强。

改革开放深入推进。有利于推动科学发展、加快经济发展方式转变和推动自主创新的体制与制度进一步健全和完善，重点领域和关键环节改革取得明显进展，市场在资源配置中的基础性作用得到充分发挥。行政管理体制改革进一步深化，行政效能进一步提高。对外开放的深度和广度进一步拓展，成为国际社会重大活动的重要目标地和国际一流的旅游中心城市。"

进一步分析北京市"十二五"规划确定的社会发展主要指标，包括经济发展、社会发展、创新发展和绿色发展四个维度，具体如表 10 所示：

表 10　　　　北京市"十二五"时期经济社会发展主要指标

类别	序号	指标	目标	属性
经济发展	1	地区生产总值年均增速（%）	8	预期性
	2	服务业占地区生产总值比重（%）	>78	预期性
	3	最终消费率（%）	60	预期性
	4	地方财政一般预算收入年均增速（%）	9	预期性
社会发展	5	城镇居民人均可支配收入、农村居民人均纯收入年均增速（%）	8	预期性
	6	城镇登记失业率（%）	≤3.5	预期性
	7	城乡居民养老、医疗保险参保率（%）	95	约束性
	8	城镇职工五项保险参保率（%）	98	约束性
	9	全市从业人员平均受教育年限（年）	12	预期性
	10	亿元地区生产总值生产安全事故死亡率降低（%）	>［38］	约束性
	11	重点食品安全监测抽查合格率（%）	>98	约束性
	12	药品抽验合格率（%）	≥98	约束性
创新发展	13	全社会研究与试验发展经费支出占地区生产总值的比重（%）	>5.5	预期性
	14	每万人发明专利授权量（件）	8	预期性
	15	年技术交易额（亿元）	1800	预期性
绿色发展	16	万元地区生产总值能耗降低（%）	［达到国家要求］	约束性
	17	万元地区生产总值水耗降低（%）	［15］	约束性
	18	万元地区生产总值二氧化碳排放降低（%）	［达到国家要求］	约束性
	19	城市空气质量二级和好于二级天数的比例（%）	80	约束性
	20	二氧化硫、氮氧化物、化学需氧量和氨氮排放减少（%）	［达到国家要求］	约束性
	21	中心城公共交通出行比例（%）	50	预期性
	22	再生水利用率（%）	75	约束性
	23	生活垃圾资源化率（%）	55	约束性
	24	全市林木绿化率（%）	57	约束性
	25	耕地保有量（平方千米）	2205	约束性

北京市"十二五"发展规划通过设置"类别、指标、目标"三个层级，从经济发展、社会发展、绿色发展和创新发展四个维度进行了五年发展目标的总

体设计，为地方政府的土地利用、基础设施建设、资源分配、重大工程实施等提供了基本保障。

二、潍坊市节能环保产业园规划的系统工程模型应用

潍坊市节能环保规划产业园在进行"规划目标"的研究与编制时，采用了系统工程的分析模型与思考理念。研究组在编制该规划目标时，重点考虑了潍坊市的产业基础和产业现状，分析了可能的发展速度和招商引资能力，测算规划期的发展速度和可能数据。产业园规划的空间布局系统考虑了当地政府的土地指标、开发进度、产业链现状、招商引资能力等，这也是项目组确定规划目标和分层级开发的重要依据。

基于上述分析模型与规划思路，规划项目组确立了《潍坊节能环保产业园中长期规划》的愿景使命，明确了规划目标和空间布局是"1358"，即，

一个目标：建设"中国节能谷"；三大服务平台：节能环保科技研发平台、节能环保国际交流平台、节能环保综合服务平台；五个功能区：节能环保制造区、节能服务企业聚集区、节能环保企业孵化区、生产性物流服务区、办公生活服务区；

八个制造业基地：高端节能设备制造基地、大型泊车产业基地、住宅工业化基地、环保设备制造基地、高端节能管件产业基地、清洁能源和新能源汽车基地、智能化农业装备产业基地、智能化节能系统产业基地。具体空间布局如图 28 所示：

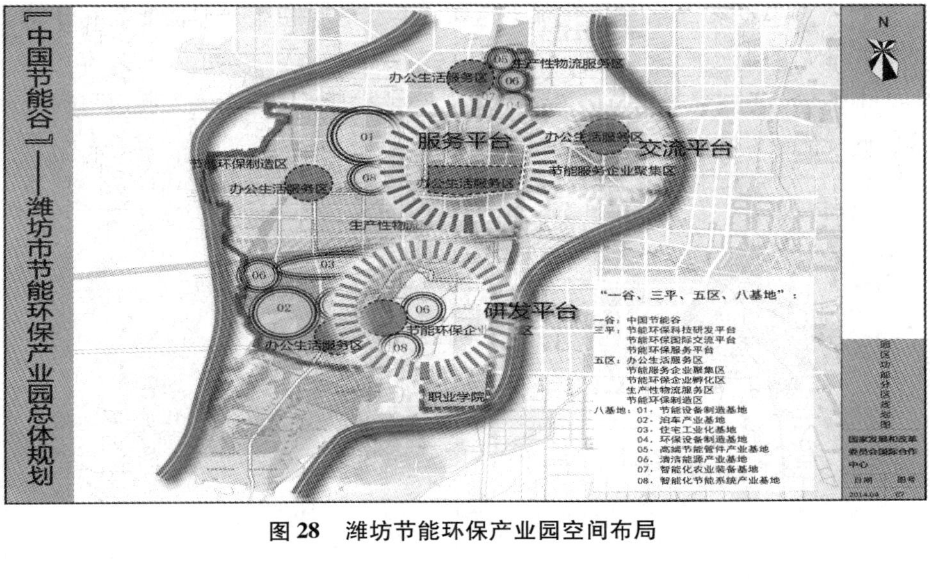

图 28 潍坊节能环保产业园空间布局

三、佛山市现代产业体系规划的增长极模型应用

增长极模型是确立政府规划主要目标和空间布局的重要模型。

以《广佛同城发展规划》为例，该规划以增长极分析模型为研究依据，以广佛同城化带动广佛肇经济圈建设，与深莞惠、珠中江经济圈共同构筑珠江三角洲一体化发展格局。聚合发展以广州为中心的广—深（港）、广—珠（澳）两条区域发展主轴，深化与港澳合作，实现与珠江三角洲、港澳的经济融合和一体化发展。同时，研究制定了"强化广佛同城效应，促进产业优势互补、联动发展，共同构建结构优化、布局合理、协调发展的现代产业体系，打造广佛创新圈和华南科技创新中心，提升广佛都市圈产业综合竞争力，成为引领珠江三角洲乃至华南地区产业结构优化升级的强大引擎，广东重要的经济增长极"的发展目标。另外，确立了该地区发展的远期规划目标："到 2020 年，全面实现同城化，率先实现现代化。区域空间布局及功能分工合理，基础设施体系联网，产业联动融合发展，社会事业发达，公共服务均等，城乡环境优美，人民生活殷实，优质生活圈全面建成，完善的社会主义市场经济体制基本建立，经济社会全面融合和科学发展，科技创新能力处于世界先进水平，综合经济实力强大，跻身世界较发达地区，成为亚太地区最具活力和竞争力的国际大都市区，携领珠江三角洲地区建成世界级城市群。广佛人均 GDP 比 2010 年翻一番，平均预期寿命达到 80 岁，城镇化水平达 90% 以上，单位生产总值能耗和环境质量接近世界先进水平。"

佛山规划方案通过增长极模型、点轴模型等的实践应用，为佛山与肇庆市的同城一体化发展指明了规划目标和较大的空间格局。

第九章　重点产业

第一节　编制依据

一、研究要素

一个国家或地区能否遵循重点产业转移规律选择重点产业和进行产业布局，很大程度上取决于是否对产业结构转移规律和重点产业对经济发展的引导作用，有着深刻认识和广泛的实践。

"重点产业"部分主要依赖产业转移规律的准确把握和具体分析。

编制本部分的规划文稿时，需要研究特定对象的发展基础、资源禀赋、发展潜力等。

当前，我国的重点产业从轻纺工业为主导，转向重化工业为主导，进而转向传统产业转型升级和大力拓展战略性新兴产业为主。重点产业的选择应该与未来的产业趋势相衔接。

从全球看，发达国家重点产业从重化工业向高加工度工业为主导转化，高度工业国家向知识密集型产业重点转移。以现代服务业、旅游业、金融业等为主体的第三产业和现代信息、技术为主导、现代交通运输方式为基础的第四产业，构成了现代产业的重点转移方向。这是世界产业重点转移的一般规律，也是我们研究地方政府规划重点产业的重要参考。

二、理论基础

我国地方政府、高新区、经济开发区、各类产业园规划编制的一般理论基础如下：

（一）产业定位理论

通过产业定位，确定特定地方政府、高新区、产业园等具体形象和产业方向。

（二）产业集群理论

通过区域集聚形成有效的市场竞争，构建特定地区的专业化生产要素优化集聚注地，使经济组织共享区域公共设施、市场环境和外部经济，降低信息交流和物流成本，形成区域集聚效应、规模效应、外部效应和区域竞争力。

（三）劳动地域分工理论

一个国家或地区按照某一优势的社会物质生产部门实行专业化生产，形成区域性优势和产业合作。

（四）比较优势理论

国际贸易的基础是生产技术的相对差别，以及由此产生的相对成本的差别。每个国家或地区应该集中生产并出口有"比较优势"的产品，进口有"比较劣势"的产品。

（五）主导产业理论

主导产业具有与新技术相关联的新的生产函数；有超出国民经济总增长率的持续高速增长的部门增长率；主导产业对其他部门乃至国民经济有着回顾效应、旁侧效应、前瞻效应，需要聚集核心资源与能力进行重点产业聚集与提升。

（六）点轴开发理论

点轴开发模式是增长极理论的延伸。经济中心首先集中在少数条件较好的区位，呈斑点状分布。这种经济中心既可称为区域增长极，也是点轴开发模式的点。随着经济发展，经济中心逐渐增加，点与点之间，由于生产要素交换需要交通线路以及动力供应线、水源供应线等，相互连接起来，就是轴线。这种轴线首先为区域增长极服务，但轴线一经形成，对人口、产业也有吸引力，吸引人口、产业向轴线两侧集聚，并产生新的增长点。点轴贯通，形成点轴系统。通过点轴开发，实现区域经济的规模发展、聚集效应和辐射带动等效应。

第二节　编制内容

一、基本概念

产业是由利益相互联系的、有不同分工的、由各个相关行业组成的业态总称。

行业指其按生产同类产品或有相同工艺过程或提供同类劳动服务划分的经济活动类别，如饮食行业、服装行业、机械行业、金融行业等。

重点产业选择指对特定规划对象未来一定时期内优先发展的产业进行选择和构建，使其逐步成为支柱性产业或有重大影响的产业。

战略性新兴产业指全球范围内因突破性技术创新催生的具备构成国家产业竞争优势的成长期产业。战略性新兴产业是以重大技术突破和重大发展需求为基础，对经济社会全局和长远发展有重大引领带动作用，是知识技术密集、物质资源消耗少、成长潜力大、综合效益好的产业。战略性新兴产业代表着世界科技创新和产业发展新方向，是新兴科技和新兴产业的深度融合，具有战略性、全局性、创新性、关联性、动态性、风险性等特点。

战略性产业指一个国家为实现产业结构的高级化目标选定的对于国民经济发展有重要意义的产业部门。是各国根据不同的经济技术发展水平和技术变革趋势判断确定的。战略性产业是相对的概念，任何一种产业部门在特定经济发展阶段都有可能成为战略性产业，最终都有可能退出战略性产业系统。

战略性产业受到一个国家政策保护和产业扶持，有成为未来经济发展主导产业和支柱产业的可能性，其决定因素包括技术特点、市场前景、成长潜力、国家资源、特定条件、产业结构、资源的能力等。

战略性产业主要包括主导产业、支柱产业、先导产业和基础产业。其中：

主导产业指对国民经济有支撑作用，在国民经济中占有较大比重的产业。主导产业在某种程度上直接关系到一个国家、地区或城市产业发展的方向，能充分利用和发挥本国、本地区的资源优势，对其他产业或行业有推动、制约和引导作用。

支柱产业是国家和地方财政最重要的收入来源，产值和利润水平较高，对其他产业引导作用较低，属于阶段性发展或维持的产业。

先导产业指对今后国民经济发展有先导作用的产业，产品收入弹性高，全要素生产率上升幅度大，对其他产业部门带动效应大。

基础产业也被称为瓶颈产业，指为其他部门提供条件和机会的产业。

政府规划编制的重点是进行产业和行业选择，为政府或其他组织的产业定位和工作任务的确定提供依据。具体如图 29 所示。

通过政府规划的总体战略研究与规划定位，帮助各级政府规划编制的研究

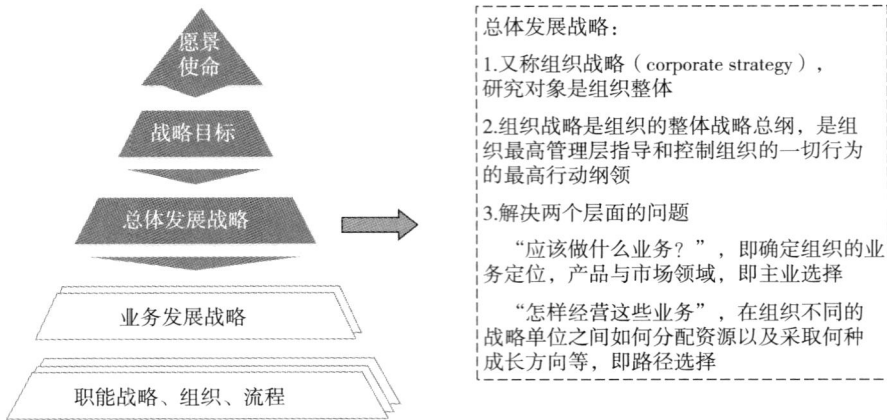

愿景
使命

战略目标

总体发展战略

业务发展战略

职能战略、组织、流程

总体发展战略：

1.又称组织战略（corporate strategy），研究对象是组织整体

2.组织战略是组织的整体战略总纲，是组织最高管理层指导和控制组织的一切行为的最高行动纲领

3.解决两个层面的问题

"应该做什么业务？"，即确定组织的业务定位，产品与市场领域，即主业选择

"怎样经营这些业务"，在组织不同的战略单位之间如何分配资源以及采取何种成长方向等，即路径选择

图 29　政府规划编制的组织总体战略

对象和执行单位确立重点产业和主导业务、业务组合，以及如何经营这些重点业务。

二、主要内容

（一）产业分类

产业选择是政府规划的核心内容之一，它通过产业分析工具和产业价值链研究等予以确定。

对于重点产业选择，美国经济学家罗斯托认为：有四个依次更替的趋势，即：起飞前提阶段主导部门是食品、饮料等工业；起飞阶段主导部门是轻纺工业；向成熟推进阶段主导部门是重工业和其他制造业；高消费和追求生活质量阶段主导部门是汽车工业、耐用消费品工业和城市服务业。各阶段主导部门更替依靠前一组主导部门诱导和刺激，被新的主导部门逐步替代。在工业化初期，以劳动密集型产业为主，工业化中期，以发展资金密集型产业为主。在工业化后期，以发展知识技术密集型产业为主。重点产业选择方面，发挥政府在选择重点产业中"看得见的手"的作用。分析产业演进现状，制定适合供求变化的产业政策。

（二）考虑要素

政府制定重点产业中长期应该考虑的主要因素，一般包括需求结构变化、产业高级化趋势、国际产业结构演变的规律、区域经济优势，以及产业发展阶段。

选择重点产业需要突出区域强项和核心优势，综合分析产业关联度，确定重点产业选择战略，综合分析区际间的贸易，运用象限结构分析模型，明确重点各产业间的间接关系。结合产业关联前、后向的连锁效应表明的附加值高低，选择重点产业可以取得尽可能大的比较利益。

对于战略性新兴产业，重点研究和分析新兴产业的政策环境和投资策略。分析研究战略性新兴产业的发展环境，探索产业规划、政策措施、空间布局、产品组合等整体策划，优化新兴产业的要素配置，引导产业投资，加快新兴产业的发展。设立财政性扶持资金，编制战略性新兴产业发展预算，建立风险投资引导基金、科技融资担保、科技创新金融中心。设立由财政、银行、社会等多方参与的产业基金，组建企业合伙制的风险投资基金，加大战略性新兴产业的资源投入。

新兴产业发展规划积极引导市场需求，挖掘需求侧的拉动作用，推进新兴产业的技术研发、应用和商业模式创新。探索 PPP 等社会化的基础设施投融资模式，加大新兴产业主导产品的政府采购比重，通过增值税先征后买、弹性补贴等扶持政策，扩展和创造市场需求，通过政府示范，促进新兴产业的可持续发展。

科学编制新兴产业空间规划，建立功能完善、垂直分工、科学布局的战略性新兴产业集群，促进工业功能区、开发区等，向新兴产业区、现代产业集群转型升级，构建技术密集、资本密集和高经济效益的高新技术产业基地和产业集群。

（三）注意事项

选择重点产业、战略性新兴产业，要做好基础产业与制造产业、加工产业的结合，推动传统产业与新兴产业的融合与优势互补，避免基础产业与制造业、加工产业、高技术产业的产业断裂，避免产业外向倾斜泄漏，避免传统产业与新兴产业的人为割裂和资源重复投入，努力实现产业聚集、连锁效应和示范效应。

（四）编制原则

重点产业选择应符合技术趋势、遵循国家产业政策、演变顺序、依据速度和效益组成等原则、以供求关系为中心，考虑前瞻、回顾、旁侧的不同影响。

速度和效益相统一是重点产业选择的客观要求，评价重点产业的维度：在效益方面，考虑投入产出效率、市场可能占有率、可能实现利润率、劳动生产提高率、资本资产增值率和发展能力；在速度方面，考虑对其他非重点产业的前瞻、回顾和旁侧的影响，防止脱节。

重点产业是支柱产业，从产业结构发展的角度看，在经济发展的特定阶段，供求矛盾是重点产业形成的瓶颈与关键。

重点产业从生产要素上看，劳动密集型向资金密集型、技术密集型逐步过渡；从劳动对象上看，采掘工业向原材料工业，进一步向加工工业过渡；从吸收科技成果方面，传统产业与科学技术改造传统产业相结合的演变；从产出角度，由低附加值向高附加值，进一步向更高附加值的演变。

重点工程的确定原则：符合国家产业政策，符合本地区发展规划和布局，优先考虑投资规模大、技术水平高、带动能力强、投资效益好、生态节能环保、有聚集带动效应的大项目，考虑速度和效益的平衡。

（五）产业政策

国家产业政策包括产业组织政策、产业结构政策、产业技术政策和产业布局政策，以及其他对产业发展有重大影响的政策和法规。

产业政策的功能：弥补市场缺陷，有效配置资源；保护幼小民族产业的成长；熨平经济震荡；发挥后发优势，增强适应能力。

（六）项目管理

重点产业选择之后，要进行重点项目的选择与具体实施。

项目实施要有一定商业模式与行为规则。对于基础性和公益性项目，以及社会营利性项目，可以有不同的运作模式。具体如图30所示：

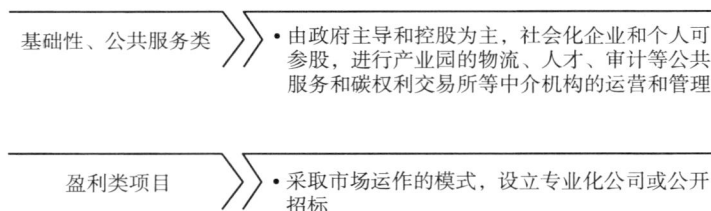

基础性、公共服务类 ▷ • 由政府主导和控股为主，社会化企业和个人可参股，进行产业园的物流、人才、审计等公共服务和碳权利交易所等中介机构的运营和管理

盈利类项目 ▷ • 采取市场运作的模式，设立专业化公司或公开招标

图30　政府重点项目的运营模式

对于基础性、公共服务类项目，可以采取政府主导和控股为主，社会化企业和个人参股的 PPP 等操作模式，重点开发现代物流、人才培训、公共服务等项目；对于产品制造、会展、智慧城市等营利性项目，可以采取市场运作的模

式，引进专门企业或政府成立公司参股，设计合适的市场运作机制，予以组织实施。

三、战略性新兴产业选择

（一）战略性新兴产业的选择

战略性新兴产业是国家大力推动的主要产业，是各地政府实现产业转型升级的重要路径，其科学定位与健康发展的前提是产业选择，这就必然存在选择标准或指标体系设计的研究工作。

战略性新兴产业的战略性，指相对于国家而言的战略性产业，不是基于区域层面。战略性新兴产业的全球性、创新性和成长性包含了选择标准的合理要素。

战略性新兴产业的产业生命周期包括：新兴产业、创新性新兴产业、战略产业、常规产业和衰退产业五个发展阶段。战略性新兴产业是产业或战略产业在特定阶段的称呼，当特定产业进入成熟阶段，战略性新兴产业就变为国家的战略产业或主导产业，或转为常规产业。为此，有必要研究制定和适时调整战略性新兴产业的选择标准，加强新兴产业演化规律的调研与定位分析。

（二）战略性新兴产业的发展模式

目前，战略性新兴产业的发展模式尚未成熟。多数战略性新兴产业发展属于科技驱动和市场驱动共同作用的双轮驱动发展模式。

战略性新兴产业的企业多是中小微企业。这类企业规模小、资源少、有一定技术、管理不规范、融资难等。

为降低企业的发展成本、共享发展资源、形成规模效应，集群发展模式可能是地方政府探索的产业发展与聚集的、可行的商业模式，地方政府通过建设高科技园区或科技企业孵化园区，形成新兴产业的集群发展是一种常规的产业发展方式。

（三）战略性新兴产业的关键成功因素

我国战略性新兴产业的关键成功因素主要包括政府支持、自主创新、集群发展、价值链延伸、市场培育、国际竞争、风险控制、服务平台构建等。

在我国战略性新兴产业发展初期，需要出台政府优惠政策，拨付扶持资金，改善发展环境。由于战略性新兴产业还没有形成主导的技术标准，需要通过自主创新，确立一个国家或地区的竞争优势。战略性新兴产业多数缺少产业链上下游和周边配套产业，通常是技术主导，市场认知度低，可以通过政府采购、市场营销、产业联盟等路径予以推动，逐步形成特定产业的产业聚集和规模效应，提升国际国内竞争力。

（四）战略性产业的选择原则

1. 科学发展原则。遵循科学发展观，综合考虑各种产业因素，选择知识技术密集、物质资源消耗少、成长潜力大、综合效益高，对地区经济社会全局和长远发展有重大引领带动作用的产业。

2. 因地制宜原则。遵循经济社会发展的客观现实，结合本地实际，坚持"有所为，有所不为"，培育发展适合未来需求的战略性新兴产业，充分发挥自身特点和比较优势。

3. 产业关联原则。坚持战略性新兴产业关联发展和融合发展原则，选择产业基础好、特色优势显著、技术条件成熟，能够带动关联产业及配套产业发展的战略性新兴产业。

4. 技术创新原则。坚持自主创新，提升战略性新兴产业创新能力，形成有自主知识产权的技术、专利和标准，重点发展有国际、国内市场竞争力的品牌产品，拓展产业竞争力。

（五）战略性新兴产业的竞争力

研究和提升战略性新兴产业的国际竞争力。根据波特的"五力模型"，战略性新兴产业处于初创或成长期，潜在进入者多。由于科技创新驱动，战略性新兴产业对各类有形资源的依赖弱，供应商讨价还价能力强，产品尚未被市场普遍接受，存在培育期，有较多的替代产品，竞争程度相对弱。

（六）战略性新兴产业的三个结合

1. 新兴产业与传统产业的结合。研究如何使用信息技术、生物医药技术、新材料、高效节能、环保技术等改造传统产业，提高传统产业的工艺、形态、产品性能，推动传统制造业向高附加值的现代制造业方向发展。如：引入新能源产品技术，提高灯饰等传统产业的产品附加值，引进新材料，提升钢铁等传统行业、产业的技术含量和产品质量，提高竞争优势。

2. 政府引导和市场机制的结合。通过政策引导与产业推动，实现新材料、新能源等战略性新兴产业的发展。运用市场规律，创新、发现和发展新兴产业，研究新兴产业的关联度，明晰产业链环节的衔接关系，构建与优化新兴产业链。

3. 自主培育和全球资源的结合。围绕整合全球资源、面向国际市场，积极培育和拓展新兴产业。通过自主培育与资源整合，推动区域资源、生产、市场与科技优势等紧密对接、整合，优化技术突破方向与技术路线图，挖掘、提升技术创新与应用驱动的功能，推动自主品牌、自主知识产权、自主营销网络的全球化布局。建设各类创新联盟、示范基地、创新平台等，逐步形成重点产业、核心企业的协同创新能力。积极扶持技术创新型中小微企业，通过产业链创新和技术突破，促进新兴产业在国际与国内市场的联动发展。

第三节　规划模型

一、比较优势（业务优先级）模型

（一）模型解读

政府规划或专项规划的重点行业、主导产业和重点业务等选择，具有一定的规律和体系性，各类规划既要考虑投入产出效率、市场可能占有率、预期利润率、劳动生产提高率、资本资产增值率和发展能力，又要考虑非重点产业的前瞻、回顾和旁侧的影响。

规划编制过程中，可以用行业（业务）优先级评估模型予以研究和分析。具体如图 31 所示：

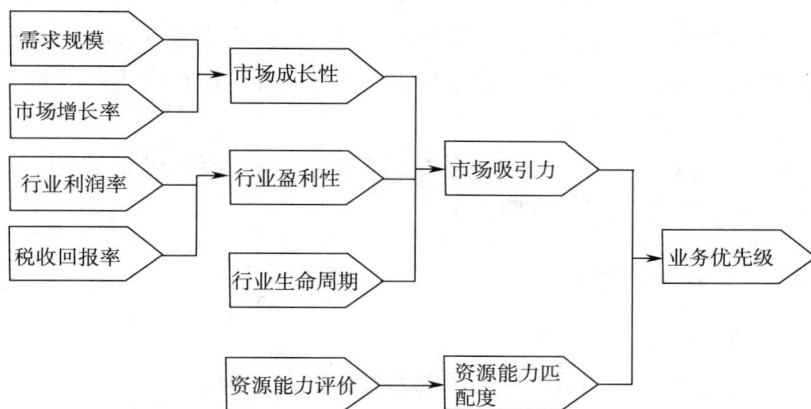

图31　业务优先级评估模型

如图 31 所示，重点行业或重点业务的筛选标准，可以从需求规模、市场增长率、行业利润率、税收回报率等指标考核和初步确定，具体可以从市场成长性、行业盈利性、行业生命周期、资源能力评价等维度，系统研究和评估。

除了经济效益，政府规划还应该考虑社会效益和综合效益等要素。

（二）模型应用

使用行业或业务优先级评估模型，可以对地方政府、产业园、开发区等重点产业、主要行业或龙头企业的重点业务进行选择，可以使用业务评估指标体系予以研究，具体如图32所示：

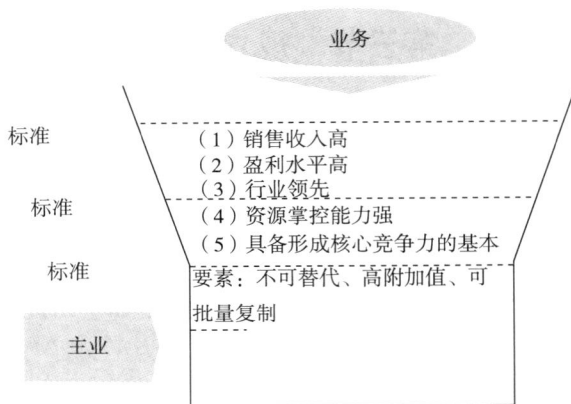

图32 政府规划编制的主业选择模型

通过对某个国家、特定省市县、特定地区、特定产业园等的业务收入、盈利水平、行业地位、资源控制力、核心竞争力等指标或要素进行系统分析，初步确定该国家、该地区、该园区重点产业或主导业务，进行产业定位和重点工程的详细规划与工作重点确立。

使用上述模型，我们对某城市的产业园进行主业选择，确立了主要产业与重点行业，具体示例如下（见图33）。

二、产业价值链模型

（一）模型解读

1. 基本概念。价值链由哈佛商学院教授迈克尔·波特（Michael Porter）于1985年在《竞争优势》一书中提出："每个企业都是在设计、生产、销售、发送和辅其其产品的过程中进行种种活动的集合体。所有这些活动可以用价值链来表明。'

产业链是产业经济学的概念，是各产业部门之间基于一定的技术经济关联，

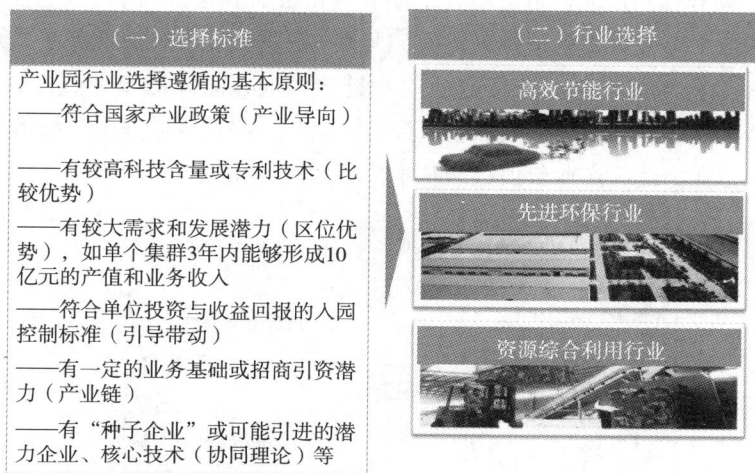

（一）选择标准	（二）行业选择

产业园行业选择遵循的基本原则：

——符合国家产业政策（产业导向）

——有较高科技含量或专利技术（比较优势）

——有较大需求和发展潜力（区位优势），如单个集群3年内能够形成10亿元的产值和业务收入

——符合单位投资与收益回报的入园控制标准（引导带动）

——有一定的业务基础或招商引资潜力（产业链）

——有"种子企业"或可能引进的潜力企业、核心技术（协同理论）等

高效节能行业

先进环保行业

资源综合利用行业

图33　节能环保产业园重点行业选择

并依据特定的逻辑和时空布局关系客观形成的链条式关联关系形态。

产业价值链代表了产业层面企业价值融合的价值系统，每个企业的价值链包含在更大的价值活动群中，实现产业链的价值创造和实现。

2. 主要特征。产业价值链的主要特征主要包括：

（1）整体性。构成产业价值链的各个组成部分是有机的整体，相互联动、相互制约、相互依存，每个环节由大量同类企业构成，上游产业（环节）和下游产业（环节）之间存在大量的信息、物质、资金、技术等方面的交换关系，是价值递增过程。同时，产业价值链之间相互交织，呈现多层次的网络结构。某一产业之中的竞争既有单个企业之间的竞争，也有特定产业链与另一条产业链的竞争，特定产业集群与另一个集群之间的竞争，甚至是国家之间的竞争。

（2）增值性。特定产业链条后面的价值增值环节是在前面价值产品的基础上，面向新的客户与市场，生产新的价值产品。如果存在价值增值瓶颈，价值链上一部分投入的价值可能损失浪费，无法实现价值增值。

（3）循环性。价值增值实现的过程是不断循环的过程。如果特定产业价值链无法实现有效循环，这条产业价值链就可能"死亡"。

（4）层次性。从系统角度看，产业链有"标准制定—技术开发—产品制造"等不同的技术层次，各技术层次之间的衔接要求严格。从产业环节角度看，不同产业环节之间有层次性和相互衔接的地方。

（5）差异性。产业价值链的各个环节存在增加值与盈利水平等差异。产业价值链的各个环节对要素条件、技术、人力、资本、规模等需求存在差异。

3. 模型内涵。产业链有集群效应和链式效应，能降低企业成本，促进创新，塑造区域品牌，形成区域和企业聚集。同时，促进专业分工和技术进步。

以制造业为例，产业价值链的基本模型如图 34 所示：

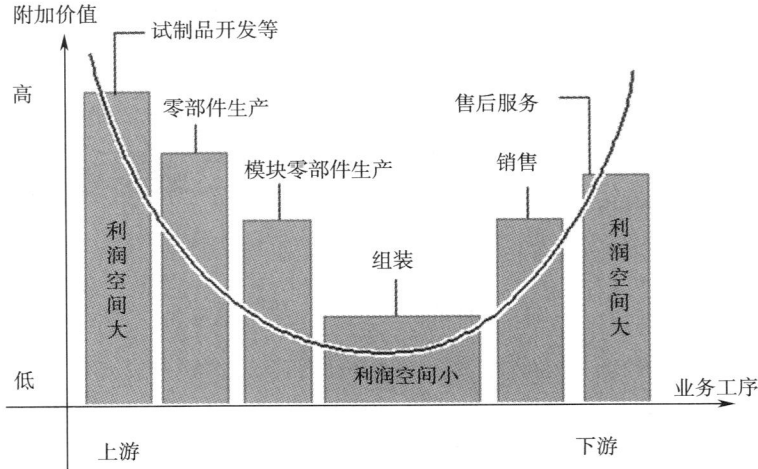

图 34　产业价值链模型

图 34 中，产业价值链以业务工序和附加值两个维度予以表示，其中：产品试制研发、零部件生产等属于产业链上游，其利润空间较大；模块零部件的利润空间逐步降低；产品组装的利润空间最低；产业链下游的销售、售后服务等利润空间较大，盈利性较强。因此，在产业价值链的选择中，地方政府或特定产业园可以选择重点产业价值链，进行产业链的"增链"、"补链"、"强链"等，逐步形成特定产业链的产品配套和资源聚集。同时，在不同产业链的评估与选择过程中，尽可能选择高盈利、有比较优势的重点产业链上下游企业或重点产业，提高单个产业环节、单位产品的盈利能力，提高重点行业或重点企业的盈利水平。

（二）模型应用

以《潍坊市节能环保产业园中长期发展规划（2014—2025 年）》为例，在系统研究与评估产业园现有产业链时，采用了产业价值链分析模型。以潍坊市节能环保产业园节能立体停车产业为例，实地研究发现，该产业园立体停车泊车产业链已经具备了产业基础，产业园的相关产品年产值几十亿元，该产业链可以分为上、中、下游三部分，位于产业链上游的是技术研发、工程设计等环节，这些是产业链的高附加值端，是提升核心竞争力的关键环节。立体停车产业链中游是设备制造和安装等环节，产业园之内现有多数企业主导产业处于中游环节，是传统的竞争领域，位于产业价值链的低端，竞争激烈，盈利能力低。产业链下游是维修保养等环节，是体现特定企业服务专业化、高端化、维护和提升客户关系的关键，发展较为迅速。此外，该产业价值链还有与其他产业链发生上下游联系的辅助产业链，如新材料产业、节能环保装备制造产业，可以为立体停车主导产业链的有关企业提供更环保、更节能的材料或辅助设备。潍坊市节能立体停车产业价值链的产业分析和规划图形描述，具体如图35所示：

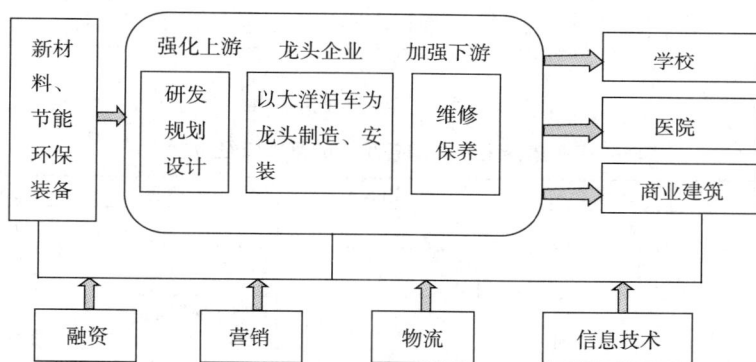

图35　潍坊市节能立体停车产业价值链分析示例

笔者与研究团队系统分析了河北省保定市汽车产业链及其产业规划思路，具体分析（如下见图36）。

由图36可知，保定市汽车产业有长城汽车等整车制造企业、一部分零部件制造辅助性企业，该地区汽车产业有了一定的生产与研发基础。未来构建的汽车产业园可以对高端零部件、销售、售后等环节进行"强链"，重点推动"建链"汽车电控、新能源电池等核心关键技术研发应用，不断提高整车制造工艺水平等。

笔者初步研究分析之后认为，河北省保定市汽车产业园的未来开发领域可以聚集在汽车新材料、特种汽车零部件、电控系统、新能源汽车电池；免充气轮胎技术，先进整车制造，等。

产业集群分析是产业价值链模型应用的重要内容。笔者对山东省、贵州省等国家级开发区和地市县的产业聚集情况，按照生命周期理论进行了初步分析，研究归纳了产业集群的一般模型与分析思路，具体如表11所示。

输入   输出

```
       补链  强链  建链    强链      强链  强链
┌────┐ ┌──┐┌──┐┌──┐ ┌──────┐ ┌──┐┌──┐  ┌────┐
│政策│ │研││零││电│ │长城汽│ │汽││品│  │车主│
│与市│→│发││部││池│→│车等整│→│车││牌│→ │和市│
│场调│ │和││件││与│ │车企业│ │销││与│  │场  │
│研  │ │整││和││电│ └──────┘ │售││售│  └────┘
└────┘ │车││装││控│          └──┘│后│
       │设││饰│└──┘              └──┘
       │计││品│
       └──┘└──┘
┌──────────────────────────────────────────┐
│  汽车租赁、银行、投行、律师、会计、软件公司等  │
└──────────────────────────────────────────┘
```

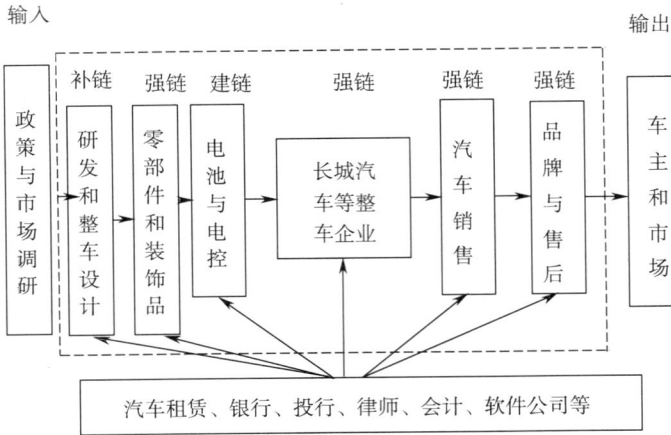

图 36　保定市汽车产业价值链分析

表 11　　产业集群生命周期各阶段的基本特征分析

要素	萌芽期	成长期	成熟期	衰退期
企业数量与规模	总量较少，少数企业	企业数量快速增加	企业数量相对稳定，达最佳规模	大量企业迁出或倒闭，企业数量下降
经济规模	经济规模较小	经济规模迅速扩大，规模报酬递增	经济规模维持在一个较高水平，表现为规模报酬不变	经济规模下降
产业特色	产业特色初步显露	主导产业或相关产业集聚，产业特色逐步形成	主导产业地位突出，产业特色鲜明	主导产业衰退，产业特色丧失
产业链和产业配套	产业链不完整，产业配套没有形成	产业链延伸，配套产业发展迅速	产业链逐步完善，产业配套齐全	产业链断裂，产业配套被破坏
企业间合作与联系	缺乏分工与协作，企业间联系较少	逐渐形成分工与协作关系，企业间联系和交易增加	企业间联系密切，交易频繁，专业化分工与合作普遍	分工协作关系破裂，企业间联系少
集群创新网络	没有形成集群创新网络，创新能力差	集群创新网络逐渐形成，有一定创新能力	形成完善的集群创新网络，创新能力强	创新网络遭到破坏，创新能力下降
地方融合性	尚未根植于地方经济社会文化系统	开始与地方经济社会文化系统融合，表现出根植性	与地方经济社会文化系统融合深入，有良好的根植性	集群衰退，企业外迁，根植性不复存在
竞争优势与竞争力	集群竞争优势不明显，竞争力较差	表现出一定竞争优势，竞争力增强	有明显的竞争优势，竞争力强	竞争优势丧失，竞争力下降
综合评价				

　　由表 11 可知，不同地区、处于不同生命周期的产业集群，可能呈现不同的发展特征，如：处于成长期的产业集群，其主要特征是：企业数量快速增长；经济规模迅速扩大，规模报酬递增；主导产业或相关产业集聚，产业特色逐步形成；产业链延伸，配套产业发展迅速；逐渐形成分工与协作关系，企业间联系和交易增加；集群创新网络逐渐形成，有一定创新能力；开始与地方经济社会文化系统融合，表现出根植性；表现出一定竞争优势，竞争力增强，等。

三、能力匹配矩阵

（一）模型解读

　　能力匹配模型指编制政府中长期规划或企业发展战略时，通过对某些资源、能力的组织拥有程度、市场竞争重要性进行矩阵分析，对于规划执行与实施相关的核心能力进行判断，据此确定地方政府、开发区、高新区、专业园区等是否具有某种能力或软实力，进而确定未来构建的能力或发展的方向。如果一个组织的能力拥有程度和市场竞争重要性都很强，表明该特定能力是某个组织需要重点挖掘、维护和提升的，否则，特定能力可能是某个组织需要调整或者放弃的。

（二）模型应用

　　能力匹配矩阵的应用广泛，可以用在政府或企业的能力分析与匹配度研究方面。有些具体指标可以调整或增减。如：我们研究开发区能力匹配时，选择市场推广、品牌、质量、销售、政府关系、资金、人力、技术等指标，通过调查问卷和专家访谈等方法，得出了如图 37 所示的分析结果。

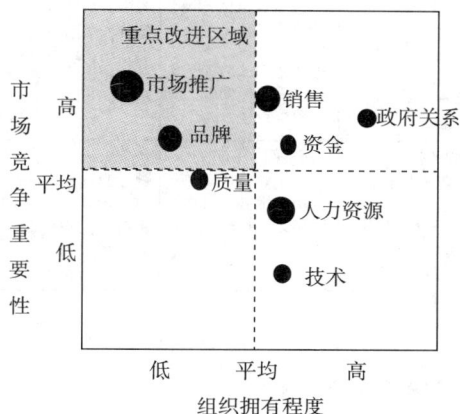

图 37　组织能力匹配矩阵应用示例

由图 37 可知，该经济组织的市场推广、品牌等要素的市场竞争重要性很高，但是该组织目前的拥有程度较低，这些要素今后应投入精力和人力，大力予以提升；该组织的销售、政府关系、资金等指标要素很高，表明未来这些要素可能是组织的优势，应积极维护和提高；人力资源和技术等的市场竞争重要性不高，组织拥有程度较高，可维持与管理。通过能力匹配矩阵分析，为资源的投入和确立工作重点提供决策参考。

四、GE 矩阵分析法（产业分层模型）

（一）模型解读

GE 矩阵（GE Matrix/Mckinsey Matrix）法，又称通用电器公司法、麦肯锡矩阵、九盒矩阵法、行业吸引力矩阵。在战略规划过程中，GE 矩阵用来根据组织或其业务单元市场的实力和市场吸引力对这些事业单位进行评估，也可以表述组织的事业单位组合判断其强项和弱点。

在需要对产业吸引力和业务优势进行分析时，用 GE 矩阵进行战略规划的分析与判断，重点分析的两个维度为市场吸引力和业务优势。具体如图 38 所示：

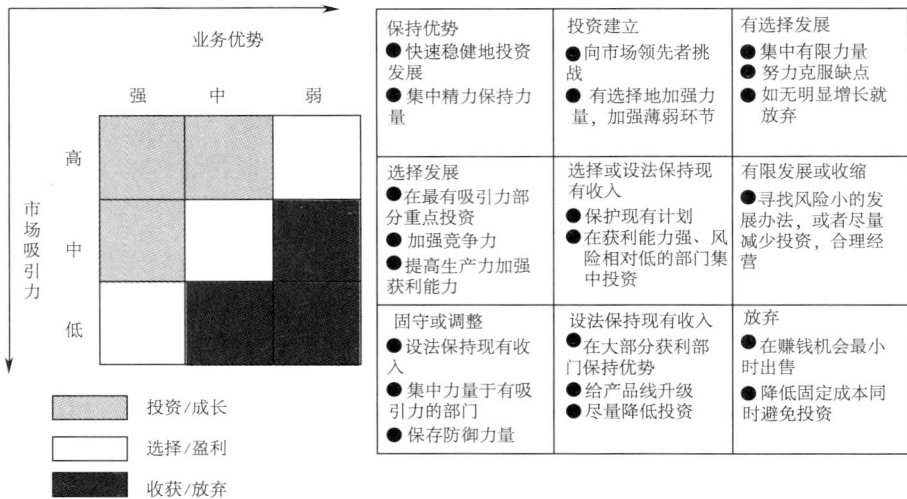

图 38　GE 矩阵模型分析示例

图 38 中，处于矩阵九格图左上方的产业或业务，发展速度快，市场有吸引

力，属于市场竞争力和业务优势明显的，需要保持优势。处于右下方的业务，市场缺少吸引力，本单位也没有业务竞争优势，需要予以放弃。

（二）模型应用

GE 矩阵分析（产业分析模型）用在地方政府、产业园或被研究对象的战略规划的编制与评估过程中，对某个组织的（市场吸引力，业务优势）进行研究。如果某个组织的特定产业或业务分析结果是：{（市场吸引力，业务优势），（高，高)}，表明该产业或业务处于保持优势，快速发展，集中精力投入的阶段；如果该产业或业务的分析结果是：{（市场吸引力，业务优势），（低，高)}，表明该产业或业务属于调整或固守策略，应该采取保持现状、保存抵御力量等竞争策略。

五、波特的钻石模型

（一）模型解读

波特的钻石模型，又称钻石理论及国家竞争优势理论，是分析国际竞争优势的工具。

迈克尔·波特认为影响一个国家某个行业的国际竞争优势由以下六点构成：生产要素，需求状况，相关产业，企业策略、结构或竞争对手，政府行为，机遇。

这六个因素画在图上像一块钻石，称为钻石模型。波特的钻石模型具体如图 39 所示：

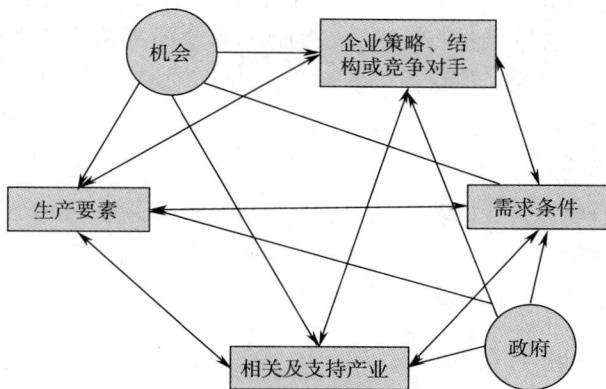

图39　波特的钻石模型

波特钻石模型的中心思想：

一国兴衰的根本在于国际竞争是否赢得优势，它强调一国的所有行业和产品参与国际竞争，并且要形成国家整体的竞争优势。

国家竞争优势的取得，关键在于以下四个基本要素和两个辅助要素的整合作用。其中：

（1）资源要素指一个国家的生产要素状况，包括人力资源、天然资源、知识资源、资本资源、基础设施。

（2）需求条件指对某个行业产品或服务的国内需求性质。

（3）辅助行业指国内是否存在具有国际竞争力的供应商和关联辅助行业。

（4）企业战略指一国内支配企业创建、组织和管理的条件，以及国内竞争的本质。

波特将这四方面的特质构成菱形，认为当某些行业或行业内部门的菱形条件处于最佳状态时，该国企业取得成功的可能性最大。波特菱形同时还是互相促进增强的系统，任何一个特质的作用发挥程度取决于其他特质的状况。如，良好的需求条件并不能导致竞争优势，除非竞争的状态（压力）达到促使企业对其做出反应的程度。

在四大要素之外还存在两大变数：机遇和政府，这是另外两个能够对国家菱形条件产生重要影响的变量，机会是无法控制的，政府政策的影响是不可漠视的。

（二）模型应用

波特的基本观点：一个国家在某个行业取得国际成功的可能性程度是该国资源与才能要素、需求条件、关联和辅助性行业以及战略、结构和竞争企业四个方面综合作用的结果。他认为"菱形"中四个组成部分同时存在，方可有效影响和促进竞争力的发展。政府对四个组成部分中的任何一个方面都可以产生积极或消极的影响。

运用该钻石模型，我国政府规划与产业布局应该研究生产要素、需求状况、相关产业、企业策略、结构或竞争对手、政府行为、机遇等要素，进而推动各类规划的科学定位、空间布局与顺利实现。

六、DEA 分析

（一）模型解读

数据包络分析方法是运筹学、管理科学与数理经济学交叉研究的一个新领域。是根据多项投入指标和多项产出指标，利用线性规划的方法，对具有可比性的同类型单位进行相对有效性评价的数量分析方法。DEA 方法及其模型广泛应用于不同行业及部门在处理多指标投入和多指标产出方面。

（二）模型应用

关于 DEA 模型的基本定理主要有：存在性定理：至少存在一个决策单元，它是 DEA 有效的。有效性与量纲选取无关定理：决策单元的 DEA 有效性与输入和输出量纲的选取无关。有效性与 DMU 同倍"增长"无关定理：决策单元的 DEA 有效性与决策单元对应的输入和输出同倍"增长"无关。

DEA 是线性规划模型，表示为产出对投入的比率。通过对特定单位的效率和一组提供相同服务的类似单位的绩效的比较，试图使服务单位的效率最大化。在该过程中，获得 100% 效率的单位被称为相对有效率单位，效率评分低于100% 的单位被称为无效率单位。

第四节　编写规范

一、基本规范

（一）重点描述产业选择的领域和方向

"重点产业"的规范研究与规划编制，在不同类型的规划编制过程中，其分析研究与规划编制文稿有所差异。但是，多数政府规划报告文稿包括如何选择产业评估模型，进行主导产业等的系统研究、科学分析，以及具体确定重点产业的选择思路、评估维度、产业领域、产业技术、产业特征、重点产业链等。同时，对重点产业的发展方向、产业目标、产业路径等进行路径设计，为政府规划的论证、审核与执行人员提出了具体的、可供决策的产业定位和业务发展方向。

（二）突出重点产业（空间）布局

重点产业的编制与确立，需要结合全球导向、国家和上级产业政策、特定研究对象的产业基础、产业发展现状，以及区位比较优势等，进行重点工程设计，满足特定规划目标的实现与重点产业的发展。同时，根据不同规划的报告格式与基本特征，对可能的产业空间布局等予以直观描述或详细规划，更好地为政府规划执行、土地指标调整与修改等提供决策的依据。如：我们在编制大连国家级金普新区发展规划时，主要调研了金州区、普兰湾、保税区等重点区域的产业布局和企业基础，对工业产业、农业和现代服务业进行了功能划分和区域定立，并对先进制造业、信息通信、现代教育、临港经济等进行了空间布局设计，进一步明确了大连金普新区未来几年的发展方向与产业分布，为大连市的招商引资和产业优化提出了具体的方向。

（三）体现规划期内工作重点或竞争策略

"重点产业"的规划编制，是各种政府规划报告的重要内容，也是重点分析与着力研究的主要工作。基于前面讲述的能力匹配矩阵、GE矩阵，以及比较优势分析模型等，初步确立一般的行业或产业组合，确立特定区域的产业发展重点。

通过特定产业的聚集、引导和有序发展，确立规划实施单位的工作方向和各级政府、部门和经营主体的工作重点与主要任务，便于合理地分配资源、时间、精力和人力等，实现预期的投入产出比例，促进政府规划目标的顺利实现。

二、编写要领

（一）"重点产业"编写体现资源优势和承载主体

本部分的规划编制是各级政府五年规划、专项规划等研究与编制的核心内容之一，也是各类规划编制质量与专业水平的主要体现。

该部分规划文稿的研究与撰写，是在进行外部环境和内部资源综合研究的基础上，针对已有核心资源和突出优势，以及未来可能引入的重要资源或可以培育的核心竞争力，进行系统、科学、前瞻、具体的规划定位，帮助规划委托单位（地方政府、产业园、重点企业等）进行开发方向、实施主体、推动项目的设计与预测，帮助被委托单位或规划执行单位确定未来几年乃至几十年之内的发展重点、资源聚集、资金分配，以及可能实现较高的经济效益或社会效益的路径与"抓手"。同时，为上级主管、有关规划审批部门等确立和提供对该组织机构的绩效管理、业绩考核和督导的重点方向与参考标准。如：我们编制《潍坊节能环保产业园中长期规划》时，经过研究和规范论证，确立了该产业园未来十年重点推动的主要工程包括：百亿级泊车产业链工程、住宅工业化产业工程、智能化软件设计与产业化工程、高效节能装备技术改造工程、高端节能管件产业化工程、高端电子商务建设工程、环境保护及远程智能控制工程等重点工程。从而为该市节能环保产业园的产业布局、招商引资、资源匹配等确立了具体方向和工作重点。

（二）产业体系设计体现逻辑关系与内在规律

"重点产业"的规划编制和文稿撰写，在不同类型的规划文件中研究视角和编制重点各有侧重，但是，不论什么风格的经济规划，都要体现一定的逻辑关系，即：重点工程要立足于资源条件，体现重点发展的产业或技术方向，能够发挥核心优势，或者能够推动规划对象的未来战略意图。如：我们参与编制的《大连国家级金普新区发展规划》产业体系，确立了"优先发展战略型新兴产业、改造提升先进制造业"等重点工程和主导产业，主要编制依据是：立足大连市在辽宁省的工业基础和制造业优势，以及大连市在东北三省，乃至东北亚特殊的地理位置和交通优势，充分考虑和结合了大连金普新区在新能源汽车等重点领域的比较优势和业务基础。

（三）重点产业选择体现供求关系与总量平衡

重点产业是支柱产业，它与一个地区的经济基础和人才等紧密相关。落后地区可以根据现有经济条件，充分考虑供求矛盾与总量平衡，选择适合本地区发展阶段的优势工业与服务业。工业化程度高的地区应该选择高加工度、技术型和知识型产业作为重点产业。充分考虑技术发展方向、速度与效益、供求关系等因素予以确定。

重点产业的发展具体有层次性。一般来说，技术水平通常由低级向高级、由简单向复杂的发展阶段过渡；产业特征由劳动密集型向资金密集型、技术密集型过渡；劳动对象由采掘工业向原材料工业，再向加工工业过渡；科技成果由传统产业向传统产业与科学技术改造传统产业相结合过渡；投入产出由低附加值向高附加值，进而向更高附加值演变。

（四）战略性新兴产业选择的原则

战略性新兴产业是我国各地重点培育的骨干产业，"重点产业"规划编制时，选择"重点产业"的基本原则如下：

1. 研究新兴产业的优势和基础支撑条件。包括关键技术、制造成本、资源禀赋、产业体系完整性、土地、人才、市场需求等。从区域角度看，发展有区域比较优势、产业基础与发展潜力的产业，考虑产业的规模效应以及对相关产业的渗透和带动作用，重点分析新兴产业的竞争环境、技术路线、市场结构、产业链和价值链、产业转移、消费需求趋势，确保新兴产业的方向选择与区域经济发展水平和产业配套条件相适应，在最有基础、最有条件的领域率先突破。

同时，通过招商引资，引进大型企业或重点项目，转化为区域的优势产业，形成全新的新兴产业。

2. 明确战略性新兴产业的主要领域和产业链体系。选择和发展战略性新兴产业，需要构建新兴产业之间的互补和衔接的产业链。新兴产业的发展，需要通过产业链分工的形式，实现产业协作关系和扩大产业规模。规划编制过程中，应该系统研究新兴产业链，制定差异性产业政策。培育发展技术含量高、占地耗能少、产业关联度高的项目，构建技术先进、主导明确、特色鲜明的新兴产业和分工体系，形成独特优势效应和招商引资效应。

3. 研究产业发展阶段和需求结构变化。研究和把握新兴产业的特质、趋势和规律，结合区域实际，选择适宜发展的新兴产业，集中优势资源重点发展、逐步形成国内外市场的竞争优势。

第五节　案例研究

一、潍坊节能环保产业园中长期规划的产业价值链模型应用

"重点产业"的规划编制是各类规划研究分析的重点和核心，该部分规划文稿的撰写，是规划体系构建的重要组成部分。

我们在研究编写"重点产业"规划文稿时，一般要使用研究模型，其中产业价值链是经常使用的规划模型。以 2014 年编制《潍坊节能环保产业园中长期发展规划（2014—2025 年）》为例，我们分析潍坊市产业园的节能装备制造业，使用了产业价值链的分析模型。调研发现，节能装备制造产业的主导产业链上游是技术研发，中游是设备制造环节，下游是品牌营销和运营维护环节。产业链上游的研发设计处于价值链高端，附加值高，企业研发能力相对不足，是重点补链和延伸的产业链环节；中游装备制造环节相对成熟，竞争者众多，产品附加值相对较低，应考虑发展特色装备制造，找准细分领域，提升竞争力；产业链下游的品牌营销和运营维护环节需提升，适当增链，这是当前增强客户与制造商良好关系的重要纽带，对提升产品品牌效应，争取更多稳定的客户群，具有重大的促进作用。

研究该产业园的装备制造业基础，我们项目组认为，该产业园以福特空调、绿特空调等骨干企业为依托的地源热泵、新型换热装备已经有了一定的产业规

模。以雷奇节能科技、国建高创、雷诺特动力设备等骨干企业为依托的大功率节电设备、智能热力计量表、高效汽轮机等节能产品在市场上拥有了一定品牌和客户群。汇科集团等具备了研发、生产、销售、安装、售后服务等业务开发与实施能力，对中小型锅炉、窑炉改造，提升能效等积累了相当的技术和经验，致力于燃煤链条工业锅炉改造。这些企业和产业为下一步更好地优化产业价值链提供了基础条件。具体分析如图40所示：

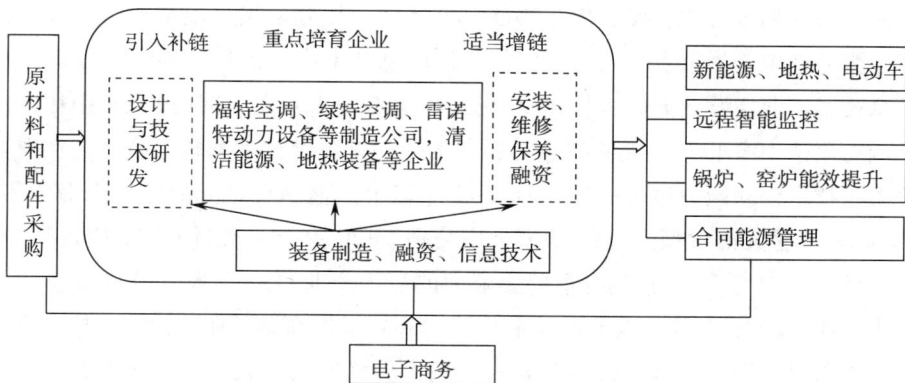

图40 潍坊节能环保产业园节能制造业产业链分析

基于该产业园已有节能装备制造业的产业链分析，结合国家产业政策、技术发展方向，以及国家发改委、国家工信部等产业指导目录，项目组研究确立了该市节能环保产业园节能装备制造产业链的重点聚集领域：地源热泵、新型换热装备，节能产品制造，锅炉和窑炉改造成套系统。

项目组在充分考虑规划对象的外部环境、产业基础、资源优势和未来战略等因素的基础上，确立并论证了该产业的重点技术方向：大功率节电设备、太阳能光伏发电、储能技术、智能热力计量表、高效汽轮机、多效热泵机组、锅炉和窑炉改造、新型换热装备、余热余压利用、能源智能化管理等节能技术装备等。同时，明确了该产业的发展重点：大功率节电设备、智能热力计量表、高效汽轮机、多效热泵机组、储能技术、能源智能化管理等节能技术装备等。

二、杭州市战略性新兴产业规划的比较优势模型应用

《杭州市战略性新兴产业发展规划（2011—2015年）》是杭州市政府"十二五"期间的专项经济规划，是研究和确立杭州市2011—2015年这五年期间战

略性新兴产业发展方向和发展重点的专题规划。该规划在确定重点产业和重点工程时，充分考虑了浙江省、杭州市及其周边地区的产业特征与资源优势，使用比较优势模型等思考方式，系统研究和综合分析了自身的比较优势和核心资源与能力。围绕杭州市建设创新型城市的要求，根据产业发展基础、资源禀赋现状、生态环境承载能力和基础设施配套等条件，选择相对有优势和发展潜力的产业，在规划中提出了重点开发的部分产业链。如，在新一代信息技术产业方面，该规划报告中明确提出：2011—2015 年，以物联网、电子商务、软件出口、服务外包等为重点，大力发展新一代信息技术产业，"到 2015 年，新一代信息技术产业主营业务收入超 4000 亿元；重点骨干企业 R&D 投入占销售额的比例力争达 10% 以上，在一些重要领域掌握一批关键技术和核心技术，产业竞争力、技术创新能力显著提升。形成 12 个以上产值超百亿元的巨型企业集团；35 家超 10 亿元的大型企业；30 家上市公司；120 家企业通过 CMM/CMMI '双模'认证；培育 3～5 家具有重要影响力的品牌企业，5～8 家互联网经济国内龙头企业，20 家全国'电子百强企业'"。规划报告确立了新一代信息技术产业的发展重点：围绕"天堂硅谷"建设，做大做强通信、软件、集成电路、数字电视、动漫、游戏和电子商务、即时通讯、搜索引擎、网游"6＋4"条产业链，培育壮大物联网等新兴领域，打造"世界电子商务之都"、"互联网经济强市"和"物联网经济高地"。

三、广西省战略性新兴产业规划的 GE 矩阵应用

广西省立足于本省区位特征，已有资源、市场竞争力和本地区拥有的资源、能力等，逐步确立了战略性新兴产业的重点方向和行业。该省在规划编制的调研中，注重对新兴产业拥有程度和运营能力等的分析，研究发现："材料工业是国民经济的基础产业，海洋产业是广西立足于中西部地区的独有特色产业。当前，广西产业结构不合理，突出表现在先进装备发展相对滞后，新材料产业和海洋产业的特色优势尚未得到充分发挥，成为制药产业结构优化升级的瓶颈"，为此，规划报告提出，"以突破关键薄弱环节、促进产业结构转型升级为重点，大力发展先进装备制造业、新材料产业和海洋产业"。

在系统分析广西省的能源特征与资源拥有现状之后，提出了初步的产业定位结论，即：能源和环境问题是制约广西中长期经济社会发展和实现可持续发展的重大瓶颈。发展绿色经济、循环经济已成为世界经济发展的必然趋势，发

达经济体和国内发达地区纷纷采取措施，大力发展新能源、新能源汽车和节能环保产业。产业竞争日趋激烈，广西工业化、城镇化进程加快，面临着严峻的资源环境压力。

据此，研究制定了广西省新能源产业发展方向与策略："以解决区域经济发展的资源、环境瓶颈制约为重点，大力发展新能源、新能源汽车和节能环保产业。"

规划课题组分析了广西省在生物医药方面的资源禀赋和市场竞争等要素，研究认为："人口与健康问题、农业问题是广西全面建设小康社会、实现现代化面临的重要挑战之一，是提高全民福祉的重大任务。生物技术对解决人类社会发展面临的健康、食品、资源环境等问题具有重大作用，当前，世界范围内生物科技创新正在孕育新的突破，生物医药、生物农业等快速发展，正在引发医药、农业等领域的深刻变化，人口老龄化趋势以及人民群众生活方式的转变、生活品质需求的提高为广西充分利用特色资源，加快发展养生长寿健康产业带来了历史性的机遇。"为此，广西省应该"以提高人民健康水平和促进现代农业发展为重点，大力发展生物医药、养生长寿健康产业和生物农业。"

在总结不同产业的市场特征和组织拥有程度、市场竞争等基础上，广西省战略性新兴产业规划研究报告提出，当前和今后一段时期，广西战略性新兴产业重点发展"四个支柱、六个先导、十大基地"。

"四个支柱"即把先进装备制造、新材料、新能源汽车、生物医药四个战略性新兴产业发展成为广西新的支柱产业。

"六个先导"即把新能源、新一代信息技术、节能环保、海洋产业、生物农业和养生长寿健康六个战略性新兴产业培育发展成为广西的重要先导产业。

"十大基地"即重点建设我国南方民族药和国家基本药物重大疾病原料药基地、有色金属新材料和生物新材料基地、清洁能源示范基地、节能环保和循环经济示范基地、新一代信息技术产业基地、区域性新能源汽车产业基地、区域性特色生物农业基地、世界级工程机械装备制造基地、区域性海洋产业基地、中国－东盟医疗保健养生基地十大特色产业基地。

四、佛山市现代产业体系规划的能力匹配模型应用

佛山市在研究分析当地产业体系、区位特征，以及各县市区的业务优势和市场吸引力后，认为：佛山市的市域各区按照城市发展定位，"充分发挥各自特色和优势，实行差异化发展，形成五区产业特色鲜明、协调发展的新格局。禅城区建设成为现代服务业、高端产业和文化产业的核心区，南海区建设成为现代制造业基地、金融高新技术服务区和新型核心消费区，顺德区建设成为总部经济园区、白色家电之都、现代物流基地、生态环保之城，高明区建设成为新兴产业之城、岭南休闲旅游胜地，三水区建设成为现代工业之区、生态时尚之城"。同时，确立了"依照产业发展现状及城市组团发展格局，结合落实国家、省主体功能区规划要求，按照产业发展与区域经济、生态环境协调发展思路，构建'一核、二带、三区、多组团'的空间格局"的产业空间布局，具体如图 41 所示：

图 41　佛山市产业发展总体布局

其中：

"一核"包括禅城区、南海区的桂城以及东平新城，是佛山行政、商务以及城市产业综合性服务中心。"两带"是东部南北产业发展带和环西北—西南生态经济发展带。

"三区"是大良容桂总部经济区、西北现代工业科教区和西南新兴产业商贸区。

"多组团"是指以工业园区、服务业片区和集聚区等产业集中区为组团单位，作为产业发展支撑基础。其中：工业园区和重点产业包括高新技术区、禅城开发区、南海开发区、顺德工业园、高明沧江工业园和三水工业园的重点产业定位，具体如表 12 所示：

表 12　　　　　　　　　　　佛山市工业园区和重点产业

序号	园区	重点产业
1	佛山国家高新技术产业开发区	光机电一体化、电子信息、新材料、光电产业、汽车电子、精密制造、生物制药
2	广东佛山禅城经济开发区	光机电一体化、汽车配套、精密制造、新材料、金属加工、陶瓷装备、家用电器
3	广东佛山南海经济开发区	新型平板显示、软件、家用电器、新光源、生物医药、汽车配件、有色金属加工、风电装备
4	广东佛山南海工业园区	环保设备、新型环保材料、汽车配件、电子电器、新材料、精密机械
5	广东佛山顺德工业园区	汽车零部件、精细化工、电子通讯设备、家用电器、太阳能光伏、新型平板显示、专用机械
6	广东佛山高明沧江工业园区	新材料、环保产业、纺织服装、食品饮料、电子电器、金属材料加工、石油化工
7	广东佛山三水工业园区	电子电器、医疗器械、汽车零部件、饮料、太阳能光伏、机械制造、精细化工、纺织

五、十字门中央商务区产业规划的产业分层筛选模型应用

北京灵思创智城市经济发展咨询中心编制的珠海市十字门中央商务区规划，基本使用了产业分层模型。项目组研究发现，十字门中央商务区是国家级新区横琴新区建设的重点项目，对于促进珠海成为珠江口西岸核心城市，促进珠江口西岸地区经济发展形成新的增长极，促进澳门经济适度多元发展和港澳地区长期繁荣稳定，横琴新区是不可替代的发展平台和载体。作为横琴新区的商务服务中心和金融创新中心，十字门中央商务区将为周边区域的经济发展提供有力的支撑，十字门发展的成败，直接关系到横琴和珠海的未来，是支撑珠江口西岸未来发展的最佳平台，也是粤港澳合作示范的典范。

产业是区域发展的动力系统，十字门中央商务区肩负成为珠江口西岸特色鲜明、经济带动作用强大的核心引擎的重大使命。随着十字门中央商务区开发建设的开启，众多大型集团也表现出开发或入驻十字门的强烈意向，十字门未

来要发展哪些细分产业，能否发展壮大，如何发展，是否有助于实现十字门的历史使命，这是摆在十字门中央商务区需要尽快解决的问题。基于此，十字门中央商务区产业的选择和发展是一个复杂的过程，项目团队理清各种问题，统筹考虑各层面的利益主体，研究产业发展的趋势和特点，认真对比各地产业发展的规划和政策。

通过运用产业分层筛选模型，对全国、广东、珠海等层层分析，结合行业吸引力和市场竞争力，研究后认为，十字门中央商务区的产业发展研究在遵循产业经济和区域经济发展规律的基础上，着重融入以下四大方面的脉络，进行统筹考虑：

一是充分挖掘十字门中央商务区的比较竞争优势。国际分工是比较竞争优势的缩果。十字门中央商务区，在与深圳前海、广州南沙等区域竞合中，完全可以挖掘具有这种比较竞争优势的领域。另一方面，十字门中央商务区依托横琴，具有特殊的国家战略诉求和横琴国家政策，这些方面的优势更是十字门中央商务区的强势竞争力所在。

二是充分把握产业的发展时机。区域产业发展需要在"天时"、"地利"、"人和"的有效统一中把握发展时机，谋定而后动，支撑区域未来的发展。十字门中央商务区应充分洞悉具有比较竞争优势的领域，预判产业发展的前景，顺应周边区域的发展需求，合理把握产业发展的时机。

三是充分利用对接港澳的机会。对接港澳是十字门未来发展的重要支撑，随着政策环境的开放，港澳与内地更多的合作机会激发。相对广东之外的地区，十字门具有国家战略支撑的有利条件；相对于广州和深圳，十字门依托珠海，具有更大的合作梯度空间，更小的竞争空间。

四是充分争取横琴与珠海的支持。十字门中央商务区不同于其他区域，一方面，其由非政府机构的华发集团开展全系列的工作；另一方面，十字门仅有部分地块位于横琴新区，不在横琴新区的地块与之联动发展更能促进十字门整体的有效发展。在这种背景下，横琴与珠海的大力支持是其稳定繁荣和健康发展的有力保障。因此，如何与横琴、珠海联动，是十字门中央商务区产业发展研究考虑的主要脉络。

通过分层筛选方法，逐步确立了十字门未来产业发展的三大方向：一是商务服务业，重点发展会展业、专业服务业、工业设计和电子商务；二是金融创新业，发展以股权投资产业、金融后台和融资租赁业为特色的，包括银行、证券、保险等传统业务的金融体系；三是企业总部，重点布局研发中心、结算中心、行政中心、投资中心等职能型总部和民营企业总部。在产业体系中，金融创新是国家、广东省赋予横琴新区的重大历史使命，横琴基本上具备了我国现有的先进体制和特殊政策，包括离岸金融在内的相关政策是横琴发展金融创新业前所未有的历史机遇和制度保障，同时金融又是其他产业发展的重要支撑和必要保障，金融创新是十字门商务区的特色型主导产业。

如表13所示，阐述了十字门各细分产业发展的重点领域及各细分产业可以达到的发展能级、后续发展建议。

表13　　　　　　　　　十字门中央商务区产业体系

产业方向	细分产业	重点领域	产业能级及定位设想
商务服务	电子商务	移动电子商务、B2B商务、第三方电子支付、电子认证	华南重要的电子商务基地之一，具有面向港澳的国际特色的商贸中心
	会展业	大型会议、特色会展、外贸展览、消费展览	珠三角特色会展中心，国内富有博览中心特色的中央商务区
	工业设计	设计办公、设计教育培训、设计会展	广东重要的工业设计基地之一
	专业服务	法律、会计、人力资源服务、科技服务	珠江口西岸重要的专业服务中心，珠三角具有国际特色的法律与会计服务基地
金融业	金融后台	单据处理及客服服务、金融培训和咨询及银行卡业务	广东重要的金融后台基地之一
	股权投资	私募股权投资、产业投资基金、股权投资基金	珠三角股权投资中心，全国具有一定离岸金融特色的股权投资中心
	融资租赁	厂商系租赁公司、集中于航空、建设、工业装备和船舶等行业的融资租赁	全国性融资租赁中心
企业总部	—	研发中心、结算中心、行政中心、投资中心等职能型总部和民营企业总部	珠三角特色民营总部基地、港珠澳结算中心

未来几年，十字门地方人民政府需要明确产业地位，以产业定位作为产业时序安排和打造特色和竞争力的主要依托。

结合十字门的产业基础、政策和区域联动等因素，研究认为：金融创新业是十字门商务区的主导产业，也是特色产业。会展业、专业服务以及企业总部也是主导产业（业态）。电子商务、工业设计、融资租赁等产业为协助型产业，这些产业要重点发展，但在珠海产业格局中由其他产业重点区域主导来发展的产业，以实现十字门商务区与其他产业重点区域之间的联动。

表 14 　　　　　　　十字门中央商务区细分产业地位

产业方向	细分产业	产业能级及定位设想	产业地位
商务服务	电子商务	华南重要的电子商务基地之一，具有面向港澳的国际特色的商贸中心	协助型
	会展业	珠三角特色会展中心，国内富有博览中心特色的中央商务区	主导型
	工业设计	广东重要的工业设计基地之一	协助型
	专业服务	珠江口西岸重要的专业服务中心，珠三角具有国际特色的法律与会计服务基地	主导型
金融业	金融后台	广东重要的金融后台基地之一	主导型
	股权投资	珠三角股权投资中心，全国具有一定离岸金融特色的股权投资中心	主导型
	融资租赁	全国性融资租赁中心	协助型
企业总部	—	珠三角特色民营总部基地、港珠澳结算中心	主导型

注：本表及本案例由北京灵思创智城市经济发展咨询中心编制并提供。

第十章　空间规划

第一节　编制依据

一、研究要素

空间规划是根据主体功能区规划总体发展规划、经济规划目标和土地利用总体规划等规划定位与产业链聚集区域等基本研究和前期设计而编制的。

空间规划主要有城市空间规划、经济规划的空间布局规划、控制性详细规划的空间布局等类别和具体内容。

如：中关村翠湖科技园紧邻位于海淀区北部的翠湖湿地公园。按照规划，中关村翠湖科技园是海淀北部地区规划的三个主要功能组团之一，是核心区未来十年发展的钻石级宝地。中关村翠湖科技园的范围为东邻上庄西路，西邻六环路，南至京密引水渠，北至翠湖南路，覆盖了原环保园和创新园两个区域。该园区规划占地面积 1873 公顷，建筑面积 1200 万平方米，由北京实创股份公司负责开发建设，并以"智慧翠湖、生态翠湖、人文翠湖"为整体规划建设理念。

北京中关村翠湖科技园的空间规划布局具体如图 42、图 43 所示。

空间布局重点描述一个地区、园区、产业、企业或项目的空间位置、区域功能、立体空间分布、彼此关联性，以及交通运输、地下管网等基础配套结构等领域。

二、理论基础

空间规划与总体设计是政府规划的重要内容。空间结构理论是一定区域范围内社会经济各组成部分及其组合类型的空间相互作用和空间位置关系，以及反映这种关系的空间集聚规模和集聚程度的学说。

中关村翠湖科技园

图 42　北京中关村翠湖科技园空间布局

图 43　北京中关村翠湖科技园空间模拟示意图

　　无论单一建筑设计、群体设计、城市设计、城市规划，还是区域发展规划，都离不开空间设计与空间布局。

　　一般来说，空间分为一维空间、二维空间、三维空间和思维空间。空间的特性有限定性、通透性、参与性、动线和序列性。

　　空间组合的内部结构有：线性组合、中心式组合和网格式组合。空间组合的外部结构有：收敛的空间、扩散的空间。

空间规划的理论依据包括：空间结构要素理论、空间结构尺度理论、空间结构演化理论、空间结构协调理论等。

社会经济各发展阶段的空间结构特征，合理集聚与最佳规模，区域经济增长与平衡发展间的倒"U"形相关，位置级差地租与以城市为中心的土地利用空间结构，城镇居民体系的空间形态，社会经济客体在空间的相互作用，"点—轴"渐进式扩散与"点—轴系统"等。

第二节 编制内容

一、基本概念

空间规划主要针对特定的总体规划、土地利用规划或城市空间规划目标，对特定的研究对象或特定区位、重点产业等，进行合理的空间布局和功能定位，进而实现总体规划或专项规划重点聚集区的位置界定和详细的描述。

地方政府的空间规划编制，以国务院批准的广州南沙新区规划总体发展定位为例，如图44所示：

图44 南沙新区总体发展定位

图 44 通过对粤港全面合作示范区的产业布局、产业链空间走向、产业功能、区位分布等进行总体设计，为下一步的示范区产业定位、资源分布和招商引资等提供了决策依据。

二、主要内容

（一）基本内容

空间规划主要研究如何根据上层次规划和本层级规划目标与重点产业等，确立空间结构与位置分布等，并使其与主体功能规划、土地利用总体规划相衔接。如：《全国主体功能区规划》明确规定："优化（全国）空间结构。减少工矿建设空间和农村生活空间，适当扩大服务业、交通、城市居住、公共设施空间，扩大绿色生态空间。控制城市蔓延扩张、工业遍地开花和开发区过度分散。"

（二）空间布局

从具体的空间规划内容看，有一些具体的特征和规定，如：《全国主体功能区规划》将我国国土空间分为以下主体功能区："按开发方式，分为优化开发区域、重点开发区域、限制开发区域和禁止开发区域；按开发内容，分为城市化地区、农产品主产区和重点生态功能区；按层级，分为国家和省级两个层面"。

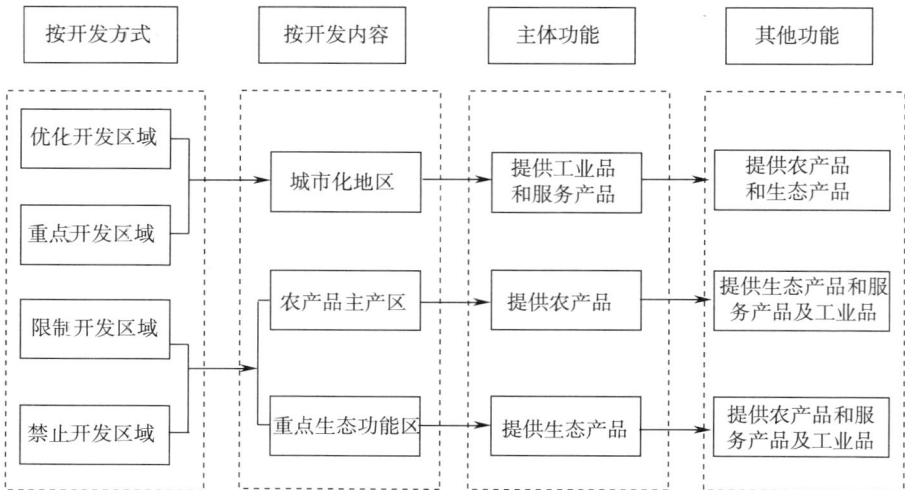

图 45　全国主体功能区分类及功能

如图 45 所示，通过对全国各地区的城市化地区、农产品主产区、重点生态功能区等开发内容进行总体的空间分布，有效地规范和优化了各地经济布局和农业开发，保护了各地生态环境。

第三节 分析模型

一、增长极理论模型

（一）模型解读

增长极理论认为：一个国家或地区的平衡发展只是一种理想状态，在现实中是不可能的。经济增长通常从一个或数个"增长中心"逐渐向其他部门或地区传导。因此，应该选择特定的地理空间作为增长极，以带动经济发展。

狭义经济增长极有三种类型：一是产业增长极；二是城市增长极；三是潜在的经济增长极。

广义经济增长极指促进经济增长的积极因素和生长点，包括制度创新点、对外开放度、消费热点等。

增长极理论的基本特点包括：

（1）其地理空间表现为一定规模的城市。

（2）存在推进性的主导工业部门和不断扩大的工业综合体。

（3）有扩散和回流效应。

增长极体系有三个层面：先导产业增长；产业综合体与增长；增长极的增长与国民经济的增长。

增长极理论认为，经济增长是由点到面、由局部到整体依次递进，有机联系的系统。其物质载体或表现形式包括：各类别城镇、产业、部门、新工业园区、经济协作区等。

增长极对地区经济增长产生的作用表现在：

（1）区位经济。区位经济指由于从事某项经济活动的若干企业或联系紧密的多项经济活动集中于同一区位而产生的。区位经济的实质是通过地理位置的靠近和聚集，获得综合经济效益。

（2）规模经济。规模经济是由于经济活动范围的增大，获得内部的节约。可以提高分工程度、降低管理成本、减少分摊广告费和非生产性支出，降低边际成本，提高劳动生产率。

（3）外部经济。外部经济效果是增长极形成的重要原因，也是其重要结果。经济活动在特定区域的集聚和整合，可以降低厂商生产成本，降低某些劳务开支，增加特定区域或某些企业的整体收益。

增长极理论的主要优点：一是客观描述经济发展情况；二是促进企业创新和技术研发；三是有利于政府引导与产业聚集的实践操作。

增长极理论的主要缺陷：

（1）增长极的极化作用。增长极主导产业和推动性工业，能够引导劳动力、资金、技术等要素转移和聚集到核心地区，削弱了聚集区周边的发展机会，拉大了核心地区与周围地区的经济差距。

（2）扩散阶段前的极化阶段过于漫长。增长极通常扩大地区之间的差异。在增长极作用过程中，如果不加强国家干预，回流效应（即极化效应）总是大于扩散效应。增长极的扩散效应、扩散阶段前的极化阶段需要较长的时间。在这个阶段，经济落后地区的地方政府、主要企业和当地居民可能要忍受贫困、财政紧张、政治波动等不确定因素。如果短期内实现不了显著的业绩或效果，地方政府可能丧失主动实施增长极政策与推动产业园建设的积极性和规划实施的热情。

（3）就业带动效应不明显。推动性产业多数是跟主导产业紧密配合的新兴产业，技术含量高，一般以现代工业为目标，技术装备和管理方法先进，用工较少，就业效果不明显，并且专业人员可能来自外地的人才引进。

（4）投资难度加大。增长极多数依托产业园或新建设的城镇，多数企业不在建成区，交通条件差，生活服务设施不健全，投资者投资意愿不高。

（5）外力驱动发展。增长极理论是政府推动的区域发展政策，主要依靠外来资本、本地自然资源禀赋等，容易造成脆弱的地方经济结构。如何实现增长极与本地资源和经济的融合，实现与资本、技术的嫁接，需要认真研究和科学设计。

（二）模型应用

增长极理论广泛应用于经济规划和空间布局。如：北京市"十二五"发展规划，提出"打造两城两带，集中力量打造中关村科学城和未来科技城，着力加快建设北部研发服务和高技术产业带、南部高技术制造业和战略性新兴产业发展带，基本形成国家创新中心的新格局"。提升高端产业功能区，即：中关村国家自主创新示范区、北京经济技术开发区、商务中心区、金融街、奥林匹克中心区、临空经济区等。培育高端产业新区，即：通州高端商务服务区、新首钢高端产业综合服务区、丽泽金融商务区、怀柔文化科技高端产业新区。确定了"集聚一批高端创新资源。深化国际创新合作，积极吸引国外大型企业、国际知名实验室设立研发机构，发展区域性和国际研发总部"的产业发展模式，通过聚集资源到相对集中的产业园和国际研发总部，通过增长极的聚集、辐射与带动作用，实现北京市经济的全面、可持续发展。

二、三维城市模型

（一）模型解读

三维城市模型（three dimensional city model，3DCM）是对城市的三维的逼真描述，它有虚拟现实（VR）表现的真实感，同时有部分空间数据库管理、分析、应用等功能，可以与其他社会经济信息等互联互通。

（二）模型应用

国内外对3DCM的研究主要集中在空间数据的获取、数据建模、数据管理、三维可视化表现和空间分析等重点领域。对于三维技术研究，主要集中在城市规划管理方面，如何利用三维平台系统或虚拟现实技术，进行规划编制与管理。

该模型的实践应用，一定程度上填补了形体示意规划的缺陷，最大限度实现了有关规划的操作性。

第四节　编制规范

一、基本规范

（一）按照特定规划要求进行空间布局

各种空间规划和空间布局是在系统调研分析的基础上，采用专业的空间规划工具或模型，对特定产业、特定产业园区、单个建筑等的空间定位或者详细性规划，确立特定的功能分布和土地利用等要素，分解和落实经济发展规划和重大项目，实现预期的发展目标。据此可以根据不同规划规范和格式要求，进行空间规划和功能布局等策划。

（二）注重与总体规划等管制衔接

控制性详细规划是规划部门做出行政许可和实施有效管理的重要依据。控规修改通常因上位规划、专项规划、城市设计、修规或由于建设项目等时空情形发生重要变化，确需对已经法定程序批准的控规的强制性条文和强制性内容进行修改。

空间规划需要按照一定的编制规则和主体功能区规划要求，以及总体经济布局等予以编制，必须研究总体规划，包括总体土地利用规划、国家或地方政府中长期经济规划、特定产业园规划等。系统研究上述规划对于空间布局的要求和项目需要，结合管制性文件，进行土地开发的类型设计与具体空间、区位的设计等。如有必要，利用空间规划工具或专门的画图技术，进行特定空间规划的三维图形展示。

二、编制要领

（一）空间规划编制要根据规划目标组织编制

空间规划需要实现特定的设计目标和编制效果，且能够达到上位规划或者本规划的主要目标，这是编制空间规划遵循的主要理念。

（二）空间规划工具要利用大数据和画图工具

空间规划需要依托现代规划编制工具和大数据、云应用等信息化平台，需要创新规划技术和编制标准，达到高效率、低成本、可视性强等效果。如：台湾新竹市科学工业园区空间分布，如图46所示：

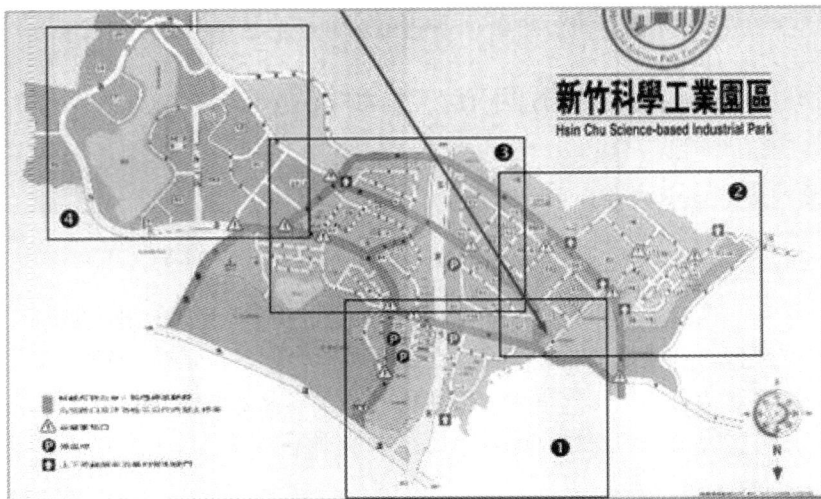

图46 台湾新竹市科学工业园区

图 46 中，科学园区包括工业园和科学城两大部分，依托雄厚的产业基础，新竹已发展成以 IC 产业为主导的产业集群，功能定位是"科技、居住、社教、娱乐"。

（三）空间规划要与相关规划做好管控衔接

空间规划遵循上位发展规划，并与主体功能区规划、总体经济发展规划、土地利用规划等相衔接，遵循国家规划规定和编制流程等，有序组织编制，注重做好各类规划之间的紧密衔接。

第五节　案例研究

一、《全国主体功能区规划》的增长极理论应用

《全国主体功能区规划》指出："国家优化开发区域的功能定位是：提升国家竞争力的重要区域，带动全国经济社会发展的龙头，全国重要的创新区域，我国在更高层次上参与国际分工及有全球影响力的经济区，全国重要的人口和经济密集区。"该指导思想与描述大体符合增长极理论的核心观点。

《全国主体功能区规划》基于不同区域的资源环境承载能力、现有开发强度和未来发展潜力，以是否适宜或如何进行大规模高强度工业化城镇化开发为基准划分了优化开发区、重点开发区、限制开发区和禁止开发区四类，具体规划条文如下：

"优化开发区域是经济比较发达、人口比较密集、开发强度较高、资源环境问题更加突出，从而应该优化进行工业化城镇化开发的城市化地区。

重点开发区域是有一定经济基础、资源环境承载能力较强、发展潜力较大、集聚人口和经济的条件较好，从而应该重点进行工业化城镇化开发的城市化地区。优化开发和重点开发区域都属于城市化地区，开发内容总体上相同，开发强度和开发方式不同。

限制开发区域分为两类：一类是农产品主产区，即耕地较多、农业发展条件较好，尽管也适宜工业化城镇化开发，但从保障国家农产品安全以及中华民族永续发展的需要出发，必须把增强农业综合生产能力作为发展的首要任务，从而应该限制进行大规模高强度工业化城镇化开发的地区；一类是重点生态功能区，即生态系统脆弱或生态功能重要，资源环境承载能力较低，不具备大规

模高强度工业化城镇化开发的条件，必须把增强生态产品生产能力作为首要任务，从而应该限制进行大规模高强度工业化城镇化开发的地区。

禁止开发区域是依法设立的各级各类自然文化资源保护区域，以及其他禁止进行工业化城镇化开发、需要特殊保护的重点生态功能区。国家层面禁止开发区域，包括国家级自然保护区、世界文化自然遗产、国家级风景名胜区、国家森林公园和国家地质公园。省级层面的禁止开发区域，包括省级及以下各级各类自然文化资源保护区域、重要水源地以及其他省级人民政府根据需要确定的禁止开发区域。"

二、潍坊市节能环保产业园中长期规划的空间布局

潍坊节能环保产业园是山东省潍坊市重点打造的专业园区，是潍坊市节能环保产业、技术和重点企业聚集的主要经济区域，核心聚集区位于潍坊市潍城区。

为科学、高效、前瞻地策划与开发潍坊节能环保产业园，潍坊市委托国家发改委国际合作中心规划编制研究团队，进行了当地经济与产业园的国家政策、产业基础等系列研究，组织编制了产业园发展规划，其中：对产业园的空间布局、特定产业、重点项目和龙头企业等，进行了初步的设计与规划，推动了该产业园的基础设施建设、产业聚集和经济协调发展。

该产业园的区位分布，具体如图47所示。

规划编制团队研究分析了潍坊市的资源条件，并对当地的太阳能、风能和地热能等生态资源的空间布局进行了直观描述，具体如图48所示。

规划编制研究团队结合山东省主体功能区规划、潍坊市"十二五"发展规划、潍城区"十二五"发展规划，以及土地利用总体规划等总体要求和功能定位，立足当地资源与产业基础，对节能环保产业园的经济布局和主导产业，进行了空间布局、功能设计和产业定位，明确了未来10年左右的规划目标与发展路径，提出了"分期开发，辐射带动"的发展思路，即，以现有省级经济开发区、乐埠山生态园等为核心区，以产业园未开发土地为近3年主要的产业提升区；以产业园周边区域为未来拓展的重要区域；以潍坊市全辖为主要辐射区，以山东省和全国重点市场为次级辐射区，分层次、分阶段，进行产业园的产业聚集、辐射带动、跨区融合、协同发展。具体如图49所示。

图 47　潍坊节能环保产业园的区位分布

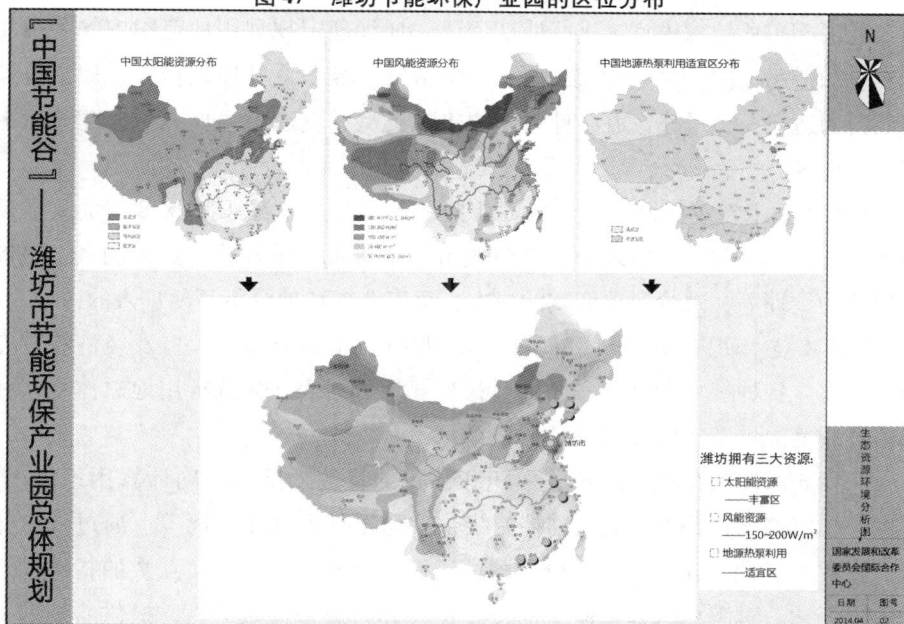

图 48　潍坊生态资源空间分布

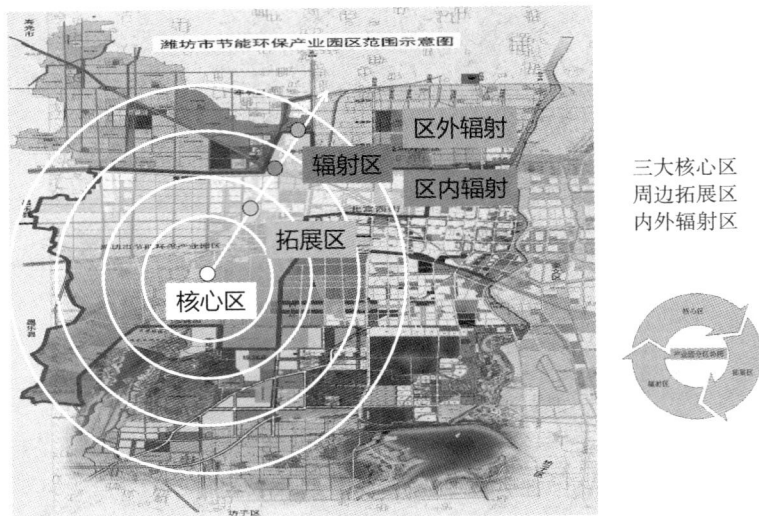

图 49　潍坊节能环保产业园有序开发步骤

三、控制性详细规划的 3DCM 模型应用

利用 3DCM 技术模型，进行前期调研，详细确定规划用地范围内的各类用地界线和适用范围，研究建筑高度、建筑密度、容积率等控制指标，规定各类用地内的适建、不适建、有条件可建的建筑类型、交通出入口方位、建筑后退红线距离等。

3DCM 技术在现状调查与资料收集阶段的应用，可减少现状调查的工作量和难度，以真实的三维地理坐标构建城市三维景观，融合数字摄影测量、地形和建筑物纹理等，减少实地调查的成本，可以非现场地分析不便进入的区域。

3DCM 技术研究和分析城市基础地理数据、土地分布、人口及经济等重点数据，建立各种规划专题图，提供现状与规划数据表，为分析用地总体现状和具体景观等提供基本的依据。

利用 3DCM 的角度、距离、面积和体积的量测功能，精确计算用地面积、密度、建筑高度；叠加各类规划控制线，计算间距和退让距离等。通过视点分析、多视点（顶、左、右等）分屏图、透视图分析等，实现交互式的指标调整和效果表达，对满意的方案输出相关的表（如各类平衡表等），提供给规划委托单位审核并组织实施。

利用 3DCM 技术进行土地填挖方数量计算、地下管线查询统计与分析等专项规划编制指标的计算和效果体现。

利用 3DCM 技术，在建筑形式、色彩研究、建筑风格等方面，为控规编制提供定性分析的辅助服务。

采用 3DCM 技术，展示规划方案建成效果。通过不同方案的比选，有利于公众参与和直观的理解。

利用 3DCM 数据，选用面片结构进行空间数据的组织；研究和解决由于虚拟城市、海量空间三维数据的动态载入、显示效率等技术性问题。研究和解决存储场景空间数据、模型实体空间数据等能力，探索和构建空间实体对象与各类属性数据的关联及存储，实现数据空间统计、汇总和分析等功能。研究和规范空间数据采集、质量检查、建库、可视化、共享交换和符号库等技术标准和操作规范。

第十一章　重点工程

第一节　编制依据

一、基本要素

"重点工程"规划报告文稿主要包括：重点工程、重点任务、重大项目等。由于不同规划的规范格式和行为风格不同，一些专项规划的编制与研究过程中也使用"主要任务"描述重点工程或重点工作方向。

重点任务就是对特定组织预计达成的目标设定限制。"重点任务"的描述在有的规划报告文本中不会出现。

重点任务或重点工程处于战略金字塔模型的"业务发展战略"层级，主要是确定特定行业、大型事业部或主要业务单元的重点项目、重点工程、主要任务等。具体如图50所示：

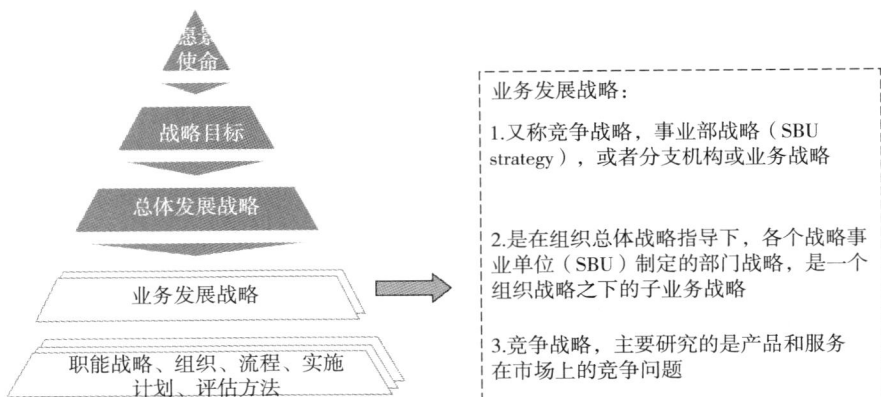

业务发展战略：

1.又称竞争战略，事业部战略（SBU strategy），或者分支机构或业务战略

2.是在组织总体战略指导下，各个战略事业单位（SBU）制定的部门战略，是一个组织战略之下的子业务战略

3.竞争战略，主要研究的是产品和服务在市场上的竞争问题

图50　战略金字塔模型之业务发展战略

根据图 50 所示，"业务发展战略"重点是研究和确定特定地方政府或一个组织，如开发区、产业园管委会等负责的重点行业中的重点工程、主要任务、竞争战略等。

编制本部分的规划文稿时，需要研究特定对象的开发环境、产业基础、优先发展排序、规划目标、基础配套要求，以及现有产业环境和企业发展的业务基础等。

二、理论基础

（一）不平衡增长理论

由于我国资源的稀缺性，全面投资和发展所有部门不可能，地方政府或产业园只能把有限的资源有选择地投入某些行业，使有限资源最大限度地促进经济增长。如：北京市"十二五"发展规划："重点推进京东方八代线、长安汽车、北京现代三工厂、福田中重卡合资项目、中航工业园、北京数字信息产业基地等重大项目建设，提升电子信息、汽车、装备制造、医药等产业发展水平。"

（二）主导部门理论

经济成长的各阶段存在起主导作用的产业部门，主导部门通过回顾、前瞻、旁侧三重影响带动其他部门的发展。如：潍坊市节能环保产业园区开发建设确立了大洋泊车、节能制造业等主导产业，并以此带动产业链完善和产业配套等。

（三）立体层级理论

地方政府伴随新技术、信息化等创新，逐渐形成"新兴产业"，包括自然资源产业、环境产业、高技术产业等。这些产业将成为未来各地产业发展与聚集的重要产业。

第二节　编制内容

一、基本概念

（一）基本要素

重点建设工程是国民经济和社会发展的重大基础设施和骨干工程，对国家和地方经济有启动、辐射和导向作用。

重点建设工程根据建设程序和工程实际情况，分别列为重点前期项目、重点预备项目、重点建设项目和重点扫尾项目等。

地方政府规划或产业园规划中的重点工程指对于本单位或特定区域经济发展较为重要、投资额大、战略价值较高、有较大产业影响、投资回报或者社会效益的重点项目和工程。

（二）筛选原则

政府重点任务的确定，遵循的基本原则，一般包括重要性准则、竞争性准则和可行性准则。

重点工程筛选的具体原则如下：重点工程是那些符合国家产业政策和投资方向，对国家和地方经济及社会发展有重要影响的基础设施和骨干工程；能够带动行业上水平，有益于产业结构调整的重大项目；科技含量高，技术难度大，给地方经济和企业带来明显收益的重大项目；与人民群众生活紧密关联，影响重大的大型项目；国家或地方政府有特殊要求的重点项目，等。

重点任务的确立是特定地区、产业园等经济发展与社会进步的关键工作任务，可采用文献调查、实地调查、定性与定量相结合等方法，组织基础性研究，进行综合编制与工作任务确定。

二、主要内容

（一）基本内容

"重点工程"是各类经济规划报告的核心内容，也是有关规划编制部门需要花费大量时间和精力研究的重要课题。

根据不同的规划规范格式和具体要求，它可以"重点工程"、"重点项目"、"主要任务"、"发展重点"等方式，在规划报告中详细进行描述。

（二）涉及范围

国家和中央政府五年规划纲要的规划内容和重点工程，一般涉及工业体系、农业体系、现代服务业、消费市场、城镇化、生态文明、科教人才、文化建设、改革开放、科技研发、国防建设等主要方面。

各省市县级五年规划纲要和重点工程涉及范围相对少，比如国防涉及较少，重点工程各有侧重点。

专项规划涉及的报告文稿内容和重大工程以特定行业为主，如：《北京市"十二五"时期生物和医药产业发展规划》提出了六大重点建设专项，分别是创新与服务平台建设专项、品牌通用名药产业化专项、医疗器械提升与配套专项、技术改造和品种培育专项、研发和流通服务提升专项及TOP10重点企业发展专项。

第三节　分析模型

一、组织大战略矩阵

（一）模型解读

大战略矩阵模型（GSM）由市场增长率和组织竞争地位两个坐标组成。在市场增长率和组织竞争地位不同的组合情况下，指导一个组织进行战略选择的指导性模型，是由小汤普森（A. A. Thompson. Jr.）和斯特里克兰（A. J. Strickland）根据波士顿矩阵修改而成。

大战略矩阵（grand strategy matrix）是常用的制定备选战略工具。优点是将各种组织的战略地位放在大战略矩阵的四个战略象限中，加以分析和选择。一个组织的各分部也可按此分析和定位。

大战略矩阵基于两个评价数值：横轴代表竞争地位强弱，纵轴代表市场增长程度。处于同一象限的组织可以采取很多战略，图51列举了适用于不同象限的多种战略选择，其中：各战略按照其相对吸引力的大小，分列到各象限中。

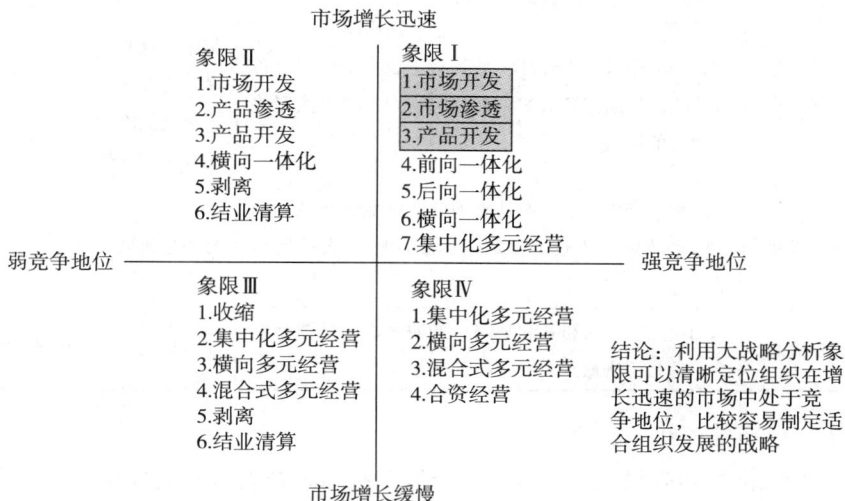

图51　大战略矩阵模型

大矩阵战略模型中，处在第一象限的特定组织或产业园等有很好的成长性，可以继续开拓当前产业和市场。当第一象限的经济组织有多余资金时，可以前向一体化、后向一体化、横向一体化等产业链延伸；当第一象限组织的产品较为单一时，可以采取集中多元化战略。

处在第二象限时，需要评估现有竞争模式，采取适合的战略选择，如产品渗透、剥离等。

处在第三象限的组织，处于产业发展缓慢和竞争力不足的状态，对于亏损、无发展前景的产业，适当予以清理和收割，将收回的资源等投入新的产业和业务。

处在第四象限的产业，增长慢，竞争地位较好，可在发展较好的产业或领域多元化经营。

在分析和确立一个组织战略选择时，可以考虑根据规划目标和资源差异性，分别采取稳定型战略、增长型战略、紧缩型战略、混合型战略等不同的竞争战略。具体如表 15 所示：

表 15　　　　　　　　一个组织的不同竞争战略类型

战略类型	描述	备注
稳定型战略	稳定型战略指在内外环境的约束下，一个组织准备在战略规划期使组织的资源分配和经营状况保持在目前状态和水平的战略	增长缓慢的行业或产业
增长型战略	增长型战略指在内外环境的约束下，一个组织准备在战略规划期使组织的资源分配和经营状况实现快速增长的战略	集中型战略 多元化战略 一体化战略 进攻防守型战略
紧缩型战略	紧缩型战略指一个组织从目前的战略经营领域和基础水平收缩和撤退，且偏离起点战略较大的经营战略	经济危机期
混合型战略	采用稳定、增长和紧缩战略中的两种以上的战略组合，这是严格意义上的混合型战略	智慧城市，现代服务业等

（二）模型应用

使用大战略矩阵模型，可以对一个地方政府、开发区和高新区等主要行业或主导产业的竞争地位、市场增长速度等指标，与类似的同类机构或研究对象横向比较，进而确定特定行业或产业的发展策略。如：研究分析河北省保定市高端装备制造业的产业规划和重点工程，可以使用大战略矩阵模型，与周边的唐山、廊坊、济南、石家庄、大连等城市进行市场需求、竞争力等多维比较，也可以与其他省份同类城市进行比较和数据分析，初步研究发现，保定市的装备制造业表现为 ｛（市场增长，竞争地位），（强，弱）｝ 时，而对比的标杆城市大连市装备制造业 ｛（市场增长，竞争地位），（一般，强）｝，因此，保定市可以采取的策略是产品渗透、市场开发、横向一体化、剥离，等等。为了进一步分析特定产业的市场潜力和发展状况，还可根据不同行业和重点区域分别研究和予以确定，比如：保定市汽车产业链由于有长城汽车集团的较大市场规模，可以实行汽车产业的集中多元化和横向多元化，可以延伸到高端汽车部件和电控系统、新能源汽车电池等重点项目和主导性工程。

二、麦肯锡"三层面"模型

（一）模型解读

麦肯锡资深顾问梅尔达德·巴格海（Mehrdad Baghai）、斯蒂芬·科利（Stephen Coley）与戴维·怀特（David White）通过对 40 个处于高速增长的机构进行研究，在《增长炼金术——持续增长之秘诀》中提出所有不断保持增长的组织的共同特点是保持三层面业务的平衡发展：第一层面是拓展和守卫核心业务；第二层面是建立新兴业务；第三层面是创造有生命力的候选业务。

一个组织源源不断地建立新业务，革新其核心业务，拓展新业务，保持创新，以及产业、业务的有序组合与分层开发。一旦出现业务减退，就采取以新替旧。这就是著名的三层面理论。

三层面增长理论认为：健康的经济组织增长要综合平衡管理三个层面的业务：第一层面是守卫和拓展核心业务；第二层面是建立即将涌现增长动力的业务；第三层面是创造有生命力的未来业务。具体如图 52 所示。

（二）模型应用

使用麦肯锡三层面模型，可对地方政府、产业园等重点产业和重点工程进行分层的组合和有序开发，确保经济发展质量和建设效率。

以北京市工业产业重点工程规划编制为例，北京市"十二五"时期工业发展规划的有关规定："大力发展战略性新兴产业作为主攻方向，着力实施'大项目带动'、'大企业支撑'、'大园区集聚'、'大品牌引领'和'信息化推动'

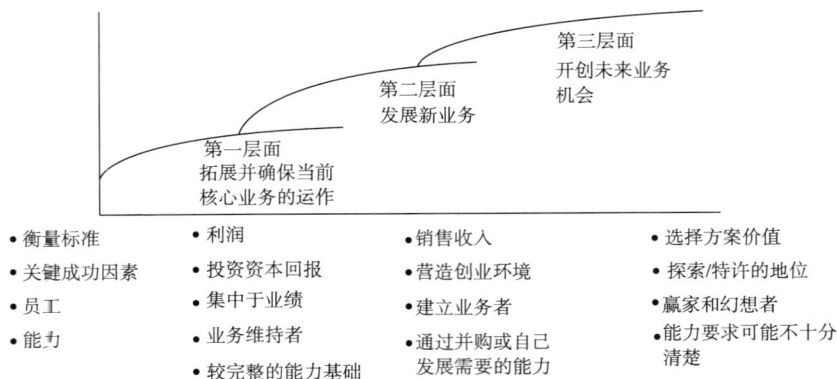

图52 麦肯锡"三层面"模型

战略，加快构建以'人文、科技、绿色'为特征、战略性新兴产业为引领、现代制造业为主体、生产性服务业协同发展的现代产业体系，不断'做强二产'，巩固和提高实体经济对'三个北京'和中国特色世界城市建设的重要支撑作用。"

　　分析发现，北京市现代制造业成为北京市工业的主体；电子信息、装备、汽车、医药四大产业占工业的比重超过60%，这些重点产业和领域，可以作为北京市的产业和业务的"第一层级"大力发展；新能源汽车等战略性新兴产业增速高于全国增速，可以作为"第二层级"探索和培育发展；正在研发试验的部分高端核心关键技术应用等，目前还不成熟，需要一个培育阶段，可以作为北京市工业产业的"第三层级"，未来一段时间之后可能成为主导产业，在近几年内可以逐步研发和政策引导、积极培育。

第四节　编制规范

一、基本规范

（一）"重点工程"规划文稿编写应语言简练

　　重点工程、主要任务、发展领域等是本部分规划撰写的重点。从经济规划的文稿风格看，这部分内容应该语言简练、朴实，杜绝夸张性、模糊性的语言描述。本部分规划报告文稿重点阐述主要工程内涵、时间、实施者、技术路径、投资额或预期效果等，展示的方法可以有多种，如专栏等，但是，规划描述语言应该简洁、实用。

（二）"重点工程"规划内容应突出重点产业

重点工程、主要任务、发展领域等是为了将产业规划目标和产业布局具体化、详细化，因此，确定的相关工程、重点任务需要对应规划的"重点产业"、"重点行业"，并且要系统性地体现规划的主要行业发展路径或实施项目、工作安排等，应相互呼应，重点项目的确立要有理有据，而不是与规划目标和产业无关。

二、编写要领

（一）重点工程应该体现先进性和代表性

规划编制"重点工程"、"重点任务"时，要依据拟确定的工程、任务的重要性、相关性、规模和影响力，以及实施单位的重要性、能力与资源等确定，尽可能描述重点工程的目标、技术、路径、实施单位、投资额、需要的资源和预期的效果，以及对于特定产业和领域的影响等。重点工程应该有代表性，具有一定的经济价值和社会效益等。

（二）重点工程的项目确定应反复论证和研讨

规划调研和编写一般要经过调研、撰写、论证、评审、修改等多个环节，有多个领域专家和主要决策者等参与，有政府主管和行业权威审核与反馈。要多次与被规划单位及相关部门沟通交流，论证工程名字和规划内容，探索规划实施的可能性和重点工程的合规性、先进性等，该工作贯穿规划前期调研、规划编制、观点沟通、规划评审、文稿修改、规划定稿等全过程，需要反复交流、多方面论证和组织修改，并与先进单位已有规划、编制经验和本单位已有规划等比较和衔接，确保规划质量和规划内容达到预期的要求。

第五节　案例研究

一、《北京市节能环保产业发展规划》的大战略矩阵模型应用

《北京市节能环保产业发展规划》对于本城市的重点产业与主要任务的体系设计与规划编制，符合大战略矩阵模型的一般分析规律，可以运用该分析模型。

对于北京市节能环保专项规划的重点产业，可以从竞争地位和增长速度两个维度进行分析与探讨其未来的规划定位，如：北京市的高效能行业｛（竞争地位，增长速度），（强，强）｝，进而得出可以采取市场开发、市场渗透、横向一体化、后向一体化等发展战略，并据此确立重点工程和主要任务为："培育发展专业节能服务业。以节能产品设计、装备生产制造、工程安装、设施运营等业务环节为重点，规范发展技术咨询、节能评估、能源审计、碳交易等服务业态。支持发展合同能源管理模式，鼓励创新运营模式，提升节能服务公司的技术集成和融资能力。加强节能技术装备研发产业化。针对工业、建筑、交通等重点领域节能需求，加快推进清洁高效燃烧、余热余压利用、轨道交通节能、能源智能化等核心技术装备的研发攻关，提升系统解决方案能力。大力推广能源计量、检测技术和设备产业化。择优发展高端节能产品制造业。支持发展工业窑炉、锅炉技术研发和产品制造龙头企业，大力发展大容量高压变频器等节能机电产品，培育行业龙头企业。加快车用动力蓄电池产业化生产，推进锂离子电池、飞轮 UPS 等产品制造。支持高效照明技术和产品的研发制造，大力发展 LED 背光源、大屏幕显示、太阳能 LED 照明等高端应用产品。"

根据有关规划分析模型的分析结果，可以确立北京市未来五年节能环保产业的主要任务，具体如下：

激发节能环保市场需求，加强公共环境设施建设投资并向社会资本开放，加强绿色消费市场培育对产业发展的拉动作用，加强资源产品价格和环境收费的杠杆促进作用，等。

进一步对北京市有关规划报告进行研究可以发现，北京市"十二五"时期节能环保产业空间布局，区分了不同地域的竞争地位和增长速度，实行错位发展，确立了北部、中部和南部三大功能聚集区域：

一是打造北部节能环保技术策源地。充分发挥海淀园作为中关村国家自主创新示范区核心区的突出优势，加快系统节能、大气污染防治、水体污染治理等节能环保产业重点领域关键技术和设备的开发、研制和产业化，提高节能环保产业的技术装备水平和核心竞争能力。依托昌平环保园产业发展资源，大力发展用于建筑的节能新产品新设备，推进节能型复合墙体与结构材料、功能型环保建筑涂料生产，强化 LED 产品的封装、制造配套能力，力争建成建筑节能产品高端制造基地。

二是打造中部超大型集团总部聚集区。依托东城区、西城区首都功能核心区的总部企业和金融机构的辐射效应，引导央企在京设立总部型节能环保研发、服务中心，提升对外辐射能力和市场影响力。以石景山绿能港和丰台总部基地建设为契机，吸引节能环保跨国公司在京设立总部型分支机构，提升综合服务能力和国际影响力。

三是打造南部节能环保装备制造基地。依托中关村金桥环保产业基地的企业资源，发挥其在生活垃圾综合处理设备、污泥处理设备和资源综合利用关键设备等方面的行业领先优势，培育形成资源综合利用设备制造基地。依托北京经济技术开发区，大力发展轨道交通节能降耗新设备、汽油增标剂、柴油降凝剂以及汽车节能装置设备等交通节能产品制造基地。

为实现节能环保产业发展目标，北京市分析了国内外环境和北京的区位优势、竞争地位、产业增长速度，针对重点产业聚集和规划发展目标，相应确立了节能环保产业2011—2015年的八大重点工程，具体如下：

"一是重大节能技术和装备产业化工程。对接国内节能市场和本市深挖建筑、交通、工业等重点领域节能潜力的高效节能技术产品需求，加快推动高效燃烧、大容量高压变频器、余热余压利用、储能材料等节能新技术和新产品的推广应用。通过重大技术和装备产业化示范、规模化应用等，支持行业企业围绕蓄热式燃烧、高效换热器、高压变频控制、无功补偿等高效电机及其控制系统等特色技术和产品，重点打造一批特色节能技术研发中心和专业生产制造基地，培育一批产值过十亿的细分行业的冠军企业。

二是半导体照明产业化及应用工程。以'中关村半导体照明产业技术联盟'为依托，重点发展大功率LED芯片、驱动电源等上游核心技术，积极扶持MOCVD等LED外延片生产设备的进口替代和重大产业化，积极加强LED背光源、大屏幕显示、光伏照明、LED照明等高端应用产品研发。支持企业在北京布局核心芯片技术开发、灯具产品设计中心，建设高端产品生产示范线，鼓励半导体照明企业加强产品设计、生产与服务的融合发展。推动LED产品生产企业向亦庄积聚，把北京打造成全国LED产业集聚区之一。

三是'城市矿产'基地建设工程。围绕废弃塑料、报废汽车、废旧电子产品和废旧钢铁等重点固废领域，整合利用现有基础设施，在全国率先探索建设'政府指导、企业主导、联盟协作'的'虚拟型''城市矿产'示范基地。利用物联网技术，搭建回收与处理、企业与企业之间的信息共享管理平台；实施废饮料瓶分拣中心及一级回收网络、废塑料与废钢回收处理中心和废旧家电长效回收体系完善建设工程，建设 5 万吨再生瓶级聚酯切片、3.5 万吨废塑料再利用、新增 10 万台废旧家电拆解和 12.5 万辆报废汽车拆解等一批加工处理项目。

四是大气污染防治技术及装备产品产业化工程。发挥本市集聚火电、冶金等领域众多央企和科研机构的资源优势，支持在京央企等将企业推动环保业务部门的专业化、市场化剥离发展，组建子公司，发挥自身技术优势走向外部市场。加大烟气脱硝催化剂、垃圾焚烧及烟气处理、挥发性有机物治理、低氮燃烧技术核心技术研发，重点支持工业窑炉脱硫硝、小型燃煤电厂脱硫脱硝技术研发和技术产业化。

五是污水处理技术及装备产品产业化工程。充分发挥中关村国家污水资源化产业联盟在资源整合和市场拓展方面的作用，进一步扩大膜组件和膜组器、生物膜反应器（MBR）等关键组件与设备的生产制造能力。重点发展城镇生活污水脱氮除磷深度处理设备，发展医院、食品加工、精细化工及实验室等废水深度处理设备和装置生产，促进再生水利用。研发污泥处理处置无害化、减量化、资源化技术及装备。

六是生态修复技术应用示范和产业化工程。加快推进重金属、危险化学品、持久性有机污染物、放射源等污染治理技术研发和产业化，加强城市中心区工厂搬迁后的土壤修复。建成一批生态修复示范基地，完成包括昌平、房山、密云等区县废旧矿区生态恢复。大力推动生态修复工作的企业化运作、产业化发展，培育在矿山修复、地下水修复、河流生态净化等细分产业领域具有核心技术、工程能力的行业优势企业，支持相关企业面向全国拓展服务。

七是节能环保领域智慧管理系统建设与产业化工程。积极落实《智慧北京行动纲要》，大力推进资源和生态环境智能监控管理，推动信息技术、物联网技术在节能环保领域的应用，带动相关技术和产品的产业化应用。逐步建成全市统筹联动的‘1＋4＋N’节能监测服务平台，完善节能监测计量体系，建成智能的土地、环境和生态监管体系。通过监测监控系统建设，带动能耗在线监测、污染物排放实时监测技术及传感器、采集器等关键设备制造。

八是节能环保服务业培育工程。大力推行合同能源，支持节能服务公司发展，服务能力进一步增强，服务领域进一步拓宽。到 2015 年，培育形成 10 家以上年收入过亿元的大型节能服务公司，带动节能服务产业规模 100 亿元左右。

建立全方位环保服务体系，积极培育具有系统设计、设备成套、工程施工、调试运行和维护一条龙服务能力的总承包公司，大力推进环保设施专业化、社会化运营，扶持环境咨询服务企业。到 2015 年，发展壮大 10 家以上年收入 20 亿元以上的综合性环保服务公司，带动环保服务产业规模超过 300 亿元。"

二、吕梁市经济发展规划的麦肯锡三层级模型应用

山西省吕梁市在规划研究与编制过程中，注重从全局和战略的高度，研究重点工程项目建设的实践价值，系统分析了起点相同、条件相近的周边地区（如延安、榆林、鄂尔多斯等）的产业布局、发展模式和竞争地位，通过对吕梁市不同产业和重点工程的分层级设计，有序推动当地的经济发展和产业转型提升。该市的规划设计思路符合麦肯锡三层级模型的分析框架与研究理念。

从该规划的报告文稿看，该市通过分析区域、产业竞争地位和增长速度等核心要素，逐步确立了中长期发展战略，把重点工程项目建设作为战略转型跨越的抓手，组织实施了"双百双千"项目大会战和"343"等重点项目，狠抓了重点工程的规划编制与具体落实。

为了落实产业规划，该规划确定了近期工作任务。该市重点推动路、水、电等基础设施项目，积极组织填补产业空白的煤化工、装备制造、新能源、新材料产业项目，以及涉及公共服务的惠民工程项目建设。该市做出规划，有步骤地推动高技术含量、高研发投入的核心关键基础技术的重大项目，力争经过几年的努力，这类项目逐步产业化、标准化和规模化。

为了落实产业转型规划目标，该市积极推动工业转型项目的落地实施。该市坚持以煤为基、多元发展的思路，境内所有煤炭企业，实行非煤产业、社会事业和生态环境"三个同步建设"。启动实施工业园区的循环经济改造，抓好文水金地煤、焦、电、化、建循环经济项目，汾阳杏花村酒业集中发展区，孝义乐百利特 LED 照明灯具项目，柳林煤矸石综合利用产业示范园区，临县锦源煤矿循环工业园区等重点项目。

为推动农业现代化，该市在农业龙头项目方面，坚持"一村一品、一县一业"发展模式，重点扶持文水大象禽业、汾阳裕源土特产、孝义铭信禽业、方山祥农食品等农业重点龙头企业，全面对接省十大"强农工程"。筹备组建北京农产品直销中心。发挥华润集团等战略投资者的销售网络优势，引导农业重点龙头企业加强合作交流，加快推进优质农产品农超对接，实现企业发展壮大与农民稳定增收的双赢。

为了抓好基础设施惠民项目，该市启动了中南铁路通道、吕临支线、太兴铁路等重点工程，规划启动一批重大基础性、控制性工程，加快建设柏叶口水库等骨干水库工程，建设工业废水、城镇生活污水处理中水回用工程。抓好在建和规划中的电源点、电网项目建设。

为确保重大工程的顺利实施，该市主要领导亲自参与，强化了责任意识，定期专题研究，及时解决问题，加强指导，强化考核，坚决做到"五个到位"：项目承载主体到位、项目统计监测到位、项目管理制度到位、项目环境服务到位和项目安全质量监管到位。

通过麦肯锡三层级模型的实践应用，该市确立了有序发展、逐步推进的战略性思路，分阶段、分层级进行了重点任务的分解确定和责任考核，强化了重点项目建设与布局，进而提高了该市经济发展的质量与效率，提高了资源利用率，保证了经济规划的顺利执行。

第十二章　行动方案

第一节　编制依据

一、基本要素

行动方案是各类经济规划逐步细化和分解的实施方案。它可以独立编写，成为单独的行动计划或实施方案，也可以在总体规划中作为其中的一部分简要阐述。

行动规划，也称行动方案，它已成为西方国家实现城市发展的长远目标与解决近期突出问题的有效手段，并正在走向制度化。

从 2001 年开始，英国推动规划体系改革，以行动规划为特色的地方发展框架代替传统的编制周期长、时效性差的结构规划和地方规划，规划内容包括：阐述地方政府的发展目标和发展战略的政策文本，针对近期采取建设或改造行动的行动规划，一张标明上述需要采取行动所在地区的总图。这些行动规划主要是地方性规划，也可以是更广阔区域的专项行动规划。

美国纽约 2007 年制定并实施"更绿色、更美好的纽约"为主题的城市规划，属于"行动规划"。该规划注重规划的务实性、操作性、互动性和动态评估性等基本特征，取得了很好的实施效果。

行动方案的编写依据是政府规划、政策要求、规划目标、行动方案编制的任务说明书等。如："工业领域应对气候变化行动方案（2011—2020 年）"的编写依据是《国民经济和社会发展第十二个五年规划纲要》、国务院《"十二五"工业转型规划》和《"十二五"控制温室气体排放工作方案》等。

根据战略金字塔模型，行动方案属于职能战略和规划实施层次的事情，包括但不限于组织体系、财务管理、人力资源、生产、营销、组织架构、内控、业务规范等内容。有些行动方案还独立成文，包括行动背景、行动目标、行动路径等，可以单独发布实施。具体如图53所示：

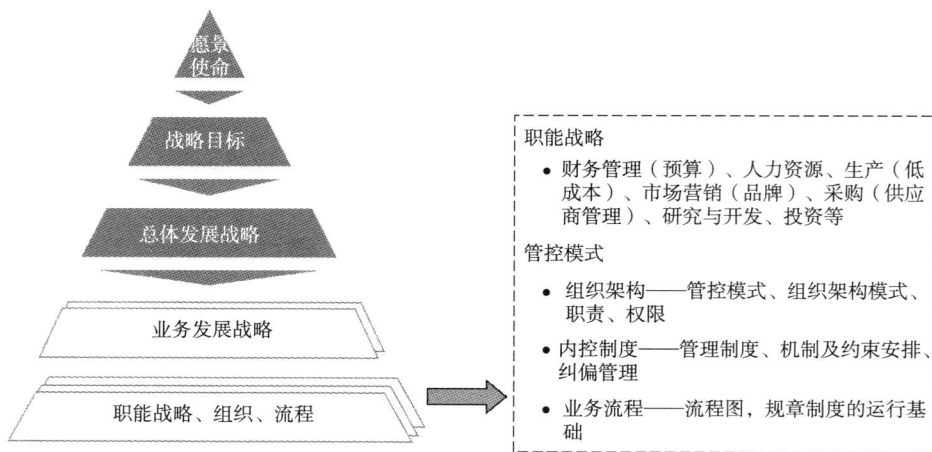

图53　政府规划"战略金字塔模型"之行动方案

独立成文的行动方案多是上级对下级或涉及面大的工作，一般都用正式文件下发，由标题、正文和时间等部分组成。

一般方案的标题有两种写法：一是"三要素"写法，由发文机关、计划内容和文种三部分组成，如《智慧城市建设行动方案》；二是"两要素"写法，发文机关在"批示性通知"（文件头）的标题中体现，主要由计划内容和文种两部分组成。

方案的正文一般有两种写法：一是常规写法，主要包括指导方针、主要目标（重点）、实施步骤、政策措施、要求等，这种格式适合于常规性单项工作；二是变项写法，根据实际需要加项或减项，适合于特殊性的单项工作。

方案也可以是下级或具体责任人为了落实和实施具体工作形成的文件，可以报上级或主管批准实施。

在政府规划的研究领域，由于各地的经济发展水平、管理理念、主导产业、管理目标、工作模式等各不相同，具体的行动方案呈现的行文风格和报告内容也各不相同。

二、理论基础

行动规划方案的编制理论依据，包括但不限于：劳动分工理论、区域分工理论等。

劳动分工理论由亚当·斯密在《国富论》中提出，劳动分工的优点：劳动分工可以使工人重复完成单项操作，从而提高劳动熟练程度，提高劳动效率；劳动分工可以减少由于变换工作而损失的时间、劳动分工可以使劳动简化，使劳动者的注意力集中在一种特定的对象上，有利于创造新工具和改进设备。

产业发展理论主要研究产业发展过程中的发展规律、发展周期、影响因素、产业转移、资源配置、发展政策等。

从区域分工的角度确定城市产业发展定位是城市发展的客观要求。从区域角度分析城市在区域中的优势、劣势和发展潜力等，确定城市在区域中所发挥的作用、扮演的角色，进而确定城市产业，避免"就城市论城市"的产业确定方式。

通过运用区域分工理论、劳动分工理论等，可以有效划分不同区域、不同部门和不同岗位的职责权限与业务分工，以及相关业绩指标和具体考核办法，进而分解和执行预定的规划目标和工作任务，提高规划执行的效率。

第二节　编制内容

一、基本概念

方案是由于某种职能的具体工作较复杂，需要做出全面的部署。主要内容有指导思想、主要目标、工作重点、实施步骤、政策措施、具体要求等。

行动方案主要是针对特定规划目标或重大工程，通过研究特定规划目标或重点工程的基本要求、实施背景、指导思想、行动目标、主要任务、行动保障等，确定具体的责任分工和时间表，明确工作考核等管理办法，确保工作目标的实现。

二、主要内容

行动规划（行动方案）以长远的发展目标为指导，主要是解决近期和现实问题，期限可以在 3~5 年，侧重于长远战略与近期运营操作的紧密结合。行动方案的内容主要包括行动背景、主要目标、主要工作、资源保障、时间安排、责任分工与监督考核等内容。

行动规划的编制采取"自上而下"和"自下而上"相结合的方式，注重规划过程的全民参与和互动，行动规划确立了行动目标和空间布局，确立实现规划目标和空间布局的行动方案。

以《工业领域应对气候变化行动方案（2011—2020 年）》为例，该行动方案的基本内容包括：现状与形势、指导思想、基本原则和主要目标、主要任务、重点工程、保障措施。该方案是针对工业气候变化问题的独立的规划行动方案。

第三节 分析模型

一、系统工程模型

（一）模型解读

系统工程是从整体出发，合理开发、设计、实施和运用系统科学的工程技术。根据总体协调的需要，综合应用自然科学和社会科学中有关的思想、理论和方法，利用电子计算机作为工具，对系统的结构、要素、信息和反馈等进行分析，达到最优规划、最优设计、最优管理和最优控制的目的。

管理系统工程是以政府或企业管理系统为研究对象的一门组织管理技术，是以系统科学、运筹学、计算机应用技术为主体的综合交叉性课程。其基本思想是坚持整体观念、统筹兼顾，运用有关优化分析方法，实现管理系统整体功能的提高。

政府规划行动方案的编写需要使用系统工程的分析思路，进行目标、任务、责任、投资、路径、保障等分析与确定，才能更好地实现规划实施。

（二）模型应用

该分析模型在政府规划行动方案编写过程中，主要用来研究特定发展规划的环境、资源、目标和方向，据以确定具体计划、任务、路径、部门、项目和实施条件等，分阶段、分层次地组织实施。

二、PDCA 模型

（一）模型解读

PDCA 循环又称戴明环，是美国质量管理专家休哈特博士首先提出的，

由戴明采纳、宣传，获得普及。它是全面质量管理遵循的科学程序。PDCA
是英语单词 Plan（计划）、Do（执行）、Check（检查）和 Act（修正）的第
一个字母，PDCA 循环就是按照这样的顺序进行质量管理，循环不止进行的
科学程序。

P（plan）计划，包括确定方针和目标，制定活动规划。

D（do）执行，根据已知信息，设计具体的方法、方案和计划；再根据设
计和布局，进行具体的管理与运作，实现预期的计划。

C（check）检查，总结执行计划的结果，分清责任与原因，明确效果和路
径，找出问题所在。

A（act）修正，对检查的结果进行处理，对成功的经验予以肯定，并标准
化、总结失败的教训。对于没有解决的问题，提交下一个 PDCA 循环中解决。

在规划执行进入稳定阶段，可以使用 SDCA 模型进行管理优化与完善。PD-
CA 与 SDCA 模型的区别，简要概括如图 54 所示：

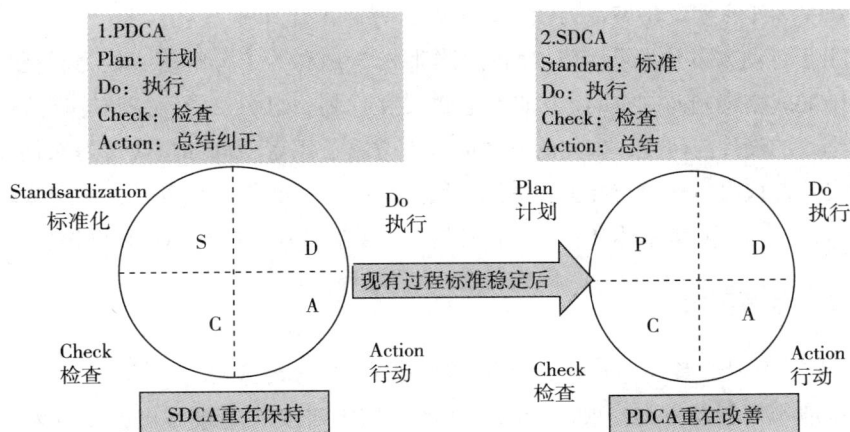

图 54　PDCA 模型与 SDCA 模型分析

（二）模型应用

使用 PDCA 分析模型，可以对某一个政府规划实施方案和行动计划进行目
标和方案的制定、方案实施、方案进度检查和方案修正等，发现新的问题和缺
陷后，进入下一个"计划—执行—检查—修正"的再次循环。

第四节　编写规范

一、基本规范

（一）行动方案体现计划的完整性和可操作性

政府规划行动方案不同于一般的工作计划，它需要根据特定的规划或者预先设计的行动目标进行编制，通过有关权力部门审批后签发执行。

行动方案的格式可能有所不同，但是需要解答和描述基本依据、行动目标、工作重点、行动路径、责任分工、注意事项、资源保障、业绩考核、风险控制、有关要求等。

行动方案需要内容相对完整，具有操作性，并且有确定的项目、工作任务、责任部门和时间、进度等规定。

（二）行动方案能够达到预期的计划执行和工作目标

由于行动方案是为了实现预期的工作目标，或者为了分解落实较为宏观或较为复杂的战略规划而制定的，因此，它需要在计划、组织领导、控制等环节进行较为细致的设计与研究，确立的方案应该使方案使用者明确知道应该怎么做、各自的责任与权力、任务与要求、资源与风险，以及标准与考核等。方案应该跟具体的责任部门、实施主体和主要项目挂钩，能够有效参照执行和实践操作。

二、编写要领

（一）行动方案要体现方案决策者或方案下达者的意图

政府规划行动方案一般由行动方案的直接上级或者本级做出，或者委托外部专业机构编制和定稿发布。如：我们研究团队 2010 年受大庆高新区委托，研究编制《大庆高新区新华 08 行动方案》，主要是根据大庆高新区管委会的委托目标，重点解决大庆高新区和新华社的信息化产业园合作项目：信息安全信息平台产业园建设的思路、模式和具体步骤等，该行动方案的制定、论证、修订和颁布，为项目合作双方确立了具体目标、责任、权利、工作任务、重点项目、实施路径、资源匹配和保障机制等。

（二）行动方案要有创新理念和一定的高度

政府规划的行动方案不是一般的计划编制和简单的工作汇总，它一般希望通过行动方案的调研和编制，能够深化、细化、系统化和创新性地探索与提升工作思路，为规划制定与实施部门，或者重要项目的执行部门提供实施依据和决策参考。同时，行动方案如果提出了系统的、前瞻的行动纲领和规范的指导思想，有可能更好地被上级领导重视和引起利益攸关方的兴趣、支持，这也是各地政府等委托专业机构编制行动方案的重要原因与需求来源。

第五节　案例研究

一、《工业领域应对气候变化行动方案》的系统工程模型应用

为贯彻落实《国民经济和社会发展第十二个五年规划纲要》、国务院《"十二五"工业转型规划》和《"十二五"控制温室气体排放工作方案》，统筹协调工业领域应对气候变化工作，明确应对气候变化的思路、目标和任务，全面提升应对气候变化能力，推动工业低碳发展，促进发展方式转变，国家有关部委制订《工业领域应对气候变化行动方案（2012—2020 年)》。该规划方案分析框架遵循了系统工程模型的基本理念。

该规划方案分析了国际、国内"十一五"期间的经济形势，提出了"工业是国民经济的重要组成部分，是推动经济增长的主要动力，工业也是我国能源消耗及温室气体排放主要领域"的观点，为了治理工业污染和降低能耗，所以才有必要编制行动方案，"我国工业要实现绿色和可持续发展，突破资源能源的瓶颈制约，必须加快转变工业发展方式，走低碳发展道路"。

基于国内外形势和工业对环境的影响的综合分析，行动方案提出了规划目标，即："到 2015 年，全面落实国家温室气体排放控制目标，单位工业增加值二氧化碳排放量比 2010 年下降 21% 以上，钢铁、有色金属、石化、化工、建材、机械、轻工、纺织、电子信息等重点行业单位工业增加值二氧化碳排放量分别比 2010 年下降 18%、18%、18%、17%、18%、22%、20%、20%、18%以上，主要工业品单位二氧化碳排放量稳步下降，工业碳生产力大幅提高。工业过程二氧化碳和氧化亚氮、氢氟碳化物、全氟化碳、六氟化硫等温室气体排放得到有效控制。产业结构进一步优化，战略性新兴产业快速发展，建设一批低碳产业示范园区和低碳工业示范企业，推广一批具有重大减排潜力的低碳技术和产品。重点用能企业温室气体排放计量监测体系基本建立，工业应对气候

变化的体制机制与政策进一步完善。到 2020 年，单位工业增加值二氧化碳排放量比 2005 年下降 50% 左右，基本形成以低碳排放为特征的工业体系。"

为了实现预期行动目标，《工业领域应对气候变化行动方案（2012—2020年）》设计了"积极构建以低碳排放为特征的工业体系、大力提升工业能效水平、控制工业过程温室气体排放、加快工业低碳技术开发和推广应用、促进低碳工业产品生产和消费"五大主要任务。为了把各项任务落到实处，行动方案研究提出了"工业重大低碳技术示范工程、工业过程温室气体排放控制示范工程、高排放工业产品替代示范工程、工业碳捕集、利用与封存示范工程、低碳产业园区建设试点示范工程、低碳企业试点示范工程"六大重点工程，以实施六大重点工程为抓手，提高工业单位碳排放生产效率，提升碳管理水平，有效控制工业温室气体排放。

为保障行动方案实施，提出了"建立健全工业应对气候变化管理体制、完善工业应对气候变化政策法规、建立工业温室气体排放监测体系、建立工业碳排放评价标准体系、建立健全促进工业低碳发展的市场机制、加强工业应对气候变化宣传培训和国际合作"的保障措施。

通过上述系统思考和分层设计，以行动方案的报告形式予以规范和确认，有效地把研究对象的外部信息和约束条件、方案制定与工程实施、成果输出与反馈、考核与激励、问题分析与修正等结合，形成了一整套系统工程的方案研究、制定、执行与考核体系。

二、《大庆新华 08 行动方案》编制的 PDCA 模型应用

受大庆高新区和新华社项目组联合委托，我们编制了大庆高新区与新华社有关机构战略合作的《新华 08 项目行动方案》，该行动方案（初稿）的架构包括：发展思路、发展目标、发展模式、产业协同、重点任务、行动路径、实施保障等部分。其中：

计划制定（P）主要体现在整个方案中，并且在"发展目标"的章节具体阐述；方案执行（D）主要体现在产业协同、重点任务、行动路径三个章节中；效果检查（C）主要体现在实施保障的章节中，为此我们规定：明确各部门、各岗位的权责，强化业务分工、岗位分离和相互协作，优化业务流程，提高工作效率。实行重大投资集体决策管理制度。完善审计和法律部门设置，强化对重要业务、重点项目和重要环节的监督管理。建立和完善项目管理制度。推行项目规划和预算体制，加强工程项目立项审核和招投标工作的管理。建立信息化项目后评估制度，将评估结果作为后续项目申请重要依据。建立项目责任制；实行重大工程项目通报制度，将重大工程工作纳入相关部门考核体系。

为了解决方案执行中出现的突出问题（A），规划编制组研究确定：强化重点项目的系统评估与审查，相关责任部门领导负责，组成专门的工作组，协调解决有关问题，督促检查项目进展；建立健全新华08项目全生命周期管理机制，等。

通过 PDCA 模型的使用，有助于有关政府和部门系统、规范、分层地制订行动方案，确立发展方向和工作任务，对重点工程进行监督、评估和总结存在的问题与缺陷，进行相应的调整，并进入下一个循环。

三、北京市"十二五"规划确定的"行动路径"

北京市"十二五"规划报告对未来五年的行动路径做了具体规定：

为实现北京市未来五年（"十二五"规划）的发展目标，需要不断完善规划实施机制，充分发挥市场在资源配置中的基础性作用，进一步提高政府的统筹调控能力，动员和引导全社会力量共同推进规划落实，我们研究归纳认为，主要包括充实完善调控机制和加强规划实施管理两个方面，具体如表16所示：

表16　　　　北京市"十二五"规划实施的行动路径

项目	工作重点	行动路径
充实完善调控机制	加强财政资金保障	编制实施年度财政预算
		加强税收征收管理
		完善公共财政体制
		合理安排基本建设预算
		强化对财政资金使用的审计监督
	健全综合发展政策	加强政策储备、研究制定和协调落实
		政策法规制定和实施
	强化战略资源管理	战略资源管理
		高度重视人才管理
		科学调控土地供应
		完善能源和重要商品管理
	实施重大项目带动	分阶段解决一批重大问题
		组织实施一批关系全局和长远发展的重大项目

项目	工作重点	行动路径
加强规划实施管理	分解落实规划目标任务	预期性目标和产业发展、结构调整等任务的完成，主要依靠发挥市场机制的作用实现，改进经济调节、加强市场监管、健全利益导向机制和创造良好发展环境
		约束性指标和公共服务、社会管理等领域的任务，纳入各区县、各部门经济社会发展综合评价和绩效考核体系
		市政府有关部门要组织编制市级专项规划，细化本规划提出的主要任务，形成落实本规划的重要支撑和抓手
		各县区编制实施好区县发展规划，并做好与本规划的协调衔接，特别是加强约束性指标和重大任务的衔接
	分阶段有步骤实施规划	加强年度计划制订实施
		完善监测评估制度
	动员全社会共同实现规划	面向社会、面向市民，广泛采取多种形式，加强对规划的宣传

第十三章　规划保障

第一节　编制依据

一、基本要素

"规划保障"的规划文稿编写，一般依据政府规划、专项规划、控制性规划等规划报告的产业环境、发展基础、规划目标、重点产业、重大工程、主要任务，以及实现这些目标和任务的基本条件等。

"规划保障"报告文稿重点研究和遵循产业法规与基本决策程序，可以从规划实现的基本保障、体系构建的视角进行研究和组织规划文稿编写。如：系统研究并编制节能环保产业园发展规划的"规划保障"规划报告文稿，重点研究国家和地方节能环保产业园的国家级、省级产业园区的单位 GDP 能耗，以及单位土地利用控制考核指标等，研究实现发展规划的组织领导、资源匹配、融资条件、交通能源等基础配套。

二、理论依据

规划保障研究和编制的理论基础是协同理论、系统工程理论等。

协同理论要求各级政府和其他经济组织要根据规划目标和产业布局，进行资源匹配和组织体系构建等，确保实现产业协同、资源协同、工作任务协同等。

系统工程理论要求政府规划的保障机制要满足规划目标和重点工程等的资源输入和输出成果的考核与优化，实现规划前期课题调研、规划编制、规划评审、规划实施、规划评估、规划修订、规划再次调研、规划再次编制等一个反复循环的运行过程。

第二节　编制内容

一、基本概念

规划保障指研究和确定特定规划具体实施的组织机制与运行体系、资源配置、公共服务平台及奖励机制等。

一般情况下，总体发展规划的"规划保障"报告文稿也可以简要地进行组织与运行机制体系的设计和文稿撰写。具体管理工作中，由于地方政府的规划费用、产业发展、实践需求等限制，并不是每个职能规划都要独立编写单独的规划报告。如：2010 年贵阳高新区管委会委托我们组织编制的《贵阳高新区低碳发展规划》，主要设计、构建了组织管理、政策引导、监管体系、风险控制和服务共享等保障机制，并没有独立编制各个职能规划。具体如图55 所示：

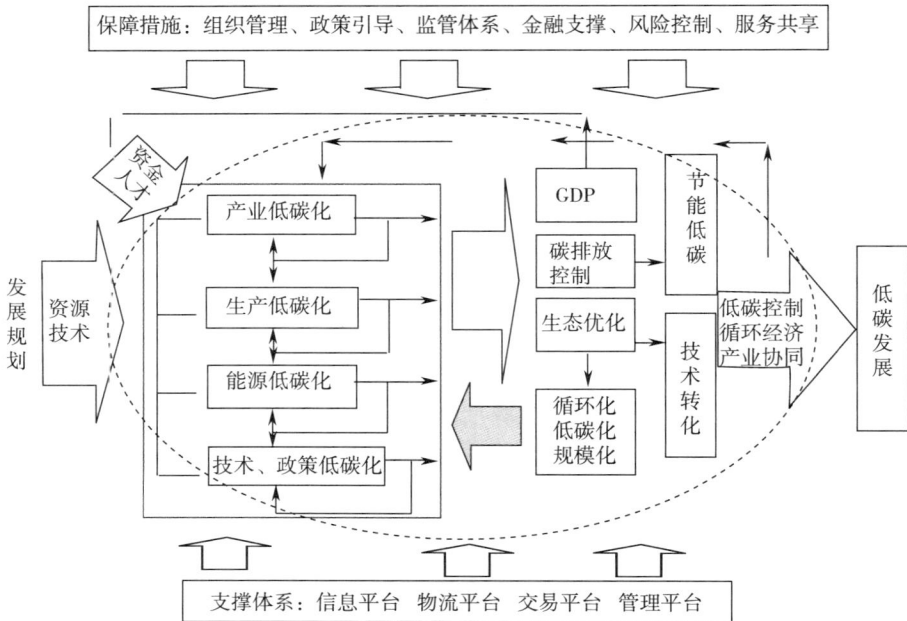

图55　贵阳高新区低碳发展规划的规划保障体系

由图 55 可知，低碳发展规划的保障措施是基于规划确定的产业低碳化、生产低碳化、能源低碳化、技术与政策低碳化等目标，是为了完成未来几年的 GDP 增长、单位能耗降低等经济指标而研究和确立的。

二、主要内容

"规划保障"的内容和报告写作风格差异很大，总体规划和专项规划等，可以通过编制职能规划予以组织实施，可以单独编制，如财务规划、人力资源规划、研究与开发规划、生产规划、投资规划、营销规划等职能规划，推动总体规划的实际执行。

规划保障的研究内容和分析模型具体如图 56 所示：

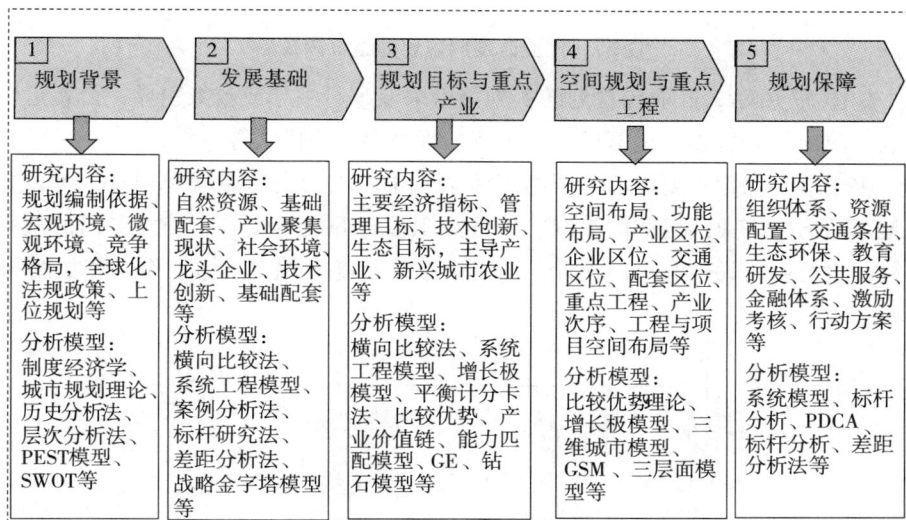

1 规划背景	2 发展基础	3 规划目标与重点产业	4 空间规划与重点工程	5 规划保障
研究内容：规划编制依据、宏观环境、微观环境、竞争格局、全球化、法规政策、上位规划等	研究内容：自然资源、基础配套、产业聚集现状、社会环境、龙头企业、技术创新、基础配套等	研究内容：主要经济指标、管理目标、技术创新、生态目标、主导产业、新兴城市农业	研究内容：空间布局、功能布局、产业区位、企业区位、交通区位、配套区位、重点工程、产业次序、工程与项目空间布局等	研究内容：组织体系、资源配置、交通条件、生态环保、教育研发、公共服务、金融体系、激励考核、行动方案等
分析模型：制度经济学、城市规划理论、历史分析法、层次分析法、PEST模型、SWOT等	分析模型：横向比较法、系统工程模型、案例分析法、标杆研究法、差距分析法、战略金字塔模型等	分析模型：横向比较法、系统工程模型、增长极模型、平衡计分卡法、比较优势、产业价值链、能力匹配模型、GE、钻石模型等	分析模型：比较优势理论、增长极模型、三维城市模型、GSM、三层面模型等	分析模型：系统模型、标杆分析、PDCA标杆分析、差距分析法等

图 56 规划编制"五步法"的规划保障

对于一个产业园或特定地区来说，规划保障需要构建一整套包括组织体系、政策措施、交通条件、电力能源、生态环境、公共服务等在内的基本保障体系。

其中：

（一）组织体系

组织体系是地方规划和产业园规划实施的基本保障，产业园管理模式有公司运营模式、政府与管委会合一模式、政府与管委会双重模式三种。以笔者编制的地区产业园发展规划为例，我们研究确立的该地区经济规划实施的可能的三种组织体系如图 57 所示：

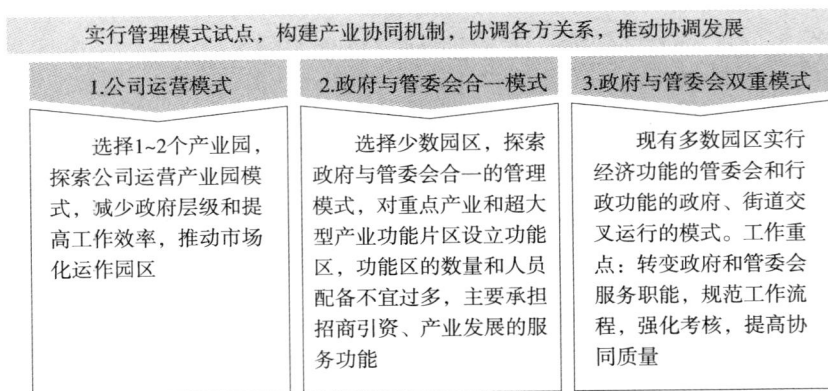

实行管理模式试点，构建产业协同机制，协调各方关系，推动协调发展		
1.公司运营模式	2.政府与管委会合一模式	3.政府与管委会双重模式
选择1~2个产业园，探索公司运营产业园模式，减少政府层级和提高工作效率，推动市场化运作园区	选择少数园区，探索政府与管委会合一的管理模式，对重点产业和超大型产业功能片区设立功能区，功能区的数量和人员配备不宜过多，主要承担招商引资、产业发展的服务功能	现有多数园区实行经济功能的管委会和行政功能的政府、街道交叉运行的模式。工作重点：转变政府和管委会服务职能，规范工作流程，强化考核，提高协同质量

图 57　产业园发展规划的组织体系

如图 57 所示，产业园规划的实施可以采取政府主导或政策引导，公司运营模式、政府设立管委会运营模式、政府与管委会合一模式等。

关于规划保障重要内容的"组织体系"中的人力资源专项规划等，可以根据地方政府或产业园的部门编制、公务员职数与职能界定等，确立专门的规划目标，进行系统评估和重新设计，形成一系列制度文件。具体工作内容如图 58 所示：

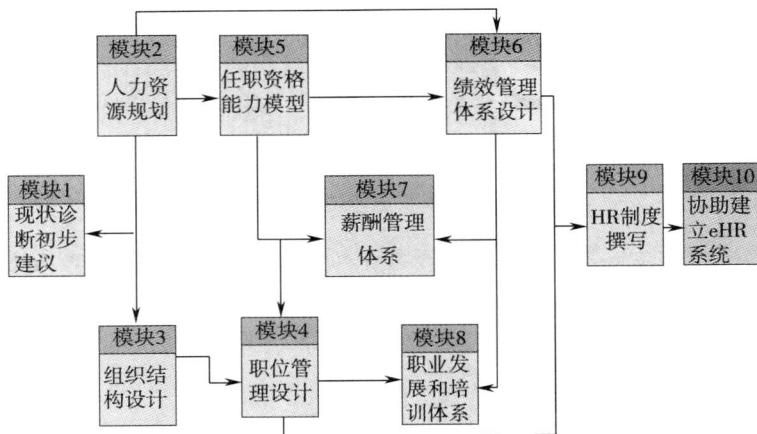

图 58　规划保障的人力资源专项规划编制的分析框架

如图 58 所示，人力资源专项规划可以通过对人力配置现状、人力规划、组织结构设计、资格能力、职位设计、薪酬管理、绩效管理、HR 制度、信息化管理等内容注意研究和综合设计，形成规范、系统的人力资源规划和一系列的考核管理体系。

（二）目标分解

规划保障的重要工作之一是分解落实规划目标，做到责任分工、目标明确，具体任务有人负责实施。具体目标分解思路如图 59 所示：

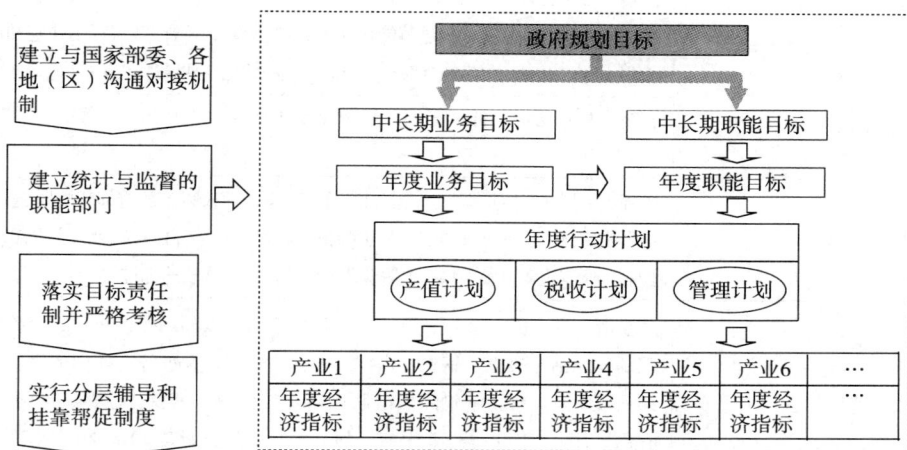

图59　政府规划目标分解

北京市"十二五"规划提出的发展规划分解与具体实施策略："加强年度计划制订实施。年度计划要依据本规划的总体安排部署，逐年落实规划提出的发展目标和重点任务，对约束性指标设置年度目标。年度计划报告要分析本规划实施进展情况，特别是约束性指标的完成情况。"北京市通过五年规划报告明确了"根据总体规划分解到年度规划、加强约束性指标的年度考核管理等重要规划执行"的工作思路。

（三）产业标准

为了规范地方产业发展，优化产业结构，提高产业发展质量，政府应该对特定地区或重点产业设立存量优化和增量增加的筛选标准，以引导产业聚集、产业优化和招商引资，提高土地集约化水平。以某地产业园为例，企业进入的基本标准如下（见表17）：

表 17   **地方产业园重点项目的筛选标准**

主要指标	具体内容
投资强度	新建项目投资强度原则上不低于 280 万元/亩（省级开发区标准），力争 350 万元/亩（国家级开发区标准）
亩产均值和税收	项目达产后亩产均值一般不低于 400 万元/亩，力争 520 万元/亩；亩均税收一般不低于 20 万元/亩，力争 30 万元/亩
新建工业项目平均容积率或投资额	新建工业项目平均容积率一般不低于 1.0，建筑系数一般不低于 40%。新建工程项目投资额不得低于 5000 万元或用地面积不低于 15 亩
建筑节能	严格执行新建居住建筑节能 65%、公共建筑节能 50% 强制标准（力争实现新建节能 75% 的居住建筑、节能 65% 的公共建筑），确保 12 层以下住宅和集中供应热水的公共建筑全部按太阳能建筑一体化标准设计、施工
工业厂房	新建多层厂房应不低于 3 层，鼓励建设 4 层及以上厂房，容积率达到 1.2 以上
脱硫处理	加强大中型燃煤锅炉烟气治理，规模在 20 蒸吨/时及以上的全部实施脱硫，综合脱硫效率达到 70% 以上。推进陶瓷、玻璃、砖瓦等建材行业二氧化硫控制。所有企业自备燃煤机组脱硫脱硝除尘改造，实现达标排放
禁止项目	禁止新、改、扩建除"上大压小"和热电联产以外的燃煤电厂，严格限制（原则上禁止）钢铁、水泥、石化、化工、有色等行业中的高污染项目入园。禁止新建除热电联产以外的煤电、钢铁、建材、焦化、有色、石化、化工等行业中的高污染项目。禁止新建 20 蒸吨/时以下的燃煤、重油、渣油锅炉及直接燃用生物质锅炉

（四）资源配置

从规划保障的基本要素看，电力、水利、煤炭、石油、天然气、供热等资源匹配是政府经济规划需要系统研究的重要内容之一。政府资源一般包括：政治资源（行政权力）、人力资源（公务员）、能源资源（电力、煤炭等）、客户资源（包括企业、事业单位、公民）、财政资源、资产资源（房产、车辆、办公设备等）、信息资源（如公文、材料、统计数据）等。政府资源规划是以法人单位和社会公众为中心，以实行政府部门内部和外部的资源优化配置，消除公共行政过程中无效的劳动和资源，实现信息流、物流、资金流和业务流的集成，以提高行政效能为目的，以政府职能为主线，以信息系统为平台的现代公共管理思想和方法。

以北京市"十二五"发展规划为例，该规划保障文稿部分重点确定了未来五年城市供热保障体系，"按照'稳定中心大网、发展区域新网、加强多元互补、实现多网共联'的原则，全面推进中心城区供热布局调整，加快建设郊区供热设施，新增供热能力2亿平方米，2015年全市总供热能力达到8.5亿平方米。稳定和完成城中心供热网，建成东南、东北、西南和西北四大燃气热电中心，发展一批燃气尖峰锅炉房，形成'1+4+N'的中心大网。充分利用各种新能源和新技术，建设区域性供热中心或分散清洁供热系统，逐步形成中心大网和区域供热相结合的城区供热格局。所有新城全部实现集中供热，基本实现重点镇集中供热。引进域外热源，解决通州、大兴等部分供热需求。统筹重点产业功能区供热、制冷、热水、电力等能源需求，高起点建设一批区域能源中心。"具体如图60所示：

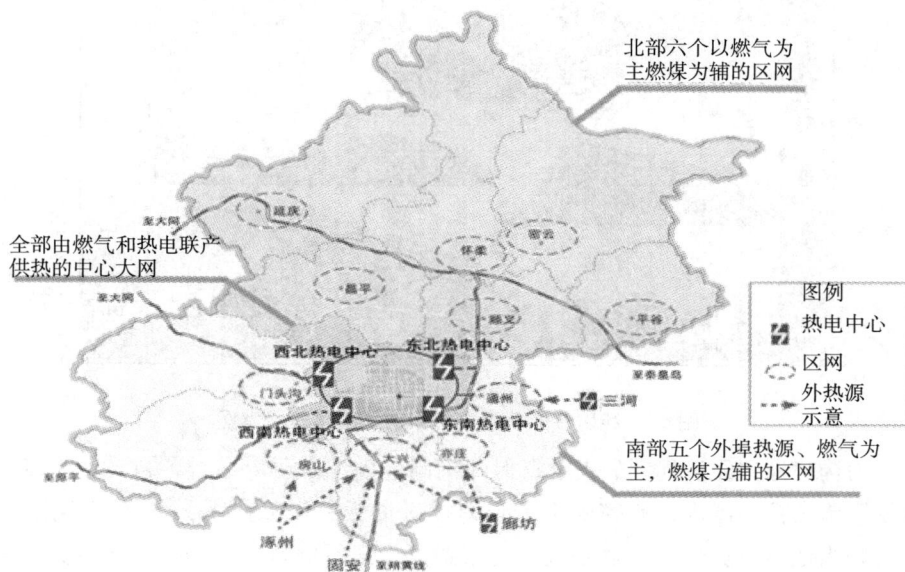

图60　2015年北京市主要热源点建设布局示意图

（五）人口与交通等基础配套

人口、土地、交通、垃圾处理等资源供给与基础设施建设等是地方经济发展和产业园建设的资源支撑。其供应和分配决定和影响着产业布局、项目引进和企业发展等。

在"规划保障"文稿中要清晰地测算人口、交通、土地等需要量，并与产业规划的开发节奏、产业内容相适应。

（六）物流与公共服务

政府规划的重点项目、基础设施、餐饮酒店、金融投资、政府信息化、文化休闲，以及现代物流园区等基础配套，是政府规划保障机制的重要内容。如：笔者及团队编制《潍坊节能环保产业园中长期发展规划》时，为了实现产业聚集，重点编制并设计了"生产性物流服务区"，作为产业园的配套工程等。提出了酒店、会展等产业园配套建设思路，组织编制了空间规划、重点项目设计与空间效果图的直观描述，具体如图 61 所示：

图 61　潍坊节能环保产业园功能区建筑示意图

为构建地方经济规划的投融资保障机制，各地区可以结合各自产业基础和规划实施的核心需求，研究确定适合的投融资服务保障体系，包括但不限于：部委和当地政府资金、产业基金、上市融资、银行信贷、信用担保等。如：为了编制地市级五年规划，我们为某地市分析并确定了"十三五"国民经济与社会发展规划纲要的投融资保障体制，具体如图 62 所示。

如图 62 所示：规划投融资保障体系提到了"实行金融企业分级管理制度"，有其特定的实践意义。当前，地方政府规划涉及重特大项目和企业众多，项目实施和企业发展都需要一些金融机构的积极支持和金融服务，实际情况是，目前，相当部分基层金融机构和金融从业人员过于追求趋利性，社会责任感和信用意识不强，导致了金融合作中金融企业违约行为或诱导性违规业务逐步增多，对地方经济发展和企业正常经营造成了很大被动。因此，建议地方政府或

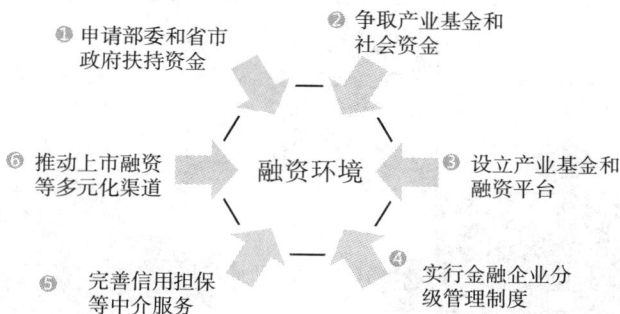

❶ 申请部委和省市
政府扶持资金

❷ 争取产业基金和
社会资金

❸ 设立产业基金和
融资平台

❹ 实行金融企业分
级管理制度

❺ 完善信用担保
等中介服务

❻ 推动上市融资
等多元化渠道

融资环境

图62 基于"十三五"规划实施的投融资服务保障体系

者产业园加强与地方人民银行、地方金融办的合作与联系，研究探索并试行在特定地区、特定产业园，对于金融企业建立并实行信用分级管理制度，积极创新金融管理模式，规范当地金融机构信用管理体系。对当地商业银行、担保、基金、券商、小贷公司等各类金融机构，逐步建立重点项目和主要金融机构的金融投融资活动信用档案，进行信用登记、跟踪、分析等动态管理和信用度的年度、季度考核评估。对信誉度较好、业务发展快、支持地方经济与企业工作力度大、客户满意度较高的金融机构，地方政府及行业协会等在业务推荐、资源配置、政策激励等方面，优先倾斜和给予适度的各种激励。对信誉不好、违约率高、资金投入小、客户评价信誉度较低的金融机构，分别标注预警"黄牌"或禁止开展金融业务的"黑名单"，从而提升地方或特定产业园区相关金融机构诚信经营、合作共赢、长期发展的社会责任和职业道德水平。

关于政府规划的公共服务平台构建，一般包括但不限于：科技研发服务平台、人才引进服务平台、管理支撑服务平台、电子商务营销平台、现代物流服务平台、智慧城市建设平台、电子政务服务平台等内容，具体如图63所示。

其中：在科技技术创新方面，地方政府可以引进全球一流的科研机构和核心技术，逐步构建产、学、研、官一体化的运行机制，持续推动产业园持续健康发展。逐步完善地方政府、高新区和产业园等多层次的技术研发、产权交易和成果产业化支撑体系。建立持续创新文化，鼓励政府管理与企业创新。引进和建立创新的各种机制和服务平台，形成外部创新资源引进、地方政府与企业创新能力培育、产业创新实践支持、企业与个人创新优先帮促的良好创新氛围。

（七）整合招商与产业链招商

为了实现预期的发展规划目标，地方政府可以立足各自优势，积极探索与

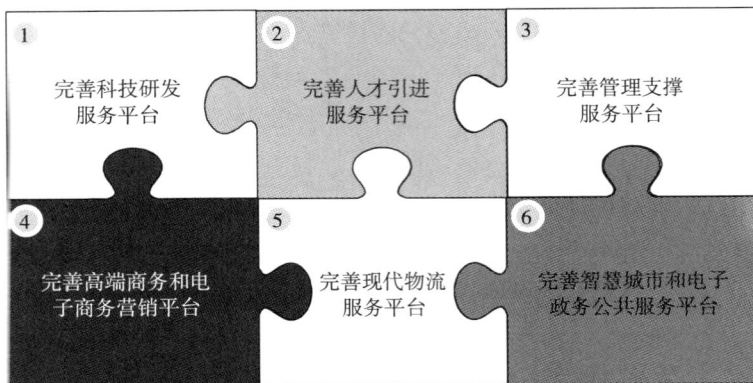

图 63 政府规划实施的公共服务平台

构建以会议招商、机构招商、环境招商、政策招商、项目招商、产权招商、示范招商、品牌招商等为主的"整合招商"策略，以及相关产业聚集与项目引进工作机制，具体如图 64 所示：

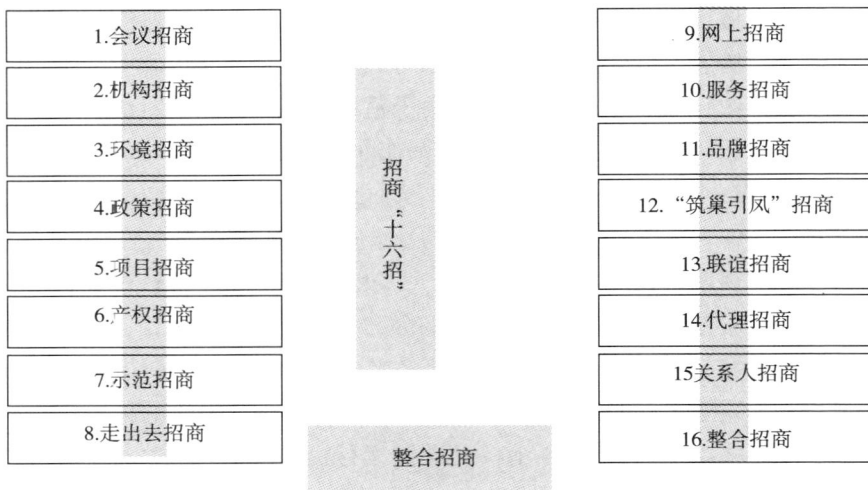

图 64 地方政府招商规划十六招

从招商的策略看，产业链招商是政府规划顺利实施和逐步优化的重要内容，主要包括：基于传统主导产业和新兴产业的建链、补链和强链等核心要素，其中：

"建链"主要是针对战略性新兴产业，通过引进产业中具有核心地位的龙头企业，或以地方重点企业为基础，辐射、延伸，从而建立全新的产业链条，培育有竞争优势的战略性新兴产业集群。

"补链"主要是围绕产业链条中缺失的高附加值环节，聚焦"微笑曲线"的两端企业，将传统优势产业链延伸、补缺，做大规模，做优配套，实现产业关联发展需要。

"强链"是通过注入科技、信息化和品牌元素，促进产业不断精细化、高端化，加快主辅分离，发展总部经济，推进现代服务业态做强做大。通过招商发展现代服务业和总部经济，加快形成区域性金融中心，旅游休闲、文化创意、医疗保健和会展中心，打造企业总部基地，建成引领地方经济发展的高地。

以保定市政府规划的"产业招商"保障体系为例，具体思路如图65所示：

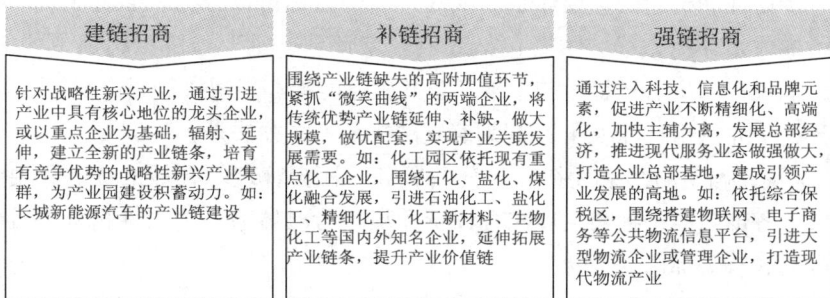

建链招商	补链招商	强链招商
针对战略性新兴产业，通过引进产业中具有核心地位的龙头企业，或以重点企业为基础，辐射、延伸，建立全新的产业链条，培育有竞争优势的战略性新兴产业集群，为产业园建设积蓄动力。如：长城新能源汽车的产业链建设	围绕产业链缺失的高附加值环节，紧抓"微笑曲线"的两端企业，将传统优势产业链延伸、补缺，做大规模，做优配套，实现产业关联发展需要。如：化工园区依托现有重点化工企业，围绕石化、盐化、煤化融合发展，引进石油化工、盐化工、精细化工、化工新材料、生物化工等国内外知名企业，延伸拓展产业链条，提升产业价值链	通过注入科技、信息化和品牌元素，促进产业不断精细化、高端化，加快主辅分离，发展总部经济，推进现代服务业态做强做大，打造企业总部基地，建成引领产业发展的高地。如：依托综合保税区，围绕搭建物联网、电子商务等公共物流信息平台，引进大型物流企业或管理企业，打造现代物流产业

图65　保定市重点产业链招商基本思路

如图65所示：对于战略性新兴产业，保定市等地方政府可以引进龙头企业，或者以现有重点企业如汽车骨干企业长城汽车等为产业链建设的核心基础，有计划地延伸和逐步建立汽车主导产业链，培育新材料等战略性新兴产业，积极构建新能源汽车等重点产业链。

（八）绩效评估

绩效是规划实现与组织管理的重要内容，也是规划实施的重要保障措施之一。

绩效指从过程、产品和服务中得到的输出结果，并将该输出结果与目标、标准、过去结果、其他组织的情况进行比较，从而对该输出结果进行评估。绩效评估是识别、观察、测量和评估绩效的过程。

政府绩效指政府在社会经济管理活动中的行为结果、效益及管理工作效率、效能，是政府在行使其功能，实现其意志过程中体现的管理能力。

政府绩效包括经济绩效、政府成本、政府效率、政治稳定、社会进步、发展预期等领域，可以分为政治绩效、经济绩效、文化绩效、社会绩效四个方面。它既注重行政内部关系即如何管好自身的内部机制，更注重外部的行政与社会、行政与公民的关系，以社会、公民的满意评价作为最终标准。

政府绩效评估指运用科学的标准、程序和方法对政府绩效做出全面的评价，进而提高政府行为绩效和增强控制力的活动。

奥斯本（Osborn）与盖布勒（T. Gaebler）认为，政府绩效评估就是改变照章办事的政府组织，谋求有使命感的政府；就是改变以过程为导向的控制机制，谋求以结果为导向的控制机制。

地方规划、产业园的执行绩效等是规划保障的重要内容，也是规划编制需要进一步论证和构建的重要体系。绩效评估的指标可以分为很多种类，不同规划的指标体系存在差异，主要包括政府效率评估、主要经济指标、单位能耗、单位土地投资回报、环境改善水平、公共服务能力、规划执行到位率等。

比如：北京市"十二五"规划确定的规划考核办法是：

"本规划确定的约束性指标和公共服务、社会管理等领域的任务，要纳入各区县、各部门经济社会发展综合评价和绩效考核体系。约束性指标要分解落实到区县和有关部门。

市政府有关部门要组织编制市级专项规划，细化本规划提出的主要任务，形成落实本规划的重要支撑和抓手。各区县要切实贯彻落实国家和本市的战略意图，结合自身实际，突出区域特色，编制实施好区县发展规划，并做好与本规划的协调衔接，特别是加强约束性指标和重大任务的衔接，确保落到实处。"

再比如：我们针对特定地、市（县区）的专项规划，在规划报告编制过程中，可以研究、探索并制定省、市、县（市、区）和产业园等多层级的规划指标统计与监测中心，逐步形成覆盖当地各层级的重点指标监测网络体系，进一步完善重点地区、重点产业、重大项目的全过程管理机制。严格执行全省、全市、县（市、区）和产业园等多层级的、规模以上企业重点指标统计与监督制度，强化对政府各部门的绩效考核与评估管理，确保政府规划目标的有序实现。

第三节　分析模型

一、PDCA 模型

（一）模型解读

PDCA 是英语单词 Plan（计划）、Do（执行）、Check（检查）和 Act（修正）的第一个字母，PDCA 循环就是按照这样的顺序进行质量管理，循环不止地进行的科学程序。

P（Plan），计划，包括确定方针和目标，制定活动规划。

D（Do），执行，根据已知信息，设计具体的方法、方案和计划；再根据设计和布局，进行具体的管理与运作，实现预期的计划。

C（Check），检查，总结执行计划的结果，分清责任与原因，明确效果和路径，找出问题所在。

A（Act），修正，对检查结果进行处理，对成功的经验加以肯定，并予以标准化；对于失败的教训也要总结，引起重视。对于没有解决的问题，提交下一个 PDCA 循环解决。

（二）模型应用

使用 PDCA 分析模型，可以对某个政府规划实施方案和行动计划进行目标和方案的制定、方案实施、方案进度检查和方案修正等，发现问题和缺陷之后，进入下一个计划—执行—检查—修正的再次循环。如：《贵阳高新区低碳发展规划》的规划保障采用了 PDCA 模型，通过对规划目标（P）的进一步理解和责任分解，强化组织领导和部门职责（D），强化日常检查机制（C），强化问题修正（A）。

二、协同模型

（一）模型解读

协同论（synergetics）又称"协同学"或"协和学"，是 20 世纪 70 年代以来在多学科研究基础上逐渐形成和发展起来的一门新兴学科，是系统科学的重要分支理论。由联邦德国斯图加特大学教授、著名物理学家哈肯（Hermann Haken）于 1971 年提出，1976 年他系统地论述了协同理论，发表了《协同学导论》，还著有《高等协同学》等。

协同论主要研究远离平衡态的开放系统在与外界有物质或能量交换的情况下，如何通过自己内部协同作用，自发地实现时间、空间和功能上的有序结构。协同论以现代科学的最新成果——系统论、信息论、控制论、突变论等为基础，吸取了结构耗散理论的大量营养，采用统计学和动力学相结合的方法，通过对不同领域的分析，提出了多维相空间理论，建立了一整套的数学模型和处理方案，在微观到宏观的过渡上，描述了各种系统和现象中从无序到有序转变的共同规律。

协同论是研究不同事物共同特征及其协同机制的新兴学科，近十几年获得快速发展并被广泛应用。协同论着重探讨各种系统从无序变为有序时的相似性。

协同论认为，千差万别的系统，尽管其属性不同，但在整个环境中，各个系统间存在着相互影响而又相互合作的关系。其中包括通常的社会现象，如不同单位间的相互配合与协作，部门间关系的协调，企业间相互竞争的作用，以及系统中的相互干扰和制约等。

协同论研究从自然界到人类社会各种系统的发展演变，探讨其转变遵守的共同规律。应用协同论方法，可以把已经取得的研究成果，类比应用于其他学科，为探索未知的世界和经济领域提供有效的手段，还可以用于找出影响特定系统变化的控制因素，进而发挥系统内子系统间的协同作用。

（二）模型应用

各类政府规划、专项规划的"规划保障"报告文稿的研究与撰写，在某些方面较好地体现和遵循了协同学模型的基本原理：

无论是规划环境还是资源禀赋，都影响和某种程度上决定了规划目标的制定与选择。规划目标的顺利实现，又需要与其相适应的产业布局、空间规划、组织体系，以及资源匹配、基础设施建设等。基础设施和资源条件的改善，反过来在一定程度上影响和促进了规划目标的完成，或者规划目标的超水平、提前实现。环境、资源、目标、路径和机制等各种要素之间相互影响、相互促进、相互作用，在某些方面又相互衔接，彼此协同。如：北京市"十二五"发展规划提出了环保发展的目标，一方面控制煤炭使用和燃烧，另一方面，从协同学的研究视角，确立了调入电、增加天然气、可再生资源等低碳环保类的新能源供应，逐步协调与解决北京市产业发展和生活用能等资源供应问题，北京市"十二五"发展规划报告文稿中阐述为："加快能源结构调整。大力削减煤炭终端消费，显著提升天然气、电力、新能源和可再生能源利用水平，实现 2015 年优质能源占能源消费总量比重达到 80% 以上。严格限制中心城区燃煤使用，完成三大燃煤电厂和 63 座大型燃煤锅炉天然气改造，继续实施非文保区平房、简易楼小煤炉清洁能源改造，基本实现五环内供热无煤化。2015 年煤炭消费总量力争控制在 2000 万吨以内。积极推进太阳能、地温能、生物质能等新能源和可再生能源的开发利用。"具体如表 18 所示：

表 18　　　　　　北京市 2015 年能源消费结构表

年度 能源种类	2009 年			2015 年		
	实物量	标准量	比重（%）	实物量	标准量	比重（%）
煤炭（万吨）	2664.7	2059.7	31.3	2000	1500	16.8
调入电（亿千瓦时）	512.6	1529.6	23.3	710	2200	24.4
天然气（亿立方米）	69.4	842.7	12.9	180	2200	24.4
油品（万吨）	1269.0	1809.6	27.5	1680	2550	28.3
可再生能源	—	180.0	2.7	—	550	6.1
其他	—	148.7	2.3	—	—	
合计		6570.3	100.0		9000	100.0

三、标杆管理法

（一）模型解读

标杆管理又称基准化管理、参照管理，起源于 20 世纪末，是组织提高绩效的有效方式。它是根据既定规则进行评估、比较的过程，以改进工作程序并取得更高的绩效。标杆管理是动态的过程。

标杆管理的基本步骤：

（1）确定目标和范围。决定标杆管理的项目与优先次序。

（2）诊断自己。分析内部程序，对在运作的情况全面诊断。

（3）考察潜在的合作伙伴。

（4）选择绩效评估标准。挑选容易理解且有普遍性的评估标准，用来衡量选择的程序或职能。

（5）收集内部数据，实施绩效评估标准。评估当前绩效。

（6）收集合作伙伴组织的信息，确保数据可靠。

（7）差距分析。

（8）借鉴研究对象的经验，缩小差距。运用"借鉴—改造—采纳"的程序选择多个程序，允许做出修改，使其适合组织结构及方法。

（9）监察结果。进行绩效改善。

（10）重新修订绩效评估标准。

（11）回到第一步。做出改善，再次运行上述程序。

（二）模型应用

我们在研究编制《潍坊节能环保产业园中长期规划（2014—2025 年）》时，对日本北九州工业园进行了标杆分析。具体文稿如下：

1. 基本情况。北九州工业区是日本的重化工业基地，也是世界著名的老工业基地。随着工业化发展，区域环境污染严重，传统产业逐步衰退。政府将"产业振兴"和"环境保护"政策有机结合，通过建设生态工业园实现转型。

北九州生态工业园由中心区、环保企业聚集区、响滩再生利用区和环保研发中心 4 个功能区组成。

2. 核心产业。中心区是开展环境教育的基地，如举办环保知识讲座及环保技术相关研修、推广。

环保企业聚集区集中开展环保产业化项目的区域，通过各企业的相互合作，推进区域内零排放型产业联合企业化、成为资源循环基地。特别是建立了复合设施项目，将生态工业园中企业排放的残渣、汽车的碎屑等主要工业废物进行资源化处理，同时，利用产生的热量进行发电，提供给园区各家企业。

响滩再生利用区是市政府开辟的专用土地，长期出租给企业，扶持中小型企业在环保领域发展，由汽车再生区域和新技术开发区域组成。汽车再生区域是由分散在城区内的 7 家汽车拆解工厂集中在一起，集中开展汽车再生使用活动。新技术开发区域有食用油再生项目、清洗剂和有机溶剂再生项目、塑料油化再生项目等。

环保研发中心是专门从事实验研究的区域。企业、政府、大学联合起来进行尖端废物处理技术、再生利用技术和环境污染物质合理控制技术的研发，该中心进行了废纸再利用、填埋再生系统的开发、封闭型最终处理场、完全无排放型最终处理场、最终处理场早期稳定化技术开发、废弃物无毒化处理系统，以及食品垃圾生物质塑料化等多项实验研究。

3. 园区特点及成功经验

一是政府大力支持。日本政府制定了一系列支持节能环保发展的优惠政策。北九州还制定了对产业废弃物征税条例，以促进废弃物的减量化、资源化。同时，在政府政策投资银行等融资对象中，对与 3R 事业、废弃物处理设施等建设项目相关的项目给予税收优惠。

二是完善的法律保障体系。日本在国家层面上，建立了完善的保障循环经济发展的法律体系。鉴于环境问题的严重性，北九州市还制定了比国家规定更为严格的地方条例。

三是重视科研及人才培养。北九州工业有百年历史，积累了丰富的产业技术及人才优势。1994年开始构建"北九州学术研究城"，为园区发展提供科技支持和智力支撑。

四是官、产、学、民的密切协作，共同参与。北九州生态工业园的建设以地方为主体，企业、研究机构、行政部门积极参与，形成了"官、产、学一体化"的生态工业园区管理和运作模式，企业与科研机构、政府之间进行强有力的合作。

4. 主要借鉴

加强政府引导和政策支持。节能环保产业属于典型的初期需要政府引导型产业，各级政府应继续加强引导和政策支持。

突出特色。北九州生态产业园区产业聚焦在四大模块，有利于突出特色，更好发展。地方在建设节能环保产业园区时，应考虑地方特色，聚焦特色。

政、产、学、研一体化。重视科研，将政府、企业、科研单位、大学紧密地联系在一起。

第四节　编写规范

一、基本规范

（一）"规划保障"报告文稿围绕规划目标进行简要描述

"规划保障"报告文稿，主要是系统研究规划目标，总结和提炼规划目标实现的措施、机制、体系，以及资源和服务平台等，并将这些内容重点阐述，为有关主管的规划审核、进行科学决策，以及上级单位提供必要的产业政策、稀缺资源等提供有效的制度和文件依据。

（二）"规划保障"报告文稿重点阐述主要措施或机制

各类发展规划的"规划保障"报告文稿，包含的基本内容和行文格式各不相同。

无论何种风格的"规划保障"，应该重点研究和重点描述实现规划目标的主导产业、重点工程等实施策略，需要出台的各种政策、组织机制、资源分配、服务平台、运行模式与开发机制等。

二、编写要领

（一）"规划保障"文稿要体现规划对象的特征和基本规律

政府发展规划有行业特殊性，政府职能既有经济性，也有社会性。"规划保障"着重体现特定发展规划的地域特征、行业特征。同时，符合特定规划的经济规律，如节能环保专项规划与生态文明产业政策、能耗监测机制等相关，并且规划保障重点研究和阐述。

（二）"规划保障"文稿应语言简洁并体现专业性

"规划保障"篇幅不需要太烦琐，也不能使用与行业、产业不适应的词语，应言简意赅，有政策高度和一定的专业性，要尽量避免使用偏僻或者不规范的日常用语。

（三）规划保障要与国家政策法规和地方产业政策保持一致

由于国家政策法规、地方条例和产业政策等对于具体经济和产业园发展有一些限制和阶段性的强制约束，编制规划保障措施时，需要结合政策法规，研究有关禁止性条款，并予以保持政策的一致性与合规性。如：前些年各地政府出台了一些产业投资和产业园投资税收、土地和招商激励等区域性特殊政策。2014年前后，国务院和有关部委出台管理规定，要求取消和废止有关地方政策，规范区域开发的外部环境，这就要求在编制规划保障时，需要研究新的政策，分析新的环境，进行适时的政策调整和措施优化，避免与上级法律或有关规定出现冲突。

第五节　案例研究

一、《潍坊节能环保产业园中长期规划》的 PDCA 模型应用

为实现预期的产业园规划目标，规划编制组研究并确立了产业园组织运行体系，建议成立节能环保产业园领导小组，发改委、经信委、规划局、环保局、国土局、建设局、科技局、财政局、商务局、交通局、农业局等部门参与，建

立明确的议事日程和具体职责，进行规划实施、资源协调、重大决策评估、管理、指导与考核。编制各部门工作计划和三年行动方案（2014—2016 年），做好产业园发展的协调配合、资源倾斜与工作衔接（P，计划）。

为了执行规划方案，建议成立产业园发展中心股份公司，设立产业园综合管理部、投资开发部和公共服务部等职能部门，制定各部门职责和流程，完善考核机制和具体办法（D，执行）。设立专门办公室。明确产业园发展中心的职权与工作程序，确立行动方案和年度计划，分解落实各项规划目标到职能部门和所辖园区、相关街道。规范入园标准和考核机制，开展重点招商和重大项目对接，提高开发速度、工作效率和服务质量。

设立投资管理、产业基金、融资担保、物流、物业等专业公司，分工承担相应职责和服务功能，分别属于产业园综合管理部、产业开发部或公用服务部。引进智囊机构，参与产业园开发的战略合作。制定和规范工作程序，做好协调与衔接，提高服务效率和决策质量。

贯彻园区发展规划，结合上级有关部署，制定产业园三年行动方案和工作分工，分解细化到各层级，落实到部门和岗位，与重点产业、规模企业紧密衔接。确保规划目标的顺利实现。

确立双链开发模式，推动骨干企业发展。抓好重点领域、重点行业、重点企业和重点项目节能监察，做好新增用能企业的节能监察工作，加强能耗限额标准、高耗能落后淘汰设备、节能评估审查和能源利用状况报告等制度执行情况的监督检查（C，检查）。

对于特定产业链的开发模式，具体如图 66 所示。

如图 66 所示，我们规划编制组建议产业园中的特定产业链的开发模式，主要内容如下：

（1）双龙头延伸模式。以两个以上（原则上）培育企业或规模企业为龙头，以产业链延伸和产业聚集为主线，进行产业链优化和产业基地建设。

（2）市场化运作模式。贯彻市场化运作原则，通过政府政策和窗口指导，推动园区龙头企业和配套企业的战略合作、园区企业和潍坊市辖区相关企业同等条件下的优先合作，推动潍坊市节能环保产业整体实力的提升和品牌塑造。

（3）跨链协同模式。探索产业链扶持的新模式，通过节能供电、供热等基础设施平台的跨链共享，不同产业链配套企业的柔性制造，以及园区人才、信息、物流、物业、会展、金融、技术研发等平台的内部调剂、流动和资源共享，贯彻市场化运作原则，通过政府政策和窗口指导，推动园区龙头企业和配套企业的战略合作、园区企业和全市相关企业同等条件下的优先合作，推动园区内优势产业整体实力的提升和品牌塑造

双龙头延伸模式

市场化运作模式

产业链开发模式

以两个以上（原则上）培育企业或规模企业为龙头，以产业链延伸和产业聚集为主线，进行产业链优化和产业基地建设

跨链协同模式

探索产业链扶持的新模式，通过节能供电、供热等基础设施平台的跨链共享，不同产业链配套企业的柔性制造，以及全市和园区的人才、信息、物流、物业、会展、金融、技术研发等平台的内部调剂、流动和资源共享，逐步提高基础设施和配套企业的综合供应能力，提高投入产出率

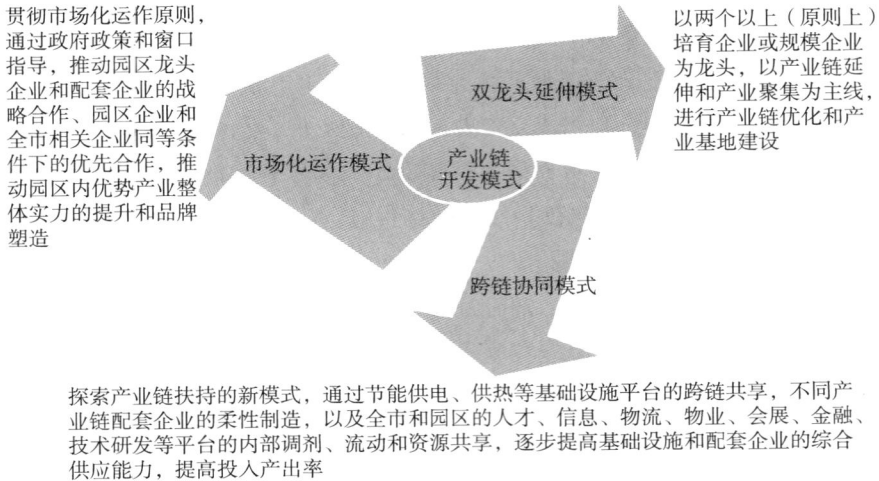

图66 潍坊节能环保产业园开发模式

逐步提高基础设施和配套企业的综合供应能力，提高投入产出率。贯彻节能环保的核心理念，对高能耗、污染大的配套产品或企业，以产品采购为主，避免由于这类企业入园导致的环境污染。

建立完善产业园节能环保长效机制，建立健全节能环保运行管理制度和用能操作规程，实行能源管理岗位责任制，开展节能环保宣传教育和岗位培训。建立能源消费统计制度。建立责任明确、分工协调、一级抓一级、层层抓落实的工作体系，量化具体指标，细化考核措施，制定行动方案，分别落实各部门的责权利，强化协调配合，分工负责，齐抓共管，确保规划落实到位。

制定产业园建设绩效评价体系。充分考虑园区组织体系、经济增长、资源产出、减量化、再利用和资源化、污染减量、平台建设、绿色消费、循环文化、保障条件等因素，凸显产业园特征，研究制定产业园建设绩效评价指标体系。

完善产业园规划的定期评估和优化机制，定期进行规划修订和优化，提高规划的时效性和适应性（A，修正）。

通过 PDCA 模型的实践运用，推动特定产业规划的有序实施与动态调整，确保实现预期的规划目标。

笔者 2014 年为潍坊节能环保产业园及当地政府组织了产业园规划建设专题讲座，主要介绍了规划编制背景、规划实施环境、规划建设基础、规划目标、重点产业链、重点工程、政府与企业实施策略、规划资源分配、规划考核评估，

以及规划实施保障等基本内容。

讲座现场具体如图67所示：

图67 潍坊节能环保产业园规划建设报告会举行

二、国务院《节能减排"十二五"规划》的协同模型应用

《国务院关于印发节能减排"十二五"规划的通知》（国发〔2012〕40号）的"规划保障"报告文稿提出了10个方面的规划保障措施：

"一是坚持绿色低碳发展。在制定实施国家有关发展战略、专项规划、产业政策以及财政、税收、金融、价格和土地等政策过程中，要体现节能减排要求，发展目标要与节能减排约束性指标衔接，政策措施要有利于推进节能减排。

二是强化目标责任评价考核。综合考虑经济发展水平、产业结构、节能潜力、环境容量及国家产业布局等因素，合理确定各地区、各行业节能减排目标。完善节能减排统计、监测、考核体系，健全节能减排预警机制，建立健全行业节能减排工作评价制度。

三是加强用能节能管理。明确总量控制目标和分解落实机制，实行目标责任管理。建立能源消费总量预测预警机制，对能源消费总量增长过快的地区及时预警调控。

四是健全节能环保法律、法规和标准。完善节能环保法律、法规和标准体系。推动加快制修订大气污染防治法、排污许可证管理条例、畜禽养殖污染防治条例、重点用能单位节能管理办法、节能产品认证管理办法等。加快节能环保标准本系建设，扩大标准覆盖面，提高准入门槛……加快重点行业污染物排放标准的制修订工作，根据氨氮、氮氧化物控制目标要求制定实施排放标准，加强标准实施的后评估工作。

五是完善节能减排投入机制。加大中央预算内投资和中央节能减排专项资金对节能减排重点工程和能力建设的支持力度，继续安排国有资本经营预算支出支持企业实施节能减排项目。完善'以奖代补'、'以奖促治'以及采用财政补贴方式推广高效节能产品和合同能源管理等支持机制，强化财政资金的引导作用。支持军队重点用能设施设备节能改造。

六是完善促进节能减排的经济政策。深化资源性产品价格改革，理顺煤、电、油、气、水、矿产等资源类产品价格关系，建立充分反映市场供求、资源稀缺程度以及环境损害成本的价格形成机制。完善差别电价、峰谷电价、惩罚性电价，尽快出台鼓励余热余压发电和煤层气发电的上网政策，全面推行居民用电阶梯价格。严格落实脱硫电价，研究完善燃煤电厂烟气脱硝电价政策。完善矿业权有偿取得制度。加快供热体制改革，全面实施热计量收费制度。完善污水处理费政策。改革垃圾处理收费方式，提高收缴率，降低征收成本。完善节能产品政府采购制度……推行重点区域涉重金属企业环境污染责任保险。

七是推广节能减排市场化机制。加大能效标识和节能环保产品认证实施力度，扩大能效标识和节能产品认证实施范围。建立高耗能产品（工序）和主要终端用能产品能效'领跑者'制度，明确实施时限。推进节能发电调度……加强政策落实和引导，鼓励采用合同能源管理实施节能改造，推动城镇污水、垃圾处理以及企业污染治理等环保设施社会化、专业化运营。深化排污权有偿使用和交易制度改革……完善矿产资源补偿制度，加快建立生态补偿机制。

八是推动节能减排技术创新和推广应用。深入实施节能减排科技专项行动，通过国家科技重大专项和国家科技计划（专项）等对节能减排相关科研工作给予支持。完善节能环保技术创新体系，加强基础性、前沿性和共性技术研发，在节能环保关键技术领域取得突破……加快国外先进适用节能减排技术的引进吸收和推广应用。

九是强化节能减排监督检查和能力建设。加强节能减排执法监督，依法从严惩处各类违反节能减排法律法规的行为，实行执法责任制。强化重点用能单位、重点污染源和治理设施运行监管，推动污染源自动监控数据联网共享。完善工业能源消费统计，建立建筑、交通运输、公共机构能源消费统计制度、地区单位生产总值能耗指标季度统计制度，强化统计核算与监测。健全节能管理、监察、服务'三位一体'节能管理体系，形成覆盖全国的省、市、县三级节能监察体系。突出抓好重点用能单位能源利用状况报告、能源计量管理、能耗限额标准执行情况等监督检查。

十是开展节能减排全民行动。深入开展节能减排全民行动，抓好家庭社区、青少年、企业、学校、军营、农村、政府机构、科技、科普和媒体十个专项行动。把节能减排纳入社会主义核心价值观宣传教育以及基础教育、文化教育、职业教育体系，增强危机意识。充分发挥广播影视、文化教育等部门以及新闻媒体和相关社会团体的作用，组织好节能宣传周、世界环境日等主题宣传活动。加强日常宣传和舆论监督，宣传先进、曝光落后、普及知识，崇尚勤俭节约、反对奢侈浪费，推动节能、节水、节地、节材、节粮，倡导与我国国情相适应的文明、节约、绿色、低碳生产方式和消费模式，积极营造良好的节能减排社会氛围。"

上述 10 条规划保障措施，从政策机制、运行模式、考核体系、实施策略、监督检查等方面，进行了系统设计与重点阐述，较好地构建了实现规划目标的保障措施和相互关系，体现了协同学的原理和实践做法。

三、"保定市产业园发展规划与运营讲座"的标杆分析模型应用

2014 年 7 ~ 9 月，笔者受河北省保定市组织部等邀请，为该市市委、市政府、市人大和市政协等主要领导、各职能部门，以及各县市区有关领导、职能部门和重点产业园等有关人员交流讲授了"保定市产业园规划与运营"专题讲座，运用"标杆分析法"对比分析了保定市产业园发展的现状与借鉴。其中分析了北京环保产业园的发展现状、主要做法和可能借鉴。笔者 2014 年 8 月给河北省保定市产业园规划与运营讲座，如图 68 所示。

2014 年 9 月 12 日，笔者为保定市全体领导干部和各县市长、区长、开发区主任，发改委、经信局、金融办等职能部门进行了政府规划思路与运营的讲座，保定日报等进行了报道，具体如下（见图 69）。

图 68　保定市产业园规划与运营讲座

保定日報

权威·深度·贴近·服务

2014年9月13日　甲午年八月二十　星期六　今日四版

中国地市党报品牌十强　河北省内容质量优秀奖报纸

第15360期　国内统一连续出版物号 CN13—0009

我市举办第三十四期领导干部大讲堂

聂瑞平马誉峰出席

本报9月12日讯（记者崔旭）今天下午，我市举办第三十四期领导干部大讲堂，邀请国家发改委国际合作中心城市发展咨询院副院长、产业金融战略研究所所长吴维海教授作《产业园规划与运营》的专题讲座。市委书记聂瑞平、市长马誉峰在主会场出席。

吴维海教授曾为国家部委、地方政府、园区和开发区、大型国有企业等提供过百余个规划案例和项目。吴维海教授结合详实的案例，从"园区相关知识、典型案例研究、保定园区策略"等三个方面进行了精彩授课。吴维海的授课内容丰富、论述精辟，既有理论高度，又紧贴保定实际，具有很强的针对性和指导性。与会人纷纷表示，会后要进一步深入学习，真正消化吸收，合工作实际，创造性地加以运用，牢牢把握京津冀协发展的大势，积极谋划好承接京津功能疏解和产业转的各项准备，着力推进园区上档升级，承接好京津产转移。

市委常委、政法委书记石海林主持大讲堂。

在家的市四大班子领导、市中级人民法院院长、直各部门、市属企事业单位主要负责同志在主会场聆讲座。各县（市、区）领导干部在分会场收听收看。

平出席上海合作组织杜尚别峰会并发表重要讲话强调

凝心聚力 精诚协作

动上海合作组织再上新台阶

省新闻界培育和践行

社会主义核心价值观

工作推进会在石家庄召开

我社作典型发言

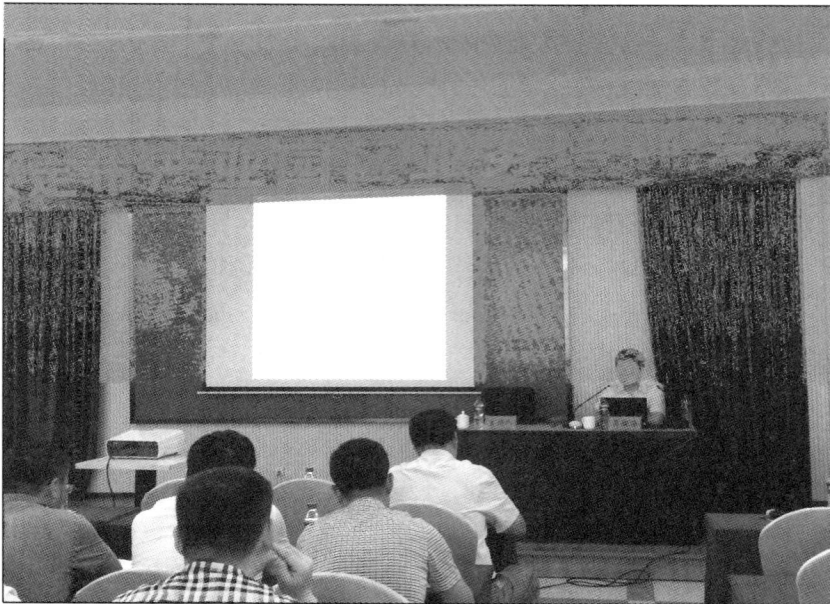

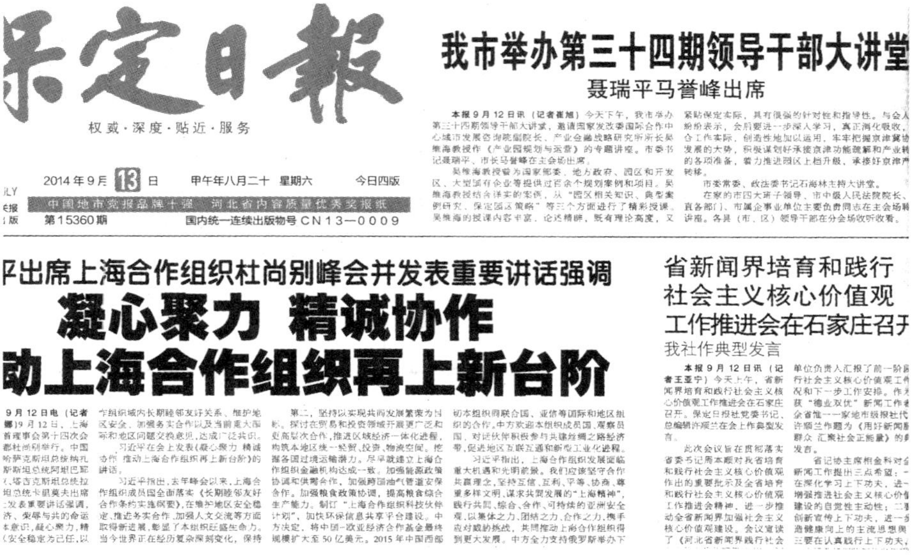

图 69　保定市第 34 期领导干部大讲堂

本次规划讲座关于标杆分析的示例，具体如下：

1. 发展现状

本次讲座分析了北京市环保产业园等标杆单位的开发经验。希望通过标杆分析，为保定市经济发展和产业定位提供参考和借鉴。

主要内容：

2002 年 12 月 23 日，北京市人民政府同意将北京国家环保产业园区列为市级开发区。园区总体规划占地 15 平方千米，其中一期开发面积 7.17 平方千米。园区选址位于北京市通州区马驹桥镇域内，是在原马驹桥工业星火密集区基础上建立的，为距离北京最近的市级开发区之一。

北京国家环保产业园区是集环保技术开发、孵化、设备制造、环保工程设计、环保软件开发、环保产品展示交易、环保技术服务等功能于一体的现代化绿色园区，是国家环保技术装备生产基地，京、津、冀都市圈及华北地区的环保技术开发转化中心。环保产业园区对于科技含量高，经济效益好，单位土地面积投资大、产出多，环境污染少，能够吸纳当地劳动力，建设周期快的其他行业企业也可以引进。引进跨国公司、国内知名企业、外资企业、上市公司、高新技术企业，并重点引进世界 500 强、国内 500 强企业。

2. 节能环保产业结构

园区形成以环保产业为主体，高新技术企业和外向型经济为两翼的"一体两翼"的产业新格局，突出与北京经济技术开发区主导产业相承接的作用，重点发展汽车电子、航空电子、汽车零部件等产业，突出环保主题，打造环保园区特色。已有北京桑德集团、北京海斯顿环保设备有限公司、北京保绿再生处理公司、北京富鼎环保设备公司、北京志峰环保设备公司等环保企业入区。

3. 主要特征

园区是集环保开发、产品制造、环保咨询服务等功能为一体的综合性园区。园区以"立足首都、面向全国、着眼世界"为发展宗旨，积极与通州及环渤海经济圈周边地区产业基础形成配套，参与国际竞争，成为环保产业领域的技术创新、高新技术产业化、国际合作、产业发展的基地和示范园区。

4. 主要借鉴

北京节能环保产业园建设的主要借鉴：

定位高端。园区定为国家环保产业园，以"立足首都、面向全国、着眼世界"为发展宗旨，设立之初就作为市级产业园进行布局和提升，并确定了引进技术领先型和国内外 500 强企业等招商目标。

行业集中。园区行业定位于装备生产基地和技术开发中心等重点领域。

产业承接。园区产业与已有企业、邻近产业相互支撑和承接，与通州及环渤海经济圈周边地区产业基础形成配套，推动了核心产业链延伸和聚集。

在标杆分析的基础上，研究归纳保定市各产业园规划现状，保定市确立并实施了"一核两组团"发展格局："一核"就是由保定主城区为主的中心城市群，"两组团"即保东生态文明新城组团和保北中小城市群组团。

同时，制定了汽车及零部件、新能源及装备制造、食品、建材、纺织服装、航空航天及新材料、生物医药、现代农业、现代服务业、旅游产业、文化体育、节能环保 12 个产业发展路线图。积极发展 5 个传统主导产业：汽车及零部件、新能源及能源设备、纺织服装、食品、建材；大力推动两个新型主导产业：航空航天及新材料、现代医药。

从空间布局看，保定市确定了总规划面积 1149 平方千米的 34 个重点园区，承接京津地区汽车、新能源、航空航天、电子信息、生物医药、商贸物流、旅游休闲、健康养老等产业转移，重点建设高端装备制造基地、战略性新兴产业基地、商贸物流基地、新机场临空产业基地等。

河北省保定市产业规划定位基本现状，具体如图 70 所示：

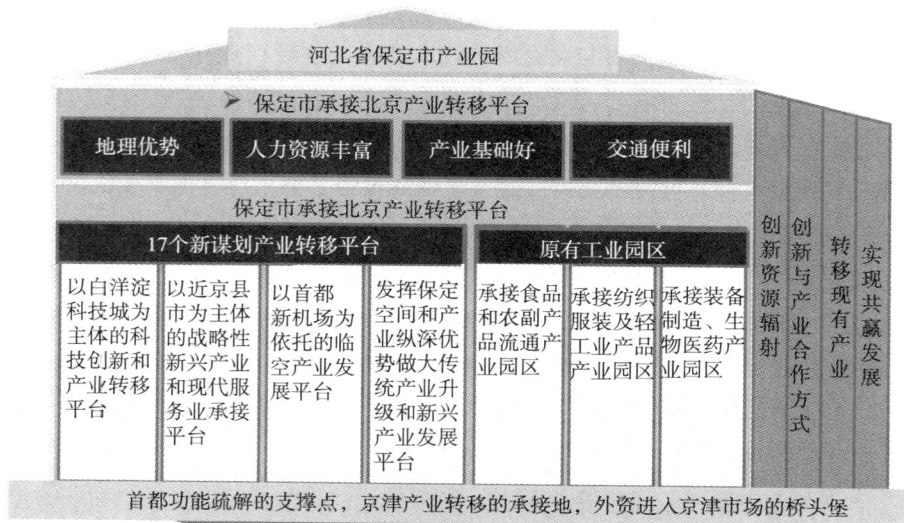

图70　保定市34家产业园规划定位现状

248

　　在分析了保定市经济布局和产业现状之后，系统研究了保定市重点园区的产业布局和产业特征，剖析了存在的问题与缺陷，再研究探索保定市规划调整与规划实施的建议，提出了保定市未来规划修订的思路和机制，推动有关规划目标的顺利实现。

第三篇
政府规划管理

　　本部分重点介绍政府规划的管理程序与具体实务，包括但不限于：规划执行、规划评估、规划调整以及规划衔接等，主要阐述了各类规划的执行程序及要点、规划评估内容与要求、规划调整实务，以及规划衔接关系、操作要领与重点思路等。

第十四章 规划执行

第一节 编制依据

一、基本要素

规划执行指按照规划确定的指导思想和发展目标，对规划既定的重点任务、主导产业等，进行有计划、有步骤地分解落实，配置必要的资源，通过实施主体的参与和具体行动，推动预期目标的实现。

二、理论基础

规划执行主要依据既定的规划目标、确定的工作任务、资源与能力、部门职责分工，以及本单位相关工作计划等予以统计、监督、评估、考核和兑现奖惩。

第二节 编制内容

一、基本要素

规划执行需要有明确的战略定位、规划目标、组织体系、行动计划、责任分工、评估机制、基础设施、公共服务、激励考核及相关配套体系等。它是PDCA分析工具中"监督检查"（Check）的具体体现。

二、主要内容

为了实现特定规划目标，建议政府构建相应的资源配置支撑体系，具体包括但不限于：准入条件、管理机制、产业扶持办法、招商策略、服务平台、公共购买、办公体系、交通居住、配套设施、示范基地等。具体如图71所示：

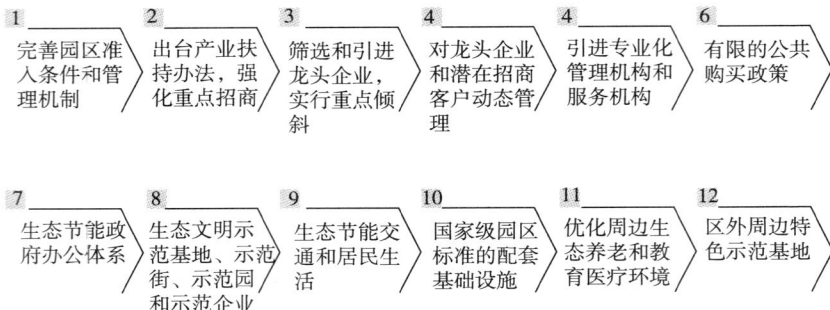

图71 地方政府产业园发展规划的资源优化体系

如图71所示，规划执行是一项复杂的系统工程，工作内容包括但不限于：组织领导、政策约束、产业扶持、招商机制、专业机构引进、公共购买、生态办公、示范基地、配套设施、特色基地等重点项目建设和工作推进。

政府规划的执行、评估与修订需要有一套稳定、有效的组织机制和运行体系。我们在总结各类地方政府规划组织机制、运行模式的基础上，提炼归纳了地方政府规划执行需要构建的组织体系，具体如图72所示：

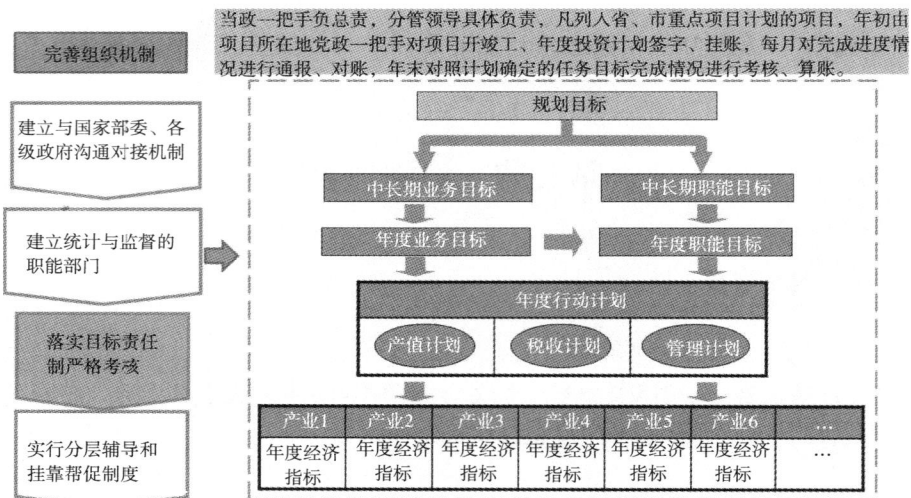

图72 地方政府规划的组织体系设计

图 72 详细说明了规划执行的组织体系和目标分解的基本原理与主要构成。

第三节　分析模型

一、规划分解

通过对政府规划主要目标和重点任务的逐级分解，实现各级政府部门、各岗位的工作任务与规划项目的衔接，据此制定政府各部门、各岗位的年度计划，确保政府规划的实际执行。

二、责任考核

重点是根据规划任务和责任分解，确立相应的行动方案，制定考核措施，进行过程跟踪，制定并实施业绩考核办法，不断推动政府规划目标和工作任务的落实与执行。

三、优化提升

根据政府规划阶段性考核结果，进行经验总结和工作分析，对存在的问题或缺陷进行优化与修订，研究出台新的规划实施、责任分工管理办法与考核机制，提升规划执行的质量。

第四节　执行规范

一、做好规划执行与责任主体挂钩

地方政府规划不能有效执行与落实的一个重要原因，是政府规划与政府有关领导、责任部门挂钩不紧密，或者没有实现责任分工。

为了实现规划预期目标，避免工作任务没人负责的现象，需要根据规划实施的有关需求，进行工作任务分工。

按照政府职能部门的工作范围，制定政府规划实施的操作流程与责任考核办法，与政府部门考核、个人收入晋升等紧密挂钩。

二、做好规划执行的全过程、全方位跟踪

分解规划目标和重点阶段，制定规划执行的具体计划，分解到有关部门和人员。建立运行机制，对重点项目、重点企业实行全过程跟踪和全方位服务。通过动态跟踪与全过程服务，提高产业聚集与开发效率，提高规划执行质量。

三、重点解决规划实施的工作难点

规划执行的不同阶段，可能在不同的研究领域，存在规划执行的某些障碍、工作难点和阻力等。要经常组织开展具体的产业研究，主动聚集有效资源和核心团队，积极突破、努力协调并积极解决。如在产业园建设的前期，一级土地储备和基础设施建设等可能是该项工作的难点与重点，政府有关部门可以成立工作组，出台政策与工作措施，积极协调和妥善解决。在产业园开发进入成熟期，产业招商和项目融资可能是地方发展最重要的工作之一，政府将规划执行的重点放在组织资源和人员进行重点招商、构建融资平台，帮助企业进行项目融资和上市融资等方面。

招商引资是规划执行的重要内容，也是产业聚集的工作难点。地方政府应该集中精力，分解工作任务，聚集优势资源，统筹规划，积极突破。实际工作中，可以与产业链构建和产业聚集结合，进行统一的招商部署。具体思路如图73所示：

针对不同产业园的主导产业链，进行差异化的链条延伸与招商，通过建设、增补、强化产业链等措施，推动产业聚集和产业基地打造。

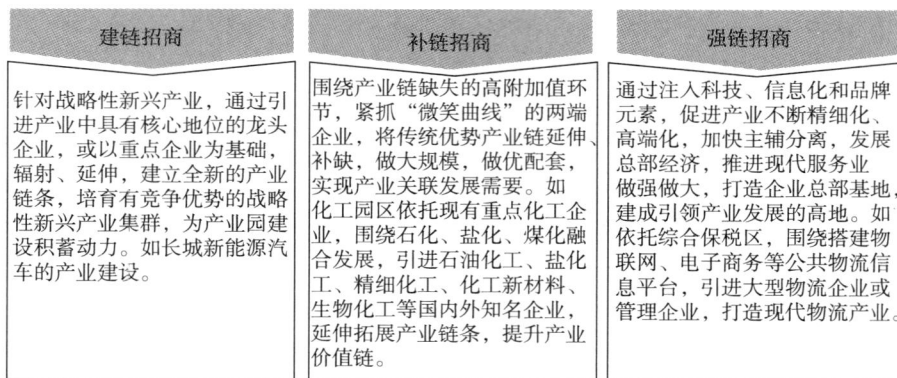

建链招商	补链招商	强链招商
针对战略性新兴产业，通过引进产业中具有核心地位的龙头企业，或以重点企业为基础，辐射、延伸，建立全新的产业链条，培育有竞争优势的战略性新兴产业集群，为产业园建设积蓄动力。如长城新能源汽车的产业建设。	围绕产业链缺失的高附加值环节，紧抓"微笑曲线"的两端企业，将传统优势产业链延伸、补缺，做大规模，做优配套，实现产业关联发展需要。如化工园区依托现有重点化工企业，围绕石化、盐化、煤化融合发展，引进石油化工、盐化工、精细化工、化工新材料、生物化工等国内外知名企业，延伸拓展产业链条，提升产业价值链。	通过注入科技、信息化和品牌元素，促进产业不断精细化、高端化，加快主辅分离，发展总部经济，推进现代服务业做强做大，打造企业总部基地，建成引领产业发展的高地。如依托综合保税区，围绕搭建物联网、电子商务等公共物流信息平台，引进大型物流企业或管理企业，打造现代物流产业。

图73　基于产业价值链的招商策略

根据图 73 的产业链招商工作思路，针对不同发展阶段的产业链，进行建链、补链和强链招商。

四、做好规划执行的业绩考核

政府规划的执行需要构建规范的约束机制与翔实的规划执行考核体系，需要有专门的部门或机制，予以动态督促和考核落实。

在实施规划执行时，可以从规划执行状况、规划执行的责任主体工作效果两个维度进行考核。

对于规划执行的责任主体考核，可以分为政府职能部门与岗位个人考核等层面，予以分解落实。

第五节　案例研究

一、中关村软件园的战略执行与评估

中关村软件园是我国较早建立的以软件与信息化、科技创新等为重点的专业产业园。园区自建设以来，经历了 10 多年的开发与提升，经过了很多探索与改革，取得了一些经验，也存在需要总结和改进的教训。

为系统、全面、客观地总结成绩，剖析实践教训，为二期开发提供决策支持，中关村软件园管理公司委托我们研究团队进行中关村软件园的十年发展战略评估。

分析发现，中关村软件园原先的规划设计，一般思路如下：

1. 总体设计："浮岛"理念创意较强。软件园区总体规划设计采用"浮岛"式理念，充分体现了自然与现代、静谧与灵动、城市与田园风光的完美融合与统一，每一座浮岛就是一个独立的研发区，通过控制容积率、绿化率，为软件研发群体创造一个宁静、自然的研发空间环境，为中关村软件园赢得了"首都科技旅游示范园区"的称号，受到入住企业的欢迎。

2. 空间布局：实用性较强。在总体布局上，将企业孵化和综合管理服务部分设置于园区边缘东南两侧，呈现带状分布，以城市化的布局求得功能的便捷和联系，取得城市型的功能效应。总体来看，空间布局考虑到了软件研发企业和软件研发人才的实际特征和需求，具有较强的实用性。

3. 景观设计：水景观设计。以森林"绿岛"理念进行景观园林设计，规划隔离绿地、中心绿地、森林绿地、组团岛状的近环境及内环境、庭院绿地五个不同功能的绿地，通过一级开发建设，很快形成了系统化森林似绿色园区，当然，景观设计也存在不足，尤其是水景观特色没有实现，从景观设计实际花费来看，比当初规划设计成本有较大幅度降低。

从中关村软件园的规划执行来看，该产业园实际开发中存在如下的差距或调整：

一是规划和现实条件反差较大。软件园一期开发规划的"浮岛"规划方案，五个绿化水系形态合成为园区的生态体系，大面积植被创造了水系的水上保持条件，而大面积水面使植被获得保湿环境，足够的水容才具有自净的能力，足够的植被才能使不同品种植被互为生存的依赖。但是，北京市严重缺水的现实条件，使得规划的蓝图与实施效果之间存在较大的偏差。

二是经济可行性条件相对不足。控规指标确定时经济分析不足，很难做到将经济效益的评判量化，导致实际开发时软件园公司多次调整地上建筑容积率，增加了沟通和协调成本，对整个园区的建设进度也有较大的影响。

三是公共配套空间与实际有较大差距。一期规划时对软件园的功能配套考虑不足，尤其是缺乏公共空间，从后期的实施看，不利于偏重于以软件工程师为主的高科技园区，缺乏人际交流空间。

针对中关村软件园一期开发存在的缺陷，项目团队提出了修改完善的建议，提请有关单位评审和执行。

总体来看，中关村软件园十年开发需要总结和借鉴的经验很多，也有一些不足和体系性缺陷，如过大的容积率，前期的一级土地开发周期过长，软件园生活配套不完备等，这是规划评估得出的基本结论。

二、政府规划执行中债务风险管理 PDCA 模型应用

各级政府的规划执行需要可靠的、低成本资金与重点项目的资本运营，社会公共服务与交通等基础设施项目建设需要地方政府大量的资金投入，以及 PPP 模式等改革与探索。

前些年，地方政府通过发债、土地抵押等借用了巨额资金，这些累积的资金需要每年归还利息，到期归还本金。大量的债务（包括政府发债）需要可靠的收入予以支撑。然而，地方政府的财政收入往往不足以解决债务偿还问题，

容易出现信用危机，影响特定政府规划的执行，有必要严格监督和进行风险管控。

近段时间，随着《国务院关于加强地方政府性债务管理的意见》（国发〔2014〕43号）等的陆续出台，地方政府融资模式有了巨大的变革，地方融资平台按照公益性与盈利性进行明确划分，地方政府与融资平台公司之间的风险分割将更加清晰，地方政府的存量债务和增量债务如何有效管理，已经成为地方政府规划能否顺利执行的重要影响因素。为此，国家发改委、财政部、人民银行、银监会、证监会、商业银行、地方政府、金融行业研究机构的专家学者，在北京等地相继组织了国发43号文及PPP融资模式等座谈交流。通过专题座谈和证券年会等形式，系统探索与深度交流了地方政府融资改革、证券市场走势，以及政府规划的调整机制等。部分座谈交流现场，如图74所示：

图74 部委专家与金融学者座谈对话地方发债及融资改革

针对地方政府发债和融资管理体制改革，专家学者研究探索了PPP、BOT、PFI、BOST、国有产权交易、混合所有制改革等融资模式，并对政府融资未来的可能改革方向进行了探讨与预测。

整理与提炼20年来的金融实践，笔者及研究团队近期编辑出版了《政府融资50种模式及操作案例》、《企业融资170种模式及操作案例》丛书，系统解答了新形势下政府融资模式与操作流程，以及企业融资的可能模式等，具体如图75所示：

图 75　《政府融资 50 种模式及操作案例》和《企业融资 170 种模式及操作案例》

　　为系统研究地方政府的债务风险，我们采取 PDCA、目标一致性等模型，对地方政府规划的融资债务风险监督与管理机制进行了研究，系统分析了中央政府的政府债务管理政策，中共十八届三中全会提出的"建立规范合理的中央和地方政府债务管理及风险预警机制"，以及中央经济工作会议关于把控制和化解地方政府性债务风险作为经济工作的重要任务等政治法律环境，倡导将短期应对措施和长期制度建设结合（P，计划），主动帮助地方政府化解地方政府性债务风险。

　　分析发现，各地政府债务基本可分为显性直接债务、隐性直接债务、显性或有债务和隐性或有债务，相应的政府债务风险有显性直接债务风险、隐性直接债务风险、显性或有债务风险和隐性或有债务风险。

　　通过 PDCA 模型分析和现有债务基本情况分析，我们发现，当前，地方政府债务管理存在风险控制机制不健全、债务数据不真实、偿债能力较弱、融资手续不规范等突出问题，结合对地方政府债务的规划评估，我们提出了具体的风险防范建议：

　　一是建立地方政府性债务管理责任制（D，执行）。严格执行国发 43 号文件，严格发债体系管理。分清"谁负债，谁偿债"的偿债主体责任，完善地方政府考核模式，避免地方政府性债务无序、盲目蔓延。

二是严格执行地方政府预决算制度，将政府的债务数量、借债项目、资金投向、债务项目效益等纳入本级预算管理，提高对预决算制度执行情况的监督，强化地方政府债务管理的规范管理（C，检查）。

三是改变领导干部考核体系，将债务负担率、债务偿还率等列入考核指标，对存在问题的投资项目，追究相关人员责任。

四是理顺中央政府和地方政府的关系，建立事权和支出责任相适应的制度，规范地方政府债务管理（A，调整），中央和地方政府按照事权划分相应承担和分担支出责任。

五是引进民间资本，推进基础设施和公共服务项目建设。引进社会资本，利用 PPP 模式，积极引导民间资本参与城镇化基础设施建设和公共服务融资，提高公共供给的效率。

六是有序推进地方市政债券的发行。严格执行地方政府发债程序（P，计划），将债务收支纳入预算管理（D，执行），交由人民代表大会审议并接受监督，使地方政府债务公开透明化，加强地方债务的统一监管（C，检查）；完善地方政府发债制度，严格规定市政债券的发行主体、发债方式、发债规模、资金用途、偿债机制等，建立以规模控制、债券保险、信用评级、信息披露等为主体的风险控制体系，防止债务风险。

七是编报政府资产负债表。编制政府资产负债表，明确地方政府的负债率、偿债率等；建立地方政府财政收入与债务之间的关联机制，将地方政府的债务规模控制在合理范围内，提前做好债务融资规划。

八是建立地方政府性债务管理的风险预警机制。组建地方政府债务信息监测系统，完善信息报告制度，定期公布负债情况和资金变动情况；规范地方政府债务风险管理制度，建立政府性债务风险指标体系，确保债务风险得到有效控制和化解（A，调整）。

通过 PDCA 模型等分析工具，推动风险管理制度的实际执行，调整实际工作措施，提高地方政府的债务风险控制能力，确保各类规划执行的资金安全。

第十五章　规划评估

第一节　评估依据

一、基本依据

规划评估的主要目标在于掌握规划实施的进展与成效，分析归纳规划实施的经验和问题，促进规划编制与实施。

规划评估依据一般包括：政策法规、总体规划或上一级规划、本规划，以及规划执行期出台的最新政策、上层规划等。

规划评估属于规划执行期间的重要工作，它是 PDCA 模型的重要一环。通过规划评估，检验规划实施效果，分析规划执行中的问题，为更好地优化和执行规划提供决策依据。具体如图 76 所示：

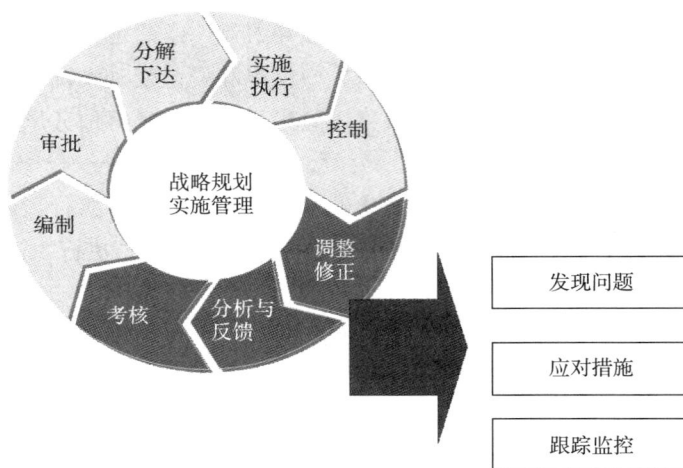

图 76　规划评估与修正模型

规划考核的目标在于，分析比较规划目标任务承担组织或个人实施规划的成绩与差距，推动规划实施，提高规划执行效果。

规划考核的主体是上级部门或者负责监督考核的部门。

有些政策规定总体规划需要进行强制性评估，如：《国家发展改革委贯彻落实主体功能区战略，推进主体功能区建设若干政策的意见》（发改规划〔2013〕1154号）规定："开展主体功能适应性评价。编制产业发展专项规划和重大项目布局，要与主体功能区规划相衔接，视需要开展主体功能适应性评价，使之符合各区域的主体功能定位……强化主体功能区建设进展情况的跟踪评估。"

二、理论基础

采用 LFA 方法、UNCSD 的 PSR 理论模型、IISD 环境经济模型等，构建各类规划的评估模型体系。

第二节　评估内容

一、美英国家评估体系

自 20 世纪 40 年代起，美国、英国等西方国家针对政府公共部门的规划与政策执行情况，开展政府绩效评估，形成较完善的评估体系和评估方法。

英国、美国城乡评估体系一般分为两个层次、三个阶段。其中，"两个层次"指国家区域层次的统筹指导和地方的贯彻执行。"三个阶段"指项目前期阶段的规划编制评估，进行项目的环境影响、交通影响、土地价值评估等评价；规划实施过程的评估，项目建设阶段进行分阶段评估，监测评估项目运行情况，提出改进计划编入行动计划；规划项目建设完成后项目质量、效益的追踪评价。

（一）美国规划评估体系

美国的城乡规划体系大体上分为：国家指导性层次规划评估和地方实施性层次规划评估。上层次的综合规划对下层次的实施规划起指导作用，它是土地利用决策的依据。

其中，环境相关评估贯穿两个层次的规划。指导性层次规划评估综合规划的专项评估、区域性环境影响评价、城市总体规划定期评估、社区与邻里规划评估。城市总体规划在固定时间期限内进行评估、调整。

美国实施性规划是开发控制的法定依据，又称法定规划。这一层次的规划由于上层次总体规划调整、地块周边情况发生重大变化、原编制程序不合法三种情况之一，可以由土地所有者或其他人提出修订要求，再按原程序编制与审批；城市设计导则基本固定，任何人提出调整要求均可以进行，但程序复杂，必须按原程序审查、审议。

实施性层次的规划评估包含：土地评价和区位评估、环境影响评估、城市增长管理、城市土地再开发评估、城市更新规划评估、城市专项规划评估、城市行动计划策略实施评估等。

规划期初，纽约市通过环境风险评估，制订棕地治理的统一标准，建立专门的城市管理部门负责监督棕地治理的规划、检测和处理等保证现有棕地治理项目的顺畅运行。

规划期中，美国市长议会拟定关于棕色地带再开发的年度报告，以后每年进行一次年度评估报告，调查每个城市的棕地再开发情况。在进行评估的过程中，把政府、商业和社区连接到一起，成为有伙伴关系的利益共同体。通过利益共同体参与评估，将环境修复、合理的规划、社区参与结合。通过纽约棕地利用年度评估，评估项目进展情况，提出下年目标，针对进度与目标提出新的计划。

规划期末，通过评估城市棕色地带产生的就业机会，遵循前两次评估指导意见进行实施后，显示经济效益和综合效益。

（二）英国规划评估体系

2004 年英国确立规划体系包括区域空间战略和地方发展框架两部分，英国规划评估体系包含上述两个层次规划的评估。

具体如图 77 所示。

区域空间层面的规划评估分为区域空间战略编制评估和区域空间战略修订评估两个阶段三次评估：根据《城乡规划条例（区域规划）》，其中《可持续性评估》贯穿区域空间战略编制实施修订的整个过程；在区域空间战略的编制阶段，进行"多方沟通的政策评估"；在区域空间战略的修订阶段，进行"政策执行的监控评估"。其中《可持续性评估》（SA）包含维持稳定的经济增长和就业水平、个人实现社会抱负的进程、环境的有效保护和资源的谨慎利用四个方面的评估。

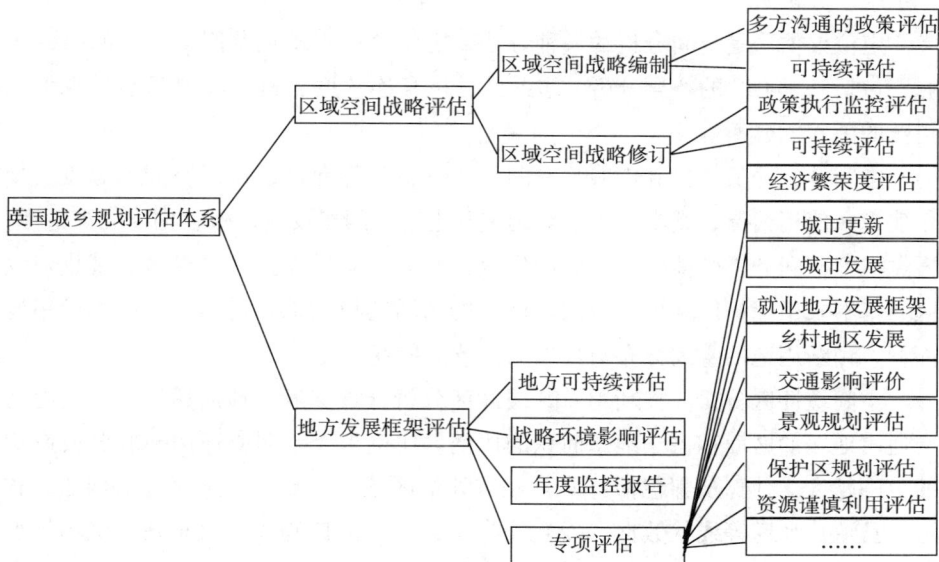

```
                                                            ┌──────────────────┐
                                                            │ 多方沟通的政策评估 │
                                            ┌──────────┐    ├──────────────────┤
                                            │区域空间战略编制│────│    可持续评估     │
                               ┌──────────┐ └──────────┘    ├──────────────────┤
                               │区域空间战略评估│            │  政策执行监控评估  │
                               └──────────┘ ┌──────────┐    ├──────────────────┤
                                            │区域空间战略修订│────│    可持续评估     │
            ┌──────────────┐                └──────────┘    ├──────────────────┤
            │英国城乡规划评估体系│                            │   经济繁荣度评估   │
            └──────────────┘                                ├──────────────────┤
                                                            │     城市更新      │
                                                            ├──────────────────┤
                                                            │     城市发展      │
                                                            ├──────────────────┤
                                                            │  就业地方发展框架  │
                                                            ├──────────────────┤
                                                            │    乡村地区发展    │
                                            ┌──────────┐    ├──────────────────┤
                                            │ 地方可持续评估 │    │   交通影响评价    │
                                            ├──────────┤    ├──────────────────┤
                               ┌──────────┐ │ 战略环境影响评估 │    │   景观规划评估    │
                               │地方发展框架评估│├──────────┤    ├──────────────────┤
                               └──────────┘ │ 年度监控报告 │    │   保护区规划评估   │
                                            ├──────────┤    ├──────────────────┤
                                            │   专项评估   │────│  资源谨慎利用评估  │
                                            └──────────┘    ├──────────────────┤
                                                            │      ……          │
                                                            └──────────────────┘
```

图 77　英国规划体系

英国发展框架的《地方发展文件》和《补充发展文件》按照英国《城乡规划法》和欧盟法律的规定进行《可持续性评估》（SA）和《战略环境影响评估》。一般评估介入时间为规划编制前；每个地方政府建立《年度监控报告》（AMR）制度，每年年末对地方发展框架实施情况进行评估。地方政府进行交通影响评价、景观规划评估、保护区规划评估、资源利用评估等专项评估，评估年限可分为 2 年、3 年和 5 年。

美国、英国规划评估实践对于我国规划评估工作的主要借鉴：绩效评估逐步走向制度化、法制化，绩效评估主体多元化，评估主体逐步趋向公民导向，评估技术更加成熟。

二、我国规划评估内容

（一）评估模式

从规划评估实施者来看，规划评估包括自我评估、第三方评估和上级行政部门评估。

从规划评估操作看，规划评估包括定性评估和定量评估等。其中，定性评估方法包括：专家问卷调查、群众调研法等；定量评估方法包括：对比分析法、计量统计分析法。

定位评估法是空间分析的一种方法，定位分析实质是空间单元上的指标运算，包括基于 GIS 的叠合分析、缓冲区分析和连片度分析，以及基于景观生态指数的破碎度分析等。

空间叠合分析。指利用 GIS 空间叠合分析计算允许建设区空间偏离度、禁止建设区使用情况、基本农田地类构成和生态空间建设用地减量化程度等指标。通过 GIS 空间分析中擦除或裁剪操作获得空间上布局在允许建设区、禁止建设区、基本农田保护区和生态空间范围内的新增建设用地、耕地、现状建设用地面积，判断用地的空间分布与规划的一致性程度。

空间缓冲区分析。指利用 GIS 缓冲区分析计算交通用地通达度、通达度为交通用地缓冲区面积占土地总面积的比例。比例越大表明交通用地服务或影响的范围越大。计算步骤包括：（1）获取评估区域道路数据，主要包括国道、省道、县道、乡道等线状数据；（2）高速出入口、港口码头、火车站、机场等点状数据；（3）按不同缓冲距离分别对线状和点状道路数据建立缓冲区、统计缓冲区面积、计算其占评估区域总面积比例。

连片度分析。基本农田连片度指基本农田图层中地块在空间上的相对相连度。两个地块在空间上相隔的距离越小，它们的连片性就越高。当它们的距离小于一定阈值时，被认为连片。

破碎度分析。土地利用总体规划强调切实保障生态用地建设，但实施中受自然或人为因素的干扰。原来连续的景观要素经外力作用后逐步变为许多彼此隔离的不连续的斑块镶嵌体，破碎度是对景观破碎程度的度量。

（二）评估体系

按照规划评估的时序，规划评估体系包括前期评估、中期评估和后期评估。

前期评估对规划及政策的科学性进行评估，确定是否继续实施；中期评估对规划的实施和完成情况进行评估，确定规划是否合理及改进措施；后期评估是评估规划与政策实施效果，为出台新的规划与政策提供借鉴。

（三）评估绩效

评估规划效果的前提是制定并确认政府绩效与规划绩效。

在管理学中，绩效定义为从过程、产品和服务中得到的输出结果，并将该输出结果与目标、标准、过去结果、其他组织的情况比较，对该输出结果进行评估。绩效评估是识别、观察、测量和评估绩效的过程。

政府规划的效果（绩效）评估与规划目标和职能相一致。政府规划的目标是实现特定的税收与 GDP 等效益，实现特定的社会功能，如生态环保、居民就业、基础设施建设等。

（四）评估内容

各类发展规划、五年规划、专项规划、土地利用总体规划、控制性详细规划等各类规划的评估标准与内容可能不同，评价重点存在差异。但是，各类规划评估内容一般包括：对规划编制、规划执行的政策、环境与制度变化、规划目标的具体进展、重要指标的完成情况，重点工程进度与缺陷、主要任务的进展等对比分析，对规划执行存在的问题等深入研究，对下一步规划期内可能实现的目标等进行预测，提出规划改善建议和具体策略。如：对"十二五"绿色发展规划的期中评估，包括对规划基期、上一个规划期、本规划执行期等候数据和指标等进行评估与对比，分析主要原因，研究具体策略。具体示例如表 19所示：

表 19 **生态保护与实际执行对比**

年份 项目	2000	2005	2010	2011	2012	"十五" 年均变化	"十一五" 年均变化	2010—2012 年 年均变化
造林总面积（万公顷）	510.5	540.4	591	599.7	601	5.4	1.8	0.8
森林覆盖率（%）	16.55	18.21	20.36	20.91	21.09	0.3	0.4	—
森林蓄积率（亿立方米）	112.7	124.6	137.0	139.5	140.4	2.0	1.9	
自然保护区面积（亿公顷）	9821	14995	14944	14971	—	8.8	-0.1	—
湿地面积（亿公顷）		3489	3489	3489	3489	—	0	0
水土流失治理面积（万公顷）	8096.1	9465.5	10680	10966.4	11386.4	3.2	2.4	3.3

表 19 中，生态保护的评估项目包括造林面积、森林覆盖率、森林蓄积率、自然保护区面积、湿地面积、水土流失治理面积等指标，分析年份包括 2000 年、2005 年、2010 年、2011 年、2012 年的数据和比较，以及"十五"变化、"十一五"变化和评估期间变化情况，进而说明规划执行情况，并分析原因。

（五）评估报告

规划评估报告内容与文稿格式有不同风格，一般包括但不限于：

（1）评估依据和背景说明。主要阐述规划评估的基本文件和政策依据、评估范围、评估期限，以及有关事项。

（2）规划评估期内的基本情况描述。主要描述评估期内规划执行和有关环境变化等。

（3）总体评价。一般说明评估期内对规划执行的总的评价和成绩、存在的问题，以及有关核心对比数据和资料。

（4）分项目评估。一般对主要行业、重点领域或核心指标等具体分析和实际执行情况比较等。

（5）政策建议。一般根据评估结果，做出对未来一段时期内规划执行的具体建议和有关策略等。

第三节　评估方法

一、目标一致性评估

（一）模型解读

目标一致性评估指基于已有发展规划，在规划执行一定阶段之后，对规划执行的一些措施和实际效果进行规范的评估。

（二）模型应用

目标一致性评估的主要评估原则包括：对规划期初的指标数据和评估期末的指标数据等进行纵向比较的增量评估等。如：区域"十二五"规划纲要建立的指标体系，一般包括经济增长、经济结构、科技创新、改革开放、人民生活、公共服务、资源环境等主要领域，确定的主要指标有数十项，其中又分为预期性指标、约束性指标两大类别。与以往规划期限和年份比较，不同地区比较等，取得的成绩，存在的问题，以及未来的建议等。规划考核方法一般采用重要性排序的方法。

二、对比分析法

(一)模型解读

主要是针对特定规划确定的规划期和主要指标数据等,进行规范的年份和特定期限的对比比较,借以分析规划评估期内的工作业绩和经济变化等,为规划执行效果和采取的措施等提供评估效果判断。

(二)模型应用

我们受北京市政府有关部门委托,对中关村软件园十年战略执行情况进行规划评估。我们选择了国内外经典产业园的主要数据和规划指标,测算中关村软件园战略执行十年的数据和规划设计数据,进行了指标对比与综合分析,归纳提出了中关村软件园一期开发和二期项目建设的主要问题与可能缺陷,形成了中关村软件园战略规划评估报告,对于指导该产业园和其他产业园的后续开发有较好的借鉴意义。

三、层次分析法

(一)模型解读

根据各类规划评估的层次关系,进行指标设计和具体分析,进而对规划评估期的工作成效等做出评估报告。

(二)模型应用

土地利用总体规划实施评估内容,主要包括规划目标实现程度、土地利用结构与布局、耕地与基本农田保护、生态用地保护、土地节约集约利用、规划实施社会效应、制度建设情况、规划背景变化情况,以及规划修改情况等。

按照层次分析法,将土地利用总体规划评估体系分为:

1.目标层。土地利用总体规划实施评估。

2.准则层。反映土地利用总体规划执行力、控制力、效益和效力的主要因素。

3.措施层。由直接度量准则层的单项指标构成。

四、逻辑框架法

国际通行的评估方法为逻辑框架法(PR5),逻辑框架法是由美国国际开发署 1970 年开发使用的设计、计划和评价的方法，是目前国际广泛应用于各类规划的策划、分析、管理与评价的基本方法。具体如表 20 所示：

表 20   逻辑框架的内涵与关系

层次纲要	客观验证指标	验证依据	拟定条件
目标/影响	目标/指标	检测监督手段与方法	实现目标的主要条件
目的/作用	目的/指标	检测监督手段与方法	实现目标的主要条件
产出/结果	产出物/定量指标	检测监督手段与方法	实现产出的主要条件
投入/措施	投入物/定量指标	检测监督手段与方法	实现投入的主要条件

第四节　评估规范

一、基本规范

规划评估遵循规划评估的一般程序，建立规划评估的标准，并且由有权部门组织实施，按照规范的流程等组织上报和提交审批。如：北京市"十二五"规划制定了规划评估的基本程序与规则："完善监测评估制度。加强对规划实施情况跟踪分析，自觉接受市人民代表大会及其常务委员会的监督检查。市政府有关部门要对重点领域的发展情况适时开展专题评估。在规划实施的中期阶段，由市政府组织开展全面评估，并将中期评估报告提交市人民代表大会常务委员会审议。根据中期评估情况以及国内外形势变化需要进行修订时，由市政府提出意见，报市人民代表大会常务委员会批准。完善统计制度，加强对节能减排、劳动就业、公共服务、收入分配、房地产等统计工作，为监测评估和政策制定提供基础。"

二、评估要领

规划评估要针对具体规划确立相应的参考标准、规范的程序和规划评估重点，并且对评估结果做出技术的处理和修正。

（一）重点评估重要产业或社会普遍关注的指标

对于设定的指标与预测性目标，根据当地经济社会实际，着重评估和确定有地方特色、对地方发展有重大影响的指标，如体现经济转型、民生改善、环境保护等关键性指标或约束性指标。

在中期评估报告中对这类关键核心指标重点分析，明确给出结论，分析问题原因，提出改善的工作建议，确保中期评估发挥应有的推动作用。

（二）根据规划评估结果适时调整完善

规划评估的基本功能是促进特定规划实施，关键作用是引入规划调整机制，对规划纲要进行调整修正。

以我们编制的《潍坊节能环保产业园中长期规划》评估体系建设为例，进行规划评估的思路分析与研究。根据上级政策文件，结合潍坊节能环保产业园实际，我们初步构建了产业园建设的评价体系，包括但不限于：园区组织体系、园区经济增长、园区招商引资、园区重点项目、园区建设成效等评价维度，其二级指标、三级指标可细化与补充，具体如表21（具体执行可以进一步细化与调整）所示：

表21　　　　　　　　　　潍坊节能环保产业园建设评价体系

一级指标	二级指标	三级指标	责任部门	考核分值	基本评价
园区组织体系	组织完备性	部门完整率、岗位充足率、人才达标率等	市办公厅、园区发展中心、区组织部	0～10	优、良、合格、差
	组织有效性	工作有效率、工作完成率、协调到位率等	园区发展中心	0～10	
	组织经济性	人均费用开支、工作效率、横向对比等	园区发展中心、区组织部	0～10	
园区经济增长	规模以上企业收入增长	根据统计口径	园区发展中心、各行政单位，如省经济开发区	0～10	
	规模以上企业利税增长	根据统计口径	园区发展中心、各行政单位，如省经济开发区	0～10	
	规模以上企业能耗降低	根据统计口径	园区发展中心、经信局、各行政单位，如省经济开发区	0～10	
园区招商引资	园区招商企业数量和规模	新进企业数量、新进企业投资、新进企业产出等	园区发展中心、投资促进局等	0～10	
	园区招商企业实际到位率	新进企业资金到位率、新进企业技术达标率、新进企业成果落地率等	园区发展中心、投资促进局等	0～10	

一级指标	二级指标	三级指标	责任部门	考核分值	基本评价
园区重点项目	重点项目执行率	重点项目增量和实现比例等	园区发展中心、有关行政单位等	0~10	
	重点项目业务收入	重点项目收入同比增长等	园区发展中心、有关行政单位等	0~10	
	重点项目利税率	重点项目利税同比增长等	园区发展中心、有关行政单位等	0~10	
重大工程成效	重大工程土地利用	重大工程单位用地等	园区发展中心、有关行政单位等	0~10	
	重大工程技术先进性	重大工程技术领先性、产业化能力等	园区发展中心、有关行政单位等	0~10	
	重大工程产业带动能力	重大工程产业延伸和带动等	园区发展中心、有关行政单位等	0~10	
园区平台建设	平台建设进度	核心平台进度、完工率等	园区发展中心、有关行政单位等	0~10	
	平台建设投入	平台投入、智慧园区、投资回报等	园区发展中心、有关行政单位等	0~10	
	平台建设质量	平台质量、高峰论坛影响力、服务效果等	园区发展中心、有关行政单位、科技局等	0~10	
	平台生态文化	政府购买、消费习惯、生态环境等	区政府、园区发展中心、经信局、环保局等	0~10	
节能环保成效	单位节能降低率	单位GDP能耗等	园区发展中心、有关行政单位、经信局等	0~10	
	环保指标完成率	主要污染物控制、优良空气天数等	园区发展中心、有关行政单位、环保局等	0~10	
	再利用和资源化	固废处理、垃圾再利用等	园区发展中心、环保局等	0~10	
……	……				

注：具体体系和部门分工参照节能环保产业园行动方案的实际标准和要求执行。

第五节 案例研究

一、《国家环境保护"十一五"规划评估》的逻辑框架法应用

为贯彻《国务院关于印发国家环境保护"十一五"规划的通知》精神，落实《国家级专项规划管理暂行办法》要求，国家环境保护部与国务院有关部门，对各省（自治区、直辖市）和有关部门执行《国家环境保护"十一五"规划》，分析逻辑框架的内涵与关系，开展了规划中期评估和终期考核。

其中：中期评估按照"环境质量—总量削减—工程和投资—任务与措施—保障政策"的逻辑关系，构建评估体系，如图 78 所示：

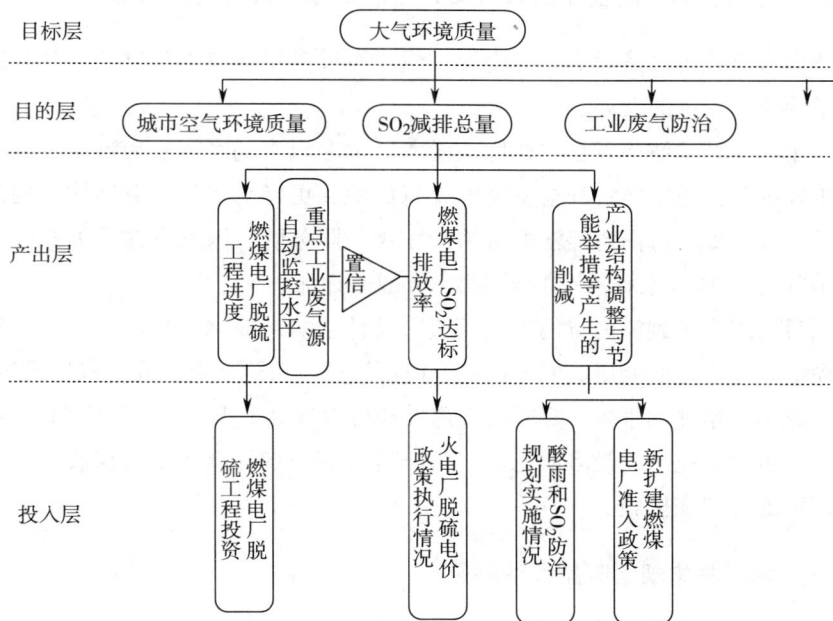

图 78 大气环境质量评估体系

该规划实施三年以来，促进了经济快速发展，主要污染物排放初步得到控制，环境污染恶化趋势得到缓解，改善了部分地区生态环境质量，核与辐射环境确保安全。该规划实施总体进展良好，规划实施进度首次达到了规划目标的进度要求，部分指标超额完成任务。

该规划的期末考核评估，根据规划指标和实际情况，设计形成质量目标、总量目标、工程任务和政策措施四大类的规划考核指标体系，共设计 22 项考核指标，其中包括 15 项定量考核指标和 7 项定性考核指标。对于考核结果划分不同等级。

根据考核结果，提出了未来的优化建议：

一是进一步加强评估考核的体制性、系统性的建设，为独立、公开、公正的环境保护规划评估与考核奠定体制基础。

二是优化规划评估与考核技术。研究和优化规划评估技术，提高定量评估的水平和手段。

三是完善评估考核体系。环境保护规划在工程设施领域的评估从重建设领域向重运营领域转变，从前期规划评估向全过程评估转变。

二、海南国际旅游岛第三方战略评估的目标一致性模型应用

海南省是我国经济最活跃的南方省份，经过多年的改革与发展，社会经济得到了快速、持续的发展。

为了科学评估海南省自"国际旅游岛"命名以来的经济发展现状，分析可能的工作缺陷，总结经济社会发展的宝贵经验，更好地优化产业结构，构建新的发展模式，促进海南省经济的可持续发展，国务院、国家发改委委托国家发改委国际合作中心对海南岛进行了第三方战略评估。

项目组组织了到海南省的现场调查，设计了访谈提纲，采取了目标一致性分析模型，经过系列调研、专家讨论、内部访谈、系列观点研究与报告研讨等，初步形成了战略评估报告，提交有关部委和海南省等组织审核，反馈修改意见。该评估报告的研究形成与多次论证，为海南省下一步的经济发展与改革路径提供了清晰的方向和措施。

三、城市总体规划实施评估规范

为加强城市总体规划实施评估工作，根据《中华人民共和国城乡规划法》第四十六、四十七条的规定，进行城市总体规划评估。

具体有关评估规定如下：

城市人民政府是城市总体规划实施评估工作的组织机关。

城市人民政府应当按照政府组织、部门合作、公众参与的原则，建立相应的评估工作机制和工作程序，推进城市总体规划实施的定期评估工作。

城市人民政府可以委托规划编制单位或者组织专家组承担具体评估工作。

城市总体规划的审批机关可以根据实际需要，决定对其审批的城市总体规划实施情况进行评估。具体组织方式，由总体规划的审批机关决定。

城市人民政府应当组织相关部门，为评估工作的开展提供必要的技术和信息支持。各相关部门应当结合本行业实施城市总体规划的情况，提出评估意见。

城市总体规划实施情况评估工作，原则上应当每两年进行一次。

各地可以根据本地的实际情况，确定开展评估工作的具体时间，并上报城市总体规划的审批机关。

进行城市总体规划实施评估，可以根据实际需要，采取切实有效的形式，了解公众对规划实施的意见和建议。

进行城市总体规划实施评估，将依法批准的城市总体规划与现状情况进行对照，采取定性和定量相结合的方法，全面总结现行城市总体规划各项内容的执行情况，客观评估规划实施的效果。

城市人民政府及时将规划评估成果上报本级人民代表大会常务委员会和原审批机关备案。

国务院审批城市总体规划的城市的评估成果，由省级城乡规划行政主管部门审核后，报住房和城乡建设部备案。

规划评估成果由评估报告和附件组成。评估报告主要包括城市总体规划实施的基本情况、存在问题、下一步实施的措施建议等。附件主要是征求和采纳公众意见的情况。

规划评估成果报备案后，应当向社会公告。

城市总体规划实施评估报告的内容应当包括：

（1）城市发展方向和空间布局是否与规划一致。

（2）规划阶段性目标的落实情况。

（3）各项强制性内容的执行情况。

（4）规划委员会制度、信息公开制度、公众参与制度等决策机制的建立和运行情况。

（5）土地、交通、产业、环保、人口、财政、投资等相关政策对规划实施的影响。

（6）依据城市总体规划的要求，制定各项专业规划、近期建设规划及控制性详细规划的情况。

（7）相关的建议。

城市人民政府可以根据城市总体规划实施的需要，提出其他评估内容。

城市人民政府应当根据城市总体规划实施情况，对规划实施中存在的偏差和问题，进行专题研究，提出完善规划实施机制与政策保障措施的建议。

城市人民政府在城市总体规划实施评估后，认为城市总体规划需要修改的，结合评估成果就修改的原则和目标向原审批机关提出报告。其中，涉及修改强制性内容的，应当有专题论证报告。

城市总体规划审批机关应对修改城市总体规划的报告组织审查，经同意后，城市人民政府方可开展修改工作。

省级城乡规划行政主管部门负责本行政区域内的城市总体规划实施评估管理工作，对相关城市的城市总体规划实施评估工作机制的建立、评估工作的开展、评估成果的落实等情况进行监督和检查。

住房和城乡建设部负责国务院审批城市总体规划的实施评估管理工作，根据需要，可以决定对国务院审批城市总体规划的实施评估工作的情况进行抽查。

没有按照规定进行城市总体规划实施评估的，上级城乡规划行政主管部门可以责令纠正。

经审查，报备案的评估成果不符合要求的，原审批机关可以责令修改，重新报备案。

各地可以依据《城乡规划法》和城市总体规划评估办法的要求，制定符合本地实际的评估工作办法或实施细则。

四、国家"十二五"规划中期评估的对比分析法应用

运用对比分析法，对比分析国家"十二五"规划的总体目标，总的来看，《纲要》提出的主要目标、重点任务、重大工程实施进展顺利，24个主要指标绝大多数达到预期进度要求，少数指标已提前完成《纲要》目标。但部分指标实现进度较慢，需要高度关注。

规划评估发现，规划执行存在的主要问题和挑战：结构优化升级进展缓慢，环境污染形势严峻，财政金融风险增大，社会矛盾复杂多发。

未来几年，国家"十二五"规划《纲要》实施的主要措施如下：

全面深化各项改革，确保实现预期增长目标，加快推动产业结构升级，强化节能环保治理措施，推进新型城镇化发展，完善区域协调发展机制。具体如

表22 所示：

表 22　　　　　国家"十二五"规划《纲要》主要指标完成情况

指标				属性					评估
主要污染物排放总量减少（%）									
化学需氧量			[8]	约束性				[5.0]	好于预期
二氧化硫			[8]					[6.6]	好于预期
氨氮			[10]					[4.1]	好于预期
氮氧化物			[10]					[上升2.8]	未达预期
森林增长									
森林覆盖率（%）	20.36	21.66	[1.3]	约束性		21.63		[1.27]	好于预期
森林蓄积量（亿立方米）	137	143	[6]					[6]	提前实现
人民生活									
城镇居民人均可支配收入（元）	19109	>26810	>7%	预期性	21809.8	24564.7	13649.1	2011—2012年均9%	好于预期
农村居民人均纯收入（元）	5919	>8310	>7%	预期性	6977.3	7916.6	4817.5	2011—2012年均11%	好于预期
城镇登记失业率（%）	4.1	<5		预期性	4.1	4.1	4.1		好于预期
城镇新增就业人数（万人）			[4500]	预期性	1221	1266	725	[3212]▲	好于预期
城镇参加基本养老保险人数（亿人）	2.57	3.57	[1]	约束性	2.89	3.25	3.34	[0.77]▲	好于预期
城乡三项基本医疗保险参保率（%）			[3]	约束性				[3.4]▲	提前实现
城镇保障性安居工程建设（万套）			[3600]	约束性	1043	781	440	[2264]▲	好于预期
全国总人口（万人）	134091	<139000	<7.2‰	约束性	134735	135404		4.9‰	好于预期
人均预期寿命（岁）	73.5（74.83*）	74.5	[1]	预期性					无年度数据

注：①国内生产总值和城乡居民收入的增长速度按可比价格计算；绝对数的预期目标按 2010 年价格计算，进展情况按当年价格计算。2013 年上半年农村居民人均纯收入为人均现金收入。

②预期目标的［　］内为 5 年累计数；进展情况的［　］内为 2 年累计数，加注▲的为两年半累计数。

③加注 * 的为统计调整后数据。

④城乡三项基本医疗保险参保率，是年末参加城镇职工基本医疗保险、城镇居民基本医疗保险和新型农村合作医疗的总人数与年末全国总人口之比。

⑤森林覆盖率的进展情况数据，是第八次森林资源清查结果公布的 2013 年底数据。

关于规划评估的任务完成情况，主要从现代服务业、农民增收、农村生活条件、农村发展机制，以及制造业、战略性新兴产业、服务业等予以对比分析和综合研究，并得出规划评估结果。

以产业转型升级和战略性新兴产业的中期评估为例，阐述"十二五"评估情况，如表 23 所示：

表 23　　　　国家"十二五"规划《纲要》重点任务完成情况

重点任务		主要完成情况
第九章　改造提升制造业	（1）推进重点产业结构调整	发布《产业结构调整指导目录（2011 年本）》，合理引导社会投资流向。制定一批重要行业发展规划和产业政策。淘汰落后产能工作取得进展，淘汰落后炼铁产能 4200 万吨、炼钢 3700 万吨、焦炭 4400 万吨、铁合金 530 万吨、水泥（熟料及磨机）4.1 亿吨、平板玻璃 8800 万重量箱、造纸 1800 万吨，涉及工业企业 5000 多家
	（2）优化产业布局	发展改革委等部门正在制定《关于重点产业布局调整和产业转移指导意见》
	（3）加强企业技术改造	出台《国务院关于促进企业技术改造的指导意见》，基本建立技术改造的政策体系。安排中央投资 480 亿元，支持 10972 个工业项目，提升企业技术工艺、装备和管理水平
	（4）引导企业兼并重组	成立企业兼并重组工作部际协调小组，工业和信息化部等 12 部门出台《关于加快推进重点行业企业兼并重组的指导意见》，稳步推进企业兼并重组。中央企业数量从 2010 年的 123 家减少到 2013 年上半年的 113 家
	（5）促进中小企业发展	出台《国务院关于进一步支持小型微型企业健康发展的意见》。中小企业专项资金稳步增长，并进一步向小微企业、中西部地区倾斜，累计建设 307 个国家中小企业公共服务示范平台。改善中小企业融资环境，通过基金、债券、上市、信用担保等多种方式，解决中小企业融资难问题。减少中小企业税负，降低中央制定的行政事业性收费标准近 30 项，累计取消、停征、减免中央和省级设立的行政事业性收费近 700 项

续表

重点任务		主要完成情况
第十章　培育发展战略性新兴产业	（1）推动重点领域跨越发展	出台《国务院关于加快培育和发展战略性新兴产业的决定》，实施《"十二五"国家战略性新兴产业发展规划》及节能环保等 7 个重点领域专项规划，战略性新兴产业增加值占国内生产总值比重不断提高。在节能环保产业，推行政府绿色采购，出台《废弃电器电子产品处理基金征收使用管理办法》。在物联网产业，启动实施一批应用示范工程，开展云计算试点示范，积极推动集成电路、平板显示、基础软件、工业软件和信息技术服务等产业发展。在生物产业，对基因产业、抗体产业、干细胞、转化医学、生物芯片、高端影像诊断装备、生物安全等进行布局。在高端装备制造产业，实施智能制造、高速列车、环保装备等专项规划，启动"数控一代"机械产品创新应用示范工程，组织实施海洋工程装备专项。在新能源产业，落实新能源发电全额保障性收购制，制定实施《全国林业生物质能源发展规划》。在新材料产业，制定半导体材料、高品质特殊钢、高性能膜材料等专项规划。在新能源汽车产业，推动电动汽车在公交、出租、公务、市政领域应用
	（2）实施产业创新发展工程	全面实施云计算、平板显示、信息安全、卫星应用、智能制造装备、蛋白类生物药和疫苗等重大创新发展工程。组织实施节能惠民、百城万盏、十城千辆、金太阳等重大应用示范工程，培育市场需求
	（3）加强政策支持和引导	中央财政设立战略性新兴产业发展专项资金，近 20 个省市设立了专项资金。全面落实重大技术装备、国家科技重大专项、新型显示器件等领域的进口税收优惠政策，对节能和新能源车船实施车船税优惠政策，发布《国务院关于印发进一步鼓励软件产业和集成电路产业发展若干政策的通知》，对企业实施所得税、营业税、增值税等税收优惠政策。发展改革委发布《关于鼓励和引导民营企业发展战略性新兴产业的实施意见》。实施新兴产业创投计划，设立 141 只新兴产业创业投资基金。国务院办公厅转发知识产权局等 10 部门《关于加强战略性新兴产业知识产权工作的指导意见》，开展重大经济科技活动知识产权评议试点、战略性新兴产业知识产权集群管理试点

　　以上"十二五"规划纲要的中期评估结果，以及工作差距的评估对比结论，将为未来几年我国主导产业布局和工作重心调整等提供基本的依据。

第十六章　规划调整

第一节　调整依据

一、基本要素

控制性规划或经济规划的调整与适时修改，是依据当地的经济发展规律和需求，遵循各类规划的政策法规，结合规划评估之后发现的问题和缺陷，进行规划调整与优化。

二、调整基础

编制城市规划与区域规划，进行规划的修订与调整，一般要由地方政府组织，有关职能部门参与和合作、聘请行业专家领衔、委托专业机构和组织社会公众参与，有时还要经过人大审核表决等程序，根据有关各方的意见予以修订、完善。

第二节　调整内容

一、基本要素

规划调整的基本要素，主要是根据已有政策法规或新出台政策的某些条款的变化，以规划评估或者开发过程中出现或发现的矛盾与主要冲突为重点，进行规划的相应调整。

二、主要内容

规划调整要研究并严格遵循规划调整的国家法规、审核程序和基本规范，避免违规或违反程序地组织规划修正。

规划调整的主要内容，包括但不限于：本规划与上位规划冲突的某些条款，本规划执行出现的突出问题和主要缺陷，规划执行偏离规划目标的某些工作措施或重点项目，规划保障不够完善的措施，规划考核激励方面的条款等。

规划调整是规划管理的重要内容，它与规划执行和规划评估结果紧密相关。

第三节　调整原因

一、规划分散或时序杂乱

部分地方政府或产业园的用地空间规模分散，时序杂乱，如土地利用空间结构不尽合理；功能分区不明确；城镇建设无序，生活区、生产区难以分清；城市布局相对不合理；规划区域功能不清，商业、住宅等用地布局不集中等，需要进行规划修订与适时调整。

二、强制性的技术规范与实际需求的冲突

在对申请单位的用地性质、道路或市政设施进行调整时，需要对土地开发强度指标，如容积率、建筑密度、建筑高度等重点指标，以及人口增加导致的交通规划等，遵循规范的评估程序，予以及时调整。

三、程序与规划实操的时滞性与不衔接

当前各类规划调整程序和具体操作存在的问题，主要表现在：控规修改与更新没有执行法定程序和"五线控制"等要求，区域开发或项目建设机构不熟悉控规的修改程序，擅自开工开发项目或土地，重点工程的空间规划修改时间超出预期、超出概算，控制性详细规划与项目开发之间存在冲突等。

第四节　调整规范

一、基本规范

（一）遵循控规调整的一般规律

控规修改要坚持特定的基本原则，控规确定的地块用途、建筑密度、建筑高度、容积率、绿地率、基础设施和公共服务设施配套，作为"强制性内容"，原则上不能修改。对于降低快速路、主干路等级与标准；公园等公益性公共设施用地、基础设施用地及强制配套设施项目用地，风景名胜区核心景区、历史文化名城保护控制紫线及其建设控制区内由控规明确的规划指标等，控规修改涉及城市总体规划强制性内容等项目，一般不能修改。

（二）体现用地规模和时序的前瞻性与系统性

控规调整论证要有前瞻性与规范性，从某一地区或特定城市可持续发展的视角出发，进行相应的控制性调规，避免单纯就项目论项目的表面化思维。

在调规过程中，做好地下规划与地上规划的适当平衡，地下功能与地上功能的适应，地下功能对地上功能的优化作用等。注重搞好与城市交通的规划协调，建立各种功能之间的空间依存、价值互补、功能复合、相互衔接的关系。

（三）注重控规修改更新和动态维护技术的合理性

在调整各类规划时，要研究历史文化，尊重历史和经济规律，主动化解历史矛盾和遗留问题，尽量追求"五线"（红线—黄线—蓝线—绿线—紫线）修改变更与区域开发的统一，强化规划的刚性与弹性。

对于工业用地功能改变为商业用地功能的控规修改，需要确保配套设施的同步修改。对于居住用地改变为商住用地的控规修改，包括但不限于：商业用地指标、办公用地指标、居住用地指标的变动，配套设施、地块控制指标等修改；城市设计指引修改等需要与道路、地下和市政工程等同步等。

对于控制性详细规划调整的技术路线（借鉴刘智丹、孙灿《浅议控规修编的思路与方法》的研究观点），具体如图79所示。

按照图79所示的规划调整技术路线思路，控制性详规的调整依赖于对上一版本规划的系统研究、经济发展和管理需求，据此进行功能定位；功能定位需要明确新的建设规模，进一步要根据规划地域、功能调整需要和总体城

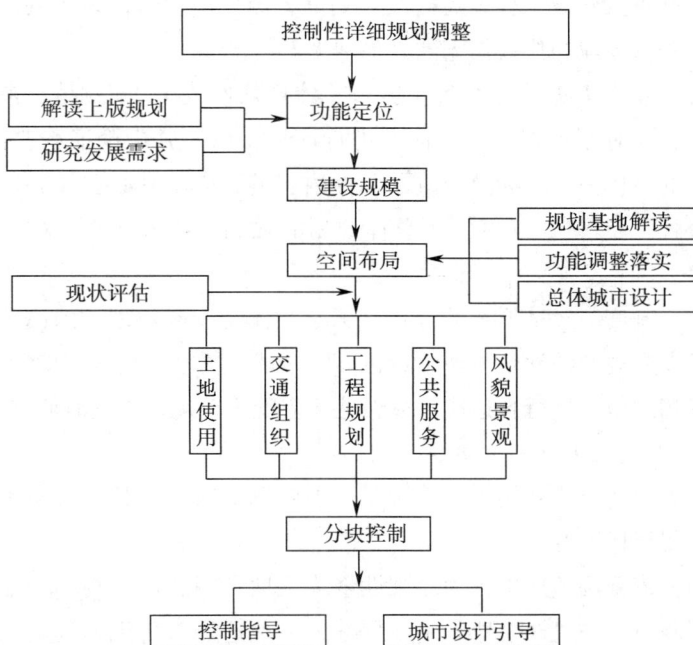

图 79　控制性详细规划调整技术路线

市设计等进行空间布局；对现状进行评估之后，需要确定土地使用、交通组织、工程规划、公共服务、风貌景观等；规划调整需要分块控制，确定控制指导和城市设计引导技术标准和具体方案等。这样就形成了控制性详规调整的技术路线。

　　控制性详规的内容修订和适应性调整，需要大数据与云应用等新一代信息技术与服务平台的支撑，因此，应该持续投资建设和完善控制性详细规划相关的大数据信息管理平台，整合与政府规划相关的大数据与云平台，完善控规指标信息公开制度，及时向社会公布控规调整的目的、内容等，征求各方的反馈建议，提高规划调整的技术性、可行性和公开性。

二、调整顺序

（一）总体发展规划的自适应调整

　　我国《城乡规划法》规定了城乡规划的五种调整情形："上级人民政府制定的城乡规划发生变更，提出修改规划要求的；行政区划调整确需修改规划的；

因国务院批准重大建设工程确需修改规划的；经评估确需修改规划的；城乡规划的审批机关认为应当修改规划的其他情形。"

2010 年，国务院办公厅发布《城市总体规划修改工作规则》，拟修改总体规划的城市，应对原规划的实施情况进行评估，深入分析论证修改的必要性，提出拟修改的主要内容，涉及修改强制性内容的，应就其必要性和可行性编制专题论证报告。《规则》还规定了总体规划的强制性内容和修改城市总体规划的相关程序。

随着政治制度与经济形势的变化，国家主体功能区规划、国民经济和社会生活中长期发展规划的评估与调整，也要与全球、国家的政策环境、产业形势、社会需求等相适应，进行自适应，或者他适应的主动优化与适时调整。

（二）土地总体利用规划调整

某一层级土地总体利用规划的调整，须确保上级土地利用总体规划确定的各项用地控制指标不变。

规划调整依据调整层次分为原则性修改土地利用总体规划和一般性土地利用规划局部调整，一般性土地利用规划分为单独选址项目规划调整和非单独选址项目规划调整。

原则性修改规划指因行政辖区为适应行政区划调整、实施城镇总体规划等相关规划建设引起的用地方向、规模、布局发生重大调整，需进行的土地利用总体规划修改。

单独选址项目规划调整指大型能源、交通、水利、军事等不在城市规划建设圈内的基础设施项目，一般以项目为基本单元，对土地利用总体规划的局部调整。非单独选址项目规划调整指为统筹安排各类项目用地，在不改变现行土地利用总体规划确定的土地利用主导方向，土地利用重大布局以及不突破规划约束指标的前提下，为满足新建项目的用地需求，对土地利用总体规划所做的局部调整，一般以行政区划为基本单元。

根据规划调整等级，可以分为省级（直辖市、自治区）、市级、县级、乡（镇）级等规划调整。

当前，我国规划调整过程中存在的主要问题有：土地总体利用规划调整随意性大，规划期限长，规划环境变化大，土地利用布局不合理，土地利用节约的集约程度不高，各类规划衔接不顺畅等。

一般来说，规划调整的工作程序，包括前期准备阶段、方案编制阶段和上级审批阶段三个步骤。各步骤有很详细的工作内容。

（三）经济发展规划适应性调整

国民经济和社会发展中长期规划、经济发展五年规划、专项规划等，一般在规划编制前期课题调研与修正，在规划编制与评审过程的意见反馈与调整；规划执行过程的中期评估与纠偏调整；规划执行后期的评估与适时调整等。

在特殊经济或法律变更条件下，特定规划自身的条款评估与自适应调整等，也是需要做好的规划管理工作，如国家重大政策法规的出台与变化，有关上位法律法规变化之后，相应的下位规划对应条款需要优化与调整等。

（四）下位规划适时动态性调整

国家级、省级、地市级等不同层级的中长期规划，五年规划，专项规划，土地利用总体规划等，都要执行更上层级的规划限制、资源约束与空间管制。一旦上一层级规划有较大的变更，本层级规划就要进行适当的、动态的调整。如：《国家主体功能区规划》对于北京市区的主体功能发生了重大调整与变化，《北京市主体功能区规划》就要做出适时调整，以便与国家主体功能区规划相适应。再比如，由于某种原因或环境变化，北京市政府在《北京市中长期经济发展规划》中对于丰台区的产业选择、功能定位和空间布局规划等进行了重大的、显著的功能调整，丰台区有关乡镇和产业园规划等就需要做出相应的调整与变化，以适应变化了的上位规划。

（五）控制性规划适时优化调整

控制性详细规划是适应土地综合利用规划和总体发展规划等规划目标，对特定园区、重点项目等规划目标的落实分解与土地、空间等详细设计。

由于总体发展规划条款的某些调整，或者土地利用总体规划等的特殊调整，可能需要控制性详细规划适度、动态地优化与调整。

第五节　案例研究

一、省级政府规划修订与调整

地方政府规划的修订与调整具有法律规范性与特殊性，要遵循一定的程序和修订规则。城乡规划定位以政府职能定位为基本依据。

以省级总体规划修正为例。省、直辖市、自治区的总体规划修正与调整，一般程序如下：

（一）确立基本原则

严格遵守《城乡规划法》和《城市总体规划修改工作规则》等程序要求，突出"政府组织、专家领衔、部门合作、公众参与、科学决策"等基本特点，落实国家战略，优化功能布局，体现区域特色，组织规划评估、规划审批与规划修正。

（二）规划期中评估与调整

聘请外部机构，或者组建规划评估项目组，制定规划评估方案、标准，对特定省级政府总体规划进行期中评估、论证与调整，由省级政府有关部门牵头，组织编制总体规划的实施评估报告。

（三）撰写修改论证报告

组织专业机构编制强制性内容修改论证报告，重点针对修改用地规模等强制性内容的必要性、可行性进行论证。

（四）报请审核

报请国家主管部委等审核同意，总体规划修改工作正式启动。

（五）提交审批

规划修改报告完成后，提交并通过本级政府有关部门审查、规委会专家和全国专家咨询、本级政府常务会审查、本级人大常委会审议，并向社会公示。

（六）提交上级审核

总体规划修改方案，通过全国专家审查会和部际联席会的审查，得到国务院批复。

（七）修正规划的颁布实施

修订的规划获得上级有关部门审批后，由本级政府正式组织和实施修正的总体规划。

案例分析可知：总体规划修改是实施总体规划的一部分和重要环节。通过实施监控—定期评估—研究深化—修改维护等关键环节，深化完善总体规划，将静态蓝图变为基于未来发展框架的实施机制和公共政策。总体规划是政策性、综合性最强的城乡规划，需要多层次、多部门的协调与合作，需要遵循必要的审批程序，适时调整与优化。

二、基于京津冀一体化发展规划的战略调整

20 世纪 80 年代初，北京没有确定"产业中心"，主要强调政治、文化中心。多年的规划执行中，由于核心定位和概念不清晰，没有真正意义上全面构建政治、文化、产业、金融等中心。

近几年，空气质量成为北京市经济发展与生态文明的重要障碍，天津、河北省的产业结构极不合理，能源消耗过大，环境污染严重，产业分工和聚集各自为战，没有形成等各自的区位优势。北京市如何形成政治、文化、金融和新兴产业中心，需要统筹考虑，全面进行统筹规划。

为了聚集北京市的核心资源与能力，实现与天津、河北省的协调发展，执行北京市已有规划定位，有必要推动北京、天津、河北省三地协同的执行与协调机制，超越三地各自行政的界限，寻求合理的产业优化和互惠互利，是考验北京市等三地政府和中央政府高端决策与战略性智慧的重要课题。

为贯彻"京津冀一体化"的国家战略，北京市政府正在积极探索建立三方共赢的产业布局与运行机制。如：在北京市等三地统筹设计与确定航空等重大交通，涵养水源、保护生态等特定区域，采取"绩效考核"等方式，逐年认定当地履行相应规划与职责的具体指标与结果，由下游的受益区域（通常是较发达区域）按照透明、规范的规则（事先确定、可动态优化、调整），以"横向转移支付"的方式，向履职尽责的生态保护区域做出实质性的补偿支持，原来的非合作博弈状态逐步转变为互利共赢、规范运作的机制体系。

通过推动北京市与天津、河北之间，构建各方共赢的运作机制，有可能形成战略合作的三方共享的利益关系，显著提高三个地区产出发展与生态环境保护的动态平衡，尊重和激发社会公众在"一体化"机制创新过程中的作用，促进区域共享产业发展、改革开放的成果。

规划保障措施，主要有：

一是以公开透明、多方参与的决策方式，讨论并编制北京市等三方政府互利共赢的规划方案，尽快付诸实行。

二是完善法律法规，在法治、规范和契约精神的效应下，推动参与各方形成利益诉求可表述、可妥协、可合作的确定性预期，减少经济和社会的运行摩擦，逐步形成可持续的京津冀"一体化"的经济发展保障条件。

三是强化责任考核，构建三方合作的信息平台和数据库，完善责任分工机制，加大资金投入，尽快形成定期互动的规划协调流程，定期兑现奖励与处罚等。

三、基于"新常态"的保定市发展规划的修订与调整

2015 年初，笔者系统研究了保定市在经济"新常态"下的产业布局和现有规划总体思路，结合保定市及各县市区产业基础和市场优势，探索性地提出了"3333"的规划调整与发展思路（三区别、三制定、三转变、三提升），即：

在经济发展速度放缓，经济质量更加注重生态环保，以及产业结构调整等"京津冀"、"京津保"一体化战略下，保定市应该研究分析新形势，分析新优势，结合新思维，确立新思路，立足保定的区位优势和资源优势，区别不同园区阶段、区别不同企业规模、区别产业重要程度（三个区别），制定全市和各县市区以及产业园的发展策略、研究制定县市区和产业园的重点帮促策略、制定现有经济规划的优化策略（三个制定），转变全市和各县市区的运营理念、产业定位与招商方式（三个转变），提升对全市经济和各县市区经济规划与产业实施的服务策略、竞争策略与落地策略（三个提升）。具体如图 80 所示：

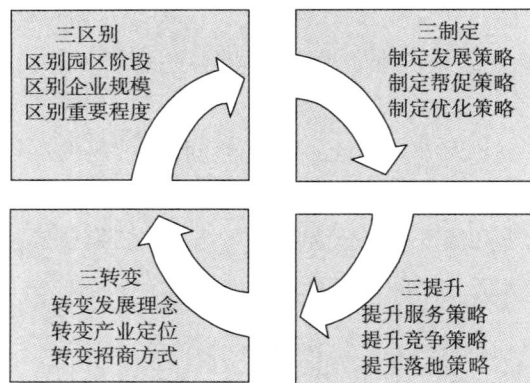

图 80　保定市产业规划优化与调整的"3333 策略"

在"3333"战略优化的基础上，对保定国家级高新区、白洋淀科技城、保定经济开发区、徐水、清苑、保定工业园、涞源、高阳、徐水、曲阳等各县市、

各经济开发区等特色园区，分别提出了不同的产业定位与开发策略，具体如图81所示：

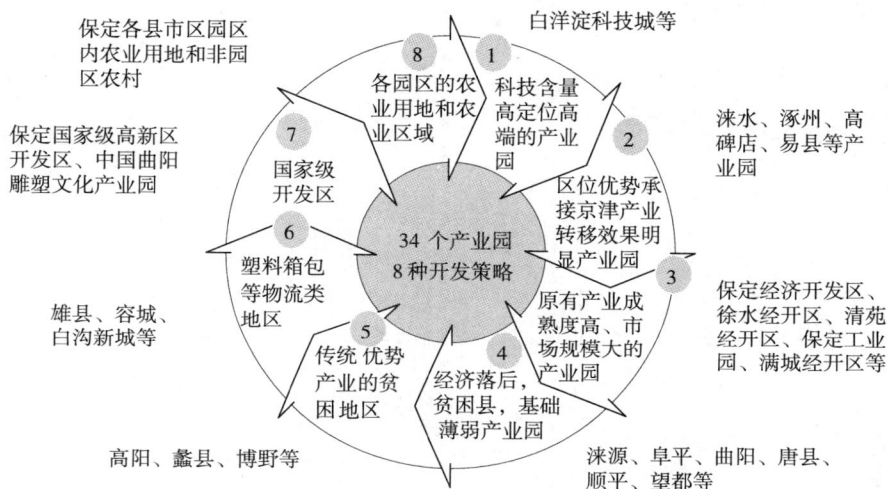

图81　保定市各县市、开发区的区域开发策略研究

在系统评估地方政府现有规划执行情况的基础上，有必要进一步优化、修订和构建完善的各类规划保障机制。如保定市政府可以结合本地区的产业规划评估情况，在资源分配机制保障方面，采取产业扶持、公共购买等一系列具体的优化措施，具体如图82所示：

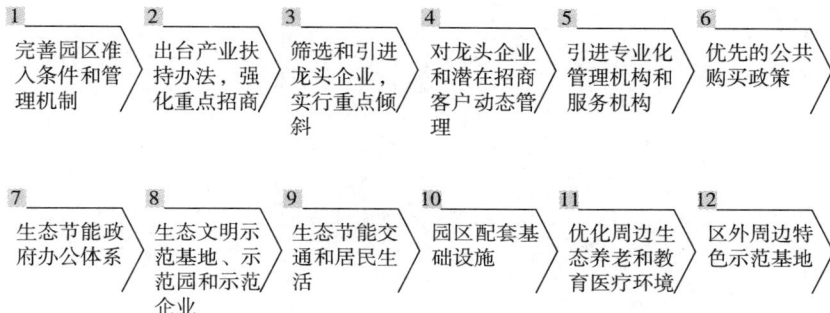

图82　保定市规划实施的资源保障机制

如图82所示，保定市在推动当地经济发展和产业优化工作中，通过立足区域经济特点，修订与调整规划实施的资源保障机制，逐步构建项目入园条件、产业扶持、龙头企业发展、专业机构、公共购买、政府办公、示范基地、生态节能、配套服务、生态养老与教育、周边示范基地等资源保障体系，进而为发展规划的顺利实施提供资源保障。

第十七章　规划衔接

第一节　衔接依据

一、基本要素

规划衔接主要是不同发展规划之间存在功能或空间等方面的冲突，需要对其进行评估和不断修订，才能实现不同规划之间的衔接和前后呼应。

二、衔接依据

各类发展规划的关联性和有序衔接，以及"多规合一"改革，是我国各类规划编制的基本趋势，也是规划衔接的重要依据。

其中："三规协调"主要集中在国民经济与社会发展规划、城市总体规划与土地利用总体规划之间。针对规划编制体制，有学者建议将分属国家不同部门的规划机构整合，建立统一的空间规划管理机构，建立"三规合一"（国民经济和社会发展规划、土地利用规划、城市规划）的规划编制体制。

协同论等是各类规划紧密衔接与调整的理论基础。

第二节　衔接内容

一、基本要素

规划衔接主要是研究和解决国家主体功能区规划、国民经济和社会发展中长期规划等与土地利用总体规划之间、城镇规划体系与土地利用总体规划之间，以及土地利用总体规划与专项规划、控制性详细规划等之间，总体经济发展规划与专项规划之间、各项专项规划之间的彼此关系与衔接等。

二、主要内容

（一）主体功能规划成为"多规"衔接的基础

主体功能规划、土地总体利用规划、城市总体规划、控制性详细规划等"三规合一"或"四规合一"指国民经济与社会发展规划，主体功能区规划、土地利用总体规划和城市总体规划等的协调与合并。

主体功能区规划具有战略性、基础性和综合性的基本特征。国务院提出："全国主体功能区规划是战略性、基础性、约束性的规划，是国民经济和社会发展总体规划、人口规划、区域规划、城市规划、土地利用规划、环境保护规划、生态建设规划、流域综合规划、水资源综合规划、海洋功能区划、海域使用规划、粮食生产规划、交通规划、防灾减灾规划等在空间开发和布局上的基本依据。"

《全国主体功能区规划（2009—2020年）》"规划体系"明确提出："按照党的十七大关于完善国家规划体系的要求，加快推进规划体制改革，形成以国民经济和社会发展总体规划为统领，以主体功能区规划为基础，以城乡规划、土地利用规划和其他专项规划为支撑，各级各类规划定位清晰、功能互补、统一衔接的国家规划体系。"

国家层面的主体功能区是全国"两横三纵"城市化战略格局、"七区二十三带"农业战略格局、"两屏三带"生态安全战略格局的主要支撑。推进形成主体功能区，必须明确国家层面优化开发、重点开发、限制开发、禁止开发四类主体功能区的功能定位、发展目标、发展方向和开发原则。

根据国家部委有关规定，国家和省域城镇体系规划是城市总体规划编制的基本依据。

有学者认为，应该明晰规划边界，科学界定各项规划编制内容：国民经济和社会发展规划"定目标"；土地利用总体规划"定规模"；城市总体规划"定布局"；主体功能区划"定政策"。主体功能区实质是区域发展政策区，其区划也是一种纯粹的区域划分，是目前经济社会发展规划、土地利用规划和城市总体规划"三规分立"走向"三规合一"的空间平台。

从"四规合一"趋势看，土地利用总体规划、城市总体规划要依据国民经济与社会发展规划和主体功能区规划。同时，满足主体功能规划的基本要求和空间限制。

（二）控制性详规修改与总体规划相衔接

2008 年颁布的《城乡规划法》第五条明确规定：城市总体规划等的编制应当与国民经济和社会发展规划，并与土地利用总体规划相衔接。三种规划的整合方法和技术核心是土地供给分析、土地需求分析、土地空间分配分析等。

探索主体功能区规划与城市规划一致性评价与协同技术是推进主体功能区规划实施和应用的关键技术支撑。建立主体功能区规划与空间规划的耦合指标体系，形成耦合机制与政策，使主体功能区规划与空间规划有机衔接，互为补充，达到高度整合，多规协调，紧密衔接。

地方政府规划或产业园发展规划与控制性详细规划存在冲突，需要修改控制性详细规划，以适应总体规划。

当前，各类规划修正可能的原因，主要包括：

1. 由于总体规划修编调整引起的相应控规修改。随着城市与产业园的发展，总体规划不能适合城市或产业园的空间发展策略，城市或产业园开始从关注空间发展方向，向空间发展功能转型转变；由关注空间发展形态，向空间发展内涵提升转变；由核心区协调向产城一体化方向转变，需要进行控制性规划修订和衔接。

2. 由于重大战略性调整引起的控规评估与修改。一些城市建设大量的机场和高速公路等集聚性、立体交通基础设施，形成新的区域交通网络，导致原有的地方功能变化，需要对特定地域的控规修改。

3. 由于民生工程项目导致的控规修改。国家大力推动民生工程和生态环保工程，政府性大型投资、招商引资、开展保障性住房建设、城中村改造等需要调整控制性规划。

4. 由于工业区"提升改造"、控规缺陷等导致现有控规修改。部分中心城区工业企业外迁，厂房闲置，或者控规本身缺陷导致控规修改。由于控规编制需要一定的时间，从控规的前期准备到编制完成、审批、实施，需要反复论证与修改。城市的经济、社会等可能出现大的变化，导致规划滞后或缺位，需要进行控制性详规的修改。

（三）区域规划编制与总体规划相衔接

自 2007 年起，开始编制国家主体功能区规划，各省编制主体功能区规划，2008 年完成与国家主体功能区规划以及相邻省（区、市）主体功能区规划的衔接。

2011 年，《全国主体功能区规划》对外发布。主体功能区的划分根据不同区域的资源环境承载能力、现有开发密度和发展潜力、统筹谋划未来人口分布、经济布局、国土利用和城镇化格局，将国土空间划分为优化开发、重点开发、限制开发和禁止开发四类。

优化开发、重点开发、限制开发和禁止开发成为区域规划编制考虑的首要因素，区域规划的编制要符合主体功能的划分，体现主体功能的优化方向。

我们在编制《潍坊节能环保产业园中长期发展规划》时，系统研究了国家、省市等上层级发展规划对于区域的功能定位和经济布局，进而确定产业园的产业定位，潍坊市产业功能规划的空间布局具体分析如图 83 所示：

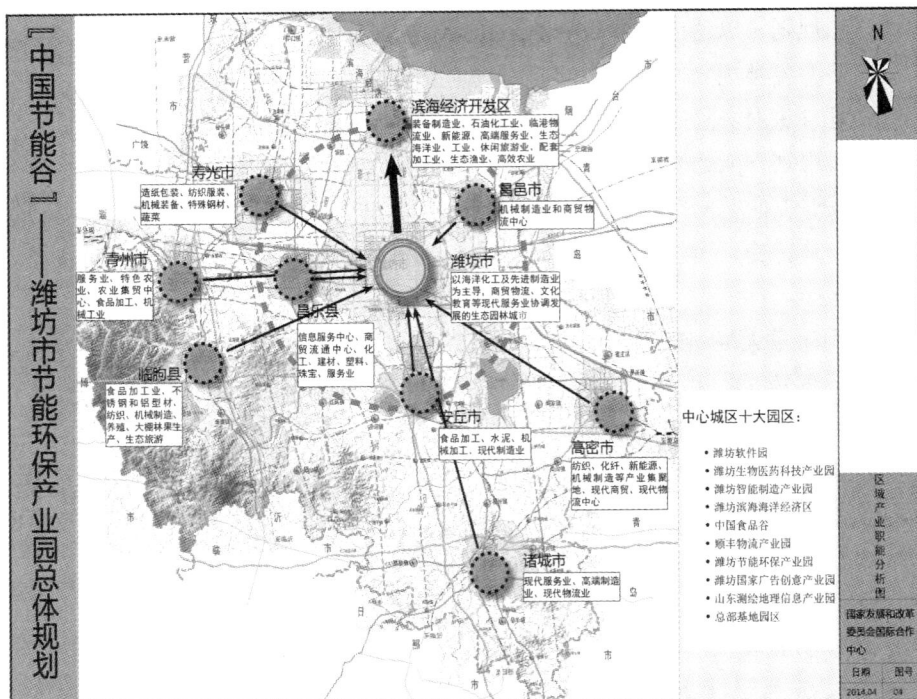

图 83　潍坊主要城区产业职能分析

如图 83 所示：潍坊市 2014 年确立了十大经济发展产业园，其中我们编制的节能环保产业园是其重要的功能园区之一，重点聚焦于节能和环保产业、龙头企业等。通过功能性分析，我们分析与把握了上层级规划的产业定位和空间布局定位，初步保证了不同层级政府规划的空间布局与产业定位的衔接、协同。

从全国来看，2014 年以来，国家发改委、国土资源部等积极推动全国各地"多规合一"改革试点，是规划整合的重要方向。未来，规划编制体系将以总体规划和主体功能规划等为主导，系统研究和编制各类专项规划与控制性规划等，进而形成功能合一的规划体系。

（四）区域规划要明确空间布局和功能

区域规划的编制要明确区域的空间功能，要对特定区域的未来发展空间进行定位，与区域规划总体定位相衔接，把握并突出区域特色，从规模、供需、市场、目标等维度，协调土地、人口、资源、就业等关系，对区域发展空间进行合理划分，明晰各子区域的空间功能。如《山东半岛蓝色经济区发展规划》确立了"一核、两极、三带、三组团"的总体开发框架。

（五）区域规划追求经济和社会协调

协调发展是区域战略导向的重点，也是区域规划编制的重要导向。有效解决区域经济和社会发展不平衡，从产业配置、就业增收、民生统筹等方面，协调城市和农村、先进地区和后进地区、东部和中西部之间的关系，突出社会功能，以及经济与社会发展的协调。

第三节　衔接规范

一、基本规范

（一）规划衔接要突出政策性和规划基本方向

区域规划编制以指导性、引导性、方向性和前瞻性为准则，注重土地利用规划、城市总体规划、经济发展规划，甚至单个产业园、单个项目、环保等专项规划、品牌策划等不同政策的衔接与程序的规范。在研究和处理不同规划之间衔接时，充分考虑地方经济发展与功能定位，谨慎、合规地组织有关修订。

（二）规划衔接要注重经济效益和社会效益

不同规划的各自评估、修正与相互衔接，具有法规约束和经济要素的制约。规划编制与修订时，要研究和分析不同规划的调整目标，尊重已有规划的核心条款，科学评估需要修改的重点环节的合理性、合规性，做出充分的论证与专家评价，注重经济效益和社会效益的有机结合，这是规划编制与规划衔接的重要思想。

（三）规划衔接要注重规划之间的顺序

一般来说，各类规划编制主要依据相应的国家政策、产业政策和上层级规划。如：地方政府城市总体规划编制一般要依据本级土地利用总体规划，以及上一级政府城市总体规划的基本导向与空间布局等进行编制。同时，考虑国家和各省市区确定的主体功能区规划思路与功能定位，等。地方经济规划一般要依据城市总体规划，以及上级政府的经济规划，兼顾国家关于本地区主体功能区的功能定位等。在规划编制、修订优化过程中，需要遵循这些基本的规划编制与衔接规则。

《国家发展改革委贯彻落实主体功能区战略，推进主体功能区建设若干政策的意见》（发改规划〔2013〕1154 号）规定："开展主体功能区建设试点示范。按照分类探索、整体规划、重点引导、协同推进的原则，优先在国家重点生态功能区和农产品主产区，选择一批具有典型代表性的市县开展主体功能区建设试点示范。""要按照《全国主体功能区规划》的要求，编制和实施重点地区区域规划和政策文件，贯彻落实主体功能定位，推进主体功能区建设。加强区域规划和政策文件实施中期评估，根据评估结果适时开展规划修编，进一步加强与《全国主体功能区规划》的衔接。"

由于地方经济发展的特殊性、时效性和差异性，在某一发展阶段或特定地区，可能低层次的规划定位和功能调整与上层级的规划定位存在某些不一致，需要提请有关部门对上层级规划适当评估与修改，或者需要优化上层级的规划具体条款，这就需要正确处理各类规划之间的矛盾、程序和相互的衔接关系，努力做到经济发展和社会效益的最大化，做到各类规划的修订和规划编制的合规合法，确保规划的修订有理有据，杜绝"长官意志"或者个人意愿，避免违法违章，或者违背有关制度流程、基本程序，私自组织规划编制、修订与规划实施。

二、衔接要领

（一）正确把握国家规划政策和实用的编写工具

系统研究和掌握国家产业政策和规划改革的最新动态，分析全球和国内规划现状、技术标准与变化趋势。跟踪全球、国务院、国家发改委、国土资源部、住建部、环保部等产业政策与规划编制要求和技术标准，加强行业交流和规划实践，提高规划研究与创新能力。

研究前瞻性的国内外规划理论、规划分析模型和具体思路，创新规划方法和体系，探索大数据、互联网、云应用等规划手段和分析工具，提升各类政府规划编制、评估与执行的科学性、系统性、前瞻性和规范性。

加强各级政府、各部门的工作互动和专业研究，加强专业数据库建设。利用地方政府"多规合一"的信息数据服务平台，凭借"多规合一"的地理信息与数据分析平台，精准确立土地利用规模和城市空间分布。

（二）深刻领会各类规划之间的优先顺序和关联性

研究各类规划的基本功能和法律地位。土地总体规划主要确立土地、基本农田等空间布局，城市总体规划主要确定重点地区和各类建设用地的空间布局，要做好规划之间的衔接平衡，确保农用地和建设用地边界不冲突，保证两规建设用地图斑的一致性。

根据不同功能分区的主导功能、发展方向、开发时序和管制原则，由城市总体规划确定城市重点发展方向、土地利用结构功能，土地总体规划确定各分区的用地规模和土地使用政策，避免各规划之间的冲突。

（三）规划衔接体现国家利益和经济社会发展规律

各级政府制定各类发展规划、专项规划的目标是促进体现政府的管理意志，促进地方经济发展，改善社会基础配套条件，优化人们生存环境，提高资源投入产出回报，增强地方经济发展的活力和质量。

在规划衔接过程中，遵循规划的核心价值观和分析体系，在不同规划之间存在某些矛盾时，除了执行各种规划之间的有序对接规则之外，还要考虑国家利益、满足经济发展、尊重经济规律，以及改善社会民生，进行重大规划决策，进行具体问题和有关矛盾的化解。

第四节　云应用与大数据

一、大数据的持续构建和广泛应用

大数据一般用来描述数据的规模较大，超出了传统软件和数据库工具的获取、存储、管理和分析能力。

城镇规划、政府规划、土地利用总体规划、城乡发展规划、专项规划等，需要大量的数据分析和多维度的模型研究。在信息化、互联网快速发展的时代，云计算、大数据已成为各类规划的工具和基础支撑。为此，构建以国内外各区域、行业、产业、企业、技术等多个维度的数据库和信息中心，是规划编制的重要工作和改革方向。

云计算是通过网络按需提供可动态伸缩的廉价计算服务。提供资源的网络被称为'云'。"云"中的资源对于使用者来说可以无限扩展，随时获取，按需使用，随时扩展，按使用付费。云计算是并行计算（parallel computing）、分布式计算（distributed computing）和网格计算（grid computing）的发展，是虚拟化（virtualization）、公用计算（utility computing）、IaaS（基础设施及服务）、PaaS（平台及服务）、SaaS（软件及服务）等概念混合演进并跃升的结果。

建设并充实、更新全国、各省、地市等政策信息、土地利用信息、规划空间信息、经济信息、企业信息及相关资料的基础数据库。利用 RS、GIS 技术、PEST 等空间分析与产业研究手段，从政策环境、土地利用、生态环境、经济社会等对区域发展状况进行客观、科学的回顾评价，寻找产业和空间演变规律，为规划研究和决策提供支撑。

应用各类经济规划、区域规划、城市总体规划用地等数据多平台输入输出功能模块，采用入库检查工具，简化系统管理人员进行信息系统核心规划数据的长期动态更新维护的流程，实现后期各类规划数据检验、更新、维护、使用、调整的日常化、规范化、现代化。

传统模式和大数据模式下，我国政府规划的调研数据与信息搜集模式变化，具体分析如图 84 所示。

在大数据的环境下，政府规划的调研思维发生了巨大的变化，主要体现在：数据不是随机样本，而是全体数据；不是精确性，而是混杂性；不是因果关系，而是相关关系。

在大数据时代，政府规划编制将出现技术和流程的巨大革新，以及参与主体及信息平台的拓展。

在大数据时代，可以探索和采取广泛、开放和多元协同的公众参与规划编制模式。规划编制人员通过各类社交网络，利用大数据技术获取和分析公众对政府规划编制的建议。同时，构建网络化、平台化的政府规划咨询平台，采取线上、线下互动，主动征求社会公众的有关建议。

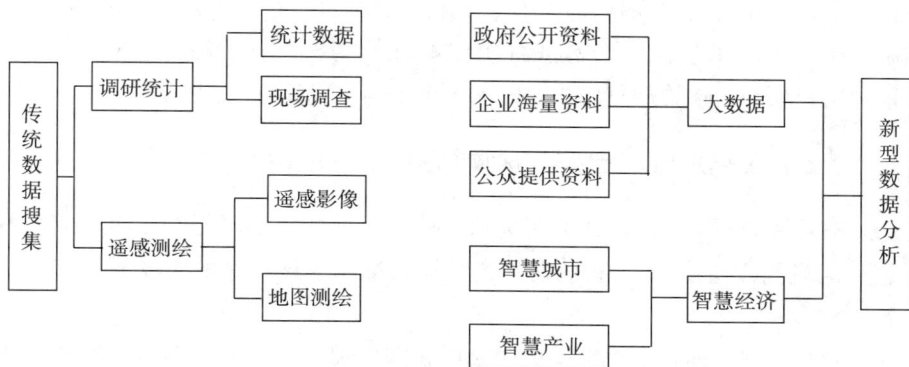

图 84　政府规划的调研和数据搜集变化

二、各类规划的衔接和动态优化

运用计算机和大数据等信息技术，进行各类规划编制和数据分析处理。分析主体功能规划、总体规划、五年规划、城镇体系规划、其他区域规划、各城市总体规划之间的协调和管理的综合需要，预留各类规划管理信息系统功能接口，做好数据库的技术衔接和规划应用融合，为"多规合一"提供决策与技术的支持。如：将地理信息数据库按内容划分为基础地理数据库、遥感影像数据库、城乡规划空间数据库、专项空间数据库和经济社会数据库等，分别建立信息数据和应用标准体系，实现不同规划之间的信息数据衔接和动态优化。

第五节　案例研究

一、土地利用规划与城市总体规划的衔接

在土地总体利用规划修编过程中，土地利用总体规划的制定与修改，需要根据城市总体规划的发展方向、空间结构和布局优化的导向，把土地利用总体规划作为载体，推动建设用地总规模和农田保护用地的衔接协调，逐步形成规划目标一致、用地相互衔接、形态结构协调的城乡规划空间布局。

按照这个规划编制与修订思路，具体组织和开展土地利用总体规划编制和实际管控，通过结构化的处理与具体规划，逐步形成省市县等各层级土地利用

总体规划,进而确定"规划建设用地控制线、产业区块控制线、基本农田保护控制线"总体规划方案,实现土地利用总体规划与实际管控的协同部署,推动土地利用规划的动态管理与优化,实现各个规划之间的有序衔接。

二、经济发展规划与土地利用/城市总体规划的衔接

经济发展规划和土地总体利用规划、控制性详细规划等相互之间形成"两规"、"三规"、"多规"的有效衔接,是规划编制应该遵循的重要原则和发展趋势。

我们在编制《潍坊节能环保产业园中长期发展规划》时,系统研究了经济规划与土地利用规划、城市总体规划的彼此关系和内容衔接,根据该产业园的土地利用要求、空间布局和框架思路,积极探索产业园经济规划与土地利用总体规划等的对接、协调,推动城市总体规划、土地总体利用规划、经济发展规划和控制性详细规划的"四规合一",推动地方政府各类规划的衔接与协调,推动地方政府分析、总结、修订和完善已有土地总体利用规划,衔接与满足产业园发展的深层需要。规划编制项目组提出的用地规划布局构想,具体如图85所示:

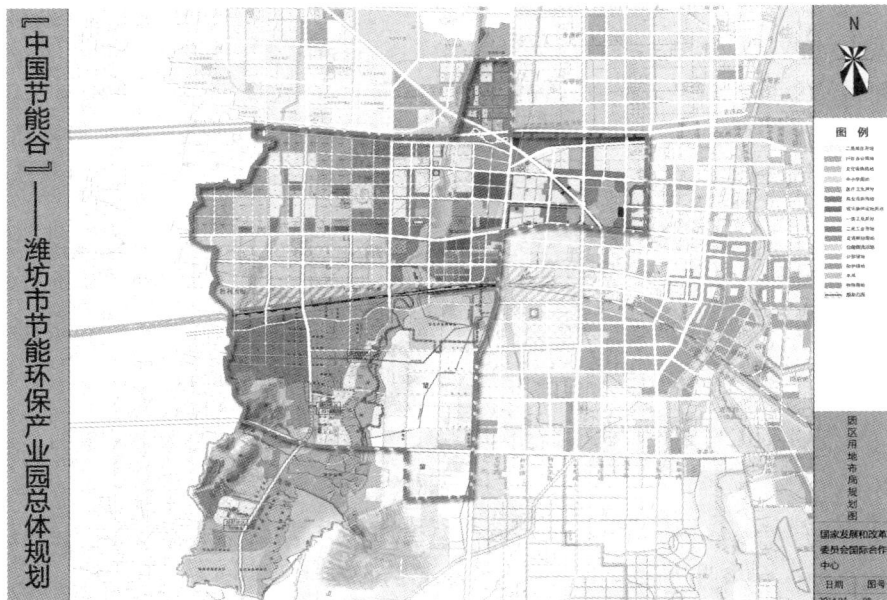

图85 园区用地布局规划

三、上一层级规划与本层级规划的衔接

各类发展规划之间的衔接技巧与遵循的基本原则是，以上位规划为依据，做好本层级规划与上位规划的有序衔接与修正，如做好经济发展规划与总体经济规划的衔接，五年经济规划与主体功能区规划的衔接，控制性详细规划与土地利用总体规划衔接等。同时，根据现有规划的重大变化，提出评估并修订上位规划的具体建议。

在国家各部委大力推动"多规合一"的现状下，如何做好各层级规划的紧密衔接与有序调整，需要有关机构创新规划编制与修订模式，探索研究"多规合一"的技术标准、操作程序，整合规划编制机构和原有流程等，这是各级政府和规划编制机构需要推动的重要工作。

四、政府规划决策的机制设计

各类规划编制与规划之间的衔接，需要国务院、国家发改委、国土资源部、规划局等的协调合作，需要有关机构和人员的整合，需要构建规范的机制与体系。

借鉴现有改革经验，探索构建"多规合一"的"规编委"，国家发改委、国土资源部、规划局等机构专业人员组成，跨部门联合实施规划的综合管理。

"规编委"下设地理信息中心，构建"一个平台、统一标准、分类管理"的规划管理体系，针对经济发展、交通、国土、市政、环保、教育、文化等地理信息管理工作，研究和制定多规适用、认可的技术标准与规则，组织规划编制、评审、监督和修订，逐步实现"多规合一"。

第四篇
政府专项规划

本部分重点介绍各类政府专项规划的编写要求、分析模型、编写规范，以建立研究等，包括但不限于：控制性详规、循环经济、节能环保、智慧城市、城镇化、生态文明、传统产业转型、资源枯竭型城市转型、"一路一带"产业融合、文化旅游、城市住房、农村垃圾处理、土地利用总体规划、历史文化名城、环境评估等。

第十八章　控制性详规

控制性详规从广义上讲，也可以说是一种专项规划。同时，它又不同于节能环保等一般的专项规划，它涵盖的分析与研究范围综合性很强，有特定的格式与要求，规划分析研究需要涉及的领域较宽泛。本书单独予以分析和介绍。

第一节　编制依据

一、基本要素

控制性详细规划以城市总体规划或分区规划为依据，确定建设地区的土地使用性质、使用强度等控制指标，道路和工程管线控制性位置以及空间环境控制的规划。

二、主要依据

根据《城市规划编制办法》第二十二条至第二十四条的规定，根据城市规划的深化和管理需要，一般编制控制性详细规划，控制建设用地性质，使用强度和空间环境，作为城市规划管理的依据，指导修建性详细规划的编制。控制性详细规划是城市、乡镇人民政府城乡规划主管部门根据城市、乡镇总体规划的要求，控制建设用地性质、使用强度和空间环境的规划。

修建性详细规划是具体落实未来修建物的规划，以控制性详细规划为依据。控制性规划是指标体系性的，用指标和色块指引和控制某地块的建设情况，属指引性的详细规划，有弹性，有法定图则的性质；修建性规划是在控制性规划的基础上落实特定地块的具体建设，涉及建筑物平面的造型、道路基础设施的布局、环境空间等属于确定性的规划。修建性详细规划是规划管理部门根据控规要求审核总平面图，修建性规划须按照控规规定的功能分区、用地性质和指标进行布局。

城市、县人民政府城乡规划主管部门组织编制城市、县人民政府所在地镇的控制性详细规划；其他镇的控制性详细规划由镇人民政府组织编制。城市、县人民政府城乡规划主管部门、镇人民政府（以下统称控制性详细规划组织编制机关）委托具备相应资质等级的规划编制单位承担控制性详细规划的具体编制工作。

编制大城市和特大城市的控制性详细规划，可以根据本地实际情况，结合城市空间布局、规划管理要求，以及社区边界、城乡建设要求等，将建设地区划分为若干规划控制单元，组织编制单元规划。

镇控制性详细规划可以根据实际情况，适当调整或者减少控制要求和指标。规模较小的建制镇的控制性详细规划，可以与镇总体规划编制相结合，提出规划控制要求和指标。

第二节　编制内容

一、基本要素

控制性详细规划包括下列基本内容：

1. 土地使用性质及其兼容性等用地功能控制要求。

2. 容积率、建筑高度、建筑密度、绿地率等用地指标。

3. 基础设施、公共服务设施、公共安全设施的用地规模、范围及具体控制要求，地下管线控制要求。

4. 基础设施用地的控制界线（黄线）、各类绿地范围的控制线（绿线）、历史文化街区和历史建筑的保护范围界线（紫线）、地表水体保护和控制的地域界线（蓝线）"四线"及控制要求。

二、主要内容

控制性详细规划编制成果由文本、图、说明书以及各种必要的技术研究资料构成。文本和图的内容应当一致，并作为规划管理的法定依据。

1. 控制性详细规划文件包括规划文本、规划图则、分图图则、规划说明及基础资料汇编。规划文本包括规划范围内土地使用及建筑管理规定。

2. 控制性详细规划图纸包括规划地区现状图、控制性详细规划图纸。修建性详细规划根据《城市规划编制办法》第二十五条至第二十七条的规定，对于当前进行建设的地区，编制修建性详细规划，指导各项建筑和工程设施的设计和施工。

城市的控制性详细规划经本级人民政府批准后，报本级人民代表大会常务委员会和上一级人民政府备案。

县人民政府所在地镇的控制性详细规划，经县人民政府批准后，报本级人民代表大会常务委员会和上一级人民政府备案。其他镇的控制性详细规划由镇人民政府报上一级人民政府审批。

城市的控制性详细规划成果采用纸质及电子文档形式备案。

控制性详细规划组织编制机关组织召开由有关部门和专家参加的审查会。审查通过后，组织编制机关将控制性详细规划草案、审查意见、公众意见及处理结果报审批机关。

规定性指标一般为以下各项：用地性质；建筑密度（建筑基底总面积/地块面积）；建筑控制高度；容积率（建筑总面积/地块面积）；绿地率（绿地总面积/地块面积）；交通出入口方位；停车泊位及其他需要配置的公共设施。指导性指标一般为以下各项：人口容量（人/公顷）；建筑形式、体量、风格要求；建筑色彩要求；其他环境要求。

第三节　分析模型

一、现场调研模型

（一）模型解读

控制性详规采取现场调研分析模型，研究并分析如下的资料或基本信息：

总体规划或分区规划对本规划地段的规划要求，相邻地段已批准的规划资料；土地利用现状，用地分类至小类；人口分布现状；建筑物现状，包括房屋用途、产权、建筑面积、层数、建筑质量、保留建筑等；公共设施规模、分布；工程设施及管网现状；土地经济分析资料，包括地价等级、土地级差效益、有偿使用状况、开发方式等；城市及地区历史文化传统、建筑特色等资料。

控制性详规是指标体系性的，用指标和色块指引和控制某地块的建设情况，属于指引性的详细规划，有弹性，有法定图则的性质。

修建性详规是在控制性详规的基础上，落实某个地块的具体项目建设，涉及建筑物平面的造型，道路基础设施的布局，环境布置等，属于确定性的规划。修建性详细规划是规划管理部门根据控制性详规要求审核总平面图。修建性详规必须按照控制性详规规定的功能分区、用地性质和指标进行布局。

（二）模型应用

控制性详规的现场调研分析模型，主要是根据控规的报告格式，确定需要搜集的资料和底图、地理信息等基础资料，组织专业人员开展现场调研、测量和要求相关规划编制参与单位提供一些基础资料，组织专家访谈和部门调研等，组织现场基础情况的综合分析。具体实施内容不再赘述。

为了做好现场调研，我参加了国务院发展研究中心专家组织的课题调研与规划研究项目组，在福建省三明市开展了生态文明规划调研，重点对三明市、高新区、沙河县等地区进行了走访与现场调研，了解当地生态保护、经济发展与空间分布，掌握第一手规划编制的数据资料（图86左图：福建省三明市产业园空间布局，右图：国务院发展研究中心、国家发改委国际合作中心等专家组在三明市进行经济发展与产业布局的工作座谈）。具体如图86所示：

图86　福建省三明市产业园空间规划效果图与专家工作座谈

二、层次分析法

（一）模型解读

层次分析法指将复杂的多目标决策问题作为一个系统，将目标分解为多个目标或准则，进而分解为多指标（或准则、约束）的若干层次，通过定性指标模糊量化方法算出层次单排序（权数）和总排序，以作为目标（多指标）、多方案优化决策的系统方法。该方法是先分解后综合。

（二）模型应用

层次分析法的基本步骤如下：

1. 建立层次结构模型。将有关因素按照不同属性分解成若干层次，同一层的因素从属于上一层的因素或对上层因素有影响，同时，支配下一层的因素或受到下层因素的作用。最上层为目标层，通常只有一个因素，最下层通常为方案或对象层，中间可以有一个或几个层次，通常为准则或指标层。当准则过多时，进一步分解子准则层。

2. 构造成对比较阵。从层次结构模型的第二层开始，对于从属于（或影响）上一层每个因素的同一层诸因素，采用成对比较法和 1~9 比较尺度构造成对比较阵，直到最下层。

3. 计算权向量并做一致性检验。对于每个成对比较阵计算最大特征根及对应特征向量，利用一致性指标、随机一致性指标和一致性比率做一致性检验。若检验通过，特征向量（归一化后）即为权向量；若不通过，需重新构造成对比较阵。

4. 计算组合权向量并做组合一致性检验。计算最下层对目标的组合权向量，根据公式做组合一致性检验，若检验通过，可按照组合权向量表示的结果进行决策，否则，需要重新考虑模型或重新构造一致性比率较大的成对比较阵。

5. 构造判断矩阵。采用两两重要性程度之比的形式，表示两个方案的相应重要性程度等级。

6. 计算权重向量。计算判断矩阵的权重向量，从判断矩阵中提炼有用信息，提高对事物规律性的认识，为决策提供科学依据。

7. 一致性检验。对判断矩阵是否可接受进行鉴别。

8. 进行总排序。对检验结果进行总的排序和最终决策。

第四节　编写规范

一、基本规范

（一）规划需要公开征求意见

控制性详细规划草案编制完成后，控制性详细规划组织编制机关依法将控制性详细规划草案公告，采取论证会、听证会或其他方式征求专家和公众意见。

（二）规划编制需要遵循规范的格式与程序

控制性规划的报告格式有具体的要求。编制单位根据规划编制要求的格式和内容进行编制，并且达到规划编制的预期目标。

控制性详规的内容包括：详细规定规划范围内各类不同使用性质用地的界线，规定各类用地之内适建、不适建或有条件地允许建设的建筑类型；规划各地块建筑高度、建筑密度、容积率、绿地率等控制指标；规定交通出入口方位、停车泊位、建筑后退红线距离、建筑间距等要求；提出各地块的建筑体量、体形、色彩等要求；确定各级支路的红线位置、控制点座标和标高；根据规划容量，确定工程管线的走向、管径和工程设施的用地界线；制定土地使用与建筑管理规定。

（三）规划修改需要遵循特定程序

经批准后的控制性详细规划具有法定效力，任何单位和个人不得随意修改；确需修改的，遵循下列程序：

（1）控制性详细规划组织编制机关组织对控制性详细规划修改的必要性进行专题论证。

（2）控制性详细规划组织编制机关采用多种方式征求规划地段内利害关系人的意见，必要时组织听证。

（3）控制性详细规划组织编制机关提出修改控制性详细规划的建议，并向原审批机关提出专题报告，经原审批机关同意后，方可组织编制修改方案。

（4）修改后按法定程序审查报批。报批材料中附具规划地段内利害关系人意见及处理结果。

二、编制要领

（一）控制性详细规划不能与上位规划冲突

一般情况下，控制性详规遵循总体规划的空间布局和有关要求，不能出现不一致或明显的矛盾。

（二）控制性详细规划符合功能定位和发展需要

控制性详规与特定地区的产业定位、社会发展规划等发生冲突，如果符合法律法规程序和有关要求，可以在经过规范的申请流程之后，根据法定的编制规则和修订流程，对控制性详规予以修正。

第五节　案例研究

一、河北曲阳县控制性详规

河北省是京津冀一体化的重要参与者和推动者，近年来积极推动经济转型和产业结构调整。保定市"十二五"期间重点实施"一主三次、工业西进、对接京津"三大战略，重构城市空间布局、缩小区域差距、促进全市经济社会可持续发展，统筹推进区域经济协调发展。

曲阳县地处太行山东麓，华北平原西部，河北省中南部、保定市西南部。曲阳县作为保定市重要的经济转型区域，具有自身的特征与资源禀赋，研究本地资源与产业特征，分析自身空间结构、旅游资源等，筹划未来发展的空间布局和主导产业，具有重大的战略价值。

当地政府部门组织专业机构进行土地利用总体规划与控制性详规等规划编制。规划小组调研发现，曲阳县的空间布局现状图如图87所示：

图87　曲阳县空间布局现状图

研究曲阳县城市中心用地布局现状，有助于更好地把握经济发展思路，逐步实现经济发展规划与土地利用总体规划、与控制性详细规划等多规衔接。

具体用地布局分析如图88所示。

由图88可知，曲阳县作为经济需要快速发展的县区，中心城市有一些可以使用的土地指标，拥有产业发展必需的土地资源。

空间管制是总体发展规划的重要研究内容，也是进行经济发展布局和产业结构调整的基本依据。曲阳县的空间管制规划图如图89所示。

曲阳作为保定市经济不发达的县区，有较好的旅游开发资源，应深入研究产业结构，积极推动战略转型与产业提升。该县旅游资源分布现状如图90所示。

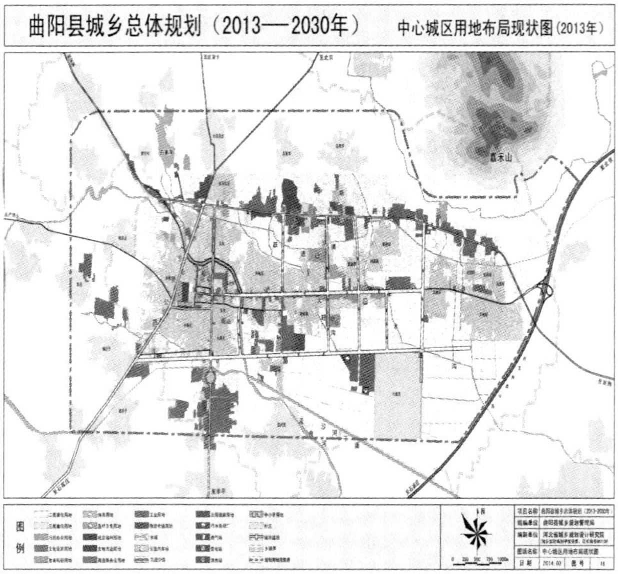

图88 曲阳县用地现状布局

图89 曲阳县空间管制图

图90 曲阳县旅游资源分布现状图

规划编制研究人员现场调研发现,曲阳县有较好的旅游资源,符合国家产业政策,未来几年,曲阳县政府应制定具体的政策措施,把握国家扶贫开发、河北省建设文化强县、保定市西部大开发的历史机遇,借助"中国雕刻之乡"的产业优势和"千年古县"的文化优势,主动调整产业结构,构建主导产业链,谋求可持续发展。

通过综合分析与模型测算,确立曲阳县总体空间规划的"五线",如图91所示。

预计到2020年,曲阳县通过实行产业转型和资源聚集,合理分布土地空间,构建主导产业,将在中心城区形成"两心三轴七区"的城市空间布局结构。

二、北京中心城控制性详细规划

(一)北京中心城控制性详细规划(2006年)规划目标和原则

贯彻落实《北京城市总体规划(2004—2020年)》提出的"六个调整、六个优化",加强旧城的整体保护,为建设北京"国家首都、国际城市、文化名

图91 中心城区"五线"控制规划图

城、宜居城市"搭建综合平台。

1. 遵循《北京城市总体规划（2004—2020年)》关于中心城调整优化的五项原则：坚持整体和集约发展的原则，坚持中心城调整优化和新城发展联动的原则，坚持旧城功能调整优化和古都风貌保护统筹的原则，坚持整体用地比例协调和空间疏密有致的原则，坚持完善交通市政基础设施体系和绿化系统的原则。

2. 总量控制，划分片区，对中心城总体规模进行分片区管理。

3. 系统优先，以城市基础设施供应能力为条件，确定合理的建设强度。

4. 落实城市公共设施，保障城市综合环境质量和城市安全。

5. 综合及高效利用土地，体现节约、节能的理念。

6. 逐步建立新时期城市规划管理机制，增加城市建设的科学性与公正性。

（二）规划的重点内容

1. 控制中心城总体规模，逐步向新城疏解人口和产业。

2. 保障城市公共利益，维护生态环境和城市安全。

3. 实现旧城整体保护，协调保护与发展的矛盾。

4. 体现国家政治中心职能，为中央在京单位做好服务。

5. 优化产业结构，增强城市经济活力。

6. 完善道路交通系统，提高城市运行效率。

7. 合理布局居住用地，创建文明居住社区。

8. 集约高效利用土地，增加土地资源的综合效益。

9. 划定更新改造机遇区，统筹安排建设内容。

10. 提升城市综合品质，建设宜居城市。

（三）规划的基本依据

1. 《中华人民共和国城市规划法》（1990 年）。

2. 《北京城市总体规划（2004—2020 年)》。

3. 《国务院关于北京城市总体规划的批复》（国函〔2005〕2 号）。

（四）中心城总体规模控制

中心城片区划分：按照中心城布局特征，以城市快速路、主干道、河道等为界线，将中心城划分为 33 个片区，其中 01 片区为旧城，02～08 片区为以旧城为核心的中心地区，09～18 片区为围绕中心地区的 10 个边缘集团，19～33 片区为绿化隔离地区。

中心城街区划分：依据城市主次干道等界限，对 01～18 片区（城市建设用地）继续划分到规划街区，每个街区的用地规模约 2～3 平方公里。

人口规模控制：按照《北京城市总体规划（2004—2020 年)》，中心城人口规模为 850 万人。

建设用地规模控制：中心城建设用地为 782 平方公里，其中中心地区 328 平方公里，边缘集团 281 平方公里，绿化隔离地区 173 平方公里。

建设规模控制：中心城现状建筑规模约为 5.8 亿平方米，其中 01～18 片区约为 5.1 亿平方米，规划 01～18 片区建筑规模约为 6.88 亿平方米。

（五）旧城整体保护

旧城历史文化资源的种类：旧城的历史文化资源可分为 11 类，分别为文物保护单位和普查登记在册文物、挂牌保护院落、优秀近现代建筑、地下文物、历史文化保护区、风貌协调区、胡同、水系、城址变迁的历史遗存、古树名木、传统文化、商业及传统地名等非物质文化遗产。

（六）公共服务设施规划

严格限制现有公共服务设施的用途变更和用地流转，对不符合发展要求的现状设施进行改造，提升服务水平；新建设施适度超前、留有余地。

（七）绿色空间与防灾减灾

中心城绿色空间由集中建设区外围绿地（包括计入建设用地中的公共绿地

约 32 平方公里）、沿河景观绿地及集中建设区内的公共绿地和防护绿地三部分组成，总面积约 423 平方公里。

（八）地下空间利用

认真贯彻落实城市总体规划确定的地下空间开发利用原则及《北京市中心城中心地区地下空间开发利用规划》。

（九）居住用地控制

居住用地是建设北京宜居城市的重要场所，是承载城市人口的基本空间，是控制中心城人口规模的关键内容。

第十九章　专项规划

第一节　基本概念

一、核心概念

专项规划是以国民经济和社会发展特定领域为对象编制的规划，是总体规划在特定领域的细化，也是政府指导该领域发展以及审批、核准重大项目，安排政府投资和财政支出预算，制定特定领域相关政策的依据。

专项规划是针对国民经济和社会发展的重点领域和薄弱环节、关系全局的重大问题而编制的特定规划。是总体规划的若干主要方面、重点领域的展开、深化和具体化，它必须符合总体规划的总体要求，并与总体规划相衔接。

专项规划的种类很多，包括循环经济规划、智慧城市规划、节能环保规划、城镇化规划、生态文明规划、传统产业转型规划、资源枯竭型城市转型规划、"一路一带"产业融合规划、文化旅游规划、城市住房规划、农村垃圾处理规划、土地利用总体规划、历史文化名城规划、环境评估规划等。本书对部分专项规划予以简要介绍。

二、规划内容

总结各类专项规划案例的报告格式，一般包括但不限于如下内容：

（一）分析部分

分析部分主要包括对现状分析、发展预测分析两个方面。

1. 现状分析是做好规划的前提。产业或经济现状可以从国内、国际等方面分析。分析生产与需求结构平衡状况。包括市场容量与供给规模、市场结构。分析影响领域发展的关键因素或起作用的因素。回顾评价近年采取的措施及取得的成绩，找出存在的主要问题，分析产生问题的根源。

2. 发展预测分析。根据未来发展状况，对需求与供给进行预测。

（二）规划部分

1. 目标。专项规划通过一定的数量指标表达到规划期末研究对象应达到的高度。目标既有定量描述，也有定性描述。目标应既有压力又有激励。

2. 规划重点与配套工程。规划重点与配套工程是实现规划目标的关键部分和主要支撑部分。规划重点主要根据专项规划的目标及存在的薄弱环节而确定。

3. 方案研究与设计。首先明确规划的指导思想，确立规划主线，这条主线是进行规划的依据，贯穿于规划设计的始终。要明确规划的时限，分解规划目标，制订符合经济社会发展变化的阶段性目标。

（三）结论与措施部分

规划制订本身是为了落实规划，而落实规划就要通过一系列的政策与手段来实施，有无可操作性最终就要通过措施来体现，可操作性是衡量政策措施是否可行、是否合理的主要标志。

规划报告的政策措施，主要包括：

（1）政策措施内容要简洁具体。

（2）明确执行主体、执行方法和手段、执行时间和范围、实施主体等。

（3）根据上级政策规定和本地区的实际能力等，制定有关政策措施。

（4）明确详细的实施目标，确立考核激励机制，等。

第二节　循环经济规划

一、基本概念

循环经济指在经济发展中，实现废物减量化、资源化和无害化，使经济系统和自然生态系统的物质和谐循环，维护自然生态平衡，是以资源的高效利用和循环利用为核心，以"减量化、再利用、资源化"为原则，符合可持续发展理念的经济增长模式，是对"大量生产、大量消费、大量废弃"的传统增长模式的根本变革。

循环经济，即在经济发展中，实现废物减量化、资源化和无害化，使经济系统和自然生态系统的物质和谐循环，维护自然生态平衡，是以资源的高效利用和循环利用为核心，以"减量化、再利用、资源化"为原则，符合可持续发展理念的经济增长模式，是对"大量生产、大量消费、大量废弃"的传统增长模式的根本变革。"3R 原则"是循环经济活动的行为准则，所谓"3R 原则"，即减量化（Reduce）原则、再使用（Reuse）原则和再循环（Recycle）原则。

减量化（Reduce）原则：要求用尽可能少的原料和能源来完成既定的生产目标和消费目的。这就能在源头上减少资源和能源的消耗，大大改善环境污染状况。例如，我们使产品小型化和轻型化；使包装简单实用而不是豪华浪费；使生产和消费的过程中，废弃物排放量最少。

再使用（Reuse）原则：要求生产的产品和包装物能够被反复使用。生产者在产品设计和生产中，应摒介一次性使用而追求利润的思维，尽可能使产品经久耐用和反复使用。

再循环（Recycle）原则：要求产品在完成使用功能后能重新变成可以利用的资源，同时也要求生产过程中所产生的边角料、中间物料和其他一些物料也能返回到生产过程中或是另外加以利用。

循环经济是对"大量生产、大量消费、大量废弃"的传统经济模式的根本变革。其基本特征是：在资源开采环节，要大力提高资源综合开发和回收利用率。在资源消耗环节，要大力提高资源利用效率。在废弃物产生环节，要大力开展资源综合利用。在再生资源产生环节，要大力回收和循环利用各种废旧资源。在社会消费环节，要大力提倡绿色消费。我国政府大力推动循环经济，以更好地推动传统产业转型、地方经济质量提高，通过循环经济，可以有效减低能耗，降低污染物排放，提高单位产值效益和改善环境。

循环经济规划指采用循环经济的基本理念，对特定地方政府、特定产业园等进行总体规划与产业布局，有效提升特定区域产业聚集与资源高效利用，进而实现"减量化、再利用、资源化"目标的专项规划。

循环经济规划的方法论，主要包括物质流分析方法和能源系统分析方法等。

（一）物质流分析方法

1. 社会代谢理论框图

2. 物质流示意图。物质流是生态系统中物质运动和转化的动态过程。它是构成生物体的各种物质如氮、磷，钾、碳、硫、水和各种微量营养元素，以及一切非生命体构成的必要物质，在生态系统中处于经常传递、转化的动态过程中。

生态系统中物质流有两种主要过程：一种是地质大循环过程，或地球化学

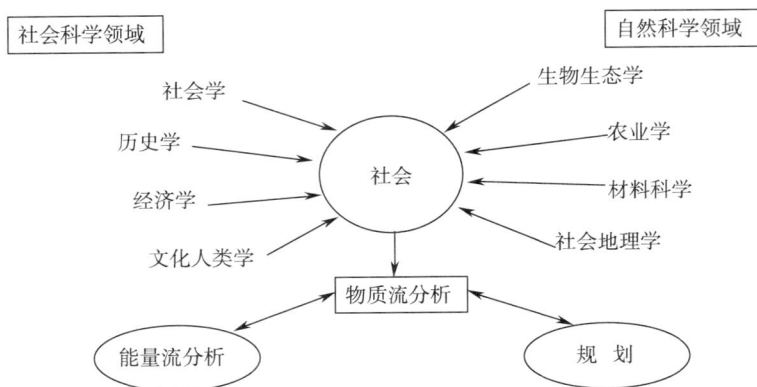

图92　社会代谢理论的框图

循环过程，在各种物理和化学的作用力影响下，物质由体系外引入、经过体系内循环转化和还原后流向体系外；另一种流动过程主要受生物力的作用，物质被生物选择吸收，在生态系统内沿着生产者—消费者—还原者的方向流动，称为生物学小循环（见图93）。

（二）能源系统规划方法

能源系统规划在系统分析和预测的基础上进行，能源系统分析方法包括系统仿真、系统优化和系统评价等，具体方法包括系统动力学、能流分析、投入产出分析、线性规划和层次分析等。

能源系统预测方法包括弹性系数法、回归分析法、投入产出法、部门分析综合预测法等。

二、案例研究：山东省循环经济发展"十二五"规划

山东省循环经济发展"十二五"规划确立的基本原则是：坚持减量化、再利用、资源化的原则；坚持政府推动、市场调节、公众参与的原则。

围绕这些基本原则，规划编制人员进一步确立了"十二五"期间的经济发展目标，包括：资源产出、资源消耗、资源综合利用等类别，进一步分为能源产出率、水资源产出率、每公顷建设用地产出率、万元 GDP 能耗、万元 GDP 取水量、规模以上工业用水重复利用率、农业灌溉水有效利用系数、生活垃圾无害化处理率等，具体目标指标如表24所示：

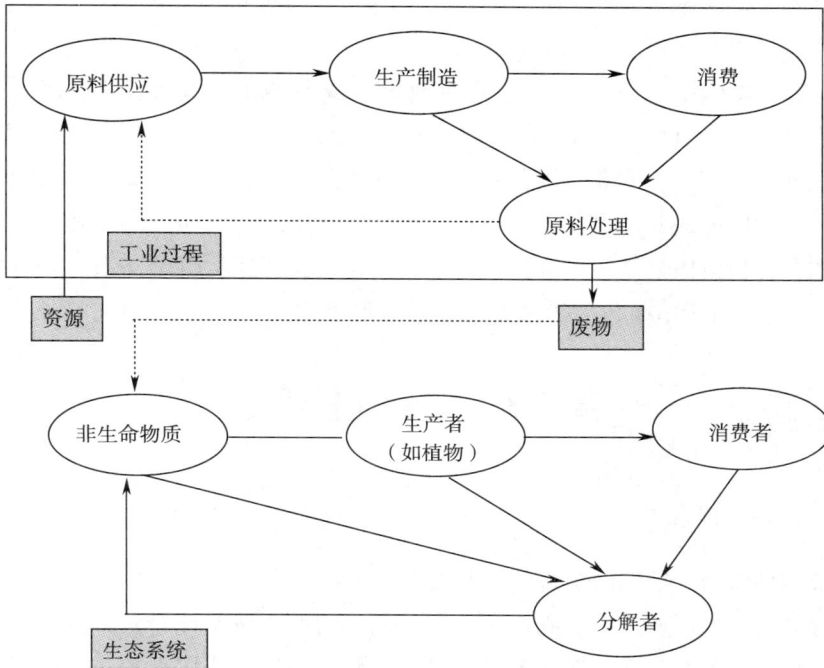

图 93 物质流示意图

表 24 "十二五"期间山东省循环经济发展目标指标

类别	指标	2010 年	2015 年
资源产出指标	能源产出率（亿元/万吨标准煤）	0.98	1.18
	水资源产出率（元/吨）	152.7	154.6
	每公顷建设用地产出率（万元）	140	165
资源消耗指标	万元 GDP 能耗（按 2005 年价格计算）（吨标准煤）	1.02	0.85
	万元 GDP 取水量（立方米）	65.5	64.7
资源综合利用指标	规模以上工业用水重复利用率（%）	89.54	95
	农业灌溉水有效利用系数	0.61	0.63
	工业固体废物综合利用率（%）	82	85
	主要再生资源回收利用率（%）	65.2	68
	城市建筑废物综合利用率（%）	60	80
	城市再生水利用率（%）	10.6	20
	生活垃圾无害化处理率（%）	80	96
	农业秸秆综合利用率（%）	75.1	85
	适宜农村沼气用户普及率（%）	23.6	28

规划编制团队研究确立了山东省"十二五"期间循环经济的发展重点，具体如下：

"按照源头减量、过程循环、纵向延伸、横向耦合、系统复合的循环经济发展思路，结合山东半岛蓝色经济区、黄河三角洲高效生态经济区等重点区域建设，突出'工业、农业、服务业、园区、社会'五大重点领域，优化资源配置和经济发展方式，加强上下游企业间的链接，推进产业间的协作和区域内的系统整合，积极探索循环经济标准化模式，建设循环经济链网体系，重点培育500家循环经济示范单位、20种循环经济发展模式。"

第三节　节能环保规划

一、基本概念

节能环保指为节约能源资源、发展循环经济、保护生态环境提供技术、装备和服务保障的产业，是国家加快培育和发展的七个战略性新兴产业之一。主要包括节能装备产品、环保装备产品、资源循环利用、节能服务和环保服务等领域，其产业链长，关联度大，吸纳就业能力强，对经济增长拉动作用明显。其中：节能产业主要包括节能技术和装备、节能产品和节能服务，环保产业主要包括环保技术和装备、环保产品和环保服务，资源循环利用产业主要包括矿产资源综合利用、固体废物综合利用、再生资源利用、再制造等。

二、案例研究：潍坊节能环保产业园中长期规划

笔者及研究团队编制的《潍坊节能环保产业园中长期规划》以全球生态发展、我国节能环保政策、行业法规，以及山东省循环经济政策等为研究背景，对潍坊市的发展基础、产业环境、重点产业链、配套条件等进行了综合研究，组织专业人员开展了系统研究，编制提交有关规划文稿，由当地人民政府邀请国务院发展研究中心、发改委、住建部、工信部等专家学者，进行规范的评审，并予以修订完善。

基本编制过程，简述如下：

潍坊市地处山东半岛的中东部，地理位置优越，环境优美，经济发达，历史文化悠久。目前存在能耗过高、工业污染、生产和生活方式不节能、不环保等突出问题，已经成为制约该市经济发展、环境改善和人们生活水平持续提高

的主要障碍之一。

为贯彻国家节能环保产业政策和山东省"蓝黄"经济区国家战略等指示精神，建设美丽潍坊、生态潍坊，聘请国家发展和改革委员会国际合作中心专家，组织和共同编制《潍坊节能环保产业园发展规划（2014—2025年）》。通过规划调研和科学编制，逐步统一思想，借鉴典型经验，明确具体行动，坚定工作信心，形成发展合力，推动潍坊市节能环保产业的大发展、大聚集、大协同、大提高，使其尽快成为促进潍坊经济增长方式转变和环境改善的有效手段，成为潍坊市经济发展的支柱产业，展示潍坊市对外经济发展水平的"城市名片"。

经过调研分析，案例借鉴与现场走访，立足潍坊资源禀赋与产业特征，结合国家和上级有关政策、产业趋势，初步确立"打造立足潍坊，辐射带动全省、全国乃至全球生态经济的"中国节能谷"的愿景目标，通过构建"三大中心、五个平台、八个产业基地"，制定了"三步走"的实施步骤，提出了"十二大工程"，拟定了节能环保产业园的入园标准和工作重点，研究确立了规划实施的保障机制和考核体系，通过融合提升传统产业，辐射带动全市、全省节能环保产业，逐步将产业园打造成山东省、全国乃至全球节能环保产业的技术创新"集聚者"、产品标准"参与者"、服务资源"提供者"和产业应用"示范者"。

吴维海博士参加潍坊市举行节能环保产业园规划建设报告会

来源：齐鲁网 作者：韩琳琳 2014 - 07 - 08

关键词：潍坊 节能环保产业园 报告会

[提要] 近日，潍坊节能环保产业园规划建设报告会在潍坊潍城区级机关行政办公中心举行。报告会上，国家发改委国际合作中心城市发展咨询院副院长、研究员、高级经济师吴维海作辅导报告。

潍坊齐鲁网7月8日讯（记者 韩琳琳）近日，潍坊节能环保产业园规划建设报告会在潍坊潍城区级机关行政办公中心举行。报告会上，国家发改委国际合作中心城市发展咨询院副院长、研究员、高级经济师吴维海作辅导报告。作为潍坊节能环保产业园发展规划编制组组长，吴维海系统介绍了潍坊节能环保产业园发展中长期规划有关情况，就规划提出的规划理念、远景目标、建设思路和战略步骤以及重点产业链条、重点工程进行了详细的分析解读，并有针对性地介绍了外地成熟园区建设运营和招商宣传方面的经验做法。

潍坊市潍城区委书记王兆辉在发布会上说，潍坊市委、市政府着眼推进中心城区工业转型升级，确定建设潍坊节能环保产业园，并同意落户在潍城，是对潍城区以"一城、四基地"发展定位为引领、进一步推进节能环保产业发展、加快建设城市工业基地的充分肯定。同时，节能环保产业园建设上升为市级战略，对于潍城区加快经济结构调整，建立现代产业体系具有重要意义；为潍城区推进工业转型升级和城市工业基地建设确定了发展重点和方向，对潍城当前和今后一个时期的发展影响深远。工作中，要重点抓好五个方面。一是抓好规划落实。切实增强机遇意识、竞争意识和责任意识，积极参与和支持产业园的规划建设，通过规划建设节能环保产业园，打造园区建设的亮点和品牌，增强潍城的区域发展竞争力。二是抓好招商引资和项目建设。以节能环保产业为重点，强化绿色、低碳、生态、高效的发展理念，进一步完善节能环保产业园发展规划、运行机制和扶持政策，推动园区科学规划、科学发展。三是抓好产业链条。加强产业集群发展和产业链条培育，按照建链、强链、补链的发展思路，立足潍城产业基础优势和发展方向，组建产业联盟，加快产业链条延伸，通过几年努力形成几条百亿级的产业链条，打造中国节能谷。四是抓好责任落实。尽快组建产业园建设指挥部及其办公室，加快产业园市场化建设运营主体建设，研究成立节能环保产业服务公司，推进产业创新服务联盟建设。五是抓好企业服务。以开展党的群众路线教育实践活动为契机，进一步增强服务企业的能力，为全区经济社会更好更快发展做出积极贡献。

第四节　低碳生态规划

一、基本概念

低碳生态规划是以减少碳排放为规划目标，以复合生态系统和生态学基本原理为指导的城市规划。

当前，我国低碳生态城市规划存在的突出问题主要有：低碳生态规划缺少低碳、生态理念和核心要素，与传统城市规划雷同；低碳生态城市规划的编制缺少整体性，没有将低碳生态城市建设目标和规划内容融合到专项规划之中；缺少有效工具和实施手段，规划制定和实施活动脱节等。

笔者对低碳规划编制的体会与建议如下：低碳生态规划编制注重节能减碳，源头上主动降低碳的来源，过程中削减碳的排放，结果上加强碳捕捉与碳监测，具体通过合理的空间布局与产业转型等措施实现低碳发展目标。

区域规划要增加城镇体系规划有关低碳发展的强制性内容，包括：区域统筹和协调发展、资源节约和集约利用、能源设施规划布局、环境保护、风景名胜资源管理、公众利益和公共安全等，注重资源和环境的承受能力，考虑空间布局和土地使用，发展节能低碳交通，注意文物、基本农田、森林等的保护。

总体规划编制方面，要系统分析城市资源及生态环境的承载能力，构建城市低碳发展关键指标，规范低碳发展评估系统。规划和设计集约用地、可再生能源占比、绿色建筑、绿色交通，减少和杜绝高耗能、高排放的项目。规划并推动城市再生水利用、生活垃圾资源化利用等项目。在总体规划土地利用与空间布局规划时，遵循集约化、紧凑型的空间开发理念，引导就业、人口相对均衡分布，减少城市全社会通勤时间。

总体规划与专项规划衔接方面，要注重平衡经济增长与碳排放之间的关系，解决人口迁移、导入及社会发展协调的关键问题，依据低碳生态城市建设核心指标，确立规范、可操作的规划控制指标体系。

详细规划研究与规划编制阶段，要重点分解落实低碳生态城市核心指标，做好与控规指标的紧密衔接。组织增量成本分析，提出空间管控图则，实现"三图合一"。确立绿色建筑、绿地与景观、绿色基础设施与市政工程生态化、可再生能源与清洁能源利用、环境保护与水资源综合管理、垃圾分类与资源循环利用等技术导则。

低碳生态城市规划编制的重点领域，包括但不限于：土地利用、经济发展、绿色交通、绿色建筑、水资源利用、能源利用、废弃物处理、信息化建设和能力保障等，确定重点规划方向与技术领域。

二、案例研究：贵阳高新区低碳示范区发展规划

为推动贵阳高新区低碳示范区建设，我们受贵阳高新区委托，在全国首家编制《贵阳高新区低碳示范区发展规划》，我们项目组系统研究了当地产业现状和工业能耗等有关情况，并就全国、贵州、贵阳和高新区的能耗、单位碳排放等变化趋势进行了初步分析，具体如图94所示。

在该低碳发展规划编制过程中，我们研究和探索了低碳指标设计与重点项目，反复论证并提出了"1246"的低碳发展规划，即"一个立足，两大目标，四类指标，六大保障"，进而构建国家级低碳发展示范区，逐步形成贵州省低

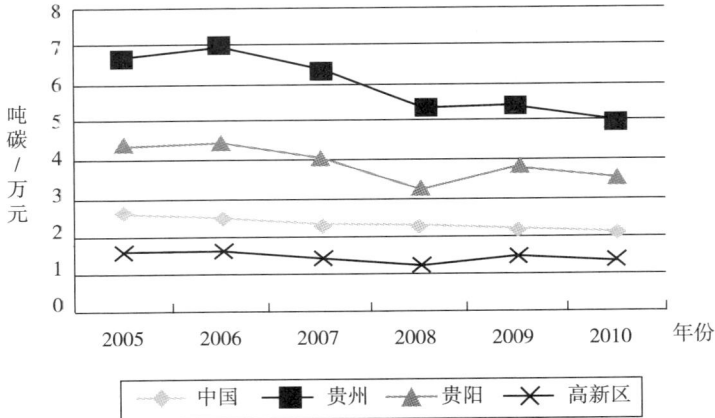

图 94　2005—2010 年单位 GDP 碳排放

碳发展的"名片"和中国西部地区低碳示范基地。

为确保低碳发展规划的落实，我们项目组与贵阳高新区协调与交流，对重点企业与主要产业进行了调研分析，逐步研究确立了该地区低碳规划基本目标，即：建立健全低碳发展管理与监测体系，不断优化产业结构，显著改善能源结构，逐步降低单位能源消耗，有序推进节能减排，不断提高低碳建筑的比重，构建绿色低碳交通体系，稳步提高森林覆盖率，CO_2 排放达到控制目标，增强碳汇和碳交易能力，全面实现经济增长目标，初步形成符合高新区产业规划、资源禀赋和经济增长模式的低碳产业体系，构建贵阳市和高新区低碳发展的碳交易管理平台、技术研发与科技转换平台、投融资推动平台和信息服务共享平台，争创国家级低碳示范区，打造中国西部地区低碳发展的示范基地。

在规划目标设定方面，研究确立了规划期末（2015 年）贵阳高新区规模以上工业总产值，比基期（2010 年）年均增长比率。规划期末（2015 年）低碳情景下规模以上工业企业总产值单位能耗（吨标准煤/万元），比规划基期（2010 年）的降低比率。低碳情境下规模以上工业企业总产值单位碳排放（吨碳/万元），比规划基期（2010 年）的降低比例。

我们项目组研究确立了规划期末（2015 年）贵阳高新区规模以上工业增加值比规划初期（2010 年）年均增长比例。低碳情境下规模以上单位工业增加值能耗（吨标准煤/万元），比规划初期（2010 年）降低比例。研究确立了 2020

年，贵阳高新区森林覆盖率提高目标，具体如表 25 所示：

表 25　　　　贵阳高新区 2015 年和 2020 年低碳管理主要目标

低碳指标	2015 年计划	比 2010 年增减	2020 年计划	比 2015 年增减	指标性质
规模以上工业总产值（亿元）	略	略	略	略	指令型计划
规模以上单位工业总产值能耗（吨标准煤/万元）	略	略	略	略	指令性计划
规模以上工业增加值（亿元）	略	略	略	略	指令性计划
规模以上工业总产值单位碳排放（低碳情境，吨碳/万元）	略	略	略	略	指令性计划
规模以上单位工业增加值能耗（吨标准煤/万元）	略	略	略	略	指令性计划
规模以上工业增加值单位碳排放（低碳情境，吨碳/万元）	略	略	略	略	指令性计划
财政收入（亿元）	略	略	略	略	指导性计划
人均碳排放（低碳情境，吨碳/人）	略	略	略	略	指导性计划
森林覆盖率	略	略	略	略	指令性计划
低碳政策	略	略	略	略	指导性计划

我们在规划编制过程中，充分考虑规划对象的经济情境，假设了不同的经济发展条件，并划分为基准情境、节能情境和低碳情境，对贵阳高新区碳排放情况进行了系统分析。

基准情境：充分考虑高新区发展的需求和愿望，经济发展遵循经济学的普遍规律，在一定程度上仍延续工业化的历程，技术进步使得能源效率有一定的提高。

节能情境：充分考虑当前的节能减排措施，但不采取专门针对气候变化的政策。在该情境中，经济发展模式有一定转变，高耗能产品产量在近中期保持较高水平，交通出行主要考虑方便、快捷，交通体系不太发达，发展过程没有完全杜绝先污染后治理的现象，技术投入大。

低碳情境：综合考虑高新区的可持续发展、能源安全、经济竞争力和节能减排能力，主动努力改变经济发展模式，转变生产和消费方式，强化技术进步，属于尽力争取可能实现的低碳发展情景。

三种情境下 2011—2020 年规模以上企业工业总产值单位能耗、单位增加值碳排放的综合分析，具体如图 95 所示：

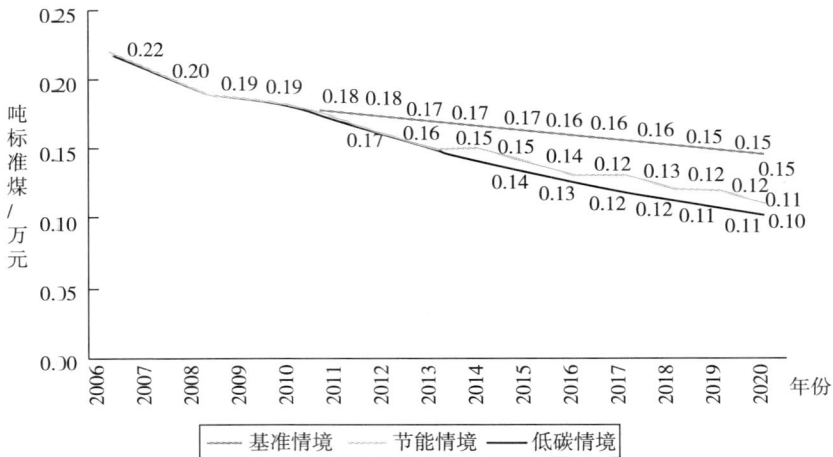

图 95　2011—2020 年三种情境的规模以上企业工业总产值单位能耗

由图 95 可知，不同情境下的工业总产值单位能耗逐年降低。

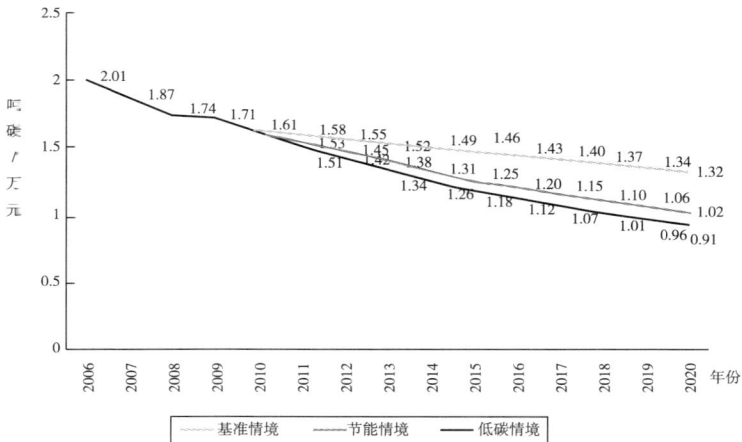

注：以上图标数据是初稿预测指标数据。

图 96　2011—2020 年高新区三种情境的规模以上企业工业增加值碳排放

　　我们项目组研究分析了该地区基准情境、节能情境和低碳情境下的工业分行业增加值能耗数据，具体如表 26 所示：

表 26　基准情境、节能情境和低碳情境下的工业分行业增加值能耗数据

工业分行业	2010 年	2015 年			2020 年		
	现状	基准情境	节能情境	低碳情境	基准情境	节能情境	低碳情境
电子信息	略	略	略	略	略	略	略
高端制造	略	略	略	略	略	略	略
新材料	略	略	略	略	略	略	略
生物医药	略	略	略	略	略	略	略
新能源	略	略	略	略	略	略	略
节能环保	略	略	略	略	略	略	略
其他	略	略	略	略	略	略	略

　　在贵阳高新区低碳示范区发展规划的空间布局上，我们项目组研究提出了"7＋1"低碳产业功能与空间布局，具体如图 97 所示：

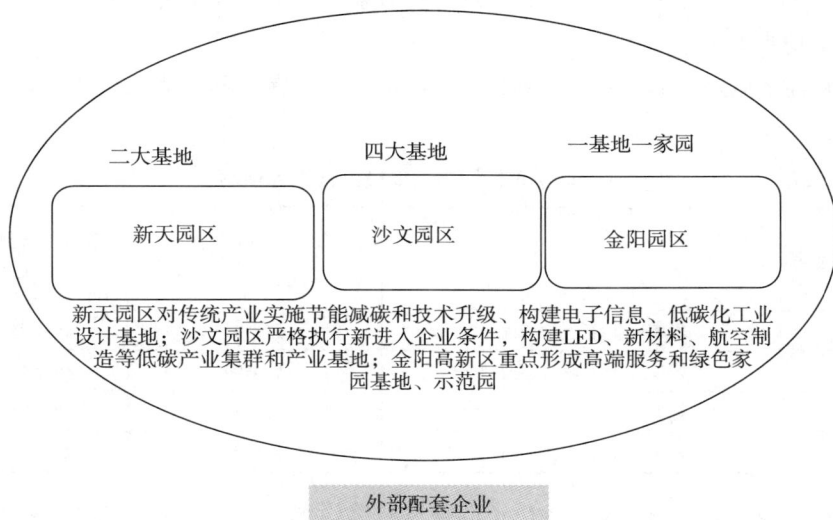

图 97　高新区低碳发展的"7＋1"产业基地布局

　　在产业园功能定位上，我们项目组研究确立了贵阳高新区的三大功能，即研发与设计功能、工业制造与产业集群功能、综合服务功能。同时，提出了贵阳高新区跨园区功能分工和产业协同的总体框架思路，具体描述如图 98 所示：

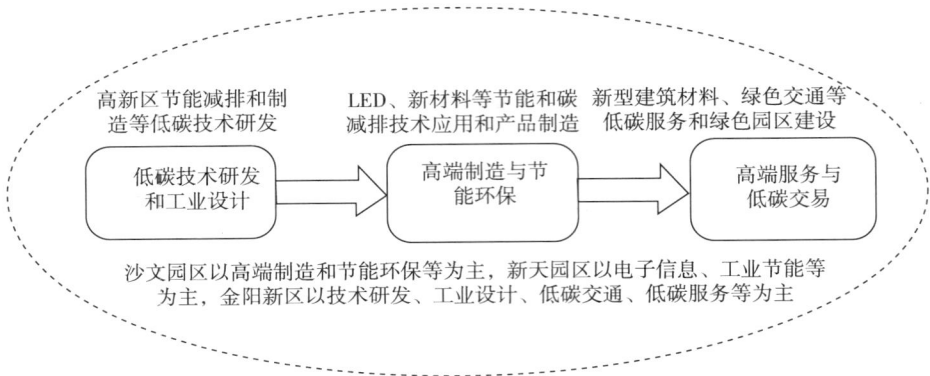

图 98   贵阳高新区跨园区的功能分工和产业协同

贯彻贵阳高新区低碳示范区发展规划，重点从产业链打造、产业结构、能耗结构、建筑节能、交通与环境、消费和服务、低碳技术、低碳政策等方面，确立了未来一段时间贵阳高新区低碳发展的工作重点。

在效益测算方面，我们项目组从经济效益、社会效益、低碳效益三个方面进行了初步测算。

在经济效益方面，项目组划分了节能情境和低碳情境的能耗数据，如表 27 所示：

表 27   高新区两种情境下的能耗降低指标预测

情境假设	统计口径	单位能耗减少预测（吨标准煤/万元）	节能总量预测（万吨）
节能情境	规模以上工业总产值口径	数据略	数据略
	规模以上工业增加值口径	数据略	数据略
低碳情境	规模以上工业总产值口径	数据略	数据略
	规模以上工业增加值口径	数据略	数据略

在社会效益方面，重点分析了低碳发展给当地的就业、居民收入、生活质量、产业带动、财政收入等带来的影响和积极的作用。

在低碳效益方面，划分了节能情境和低碳情境，分别进行了实施效果预测。测算了空气质量和森林覆盖率改善等实施效果。单位碳排放降低的效果预测具体如表 28 所示：

表 28   **高新区低碳规划的碳排放效益计算**

情境假设	统计口径	单位碳排放量减少预测 （吨碳/万元）	碳排放减少总量预测 （万吨）
节能情境	规模以上工业总产值口径	数据略	数据略
	规模以上工业增加值口径	数据略	数据略
低碳情境	规模以上工业总产值口径	数据略	数据略
	规模以上工业增加值口径	数据略	数据略

为了实现贵阳高新区低碳发展规划的各项任务，我们项目组研究确定了低碳发展的指标体系，主要包括引导性指标和控制性指标，具体如表 29 所示：

表 29   **低碳发展规划的指标体系**

主题层		指标层	现状与规划目标			指标类型
			2010 年	2015 年	2020 年（参考）	
社会经济指标	经济发展	经济规模	人均 GDP（元/人）			引导型
		经济结构	第三产业增加值占 GDP 比重（%）			引导型
			高耗能行业增加值占工业增加值比重（%）			
	社会进步	收入水平	平均职工工资（元/人）			引导型
		教育水平	高等教育毛入学率（%）			引导型
		技术水平	节能改造投资总额占 GDP 的比重（一）			控制型
低碳指标	低碳能源	可再生能源利用	可再生能源占一次能源消费比重（%）			引导型
		碳汇资源	森林覆盖率（%）			引导型
	低碳生产	低碳产品生产	可再生能源产品产值占工业总产值比重（%）			引导型
		人均排放强度	人均碳排放量（吨/人）			控制型
		碳排放强度	万元 GDP 碳排放量（吨/万元）			控制型
			万元工业增加值碳排放量（吨/万元）			控制型
		能源利用效率	万元 GDP 能源消费量（吨标准煤/万元）			控制型
			万元工业增加值能源消费量（吨标准煤/万元）			控制型

续表

主题层			指标层	现状与规划目标			指标类型
				2010 年	2015 年	2020 年（参考）	
低碳指标	低碳消费	生活低碳	人均生活能源消费量（千克标准煤/人）				控制型
		建筑低碳	节能建筑面积比重（%）				引导型
		交通低碳	人均交通碳排放量（千克/人）				控制型
		低碳意识	公众低碳认知度（—）				定性，引导型
	低碳管理	低碳规划	是否编制低碳发展规划（—）				定性，引导型
		资金投入	市政府节能减碳专项资金占地方财政收入比重（%）				引导型
		信息平台	城市低碳信息平台（—）				定性，引导型

我们项目组尝试更新性地探索与编制了地区性低碳发展规划的指标体系，核心指标包括经济指标、能耗指标、碳排放指标、低碳管理指标四类一级指标。

其中，经济指标包括规模以上单位工业总产值、高新区全部产值或整体增加值、高新区人均纯收入 3 个二级指标。能耗指标包括规模以上单位工业增加值能耗、可再生能源占一次能源消费、碳汇资源、高技术企业增加值占全部工业增加值比重、节能建筑达标率、人均生活能耗 6 个二级指标。碳排放指标包括万元工业总产值（或增加值）碳排放、人均碳排放、空气质量（优良空气天数）、森林覆盖率 4 个二级指标。低碳管理指标包括公众低碳认知度、低碳政策水平、低碳规划执行力、低碳检测平台 4 个二级指标。共计 17 个二级指标。

为落实规划目标，规划报告建议要实施引导性的金融投资和专项基金的优惠政策，土地资源适当向低碳项目和企业倾斜，帮助重点产业、重大项目和重点企业的节能减排和低碳化发展。强化政府和企业在低碳管理工作中的激励考核和政策引导，激发政府各部门、各重点企业低碳发展的主动性和积极性，确保规划战略的贯彻落实。

第五节　城市矿产规划

一、基本概念

（一）概念

"城市矿产"指工业化和城镇化过程产生和蕴藏在废旧机电设备、电线电缆、通信工具、汽车、家电、电子产品、金属和塑料包装物以及废料中，可循环利用的钢铁、有色金属、稀贵金属、塑料、橡胶等资源，其利用量相当于原生矿产资源。

（二）示范基地建设要求

1. 回收体系网络化。示范基地要积极创新回收方式，通过自建网络或利用社会回收平台，形成覆盖面广、效率高、参与广泛的专业回收网络。

2. 产业链条合理化。示范基地要形成分拣、拆解、加工、资源化利用和无害化处理等完整的产业链条，着力资源化深度加工。推动示范基地内企业之间构建分工明确、互利协作、利益相关的产业链。

3. 资源利用规模化。示范基地要通过吸纳企业入园、重组兼并等方式，实现企业集群、产业集聚效应，提高产业集中度。要结合本地区实际，开展多种"城市矿产"资源的循环利用。

4. 技术装备领先化。示范基地要通过产学研相结合，开展共性关键技术开发，引进、消化、吸收国外先进技术，培育形成具有成套处理装备研发、设计、制造能力的企业。加快推广应用先进适用技术，淘汰落后工艺、技术，向产品高端化发展。

5. 基础设施共享化。示范基地要加快建设完善的基础设施，实现"五通一平"，建立物流体系，组织搭建促进资源循环利用的公共服务、信息服务、技术服务等平台。

6. 环保处理集中化。示范基地要建立完善的污染防治设施，对废水、废气和固体废物实行集中收集和处理，严禁产生二次污染。支持示范基地开展清洁生产审核、质量管理体系和环境管理体系认证。

7. 运营管理规范化。示范基地要建立完善的规章制度和指标考核体系，建立符合现代企业制度要求的组织结构，实现行业管理规范化、高效化，切实解决单个企业"小、散、乱"的问题。

（三）示范基地条件

各地推荐的园区（企业）应具备以下基本条件：

1. 园区已被确立为国家或省级循环经济试点单位。

2. 实行园区化管理（有明确的园区边界，成立了园区管委会或专门管理机构等）。

3. 园区符合土地利用总体规划和城市总体规划。

4. 园区有符合标准的各项环保处理设施，近三年内无重大环保事故。

5. 园区有完善的再生资源回收网络体系，能够保障原材料来源。

6. 园区"城市矿产"品种两种以上，年集聚量不低于 30 万吨，有合理产业链，加工利用量占集聚量的 30% 以上，且加工利用工艺技术水平国内领先。

（四）申报材料

申报材料包括：

1. 省级循环经济综合管理部门、财政部门的联合申报文件。

2. 建设国家"城市矿产"示范基地实施方案。申报单位要按照发改环资〔2010〕977 号文件要求，按照《国家"城市矿产"示范基地实施方案编报指南》（见附件）认真编制实施方案。实施方案要结合本地区资源循环利用产业发展现状，园区现有资源聚集基础，加工利用情况，科学合理规划示范基地建设目标和指标，提出实现标志性目标指标的支撑项目和具体措施。

3. 相关证明材料。包括园区规划、立项批复、土地证明、环评批复、相关资质证明以及其他批复性文件和地方出台的支持性政策文件等。

（五）程序安排

1. 地方初审。有关省、自治区及计划单列市循环经济发展综合管理部门、财政部门要会同有关部门，组织专家对拟申报园区的示范基地建设实施方案进行联合初审，并将初审意见和专家名单连同申报材料一并报送。

2. 联合评审。国家发展改革委、财政部将会同有关部门组织专家对各地上报的实施方案进行评审，批复通过评审的实施方案，并将该园区确定为国家"城市矿产"示范基地，向社会公布。

3. 签订承诺书。示范基地所在地省级（自治区、直辖市、计划单列市）人民政府要与国家发展改革委、财政部签订《国家"城市矿产"示范基地建设承诺书》，保证完成建设目标，落实相关政策等。

4. 资金拨付。财政部、国家发展改革委安排中央财政专项资金，采取预拨与清算相结合的方式，支持示范基地新增再生资源加工处理能力建设（含升级改造）、基础设施和公共服务平台建设以及再生资源回收体系建设，并根据示范基地建设实施方案，按照相关标准，共同核定示范基地中央财政补助资金额，并按照补助金额的 50% 下拨启动资金。中央财政补助资金由地方政府统筹使用，专项用于示范基地建设，各地要于每年年底前将资金使用情况逐级联合上报财政部、国家发展改革委备案。

5. 实施建设任务。地方政府应督促示范基地按照批复的实施方案开展建设，并于每年年底前将建设进度逐级联合上报国家发展改革委、财政部备案。项目有调整的，需报国家发展改革委、财政部批准。

6. 考核验收。国家发展改革委、财政部将根据地方申请，组织考核验收。考核合格的，拨付剩余补助资金，不合格的不再拨付。3 年内工作无实质进展或发生重大环境污染等事件的，将扣回已拨付补助资金。

二、案例研究：国家"城市矿产"示范基地

根据国家发改委环资司关于"城市矿产"示范基地的评选要求，地方政府委托部委机构撰写国家"城市矿产"示范基地实施方案，并提交国家发改委审批。具体方案报告目录如下所示：

方案目录

第一章 背景和意义

1.1 某省经济社会发展情况及资源循环利用产业发展现状简述

　　1.1.1 某省经济社会发展情况

　　1.1.2 某省资源循环利用产业发展现状

1.2 园区"城市矿产"资源聚集与加工处理、资源化利用情况

1.3 建设国家"城市矿产"示范基地在某省循环经济发展总体布局中的地位

　　1.3.1 在促进产业转型区域合作中处于重要地位

　　1.3.2 在推进产业结构调整中处于主导地位

　　1.3.3 在资源型城市向现代化区域中心城市跨越中立于支柱地位

　　1.3.4 在构建县域循环经济体系中处于先行先导地位

1.4 建设国家"城市矿产"示范基地对某省经济社会发展的意义

第六节　循环化改造示范试点

一、基本概念

（一）推荐部门

《国家发展改革委办公厅、财政部办公厅关于请组织推荐 2014 年园区循环化改造示范试点备选园区的通知》（发改办环资〔2014〕729 号）提出，各省、自治区、直辖市及计划单列市、新疆生产建设兵团循环经济综合管理部门、财政部门组织推荐循环化改造备选园区。

（二）推荐园区应具备的条件

1. 列入中国开发区审核公告目录或经国务院批准的园区、国家循环经济试点园区、再制造示范基地（"城市矿产"类园区除外）。

2. 园区符合土地利用总体规划和城市总体规划。

3. 园区内的产业符合国家产业政策。

4. 具有明确的园区边界以及园区组织管理机构或投资运营主体。

5. 园区具备一定的产业基础和产业规模。

6. 园区土地尚有开发利用空间，发展潜力较大。

7. 园区废弃物产生量大，减量化、再利用、资源化潜力较大，循环化改造潜力较大。

8. 园区基础设施较为完善，具备符合国家标准的各项环保设施，近 3 年未出现重大环境污染事故和群体事件。

9. 园区具备循环化改造基础，已开展相关基础工作。

10. 财政部、国家发展改革委确定的节能减排财政政策综合示范城市的园区优先，国家或省级循环经济试点园区、生态工业园区或教育示范基地优先。

（三）推荐材料

推荐材料主要包括：

1. 省级循环经济发展综合管理部门、财政部门联合推荐文件。

2. 园区循环化改造实施方案。结合本地区资源环境、产业发展现状及园区特点，按照《国家发展改革委财政部关于推进园区循环化改造的意见》（发改环资〔2012〕765 号）的要求，参照《园区循环化改造实施方案编制指南》（见附件），组织编写园区循环化改造示范试点实施方案。实施方案中要围绕园区物质流分析，明确园区循环化改造的主要目标和重点任务，提出拟建设的重点支撑项目。省级循环经济发展综合管理部门、财政部门共同组织专家对园区循环化改造实施方案联合审核后报国家发展改革委、财政部。

3. 相关证明文件。包括园区的批复文件，符合土地利用、城市规划、环境保护规划等规划的证明文件，国家发展改革委的审核公告，国土资源部确定的四至范围证明文件，环境保护部门的环保审查报告，以及成立管理机构的证明文件等各类证明文件。

（四）程序安排

1. 地方初审实施方案。各地省级循环经济发展综合管理部门、财政部门共同组织专家对园区循环化改造实施方案进行初审，并将初审意见和评审专家名单随同申报材料一同报送。

2. 评审批复实施方案。国家发展改革委、财政部会同有关部门组织专家对实施方案进行评审。方案通过评审的，由国家发展改革委、财政部联合批复。对实施方案获得批复的园区，可在适当位置标示"国家循环化改造示范试点园区"标志。标志式样由国家发展改革委、财政部另行发布。

3. 签订承诺书。园区所在地市（包括计划单列市、副省级省会城市、地级市）、州、盟、区（直辖市市辖区县）人民政府与国家发展改革委、财政部签订承诺书，确定园区循环化改造的目标任务、重点项目，落实相关配套措施和优惠政策。

4. 拨付资金。财政部、国家发展改革委根据园区循环化改造实施方案，综合考虑园区循环化改造项目投资计划，共同确定给予园区循环化改造的中央财政补助资金额，财政部、国家发展改革委按照补助金额的50%下拨启动资金。中央财政补助资金由地方政府统筹使用，专项用于园区循环化改造。中央财政补助资金具体支持范围和支持方式按照《循环经济发展专项资金暂行管理办法》执行，主要支持内容包括：

（1）园区循环化改造的关键补链项目。包括循环经济产业链接或延伸的关键项目，资源共享设施建设项目、物料闭路循环利用项目、副产物交换利用、能量梯级利用、水的分类利用和循环使用项目，污染物"零排放"或系统构建项目。

（2）公共服务设施建设。包括园区内污染集中防治设施建设及升级改造项目、废物交换平台项目、循环经济技术研发及孵化器项目、循环经济统计信息化项目及监测体系建设项目、生产型服务业循环改造项目等基础设施和公共服务平台项目。

5. 实施改造。园区按照国家发展改革委、财政部批复的实施方案进行循环化改造，每年年底前将实施进展情况报国家发展改革委、财政部。省级循环经济发展综合管理部门、财政部门加强跟踪，督促落实，帮助协调解决循环化改造中的问题。地方政府根据园区循环化改造实施方案统筹使用补助资金，专项用于园区循环化改造，并于每年年底前将资金使用情况报送财政部、国家发展改革委备案。项目建设要严格按照国家项目管理的有关程序和规定执行，项目有调整的要及时报国家发展改革委、财政部审批。

6. 考核验收。实施期内，园区配套基础设施和关键补链项目建设进度完成实施方案设定目标，且资源环境指标达到实施方案预期目标90%以上的，由地方政府提出考核和余款拨付申请，国家发展改革委、财政部组织力量进行考核。考核重点是实施方案是否完成，实施情况是否达到预期效果，园区配套基础设施和关键补链项目建设是否发挥应有作用，其中对关键补链项目建设，主要考核补链后资源节约和环境污染减少是否达到预期目标。考核合格的，财政部、国家发展改革委拨付剩余资金，并命名为"国家循环化改造示范园区"，不合格的不再拨付。3 年内工作无实质性进展的，将已拨付补助资金扣回。具体考核办法由国家发展改革委、财政部另行制定。

二、案例研究：池州循环化改造示范试点方案

《国民经济和社会发展第十二个五年规划纲要》提出大力发展循环经济，将园区循环化改造列为循环经济重点工程。2012 年 3 月 21 日，国家发展改革委、财政部以发改环资〔2012〕765 号印发《关于推进园区循环化改造的意见》，提出到 2015 年，50% 以上的国家级园区实施循环化改造，通过循环化改造，实现园区的资源产出率、土地产出率大幅度上升，固体废物资源化利用率、水循环利用率、生活垃圾资源化利用率显著提高，主要污染物排放量大幅度降低，基本实现"零排放"。

池州经济技术开发区（以下简称开发区）是中国第一个国家级生态经济示范区——池州市境内，前身是 1992 年 6 月经原池州行署同意设立的贵池市江口经济技术开发区，2011 年 6 月经国务院批准升级为国家级开发区，开发区从设立开始，即按"生态立市"要求和"循环经济"理念进行规划、建设，经过 20 年的发展，已进入快速发展期，主要经济指标均保持 40% 以上增幅，形成了电子信息、装备制造、电气器材、冶金、化工、火电、建材、医药、食品、纺织服装、港口物流等多种产业门类，由于历史原因，开发区产业结构中，火电、铅锌冶炼、耐火材料、化工等重化工业比例高，战略性新兴产业规模较小，产业布局和产业链接有待完善。随着国家节能减排和重点污染物总量控制政策的实施，以及受金融危机影响，现有产业增速趋缓，需要转变发展方式，通过循

环化改造，破解资源环境约束，形成产业链整体竞争优势，培育新兴产业，营造发展新优势。由于正威半导体产业园、铜冠铜箔等重大项目的落户，开发区迎来了产业升级的机遇，初步形成循环经济产业链，为循环化改造提供了比较有利的现实条件。

按照国家发改委和财政部关于推进园区循环化改造的要求，结合开发区实际和转型发展需求，开发区决定实施循环化改造行动，依照"减量化、再利用、资源化"原则，优化调整产业布局及产业结构，全力发展以电子信息产业为首位的先进制造业，推进传统产业升级改造，加快引进循环补链项目，大力开展清洁生产，全面加强污染治理，持续完善基础设施建设，力争成为"经济持续发展、资源高效利用、环境优美清洁、生态良性循环"的国家级循环化改造示范园区。

为确保循环化改造目标的实现，制定了优化产业布局、优化产业结构、构建循环型产业链、开展清洁生产、加强污染治理、完善基础设施建设、创新管理体制机制等重点任务，力争在产业转型升级、循环经济补链、清洁生产及管理机制创新四个方面取得大的突破，使开发区由资源消耗型产业向创新驱动型产业转型，电子信息、装备制造、铅锌冶炼、火电建材等重点产业实现物质流闭路循环、"三废"排放强度大幅下降，清洁生产水平达到或接近行业一级水平，循环化改造长效机制基本形成，为全国同类园区循环化改造提供典型示范。

通过循环化改造方案的实施，池州经济技术开发区将建设成为"产业高端、人才集聚、功能完备、设施现代、宜居宜业"的生态产业新城和美好智慧园区。

第七节　智慧城市规划

一、基本概念

"智慧城市"充分运用信息和通信技术（ICT）手段感测、分析、整合城市运行核心系统的各项关键信息，从而对包括民生、环保、公共安全、城市服务、商业活动在内的各种需求做出智能的响应，为人类创造更美好的城市生活。

智慧城市是目前我国各地政府积极推动的重要产业领域，也是提升城市信息化、智慧化与综合竞争力的重要手段。国务院、国家发改委、住建部、科技部等分别研究并颁布了有关政策文件，积极推动智慧城市的项目建设与创建验收考核。

国家部委研究院所、各类科研机构、各地高校和各类规划设计院等行业机构与研究人员也高度关注并积极探索智慧城市建设与智慧城市规划的组织实施。图 99 为笔者 2014 年应邀参加上海同济规划设计研究院组织的信息化应用系统发布与智慧城市专家座谈会（上海）现场。

图 99　同济规划研究院 2014 年组织的智慧城市研讨会

二、案例研究：智慧城市与节能环保产业协同发展

（一）研究背景

智慧城市是我国城市发展的必然趋势和最高目标。党的十八大提出工业化、新型城镇化、信息化、农业现代化"四化融合"的发展思路，将信息化建设（包括智慧城市）提高到了前所未有的国家战略高度。智慧城市作为我国信息化与工业化高度融合的载体，借助智慧技术，以更智慧的方法感测、分析、整合城市运行核心系统的关键信息，改变政府、企业和人们相互交往的方式，对

各种需求做出快速和智能的响应，提高城市管理的智慧水平，促进我国经济发展质量和效率。

智慧城市与节能环保密切相关。智慧城市包含了新一代信息技术的产业发展，也包括对现有工业、农业和服务业的信息化和智能化，对节能环保产业的智能化等，它与节能环保产业是高度交叉和相关的。节能环保建筑是节能环保产业的实践应用和重要组成部分，它的实施平台是智慧城市，智慧城市是信息化推动工业化、城镇化的时代体现和具体落实，是 21 世纪创新驱动、产业升级、结构重整、财富增长的新兴平台，是承载绿色发展、环境治理、生态文明，实现"中国梦"的基本路径，它与节能环保产业的发展目标高度一致。有必要构建规范的概念模型与运行机制，推动两大产业的协同发展。

以节能环保为重点的绿色产业及相关产品将在今后全球经济、技术应用和国际贸易等领域展开激烈的竞争。中国想在新一轮的经济增长中占据有利地位，必须不断提升节能环保产业的规模和质量。

（二）基本概念

智慧城市是根据科学合理的城市发展理念，运用新一代信息技术，在泛在互联网和信息全面感知的基础上，实现人"物"城市功能系统之间无缝连接与协同联动的智能自感知，自优化，从而对民生"环保"公共安全"城市功能"商务活动等城市需求做出智能的响应，形成具备可持续内生动力的安全"便捷"、"高效"绿色的城市形态。智慧城市包含了智慧环保、绿色发展等理念，由此可知，智慧城市与节能环保产业相互依存，相互渗透。

关于智慧城市的概念，不同的人有不同的解读。IBM 认为，智慧城市实质是采用先进的信息技术，实现城市智慧式的管理和运行，进而为城市的居民创造更美好的生活，促进城市的和谐，可持续成长①。

智慧城市与节能环保存在关联性。因此，需要研究节能环保的概念及其组成要素，以及协同学的概念和主要内涵。

节能环保产业指为节约能源资源、发展循环经济、保护环境提供技术基础和装备保障的产业，主要包括节能产业、资源循环利用产业和环保装备产业，涉及节能环保技术与装备、节能产品和服务等；其业务领域包括：节能技术和装备、高效节能产品、节能服务产业、先进环保技术和装备、环保产品与环保

---

① 张梅艳，宋拥军. 苏州建设智慧城市的定位思考［J］. 商业经济，2013（9）.

服务。"十二五"规划纲要提出，节能环保产业重点发展高效节能、先进环保、资源循环利用关键技术装备、产品和服务。节能指应用技术现实可靠、经济可行合理、环境和社会都可以接受的方法，有效地利用能源，提高能源设备使用或工艺的能量利用效率。狭义的环保产业指在环境污染控制与减排、污染清理以及废物处理等方面提供产品和服务。广义的环保产业包括生产中的清洁技术、节能技术，以及产品的回收、安全处置与再利用等，是对产品全生命周期的绿色全程管理。

协同论主要研究远离平衡态的开放系统在与外界有物质或能量交换的情况下，如何通过自己内部协同作用，自发地出现时间、空间和功能上的有序结构。协同论认为，千差万别的系统，尽管其属性不同，但在整个环境中，各个系统间存在着相互影响而又相互合作的关系。

（三）起源与特征

国外智慧城市建设最早可追溯到 1992 年，新加坡首次提出了智慧岛计划。IBM 在 2008 年提出"智慧地球"的理念，将其作为应对金融危机"振兴经济"的重点领域。欧盟的"欧洲 2020 年战略"、日本的 U – Japan、韩国的 U – City、新加坡的"智慧国 2015 计划"都提出了本地化的智慧城市愿景及发展目标。

从系统工程角度看，智慧城市的理念是把城市看成生态系统，城市中的市民、交通、能源、商业、通信、水资源构成功能各异的子系统。这些子系统形成普遍联系、彼此影响的整体。

IBM 在《智慧的城市在中国》中对智慧城市的特征做了界定，具体如图 100 所示：

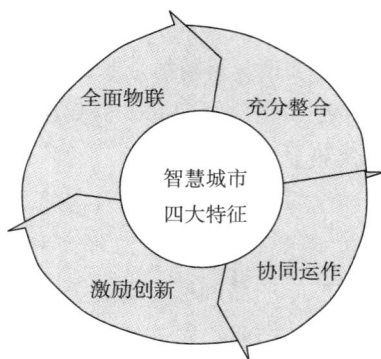

图 100　IBM 关于智慧城市的四大特征

全面物联：智能传感设备将城市公共设施物联成网，对城市运行的核心系统实时感测。

充分整合：物联网与互联网系统完全连接和融合，将数据整合为城市核心系统的运行全图，提供智慧的基础设施。

激励创新：鼓励政府、企业和个人在智慧基础设施之上进行科技和业务的创新应用，为城市提供源源不断的发展动力。

协同运作：基于智慧的基础设施，城市里的各个关键系统和参与者进行和谐高效的协作，达成城市运行的最佳状态[1]。

（四）趋势分析

在全球化战略的背景下，世界各国积极应对全球金融危机和气候变化挑战，把实施绿色新政、发展绿色经济作为刺激经济增长和产业转型的重要内容，通过推进节能环保产业、新能源产业等绿色产业发展，降低单位能耗和环境污染，实现绿色 GDP 和生态发展。我国中央政府提出的"集约、智能、绿色、低碳"等建设目标，与国家新型城镇化建设规划等目标、思路，构成了我国城市建设的国家目标导向。

为实现"十二五"规划《纲要》确定的单位 GDP 能耗降低、主要污染物排放总量减少等约束性指标，必须不断提升我国节能环保技术装备和服务水平，为大规模节能减排、大力发展循环经济提供坚实的产业支撑，是我国转变发展方式、调整经济结构的必然选择。国务院、国家发改委、环保部、住建部、工信部等各部委出台智慧城市或节能环保产业政策文件，包括：《国家新型城镇化规划（2014—2020 年）》《关于促进智慧城市健康发展的指导意见》《交通运输业智能交通发展战略（2012—2020 年）》等。国家住建部 2012 年公布智慧城市试点 90 个城市，2013 年公布 103 个试点城市。2014 年 8 月 22 日，住房和城乡建设部、科技部联合发布《关于开展国家智慧城市 2014 年试点申报工作的通知》，启动 2014 年度国家智慧城市试点申报。我国已有超过 400 个城市宣布计划建立智慧城市，新型城镇化建设进入加速期。在第十六届高交会的智慧城市发展高峰论坛上，工业和信息化部软件服务业司长李颖预计全球智慧城市市场规模 40 万亿美元，中国智慧城市市场规模估计人民币 4 万亿元。

节能环保产业是全球经济发展的重要引擎和产业方向，也是实现各国、各

---

[1]　陈秉钊. 和谐的城市，生活才美好［J］. 规划师，2010（8）：5 - 8.

地区智慧城市建设的基础保障，受到全球主要经济体和欧美发达国家的高度重视，每年保持了较快增长。据统计，全球环保产业的市场规模从1992年的2500亿美元增至2013年的6000亿美元，年均增长率8%，远远超过全球经济增长率，成为世界各国积极推动的"朝阳产业"。美国、日本、欧盟等国家和地区的环保产业已经成为全球环保市场的主要力量。2010年我国节能环保产业总产值2万亿元，从业人数2800万。2013年8月，国务院办公厅《国务院关于加快发展节能环保产业的意见（国发〔2013〕30号）》提出："节能环保产业产值年均增速在15%以上，到2015年，总产值达到4.5万亿元，成为国民经济新的支柱产业。"2014（第五届）中国钢铁节能减排论坛上，国家发改委资源节约和环境保护司表示，"2011年环保产业总产值约为2.3万亿元，从业人数达2800万。"十二五"后三年（2013—2015年），通过推广节能环保产品预计拉动消费需求4900亿元，通过增强技术能力预计拉动投资需求3.66万亿元。"这给中国节能环保产业发展带来了新的机遇。

由于我国经济发展中存在的高能耗、环境污染、管理粗放、信息化手段落后等问题，制约了我国产业转型与智慧城市建设，也与"国家富强、民族振兴、人民幸福"为核心的"中国梦"有所冲突。因此，研究智慧城市与节能环保产业的协同发展，对于中国经济结构调整和城市可持续发展，具有重大的战略意义。

三、协同现状

（一）关联性研究

智慧城市应用一般包括：智慧商业、智慧家庭、智慧文教、智慧政务、智慧安全、智慧市政、智慧医疗、智慧社区、智慧能源、智慧交通和智慧金融等，基本涵盖了公共服务、商业产业和居民生活三大领域。国内智慧城市建设多以政府主导，行业应用示范为主，智慧城市体系框架一般自下而上分为感知层、设施层、数据支撑层和应用层4个层次。

关于智慧城市与节能环保产业的关联性。以上海市徐汇区为例，2012年，徐汇区街道制定了低碳社区建设规划，选址南丹小区进行风光互补（太阳能车棚改造），通过信息化手段控制和监测，较好地解决了居民充电难、停车难等问题，实现了居民对节能环保技术的实践应用，二氧化碳排放每年减少约1500千克，节约用电3000度，通过互联网手段等监控，利用上海电费错峰收费政策，降低了用电费用。这是智慧城市与节能环保相互渗透、相互促进的典型案例①。

智慧城市与节能环保在政策关联、技术应用、产业融合等有较高的相关性。智慧城市具有节能环保的特征，同时智慧楼宇和信息技术系统等都与先进的节能技术、环保产品的应用紧紧相连，彼此交叉。

智慧城市建设是新一代信息技术成长的重要的发展契机，将带动一大批有广泛市场前景、能源消耗低、产业带动大、综合效益好的产业发展，催生智慧医疗、智慧教育、智慧旅游、智慧交通、智慧环境、智慧物流、智慧安全等对城市经济社会发展具有直接拉动作用的新兴产业，促进城市的经济增长。

智慧城市有助于提升城市运营管理水平，直接带动新一代信息技术为核心的信息产业发展，间接推动城市传统支柱产业转型升级、战略性新兴产业（包括节能环保产业）发展。

各级政府、各地区已经意识到节能环保产业与重大项目的智能化、信息化和城市管理的智慧化程度紧密相关，相互促进。少数城市和决策者开始探索和采取一系列有效措施，不断推动节能环保产业和智慧城市的逐步融合。

（二）协同模型

分析智慧城市与节能环保产业是否存在关联，需要从协同模型的研究入手。

1. 欧盟智慧城市评估模型。欧盟中等城市的智慧城市评估模型，包括：智慧产业、智慧民众、智慧治理、智慧移动、智慧环境、智慧生活六个方面，其中：智慧环境包括：自然环境魅力、污染、环境保护和可持续资源管理，这与我国的环保产业高度相关。智慧产业的生产率，智慧生活的文化设施、居住质量等也与节能产业相关。欧盟中等城市的智慧城市评估指标体系清晰地阐述了智慧城市与节能环保产业具有较高的协同关系。具体描述如图101所示的欧盟中等城市的智慧城市评估指标模型。

2. 我国智慧城市模型。我国各级政府、国家部委和上海、北京、无锡等试点城市结合各自特征和城市管理实践，积极推动智慧城市指标模型构建与优化。为规范和推动智慧城市的健康发展，住房和城乡建设部、科技部于2014年8月22日联合发布《关于开展国家智慧城市2014年试点申报工作的通知》，启动2014年度国家智慧城市试点申报。8月29日，国家发改委、住建部、科技部等

---

① 吴维海. 徐汇区推进节能智慧社区有成效［J］. 上海节能，2014（4）.

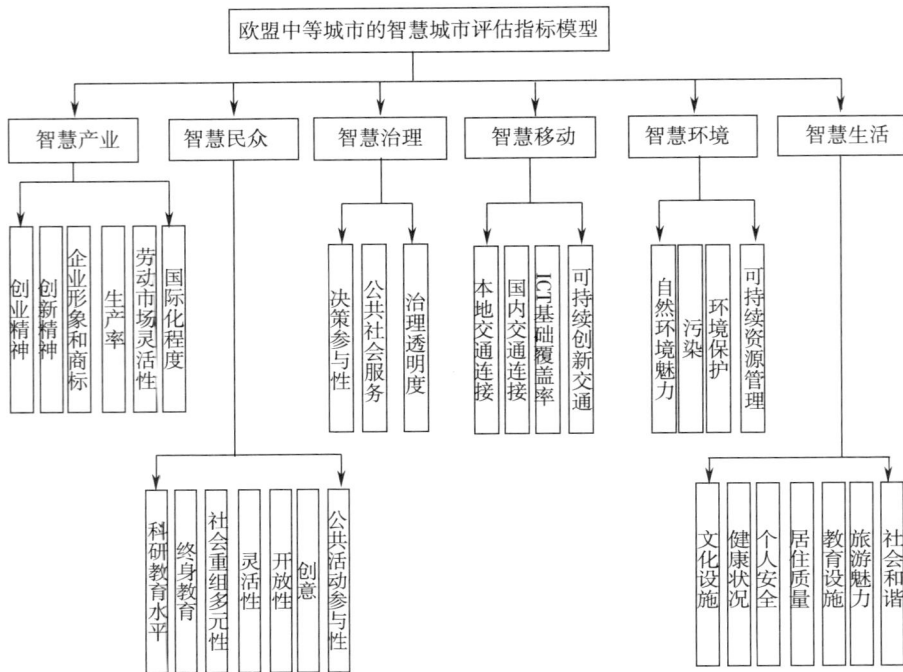

图 101 欧盟中等城市的智慧城市评估指标模型

八部委联合发布《关于促进智慧城市健康发展的指导意见》，这也是国家首次就智慧城市出台全局性指导意见，被誉为智慧城市的顶级规划。

从层次结构看，智慧城市的关注重点包含了节能环保的要素和内容。智慧城市建设关注关键技术，确保为城镇化建设提供强有力的技术支撑，把各项技术有效集成，有效地管理。节能环保产业作为我国战略性新兴产业的重点之一，智能化管理是其重要的发展方向。节能环保产业聚集在城市产业园或行政区，其智能化与智慧城市建设的地理空间和产业内容存在交叉。智慧城市的架构一般可分为：感知层、网络层、平台层和应用层，其主要目标是：保增长、保民生、保稳定，这三个目标都与节能环保相关联。具体如图 102 所示。

智慧环保是智慧城市建设的内涵，我国城市发展转型将智慧作为主导方向，积极参与试点示范，为智慧环保提供了引进先进政策、技术提供了平台。实现智慧环保目标，以环境信息化为基础载体，让信息技术为我国城市环境管理服务创

应用层：智慧城管、智慧环保、智慧节能、智慧交通、平安城市等

平台层：IT、CT、数据中心

网络层：通讯网、物联网、互联网

感知层：手机、视频电话、无线、PC、internet、传感器、摄像头等

智慧城市的三大目标：保增长、保民生、保稳定

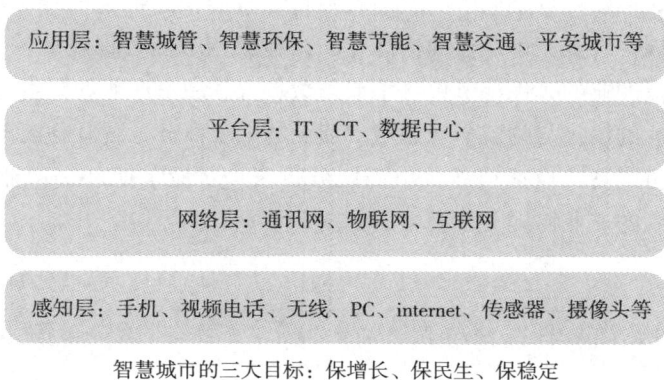

图 102　智慧城市的架构模型

新提供支撑，建立高度信息化、现代化和智慧化，使政府、企业和市民满意[①]。

　　从产业价值链看，节能环保产业主要包括节能产业、环保产业和资源循环利用三大类产业，具有产业链长，关联度大的特点。从产业组织的角度来看，节能环保产业是先进制造业和生产服务业紧密结合的跨行业、涵盖面宽的综合性产业，包括方案设计、技术研发、材料采购、生产制造、销售物流、售后服务等基本环节，它需要大数据、云应用、智慧物流、工业自动化、电子商务等支撑，并与智慧城市的相关环节相协同，具体如图 103 所示。

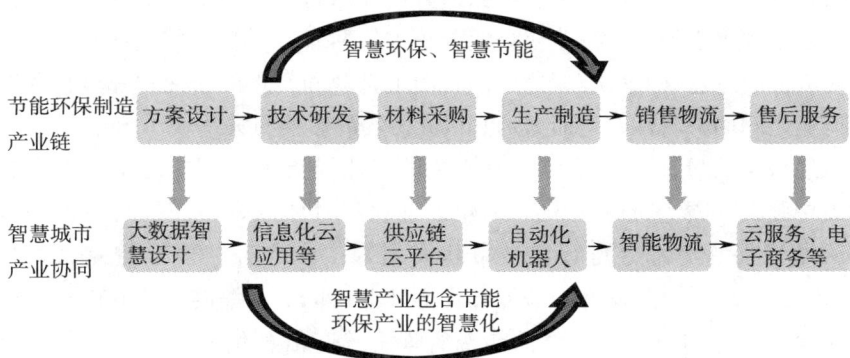

智慧环保、智慧节能

节能环保制造产业链：方案设计 → 技术研发 → 材料采购 → 生产制造 → 销售物流 → 售后服务

智慧城市产业协同：大数据智慧设计 → 信息化云应用等 → 供应链云平台 → 自动化机器人 → 智能物流 → 云服务、电子商务等

智慧产业包含节能环保产业的智慧化

图 103　节能环保制造业产业链与智慧城市产业协同模型

---

　　① 杨军，徐振强. 智慧城市背景下推进智慧环保战略及其顶层设计路径的探讨［J］. 城市发展研究，2014，21（6）.

由图 103 可知，智慧城市产业的大数据、智慧设计与节能环保产业的方案设计有机协同；智慧城市产业的信息化、云应用与节能环保产业的技术研发协同；节能环保产业的其他环节包含了或蕴藏着智慧城市产业的要素与内容，如：节能环保产业的销售与物流与智慧城市建设的电子商务、智慧物流等相协同。

从产业协同看，根据智慧城市四层分析法，对应节能环保产业有关架构，探索构建两者的产业协同关联模型，如图 104 所示：

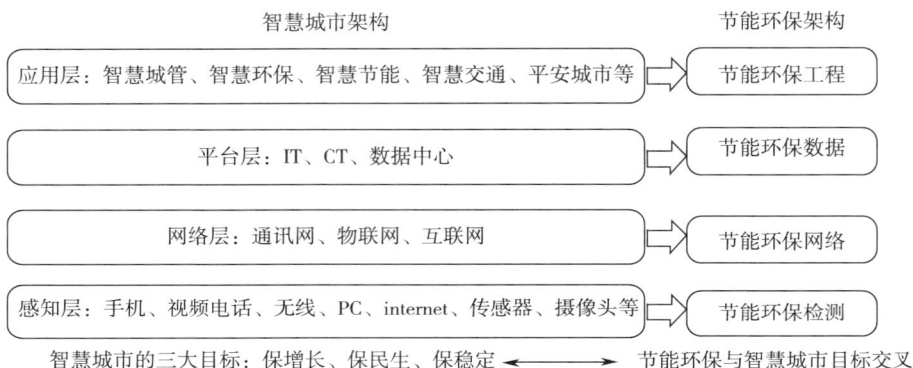

智慧城市架构　　　　　　　　　　　　节能环保架构

应用层：智慧城管、智慧环保、智慧节能、智慧交通、平安城市等 ⇒ 节能环保工程

平台层：IT、CT、数据中心 ⇒ 节能环保数据

网络层：通讯网、物联网、互联网 ⇒ 节能环保网络

感知层：手机、视频电话、无线、PC、internet、传感器、摄像头等 ⇒ 节能环保检测

智慧城市的三大目标：保增长、保民生、保稳定 ⟷ 节能环保与智慧城市目标交叉

图 104　基于分层对应的智慧城市与节能环保产业协同关联模型

由图 104 可知，智慧城市建设包含了感知层、网络层、平台层和应用层四个层次，各层次分别对应着节能环保部分产业或特定项目的监测与摄像、网络传输、数据和报表处理、行业或企业分析等，两者之间在某些内容和架构上交叉和对应。通过这一对应模型分析，有助于直观和间接的研究智慧城市和节能环保产业之间的关联性，进而揭示其彼此协同的影响与关系。

从经济实践看，研究北京市等智慧城市建设指标体系。北京市在智慧城市建设中强调"绿色北京"概念，建设理念和具体内容体现了与节能环保产业的协同发展。上海等将智慧城市建设列入"十二五"发展规划（2011—2015 年），体现了智慧城市与节能环保等产业协同。上海的智慧城市建设指标体系包含了智慧的环保、智慧的能源管理、政府信息化平台、企业信息化平台等要素，该分析要素与上面的感知层、网络层、平台层和应用层的研究模型大概呼应，即：智慧的环保和智慧的能源管理基本处于应用层和平台层，政府信息化平台和企业信息化平台基本属于平台层、网络层和感知层。使用这一模型进行关联性分析，基本反映了智慧城市与节能环保产业的协同性，展示了智慧城市与节能环保在服务平台支撑等方面的资源共享与统筹规划的必要性。杭州市以"智能＋互联＋协同"为理念，建设以政务信息共享和业务协同系统平台为基础的综合应用，属于重点构建智慧城市的平台层、感知层、数据层等建设内容，较好地推动了智慧城市建设，也会对节能环保产业发展带来积极的促进作用。

综合分析可知，国家住建部有关智慧城市评价指标体系，从保证体系与基础建设、智慧建设与宜居、智慧管理与服务、智慧产业与经济四个维度进行评估，其中包含了节能环保产业等智能化建设的基本内容。住房和城乡建设部《国家智慧城市（区、镇）试点指标体系（试行）》，为我国智慧城市试点建设提供了标准依据。在该指标体系的制定过程中，住建部参考了《绿色 GDP 指标体系》《智慧 GDP 指标体系》《循环经济评价指标体系》《城市建设评价指标体系与方法研究》《国家生态园林城市标准指标》等多项国内外指标文件，借鉴了上海浦东新区、南京、武汉等智慧城市研究地区的规划标准。

3. 产业协同趋势。分析智慧城市与节能环保产业的协同程度，有助于科学研究和前瞻性制定产业政策，进行智慧城市顶层设计，提高跨产业系统设计的质量。

从国内外智慧城市建设发展方向看，呈现与节能环保产业协同、融合的趋势。日本《朝日新闻》2014 年 7 月 7 日报道，可灵活调配太阳能发电和蓄电的日本首个环保型城市"柏之叶智能城市"正式启动，该智能城市由三井不动产公司以筑波快线的柏之叶校园站为中心，投资约 1000 亿日元（约合人民币 61 亿元）。除了供应中心街区和商业设施的太阳能电力外，还设置了 1.6 万千瓦的备用蓄电池，其容量为一般家用蓄电池的 3000 倍。在电力充裕时先储存电力，工作日供应给写字楼、假日供应给商业设施，以及在灾害发生时优先供电给住宅区使用等，将电力提供给必要的设施。迪比克市是美国第一个提出建设"智慧城市"的城市，绿色环保是其建设的初衷。迪比克市携手 IBM，以连接城市所有资源（水、电、油、气、交通、公共服务等）为目标，将能源、水务以及交通三大系统建设作为优先发展领域[1]，使城市的资源使用状况动态监测，并智能化地做出响应。

我国"十二五"期间，国家从总量减排四项约束性指标和固废、危废监管等重点领域开始，启动国家级环保物联网重点应用示范工程，为全行业物联网

---

[1]　http：//info. ehome. hc360. com/2011/08/151134164702. shtml.

的建设提供典型示范。2011 年前后，无锡、哈尔滨、北京、河北、浙江等地探索实施环境监控物联网应用示范工程项目与智慧环保产业建设，推动了智慧城市建设。

工信部副部长杨学山认为，"智慧城市是当今城市发展的新理念和新模式，是新一代信息技术创新应用与城市转型发展深度融合的产物，是城市走向绿色、低碳、可持续发展的本质需求"。杨学山副部长将智慧城市与节能环保的目标——"绿色、低碳"之间的关系进行了简要阐述。

4. 产业协同表现。我国智慧城市与节能环保产业的协同发展，主要表现在：

（1）节能环保产业与智慧城市的建设理念的一致性。解决环境安全问题，保持生态环境的可持续，建设环境友好型社会，是智慧城市建设的内在要求。节能环保产业以降低能耗和改善环境质量为前提，它是国家大力推进的七大战略性新兴产业之一，是节约能源资源、发展循环经济、保护生态环境的保障性产业，它与智慧城市的核心理念——低碳、节能、绿色、环保、宜居等相一致、相协调。

2013 年《国务院关于加快发展节能环保产业的意见》明确指出，资源环境制约是当前我国经济社会发展面临的突出矛盾。解决节能环保问题，是扩内需、稳增长、调结构，打造中国经济升级版的一项重要而紧迫的任务，也是智慧城市建设的经济基础。

"智慧北京行动纲要"确立了"人文北京、科技北京、绿色北京"的战略任务，"智慧北京"的基本特征是宽带泛在的基础设施、智能融合的信息化应用和创新可持续的发展环境，其中："绿色北京"的智慧城市战略任务体现了环保、节能的核心理念，这从侧面印证了智慧城市与节能环保产业在建设理念、建设内容等行业或领域是高度一致的、产业协同的。

节能环保产业属于典型的政策法规驱动型产业，需要突出市场导向，充分发挥市场配置资源的基础性作用。同时，加强政府引导，驱动潜在需求转化为现实市场。这与智慧城市的建设方针密不可分。

智慧城市是以人为本的社会代表，是以物联网为桥梁的高度连通的社会。节能环保产业发展，从根本上改善民生，确保智慧城市建设的顺利、有效进行。二者存在理念上的高度一致性和交叉性。

（2）节能环保产业与智慧城市的建设目标、技术手段、实现路径的一致性。我国智慧城市的顶层设计在发展战略方面强调绿色、泛在和协同的综合应对方案。绿色是智慧城市建设的灵魂，智慧城市的基本要素以绿色为核心，围绕节能减排和优化环境进行规划布局，不断提高城市的宜居度、智慧化。泛在城市即实现各城市内和城市间在智慧技术支持下的跨越时空的物与物、人与物、人与人的网络数字信息联系，使各类资源的效能最大化和最优化，借以提高市民生活和工作的便捷度。协同城市指实现城市社会管理各要素间的整合与转型，以信息产业集群为基础，实现跨系统、跨部门、跨网络的应用集成、信息共享、融合互通，提高城市管理的灵敏度。

从智慧城市建设的技术手段和建设路径看，节能环保产业与智慧城市建设需要下一代信息技术的支撑，需要构建云应用和大数据为核心的技术路径，形成政府、产业和企业等为服务对象的信息基础设施综合服务平台。如：以智慧环保为例，我国环境保护领域的建设内容包括：污染源自动监控系统、空气质量自动监控系统、水环境质量自动监控系统、机动车排放监控系统、危险品抛弃物监管系统、区域生态监测系统、环境应急指挥系统等，而这些是智慧城市中的"智慧环保"的重要内容。

（3）节能环保产业与智慧城市在智慧化产业链的重点环节的一致性。智慧城市产业链，主要包含：智慧规划、智慧技术、智慧产业、智慧应用、智慧服务、智慧治理、智慧人文、智慧生活等，其中：智慧技术的创新和应用是智慧城市建设的驱动力，智慧产业和智慧应用是智慧城市的主要载体，节能环保产业的智慧化是智慧城市建设的重要内容和方向。

5. 可能的协同概念模型。研究智慧城市和节能环保的现有政策、标准体系，归纳与提炼两大产业的协同关系。

北京市"智慧北京行动纲要"及行动方案明确提出：建设"资源和生态环境智能监控"工程，完善北京市节能监测体系，实现对工业、交通及大型公共建筑、公共机构等主要用能行业（领域）及场所、单位的能耗监测。建设智能的土地、环境和生态监管体系，实现对全市土地利用、生态环境、重点污染源、地质资源和灾害、垃圾处理等领域的动态监测。这表明了智慧城市建设与节能环保产业在技术研发、产业应用等产业环节有较高的协同性和融合度。

2014年国家标准化管理委员会发布《关于成立国家智慧城市标准化协调推进组、总体组和专家咨询组的通知》指出，为加强我国智慧城市标准化工作的统筹和协调管理，国家标准委经商发展改革委、科技部、工业和信息化部、住房和城乡建设部等，成立国家智慧城市标准化协调推进组、国家智慧城市标准化总体组和国家智慧城市标准化专家咨询组，发布了国家智慧城市标准化协调推进组名单、国家智慧城市标准化总体组名单以及国家智慧城市标准化专家咨询组名单，表明了国家部委层面在积极推动智慧城市与产业发展的协同机制与政策协调。

　　研究从现有产业政策和标准体系初步断定，智慧城市与节能环保产业的建设理念、建设内容、技术融合、支撑平台等方面有较高的协同性。两者的产业协同关系模型，如图105所示：

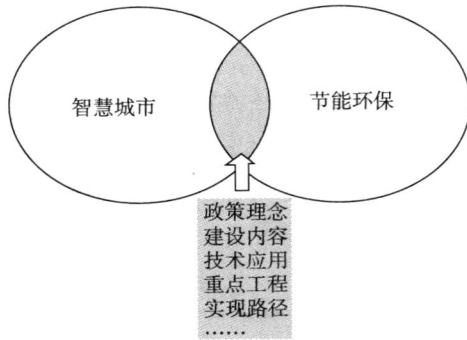

图105　节能环保与智慧城市产业协同关系模型

　　图105表明，智慧城市与节能环保产业在政策理念、建设内容、技术应用、重点工程、实现路径等方面，具有较高的融合与交叉性，智慧城市在这些方面体现了节能环保的意识或宗旨，具体工程有一些兼容性。同时，节能环保本身也是智慧城市的"智慧产业"中的智慧环保、智慧节能等具体组成部分。

　　按照前面分析的智慧城市建设的产业政策、建设理念、建设内容、核心技术、重点产业和服务平台等框架体系，初步可以探索和构建智慧城市与节能环保产业协同的概念模型（见表30）。

表30　　　　　　　智慧城市与节能环保产业协同概念模型

分析维度	主要内容	一级指标	协同度（理想状态）
国家政策	基于节能环保或智慧城市理念的政策	政策融合性 政策一致性 政策适应性	
发展理念	智慧城市与节能环保理念是否一致	发展思路一致性 发展模式协同性	

续表

分析维度	主要内容	一级指标	协同度（理想状态）
建设内容	智慧城市建设内容 是否贯彻节能环保	基础设施建设	◑
		电子政务建设	◑
		重点应用项目	◕
技术融合	物联网相关技术运用的融合性	节能环保的信息技术应用 物联网硬件融合	◕
产业融合	产业重要节点的融合性	重点环节的融合 重点环节的促进	◕
支撑平台	多级支撑体系	政府平台	◑
		企业平台	◕
		公众平台	◕

◔ ¼ 极少协同	◑ 部分协同	◕ ¾ 协同	● 高度协同

注：本表使用特尔菲法，借鉴部分学者的研究成果评估。

表30通过不同分析维度与影响要素的系统研究，对智慧城市和节能环保各层级的一级指标进行初步探索与概念性设计，有助于对智慧城市和节能环保产业的关联性进行量化研究，更好地推动智慧城市和节能环保产业的协同度监测与产业发展。

四、缺陷研究

（一）主要缺陷

研究智慧城市建设的案例，分析与提炼研究对象的基本特征与本质。

当前，我国城市污染问题态势严峻，城市管理的信息化程度不高，严重制约各地区的生态文明建设。唐山、保定市、石家庄等各地空气污染严重，空气质量堪忧，北京等地的沙尘暴、光化学烟雾和灰霾等时有发生，PM2.5成为加剧大气环境问题的温床，导致了我国特大城市空气质量下降，对人体健康构成威胁，也对智慧城市建设和节能环保产业提出了更高的要求。智慧环保对于提升城市治理水平和生态环境改善具有显著的效能潜力，节能环保产业的智慧化管理与监测等市场需求巨大。

从整体看，我国一些城市与地方政府在智慧城市与节能环保产业发展中，往往各行其是，相互分离，容易忽视两大产业的协同规划，忽视资源统筹，忽视产业促进，各地区在智慧城市建设与节能环保工作中存在一些问题和缺陷。研究北京、上海、无锡、广州、重庆等智慧城市建设案例，我国地方政府智慧城市与节能环保产业协同存在如下的缺陷，具体如图 106 所示：

1. 缺乏跨产业的顶层设计和宏观指导。主要表现在：国务院和各部委的政策规划和法律法规还不完善，智慧城市的建设目标不明、基础建设标准模糊、智慧城市与节能环保产业的关系不清晰、相关部门各自为政等。

2. 智慧城市建设与节能环保脱节。主要表现在：个别城市推动的智慧城市建设与发展偏重于技术层面和智能交通等个别领域，存在盲目性、长官意志、面子工程与业绩导向。节能环保产业发展往往忽视智能化和互联网技术应用等，存在两层皮的脱节现象。

3. 信息安全保障体系不完善。主要表现在：缺乏国家政策约束和统一指导，各城市的智慧城市建设存在随意性、主观性和信息"孤岛"，少数城市喜欢聘请外资公司进行技术设计和硬件配套，存在国家信息安全漏洞等。智慧城市建设财力有限，投资分散、资源重复浪费、没有构建城市安全防火墙和隔离手段，节能环保等信息化平台和城市监测系统没有形成规范、严谨、实用、前瞻的规范标准。

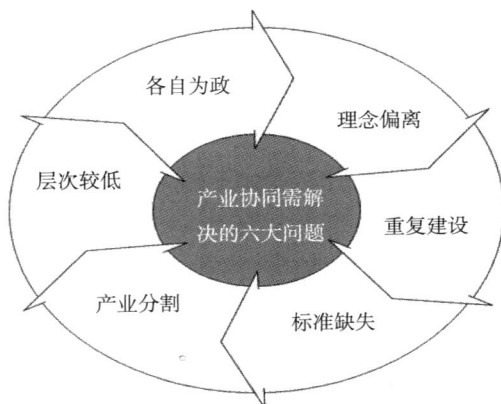

图 106　智慧城市与节能环保产业协同存在的三大缺陷

（二）协同障碍

分析我国主要城市智慧城市建设与节能环保产业发展的现实情况，总结产业协同中的缺陷和障碍，有助于研究制定下一步的改进措施。目前两大产业协同发展的主要问题或障碍，直观描述如图 107 所示：

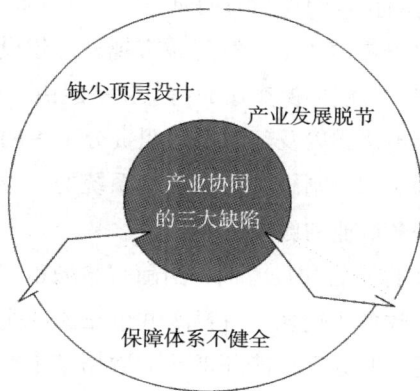

图 107　智慧城市与节能环保产业协同需解决的六大问题

如图 107 所示，我国智慧城市和节能环保产业协同的六大问题或障碍，如下：

1. 各自为政。在国家政策制定方面，国务院、各部委以及地方政府在智慧城市与节能环保产业领域往往出台各自独立的文件，有些文件、规定相互之间不一致，跨部门协调和沟通较少，容易导致部委之间、以及地方政府主管部门的本位主义和各自为政，如：目前，国务院、国家发改委、国家住建部、国家工信部、国家环保部等各自颁布了一些智慧城市、信息化建设文件，各自推动智慧城市建设，导致了地方政府无所适从，或者主管部委太多，相互扯皮或跨部门协调困难。

2. 理念偏离。在发展理念方面，住建部的文件和地方政府往往追求大而全的智慧城市建设，这与西方欧美国家的行业性、区域性智慧城市做法存在较大差异。同时，一些地方政府在节能环保产业发展中不能做到与智慧城市"一盘棋"，容易出现各主管市长各唱各的戏，各念各的经，结果是各部门之间人之不一致，投资重复和规划重复。

3. 重复建设。在建设内容方面，有些地方政府和试点城市出现了智慧环保、智慧交通、智慧水务等各自的智慧信息系统，各套信息系统各自投资，其技术路径、信息源、大数据平台相互分散、分离，形成一个个信息孤岛，信息和相关人员不共享，造成了巨大的浪费和不必要的能耗。

4. 标准缺失。在技术融合方面，国家没有构建统一的行业规范、技术标准和实现路径，智慧城市、节能环保产业的信息化建设制度要求和其主管部门都不统一，各层级跨部门的技术沟通与协同研究少，存在相互分割现象。

5. 产业分割。在产业融合方面，智慧城市规划与建设往往由政府成立一个信息化部门管理并推进，节能环保产业的信息化一般由工信部及下属机构推动，各个部门的职责与目标不协调以及部门之间职责分工不明晰容易导致智慧城市与节能环保产业融合的协调机制缺失，无法以系统的、协同的心态进行规划设计，并主动沟通与推进各产业的健康发展。

6. 层次较低。在支撑平台建设方面，当前智慧城市建设由于缺少资金和技术，多数地方推动电子政务比较多，与智慧城市相关的企业云、产业云、电子商务等实施困难。同时，服务于节能环保的大数据基本空白，节能环保的智能化监控与管理信息系统多数城市没有建立，这些都是智慧城市与节能环保产业协同发展中存在的突出问题。

由上可知，我国智慧城市和节能环保产业协同存在政策融合不够，各自为政，认知理念有差距，项目重复投资，缺少协同标准，产业分割，协同层次较低等问题和障碍，产业协同的理想目标与实践操作差距很大。

五、政策措施

为推动我国智慧城市和节能环保产业的协同发展，应采取如下的政策措施：

（一）强化国家层面的政策协调和产业融合顶层设计，提高智慧城市与节能环保产业协同发展的政策支持与窗口指导

国务院成立智慧城市工作领导小组，由国家发改委、工信部、住建部、环保部、国土资源部、人民银行等各部门参与，定期召开专题会，研究政策、出台跨产业协同的发展规划，协调各自的行动，明确不同阶段的工作目标，部署各自的重点任务，协调解决产业协同中的难题，重要事项提请工作协调小组研究决策，修订和出台智慧城市与节能环保协同发展的政策法规与操作办法。

强化国家、地方政府智慧城市与节能环保产业发展的顶层规划与行动计划。重新审议现有智慧城市规划、管理模式和各部委的操作机制，从国家层面进行智慧城市标准设计和产业规范，将智慧城市与节能环保有机结合，通过产业的融合实现智慧城市的落地，将智慧城市与节能环保产业发展目标和技术方案、主管部门、产业实现路径、运行机制等进行新的谋划与优化，确保国家、部委

等顶层设计的规范性、连续性和一致性。

（二）构建智慧城市与节能环保产业协同发展的组织运行机制

成立国家部委沟通协调、责任分工的国家智慧城市与产业协同日常管理办公室，具体设在国家发改委或住建部。各地成立省市长、县区长挂帅的智慧城市建设与产业协同工作组，完善国家发改委、住建部等职能部门的责任与分工，制定并下达智慧城市与节能环保产业协同发展的行动路线图，规范产业协同标准、重大决策与实施流程，确保两大产业的协同发展和智慧城市项目的低碳化、循环化、减量化，以及重大节能环保项目的智能化、自动化、融合化。

（三）构建智慧城市与节能环保产业协同发展的技术融合方案

以全球化标准进行智慧城市建设的体系设计，选择全球先进的技术和操作流程，不断研究和创新技术研发、技术应用的新模式、新思路，跟踪国际前沿的智慧城市与节能环保核心技术，引进专业机构，进行智慧城市与节能环保协同发展的技术路径选择和顶层设计，进而确定合理的资源共享方案，推动两大产业在地方经济发展中的技术研发、技术选择、技术应用和技术融合，提高技术应用的共享性和扩展性。

（四）构建智慧城市与节能环保产业协同发展的产业融合方案

以国家产业政策和城市发展趋势为指针，研究全球和我国新兴产业发展路径与操作模式，分析智慧城市建设的经验和教训，从产业融合的视角，进行跨部委、跨产业的工作协调和项目推进，打破各部门、各行业的部门割裂和本位主义，以集约的、融合的、协同的、泛在的发展理念，制定和执行政府、开发区、部门的智慧城市和节能环保产业融合行动计划。在跨产业融合方案中，充分体现智慧的、环保的、节能的理念和要求。以智慧城市建设推进节能环保产业的信息化、智能化、泛在化，以节能环保产业推进、引导和落实智慧城市的全面发展，进而推动我国智慧城市与节能环保产业的高度协同与均衡发展，提高地方经济发展的质量与效率。

（五）构建智慧城市与节能环保产业协同发展的绩效考核体系

转变政府业绩考核导向，以智慧城市和节能环保产业协同发展为重要业绩目标，分解各自的职责与工作任务，明确指标与开发进度，分工到部门和各个岗位，进行定期考核与检查评比，逐步提高两大产业协同发展的执行力和绩效力。

立足各地区、各时期节能环保等新兴产业发展与智慧城市建设的核心需要，制定与评估不同区域、不同行业的智慧化水平，确定节能环保产业协同的关键指标，明确各类指标的责任主体，逐步形成《智慧城市与节能化环保协同发展关键指标责任表》，与各地政府、各部门主要负责人的绩效考核挂钩，同部署，同考核，同兑现。国务院各部委、各级政府、各部门根据责任分工和任务分解，明确各自重点，制定分解年度实施方案，强化相关计划执行。

建立智慧城市与节能环保产业协同发展的第三方评估机制，按照责任分工、任务分解计划与年度实施方案，开展季度、年度评估和产业协同成果考核，将评估考核内容纳入各级政府、各部门和领导干部的绩效考核与兑现范围。

（六）构建智慧城市与节能环保产业协同发展的支撑平台体系

加强跨产业协同规划制定与综合服务平台建设的协调与资源共享。以智慧城市综合服务平台和专业化服务平台为重点，构建智慧环保、智慧节能（智慧工业节能、智慧农业节能、智慧交通节能等），形成节能环保产业的智能化监测体系与控制机制，形成智慧城市的节能化与环保达标，提高我国智慧城市与节能环保产业的协同发展水平。

第八节　工业节能节水专项规划

一、基本概念

工业节能节水规划主要是分析国家和地方有关政策，研究产业发展趋势，立足工业领域和工业产业，研究并设计科学、先进的节能和节能规划目标和实施路径等，以降低单位产值能耗和单位水耗，实现减量化、循环化等发展目标的一种专项规划。

二、案例研究：北京市工业节能节水专项规划

为实现北京市工业节能节水的工作目标，北京市经信委贯彻落实国家有关政策要求，委托笔者及研究团队对北京市工业节能节水规划进行了调研、基础分析、目标策划、重点工程设计，以及路径确定和修订等。

通过对北京市节能节水环境调研和原有规划的编制、评估与修订，明确了北京市工业节能节水的工作思路，提高了专项规划实施的可行性，为北京市循环经济发展提供了一定的决策支撑。

第九节 城镇化发展规划

一、基本概念

根据中国共产党第十八次全国代表大会报告、《中共中央关于全面深化改革若干重大问题的决定》、中央城镇化工作会议精神、《中华人民共和国国民经济和社会发展第十二个五年规划纲要》和《全国主体功能区规划》，编制国家新型城镇化规划（2014—2020年），明确未来城镇化的发展路径、主要目标和战略任务，统筹相关领域制度和政策创新，是指导全国城镇化健康发展的宏观性、战略性、基础性规划。

1978—2013年，城镇常住人口从1.7亿人增加到7.3亿人，城镇化率从17.9%提升到53.7%，年均提高1.02个百分点；城市数量从193个增加到658个，建制镇数量从2173个增加到20113个。京津冀、长江三角洲、珠江三角洲三大城市群，以2.8%的国土面积集聚了18%的人口，创造了36%的国内生产总值，成为带动我国经济快速增长和参与国际经济合作与竞争的主要平台。

在城镇化快速发展过程中，存在需要解决的突出矛盾和问题：农业转移人口难以融入城市，市民化进程滞后；"土地城镇化"快于人口城镇化，建设用地管理粗放、低效；城镇空间分布和规模结构不合理，与资源环境承载能力不匹配；城市管理服务水平低，交通拥堵等"城市病"突出；自然历史文化遗产保护投入不够，城乡建设缺乏特色；体制机制不完善，阻碍了城镇化的可持续发展。

二、案例研究：《国家新型城镇化规划》和《大都市近郊特色小城镇发展规划》

案例一： 《国家新型城镇化规划（2014—2020年)》

《国家新型城镇划规划》报告文本的主要内容包括：规划背景、指导思想和发展目标、农业转移人口市民化、优化城镇化布局和形态、提高城市可持续发展能力、推动城乡发展一体化、改革完善城镇化发展体制机制、规划实施共八部分，其中：

（一）指导思想

高举中国特色社会主义伟大旗帜，以邓小平理论、"三个代表"重要思想、科学发展观为指导，紧紧围绕全面提高城镇化质量，加快转变城镇化发展方式，以人的城镇化为核心，有序推进农业转移人口市民化；以城市群为主体形态，推动大中小城市和小城镇协调发展；以综合承载能力为支撑，提升城市可持续发展水平；以体制机制创新为保障，通过改革释放城镇化发展潜力，走以人为本、四化同步、优化布局、生态文明、文化传承的中国特色新型城镇化道路，促进经济转型升级和社会和谐进步，为全面建成小康社会、加快推进社会主义现代化、实现中华民族伟大复兴的"中国梦"奠定坚实基础。

（二）基本原则

以人为本，公平共享。以人的城镇化为核心，合理引导人口流动，有序推进农业转移人口市民化，稳步推进城镇基本公共服务常住人口全覆盖，不断提高人口素质，促进人的全面发展和社会公平正义，使全体居民共享现代化建设成果。

四化同步，统筹城乡。推动信息化和工业化深度融合、工业化和城镇化良性互动、城镇化和农业现代化相互协调，促进城镇发展与产业支撑、就业转移和人口集聚相统一，促进城乡要素平等交换和公共资源均衡配置，形成以工促农、以城带乡、工农互惠、城乡一体的新型工农、城乡关系。

优化布局，集约高效。根据资源环境承载能力构建科学合理的城镇化宏观布局，以综合交通网络和信息网络为依托，科学规划建设城市群，严格控制城镇建设用地规模，严格划定永久基本农田，合理控制城镇开发边界，优化城市内舱间结构，促进城市紧凑发展，提高国土空间利用效率。

生态文明，绿色低碳。把生态文明理念全面融入城镇化进程，着力推进绿色发展、循环发展、低碳发展，节约集约利用土地、水、能源等资源，强化环境保护和生态修复，减少对自然的干扰和损害，推动形成绿色低碳的生产生活方式和城市建设运营模式。

文化传承，彰显特色。根据不同地区的自然历史文化禀赋，体现区域差异性，提倡形态多样性，防止千城一面，发展有历史记忆、文化脉络、地域风貌、民族特点的美丽城镇，形成符合实际、各具特色的城镇化发展模式。

市场主导，政府引导。正确处理政府和市场的关系，更加尊重市场规律，坚持使市场在资源配置中起决定性作用，更好地发挥政府作用，切实履行政府制定规划政策、提供公共服务和营造制度环境的重要职责，使城镇化成为市场主导、自然发展的过程，成为政府引导、科学发展的过程。

统筹规划，分类指导。中央政府统筹总体规划、战略布局和制度安排，加强分类指导；地方政府因地制宜、循序渐进抓好贯彻落实；尊重基层首创精神，鼓励探索创新和试点先行，凝聚各方共识，实现重点突破，总结推广经验，积极稳妥扎实有序推进新型城镇化。

（三）发展目标

城镇化水平和质量稳步提升。城镇化健康有序发展，常住人口城镇化率达到60%左右，户籍人口城镇化率达到45%左右，户籍人口城镇化率与常住人口城镇化率差距缩小两个百分点左右，努力实现1亿左右农业转移人口和其他常住人口在城镇落户。

城镇化格局更加优化。"两横三纵"为主体的城镇化战略格局基本形成，城市群集聚经济、人口能力明显增加。东部地区城市群一体化水平和国际竞争力明显提高，中西部地区城市群成为推动区域协调发展的新的重要增长极。城市规模结构更加完善，中心城市辐射带动作用更加突出，中小城市数量增加，小城镇服务功能增强。

城市发展模式科学合理。密度较高、功能混用和公交导向的集约紧凑型开发模式成为主导，人均城市建设用地严格控制在100平方米以内，建成区人口密度逐步提高。绿色生产、绿色消费成为城市经济生活的主流，节能节水产品、再生利用产品和绿色建筑比例大幅提高。城市地下管网覆盖率明显提高。

城市生活和谐宜人。稳步推进义务教育、就业服务、基本养老、基本医疗卫生、保障性住房等城镇基本公共服务覆盖全部常住人口，基础设施和公共服务设施更加完善，消费环境更加便利，生态环境明显改善，空气质量逐步好转，饮用水安全得到保障。自然景观和文化特色得到有效保护，城市发展个性化、城市管理人性化、智能化。

城镇化体制机制不断完善。户籍管理、土地管理、社会保障、财税金融、行政管理、生态环境等制度改革取得重大进展，阻碍城镇化健康发展的体制机制障碍基本消除。

案例二： 大都市近郊特色小城镇发展规划的主体需求分析应用

青云店镇位于北京市大兴区东部，西距大兴新城16公里，北距市区20公里，东北毗邻亦庄新城，南距新航城 25 公里，是典型的大都市郊区镇。随着城市的发展，郊区镇的价值不断发生变化，由过去单纯的经济价值转变为有多种价值，体现在用于非农业生产的经济价值，为城市环境与生态提供服务价值，社会稳定、文化回归及精神寄托的价值。

要实现三重价值，青云店镇必须认真发展环境，以需求为导向实现主体聚集，以目标为牵引完善发展支撑，以规划为手段提升发展环境，以统筹为策略整合发展力量，促进青云店镇从产品经济向服务经济转变，实现经济价值、生态价值与社会价值三重价值的叠加，其产业也要紧紧围绕经济价值、生态价值和社会价值来考虑如何发展。

无论选择什么发展模式，都是通过不断塑造自身优势，用最小的代价换取最大的发展成果。青云店的发展是立足于其作为大都市郊区镇的本质特征和农村农业资源，但完全依赖原有的发展路径不能体现青云店镇的优势。必须通过业态的融合，创意的表现，服务的精致，组织方式的创新等再造新的优势。

（一）以需求为导向实现主体聚集

青云店镇的发展基础与潜在发展资源，都没有特殊发展优势，因此，青云店镇的发展必须走优势再造之路，通过对自身资源的盘点，与对自身价值的重新认识，以北京市区及亦庄新城为依托，对接市场需求，为城市发展提供独特的产品与服务，挖潜出新，才能出奇制胜。

需求是发展的动力源，青云店镇发展主要涉及主体有投资者、游客、本地居民、政府。

政府。希望发展本地经济，秩序良好，人民拥护。

本地居民。需要完善的社会保障，宽松的创业环境，稳定的生活预期。要聚集能够主动参与青云店镇发展、为青云店镇发展做出贡献的本地居民，他们应该有创业和就业增收意愿以及服务供给能力。

投资者。需要获得利润，实现企业经济价值和社会价值，在为企业创造利润的同时也体现企业的社会责任。结合对青云店镇的价值认知，我们认为聚集的投资者应该是有持续经营能力，有农业或休闲旅游等相关产业经营经验的投资企业。

消费者。良好的休闲度假环境，回归自然的独特体验是游客的消费心理，因此，游客的需求是希望有一个原生态的环境，同时也有城市所具有的基本配套设施。对于青云店镇来说，需要聚集的是对绿色生态、健康时尚、轻松时光、安静空间敏感、对消费价格较为不敏感的游客。

如何有效地把握主体诉求呢？以乡村旅游为例，乡村旅游是由于市民快节奏的生活方式下，需要新鲜的空气呼吸，别样的空间娱乐放松而逐渐兴起的假期休闲方式，但是随着乡村旅游的深度发展，出现了旅游产品雷同、重复现象严重，难以把握游客心理，满足游客的多种需求，一些服务设施完善，服务水平较高的精致农家产生了很好的效果，精致农家经营者抓住了消费者重品质轻价格的心理转变趋势。

要实现主体诉求与青云店镇的有效对接，就要聚集主体诉求，引导有利于青云店镇发展的要素向青云店聚集，实现这种要素聚集的过程就是理顺发展路径的过程。对于政府来讲，需要改善环境，把有利于要素聚集的特点做得更加明显，优势更加突出。

（二）以目标为牵引完善发展支撑

支撑是为了实现发展目标，发展目标是支撑建设的风向标。只有目标清晰，才能无缝对接主体诉求，契合各方要求，"好钢用在刀刃上"；只有发展支撑有效配合了目标的实现，才能避免资源浪费，充分发展支撑要素的价值。

各主体都是带着一定的要素流而来，是以要素流动实现主体聚集的。投资者有资金流，消费者有客流，本地居民有服务流，政府有政策流等，需要发展支撑，保持要素流动的畅通。

发展支撑主要有四个方面：

承载空间。无论是发展生产、改善生活还是美化生态环境，都需要有发展空间。可以通过统筹土地利用类型、土地权属、土地位置，达到空间的高效集约使用，提高单位产出价值，为发展生产提供载体。

交通便捷。实现主体的聚集需要保证客流、物流的通畅。青云店镇为城市提供安全生态的农产品，为市民提供原生态的休闲娱乐环境，需要为生产者、经营者、消费者提供来往的便捷通道。

供需契合。根据对主体诉求的分析和把握，在主体诉求间找到契合点。青云店供给的产品和服务是本地居民能够提供的空间或经营的内容，同时也能够契合游客的需求。

保障服务。政府是最为强有力的影响者，需要为目标的实现提供保障，提供监督和服务。让投资者有稳定的经营环境，让消费者有舒心的消费环境，让本地居民有和谐的生活环境。

（三） 以规划为手段提升发展环境

一个地区的发展都是基于自身优势的发展，尽量发挥自身所长，而有效发展自身优势的手段就是提升发展环境。

作为政府，发展和改善环境的最有效手段就是规划，通过规划集成关于本地区发展最先进的理念、最深刻的认识、最优秀的方案，通过规划指导建设，引导要素向目标领域聚集。

通过规划促进发展环境的提升，主要体现在：

功能分区。功能分区是对区域资源整合和优化，是发挥聚集效应最有效的手段，能够促进地区有序发展，能够集约高效的利用资源。

居住功能。不断改善本地人口的居住环境，是村民/居民迫切而长期的需求。居住条件的改善可以和土地集约利用结合起来考虑，通过"拆村并点"，城乡建设用地增减挂钩政策，腾退出更多的发展空间；居住条件的改善也可以与产业发展相结合，通过民居的改造提升，发展精致农家，为村民创造增收渠道。

景观功能。景观是一个地区给人们的直观印象，是发展环境的外在体现，不仅能够为本地居民提供一个良好的生活环境，还能够为整个地区的城市环境与生态提供服务的价值。这种价值通过产业的转化，可以转变为地区经济发展的资源优势。

交通功能。交通的改善一是为区域要素流动提供支撑，二是不断适应变化的外部环境，对接外部交通条件，让区域的发展适应周边区域的发展。

产业功能。要发挥青云店原生态的优势，发展农业衍生旅游型、特色产业带动型、文化旅游型业态，实现农业功能的调整与拓展，特别是在"生产性功能"的基础上，更多地发挥"生活性功能"和"生态性功能"，促进一产、二产及三产产业间及产业内的融合，最终提高农业发展的附加值、促进当地农民增收。

规划是地区发展最具智慧的部分，通过规划把涉及功能分区、居住、景观、交通、产业等方面的内容集成到一起，经过分析整合确定各个板块的发展指引。因此，作为提升发展环境的有效手段，规划的地位和作用需要进一步得到认可和发挥。

（四） 以统筹为策略整合发展力量

由于周边新城的建设，未来十年，周边地区的定位会处在一个相对稳定的状态，这对青云店镇来说，是难得的历史机遇；同时，青云店正处在跨越发展时期，这一时期最大的特点就是利益多元化，需要整合各方参与主体的利益，平衡发展需求；青云店镇作为新区发展系统的一个环节，需要考虑土地的集约利用、规划的实施等。

以统筹为策略，重点需要考虑四个方面：

开发建设时序。地区发展是一项系统工程，鉴于人力、物力、财力的调配能力和开发建设的内在规律，需要设计好开发建设时序。例如现阶段，青云店镇在落实"服务两城枢纽"的战略定位时，就必须优先考虑亦庄新城的发展诉求，而与新航城的联系还存在诸多不确定的因素。

投资经营机制。由于投资者是区域发展的动力性主体，他们既要追逐利益，又要为地区发展做出贡献，尤其是农村地区的投资经营，需要考虑诸如农民分散的特点，因此需要设计一个适合本地区发展的投资经营机制。好的投资经营机制能够吸引符合地区产业发展需求的，有持续经营能力的实业公司，从而保障地区发展建设的持续性，也能够保证本地居民/村民的利益不受侵犯，并能够带来更多的利益。

土地集约利用方式。土地集约利用是为了提高土地利用效率，挖掘发展空间而开展的工作，在集约过程中，会直接涉及村民的宅基地、承包地等农民切身利益相关的事情，也会涉及多权属、多类型相互交织的情况。土地集约利用方式和好坏决定了集约过程是否能够顺利开展。

城乡统筹模式。现阶段，实现青云店镇城乡空间上的融合，实现城乡生活方式和产业发展能力的同步提高、共享公共资源，必须立足青云店的实际情况和发展阶段，搞好总体规划和模式设计，统筹兼顾，合理布局，有计划有步骤地推进，坚持政府引导、农民主体和社会参与，强化政府支持、保护和服务职能，充分调动农民的积极性和创造性，形成推进合力。城乡统筹模式的选择和设计必须基于当前的智慧和条件，有所取舍，建筑科学的空间整合机制、产业融合发展机制，引导城乡要素合理流动，妥善处理各种利益关系，保证所有利益主体共同分享区域发展的成果。

青云店镇的发展是处在大城市边缘地区村镇的代表。其共同特点是与其所在城市不可分割的联系。这种定位是在新区大建设大发展环境下的主动适应，是契合新区发展需求的理性选择，只有如此，才能在严酷的发展竞争环境中寻找突破，为本地区发展找到可持续的道路。（注：本文由北京灵思创智城市经济发展咨询中心提供。)

第十节　生态文明示范城市

一、基本概念

2013 年 12 月，国家发改委等部委下发《关于印发国家生态文明先行示范区建设方案（试行）的通知》，以推动绿色、循环、低碳发展为基本途径，促进生态文明建设水平明显提升。

2014 年 3 月 10 日，国务院印发《关于支持福建省深入实施生态省战略加快生态文明先行示范区建设的若干意见》，福建成为十八大以来，国务院确定的全国第一个生态文明先行示范区。福建建设生态文明先行示范区将突出"先行先试"。国家在福建省开展生态文明建设评价考核试点，探索建立生态文明建设指标体系。率先开展森林、山岭、水流、滩涂等自然生态空间确权登记，编制自然资源资产负债表，开展领导干部自然资源离任审计试点。开展生态公益林管护体制改革、国有林场改革、集体商品林规模经营试点等。

国家发改委等六部门联合批复《贵州省生态文明先行示范区建设实施方案》，标志着贵州建设全国生态文明先行示范区正式启动。

二、案例研究：国家生态文明建设试点示范区

（一）生态文明试点示范县（含县级市、区）建设指标

1. 基本条件

（1）建立生态文明建设党委、政府领导工作机制，研究制定生态文明建设规划，通过人大审议并颁布实施 4 年以上；国家和上级政府颁布的有关建设生态文明，加强生态环境保护，建设资源节约型、环境友好型社会等相关法律法规、政策制度得到有效贯彻落实。实施系列区域性行业生态文明管理制度和全社会共同遵循的生态文明行为规范，生态文明良好社会氛围基本形成。

（2）达到国家生态县建设标准并通过考核验收。所辖乡镇（涉农街道）全部获得国家级美丽乡镇命名。辖区内国家级工业园区建成国家生态工业示范园区；50% 以上的国家级风景名胜区、国家级森林公园建成国家生态旅游示范区。县级市建成国家环保模范城市。

（3）完成上级政府下达的节能减排任务，总量控制考核指标达到国家和地方总量控制要求。矿产、森林、草原等主要自然资源保护、水土保持、荒漠化防治、安全监管等达到相应考核要求。严守耕地红线、水资源红线、生态红线。

（4）环境质量（水、大气、噪声、土壤、海域）达到功能区标准并持续改善。当地存在的突出环境问题和环境信访得到有效解决，近三年辖区内未发生重大、特大突发环境事件，政府环境安全监管责任和企业环境安全主体责任有效落实。区域环境应急关键能力显著增强，辖区中具有环境风险的企事业单位有突发环境事件应急预案并进行演练。危险废物的处理处置达到相关规定要求，实施生活垃圾分类，实现无害化处理。新建化工企业全部进入化工园区。生态灾害得到有效防范，无重大森林、草原、基本农田、湿地、水资源、矿产资源、海岸线等人为破坏事件发生，无跨界重大污染和危险废物向其他地区非法转移、倾倒事件。生态环境质量保持稳定或持续好转。

（5）实施主体功能区规划，划定生态红线并严格遵守。严格执行规划（战略）环评制度。区域空间开发和产业布局符合主体功能区规划、生态功能区划和环境功能区划要求，产业结构及技术符合国家相关政策。开展循环经济试点和推广工作，应当实施清洁生产审核的企业全部通过审核。

2. 建设指标。建设指标包括：生态经济、生态环境、生态人居、生态制度、生态文化等系统，不同系统分解为一定的指标，具体指标参见《国家生态文明建设试点示范区指标》。

（二）生态文明试点示范市（含地级行政区）建设指标

1. 基本条件

（1）建立生态文明建设党委、政府领导工作机制，研究制定生态文明建设规划，通过人大审议并颁布实施4年以上；建立实施基于主体功能区区划和生态功能区划，符合当地实际的生态补偿制度；国家和上级政府颁布的有关建设生态文明，加强生态环境保护，建设资源节约型、环境友好型社会等相关法律法规、政策制度得到有效贯彻落实。实施系列区域性行业生态文明管理制度和全社会共同遵循的生态文明行为规范，生态文明良好社会氛围基本形成。

（2）达到国家生态市建设标准并通过考核验收。所辖县（县级市、区）全部获得国家生态文明建设试点示范区称号。辖区内国家级工业园区建成国家生态工业示范园区；45%以上的国家级风景名胜区、国家级森林公园建成国家生态旅游示范区。设市城市建成国家环保模范城市。

（3）完成上级政府下达的节能减排任务，总量控制考核指标达到国家和地方总量控制要求。矿产、森林、草原等主要自然资源保护、水土保持、荒漠化防治、安全监管等达到相应考核要求。严守耕地红线、水资源红线、生态红线。

（4）环境质量（水、大气、噪声、土壤、海域）达到功能区标准并持续改善。当地存在的突出环境问题和环境信访得到有效解决，近三年辖区内未发生重大、特大突发环境事件，政府环境安全监管责任和企业环境安全主体责任有效落实。区域环境应急关键能力显著增强，辖区中具有环境风险的企事业单位有突发环境事件应急预案并进行演练。危险废物的处理处置达到相关规定要求，实施生活垃圾分类，实现无害化处理。新建化工企业全部进入化工园区。生态灾害得到有效防范，无重大森林、草原、基本农田、湿地、水资源、矿产资源、海岸线等人为破坏事件发生，无跨界重大污染和危险废物向其他地区非法转移、倾倒事件。生态环境质量保持稳定或持续好转。

（5）实施主体功能区规划，划定生态红线并严格遵守。严格执行规划（战略）环评制度。区域空间开发和产业布局符合主体功能区规划、生态功能区划和环境功能区划要求，产业结构及技术符合国家相关政策。开展循环经济试点和推广工作，应当实施清洁生产审核的企业全部通过审核。

2. 建设指标。包括：生态经济、生态环境、生态人居、生态制度、生态文化等系统，由不同指标组成，具体指标参见《国家生态文明建设试点示范区指标》。

其中：

（1）资源产出增加率。指标解释：资源产出率指消耗一次资源（包括煤、石油、铁矿石、有色金属稀土矿、磷矿、石灰石、沙石等）所产生的国内生产总值。它在一定程度上反映了自然资源消费增长与经济发展间的客观规律。若资源产出率低，则一个区域经济增长所需资源更多地是依靠资源量的投入，表明该区域资源利用效率较低。

考虑到区域间经济发展不平衡，各地资源禀赋、城镇化、工业化差异明显，考核资源产出率的绝对值意义不大。因此，本指标体系采用资源产出增加率，即某一地区创建目标年度资源产出率与基准年度资源产出率的差值与基准年度资源产出率的比值。

（2）单位工业用地产值。指标解释：指辖区内单位面积工业用地产出的工业增加值，是反映工业用地利用效益的指标。单位工业用地产值越高，土地集约利用程度越高。其中，工业用地参照《土地现状利用分类》（GB/T 2010—2007）统计，工业增加值采用不变价核算。

（3）再生资源循环利用率。指标解释：指废旧金属、报废电子产品、报废机电设备及其零部件、废造纸原料（如废纸、废棉等）、废轻化工原料（如橡胶、塑料、农药包装物、动物杂骨、毛发等）、废玻璃等再生资源的循环利用程度。

（4）碳排放强度。指标解释：指辖区内某年度单位 GDP 二氧化碳排放量。

二氧化碳排放总量：根据发展改革委发布的《省级温室气体清单编制指南（试行）》，二氧化碳排放总量计算公式为：

二氧化碳排放量 =（燃料消费量（热量单位）×单位热值燃料含碳量 – 固碳量）×燃料燃烧过程中的碳氧化率

（5）单位 GDP 能耗。指标解释：指辖区内地区生产总值所消耗的能源，是反映能源消费水平和节能降耗状况的主要指标。

标准煤：能源的种类很多，所含的热量也各不相同，为了便于相互对比和在总量上进行研究，我国把含热值 7000 千卡（29307.6 千焦）的能源定义为 1 千克标准煤，也称标煤。另外，我国还经常将各种能源折合成标准煤的吨数来表示。能源折标准煤系数 = 某种能源实际热值（千卡/千克）/7000（千卡/千克）。

在各种能源折算标准煤之前，首先测算各种能源的实际平均热值，再折算标准煤。平均热值也称平均发热量，是指不同种类或品种的能源实测发热量的加权平均值。计算公式为：

平均热值（千卡/千克）= Σ（某种能源实测低位发热量）（千卡/千克）×该能源数量（吨）/能源总量（吨）

（6）节能环保产业增加值占 GDP 比重。指标解释：指辖区节能环保产业增加值占 GDP 的比例。

（7）主要污染物排放强度。指标解释：指单位土地面积所产生的主要污染物数量，反映了辖区内环境负荷的大小。按照节能减排的总体要求，本指标计算化学需氧量（COD）、二氧化硫（SO_2）、氨氮（$NH_3 – N$）、氮氧化物（NO_x）的排放强度。

（8）污染土壤修复率。指标解释：指辖区内受污染农田开展修复和被二次开发（改变用途）的面积占辖区受污染农田总面积的比例。

国家发改委等六部门委托有关部门，对申报地区的《生态文明先行示范区建设实施方案》进行了集中论证和复核把关。根据论证和复核结果，将北京市密云县等55个地区作为生态文明先行示范区建设地区（第一批），具体名单如下：

1. 北京市密云县
2. 北京市延庆县
3. 天津市武清区
4. 河北省承德市
5. 河北省张家口市
6. 山西省芮城县
7. 山西省娄烦县
8. 内蒙古自治区鄂尔多斯市
9. 内蒙古自治区巴彦淖尔市
10. 辽宁省辽河流域
11. 辽宁省抚顺大伙房水源保护区
12. 吉林省延边朝鲜族自治州
13. 吉林省四平市
14. 黑龙江省伊春市
15. 黑龙江省五常市
16. 上海市闵行区
17. 上海市崇明县
18. 江苏省镇江市
19. 江苏省淮河流域重点区域
20. 浙江省杭州市
21. 浙江省丽水市
22. 安徽省巢湖流域
23. 安徽省黄山市
24. 江西省
25. 山东省临沂市
26. 山东省淄博市
27. 河南省郑州市

28. 河南省南阳市

29. 湖北省十堰市

30. 湖北省宜昌市

31. 湖南省湘江源头区域

32. 湖南省武陵山片区

33. 广东省梅州市

34. 广东省韶关市

35. 广西壮族自治区玉林市

36. 广西壮族自治区富川瑶族自治县

37. 海南省万宁市

38. 海南省琼海市

39. 重庆市渝东南武陵山区

40. 重庆市渝东北三峡库区

41. 四川省成都市

42. 四川省雅安市

43. 贵州省

44. 云南省

45. 西藏自治区山南地区

46. 西藏自治区林芝地区

47. 陕西省西咸新区

48. 陕西省延安市

49. 甘肃省甘南藏族自治州

50. 甘肃省定西市

51. 青海省

52. 宁夏回族自治区永宁县

53. 宁夏回族自治区吴忠市利通区

54. 新疆维吾尔自治区昌吉州玛纳斯县

55. 新疆维吾尔自治区伊犁州特克斯县

第十一节　传统产业转型升级试验区规划

一、基本概念

产业转型升级指推动产业结构高级化，向更有利于经济、社会发展的方向发展。产业转型升级的关键是技术进步，在引进先进技术的基础上消化吸收，并加以研究、改进和创新，建立属于自身的技术体系。

产业结构转型升级中的"转型"核心是转变经济增长的"类型"，将高投入、高消耗、高污染、低产出、低质量、低效益转变为低投入、低消耗、低污染、高产出、高质量、高效益，将粗放型转为集约型，而不是单纯地转变行业。

产业结构转型升级中的"升级"，包括产业之间的升级，如由第一产业向第二、第三产业演进。也包括产业内的升级，某一产业内部的加工、再加工程度逐步纵深化、技术集约化，提高生产效率。

传统产业，也称传统行业，主要指制衣、制鞋、机械、制造业等劳动力密集型的、以制造加工为主的行业。

传统产业转型升级规划指地方政府或产业园等，根据国家政策和产业政策，立足市场需求和自身资源禀赋，组织专业人员编制的，研究本地区、本单位如何构建规划目标，确立主导产业，实施重点工程，有计划地实现传统产业由低层级向高层级，或者产业内部的深加工或技术改造，实现产业聚集、技术进步、能耗降低、成本减少等更好的经济增长模式与发展预期的专项规划。

二、案例研究：某地传统产业转型升级三年行动计划

编制该类规划和行动方案的基本思路：

一是分析规划编制的依据、背景、发展基础，以及当前的形势与挑战等；如有必要，可进行标杆分析，确定需解决的问题和实践借鉴。

二是研究确定规划指导思想，如：以科学发展观为指导，全面贯彻上级《关于加快推进经济转型发展的决定》，以产业转型升级为主线，以市场为核心，深入实施新型工业化战略，加快技术改造和自主创新步伐，促进经济发展方式转变，推动工业经济集约、集群发展。

三是研究确定规划目标。如：某地专项规划提出"通过政策引导、行业自

律等手段，利用市场倒逼机制，以企业为主导，推动传统产业转型升级，力争2018年全市纺织产业链、印染产业链、小家电产业链和机械加工产业链等四大传统产业转型升级取得明显成效。"

四是明确主要工作任务或措施，如：推动技术创新和产业化，优化产业链的关键核心环节，加大招商引资力度，塑造地区行业品牌，构建公共服务平台，推动国际贸易与海外合作，等。

五是构建保障机制，成立传统产业转型升级领导小组，设立专门办公室，完善工作程序；强化资源保障，安排新增土地指标和排污指标，引进金融机构，申请部委资金，拨付财政资金，等；建立产业转型升级的信息统计体系、动态监控机制和具体考核奖励办法，等。

第十二节 资源枯竭型城市转型战略

一、基本概念

资源枯竭型城市指矿产资源开发进入后期、晚期或末期阶段，其累计采出储量已达到可采储量的70%以上的城市。资源枯竭城市转型问题是世界各国经济和社会发展中都经历过或正在经历的突出问题。

资源枯竭型城市，有四大共性特点：一是随着资源枯竭，产业效益下降；二是产业结构单一，资源产业萎缩，替代产业尚未形成；三是经济总量不足，地方财力薄弱；四是大量职工收入低于全国城市居民人均水平。

由于资源产业与资源型城市发展的规律，资源型城市必然经历建设—繁荣—衰退—转型—振兴或消亡的过程。

二、案例研究：欧美国家资源枯竭城市的转型模式

欧美国家对于资源枯竭型城市采取的转型措施，主要有：

一是美国模式。政府很少进行具体的转型控制，主要通过市场机制，政府制定转型规划和各种服务，通过市场机制和企业参与，推动城市转型。

二是欧盟模式，以法、德为代表。主要采取政府领导的摸式，政府成立专门委员会和其他经济组织，根据经济环境、地理区位、市场结构、城市规模、文化背景等，制定详细的规划目标、具体计划和相关政策，通过各级政府引导、

社会各界参与，调整产业结构，促进地区产业转型和经济发展，推动区域经济的转型提升。

三是日本模式。日本采取产业政策指导的产业援助，政府根据国内外市场环境和资源型城市的产业特征，制定和修改产业政策，设定转型目标和具体措施。

四是放任模式，主要是前苏联和委内瑞拉模式，政府不采取任何转型的政策或主动的措施，资源型城市由于资源衰竭而停止发展。

借鉴欧美国家和我国成功的资源枯竭型城市转型模式，初步认为，资源枯竭型城市转型的产业选择，需要遵循如下的产业方向：

新的产业是劳动密集型的，便于安置就业；选择的产业是内生外向型的，既能拉动销售，又能安置就业；选择的产业是产业关联性的，能够带动地方经济全面发展的产业；选择的产业必须符合国家产业政策和满足市场需求。

第十三节　"一带一路"产业融合规划

一、基本概念

习近平在 2013 年提出建设"新丝绸之路经济带"和"21 世纪海上丝绸之路"的战略构想。

"一带一路"是合作发展的理念和倡议，是依靠中国与有关国家既有的双多边机制，借助既有的、行之有效的区域合作平台，借用古代"丝绸之路"的历史符号，倡导和平发展、互利共赢，探索发展与沿线国家的经济合作伙伴关系，共同打造政治互信、经济融合、文化包容的利益共同体、命运共同体和责任共同体。

丝绸之路经济带战略涵盖东南亚、东北亚经济整合，最终融合在一起通向欧洲，形成欧亚大陆经济整合的大趋势。

21 世纪海上丝绸之路经济带战略从海上连通欧亚非三个大陆和丝绸之路经济带战略形成一个海上、陆地的闭环。

"一带一路"沿线大多是新兴经济体和发展中国家，涵盖中亚、南亚、西亚、东南亚和中东欧等国家和地区。总人口约 44 亿人，经济总量约 21 万亿美元，分别约占全球的 63% 和 29%。

二、案例研究："一带一路"产业融合规划

国家主席、中央财经领导小组组长习近平 2014 年 11 月 4 日主持召开中央财经领导小组第八次会议，研究丝绸之路经济带和 21 世纪海上丝绸之路规划、发起建立亚洲基础设施投资银行和设立丝路基金。

习近平强调，做好"一带一路"总体布局，确定今后几年的时间表、路线图，要有早期收获计划和领域。推进"一带一路"建设要抓落实，由易到难、由近及远、以点带线、由线到面，扎实开展经贸合作，扎实推进重点项目建设，脚踏实地、一步一步干起来。

习近平指出，推进"一带一路"建设，要抓住关键的标志性工程，力争尽早开花结果。要帮助有关沿线国家开展本国和区域间交通、电力、通信等基础设施规划，共同推进前期预研，提出一批能够照顾双边、多边利益的项目清单。要高度重视和建设一批有利于沿线国家民生改善的项目。坚持经济合作和人文交流共同推进，促进我国同沿线国家教育、旅游、学术、艺术等人文交流，使之提高到一个新的水平。

习近平强调，"一带一路"建设是一项长期工程，要做好统筹协调工作，正确处理政府和市场的关系，发挥市场机制作用，鼓励国有企业、民营企业等各类企业参与，同时发挥好政府作用。要重视国别间和区域间经贸合作机制和平台建设工作，设计符合当地国情的投资和贸易模式，通过机制化安排推进工作。加大对外援助力度，发挥好开发性、政策性金融的独特优势和作用，积极引导民营资本参与。要统筹好部门和地区关系，各部门和各地区要加强分工合作、形成合力。

中央财经领导小组会议提出，帮助有关沿线国家开展本国和区域间交通、电力、通信等基础设施规划，共同推进前期预研，提出一批能够照顾双边、多边利益的项目清单。要高度重视和建设一批有利于沿线国家民生改善的项目。

"一带一路"要形成重点区域和国际共赢的格局，即：东盟、东南亚、南亚、非洲等一些新兴市场国家是未来战略的主体，推动形成利益共同体。

"一带一路"规划方案将在交通互联互通、经贸、产业等方面做指引，东盟、东南亚、南亚、非洲等是未来战略的主体，通过国家战略平台的建设逐步形成东出西进的格局。

目前，全国各省市、各地区、各级政府，如：山东省、辽宁省、福建省，烟台市、青岛市、大连市、泉州市等，正在积极研究和编制"一带一路"产业融合专项规划，跟踪研究"一带一路"国家战略带来的产业机会和对外贸易模

式，探索制定适应"一带一路"战略的产业融合发展规划，拓宽产业空间，提升国际竞争力，优化产业结构和经济增长方式。

第十四节 文化旅游规划

一、基本概念

文化产业的核心要素是产业集聚，目标是构建产业链和产业集群。文化产业的核心要素包括地理环境、地理成本、文化主题、经济成本和竞争力等。

文化旅游以旅游文化的地域差异性为诱因，以文化的碰撞与互动为过程，以文化的相互融洽为结果，它具有民族性、艺术性、神秘性、多样性、互动性等特征。文化旅游是以旅游经营者创造的观赏对象和休闲娱乐方式为消费内容，使旅游者获得富有文化内涵和深度参与旅游体验的旅游活动的集合。

文化旅游规划指将特定地区、特定产业园的历史故事、文化要素、旅游资源，与文化创新、工业创意、文化旅游产品、历史文化保护、休闲娱乐、特色商贸等结合，形成产业聚集、功能完善的特色产业和品牌定位。通过产业聚集、资源倾斜和规模效应，集聚优势产业、优势项目与重点企业，推动地区文化旅游产业的聚集、延伸和提升，提高文化旅游产业在当地经济中的比重，优化产业结构，促进地区经济发展。

文化旅游创意产业指为了满足旅游者对精神方面的需求而策划设计的文化活动内容并形成旅游者可以体验参与的活动，以及为此而必备的制度安排和设施条件。创意主要是释放在文化活动的内容、形式和设施上。从旅游业角度看，重点在旅游文化产业的发展与谋划，包括原有产业的稳定发展和深度发展，以及新型创意产业的培育。旅游创意主要包括旅游产品创意（增加文化品位）、旅游活动创意（增加深度体验）、旅游商品创意（加强设计水平）和旅游服务创意（更加人性化）等方面。

二、案例研究：北京市文化创意产业提升规划与某地文化旅游规划

案例一： 北京市文化创意产业提升规划（2014—2020 年）

（一）规划编制依据

《北京市文化创意产业提升规划（2014—2020 年）》的编制依据有：

《中共中央关于全面深化改革若干重大问题的决定》《国务院关于推进文化创意和设计服务与相关产业融合发展的若干意见》《国务院关于加快发展对外文化贸易的意见》《国务院办公厅关于印发文化体制改革中经营性文化事业单位转制为企业和进一步支持企业发展两个规定的通知》《文化产业振兴规划》《文化部"十二五"时期文化产业倍增计划》《中共北京市委关于发挥文化中心作用加快建设中国特色社会主义先进文化之都的意见》。本规划实施期限为2014年至2020年。

（二）规划编制背景

中央明确提出北京市要发挥全国文化中心示范作用，为首都发展文化创意产业提供了良好的外部环境。在文化大发展大繁荣的背景下，居民文化消费和科技体验要求日益增强，北京文化资源丰富、文化人群聚集、科技力量汇聚，有利于提升首都发展文化创意产业的竞争优势。

（三）规划发展目标

到2020年，构建起富有首都特色的"3＋3＋X"文化创意产业体系，产业支柱地位更加巩固，成为支撑本市科学发展、绿色发展、创新发展的核心引擎，推动首都建设成为中国最具活力的文化创意名城、在世界上具有重大影响力的著名文化中心，文化氛围浓郁，创新活力四射，环境和谐宜居。文化创意产业增加值占GDP比重达到15％以上。该规划主要从传统产业、优势产业和融合产业三个领域进行了分析与设计。主要的规划目标是：产业结构优化升级；市场主体日益壮大；创新能力显著提升；要素市场日趋完善。

（四）主要工作任务

对文化艺术、广播影视、新闻出版三大传统行业，重点扶持原创和精品生产，创新网络文化服务模式，繁荣文学、艺术、影视、音乐创作和传播，积极鼓励文化输出。创新体制机制，加快培育多元化市场主体，激发国有企事业单位经营活力，加快推动混合所有制企业和非公企业成长壮大。

对广告会展、艺术品交易、设计服务三大优势行业，利用现代信息技术加快推进商业模式与营销模式创新，通过政策扶持、平台建设和主体培育，汇聚各类创新要素，让一切知识、技术和专业服务的活力竞相迸发，让一切有助于文化内涵提升、创意塑造的源泉充分涌流，推动行业规模加速壮大。

发挥文化引领作用，加快文化元素与产业的研发、设计、营销等环节的融合融入，改变传统生产与消费模式，转变传统增长机制，推动向产业链两端延伸、价值链高端攀升，加快产业结构创新、链条创新与形态创新，提高产业链整体发展水平和创新创意能力。加快新业态培育，推动文化创意产业与科技、金融及其他产业融合发展、互促共赢。

（五）规划报告参考目录

北京市西城区"十二五"时期文化创意产业发展规划

序言

第一章 "十一五"时期西城区文化创意产业发展回顾

第二章 "十二五"时期西城区文化创意产业发展面临的形势

一、发展机遇

二、面临挑战

第三章 指导思想和基本原则

一、指导思想

二、基本原则

第四章 "十二五"时期文化创意产业发展目标

一、发展目标

二、产业布局

第五章 "十二五"时期主要工作任务及重点实施项目

一、文化演艺业

二、新闻出版业

三、艺术品交易业

四、文化旅游业

五、设计服务业

第六章 "十二五"时期文化创意产业发展的主要保障措施

一、优化产业发展环境

（一）建立高效的联动协调机制

（二）制定切实可行的产业促进政策

（三）加快集聚区功能提升

二、完善投融资服务体系

三、推动产业融合发展

四、加强人才队伍建设

五、加强知识产权保护

六、提升区域文化品牌

七、规划实施

第七章　规划评估

一、监督考评

二、规划调整

案例二：某地文化旅游规划报告目录

笔者及研究团队编制的山东省某市县文化旅游规划，主要报告目录如下：

编制说明

一、本地区产业政策和文化旅游环境

1. 省、市政府出台了文化旅游产业激励政策

2. 本地区实施了文化旅游产业发展的优惠政策和办法

3. 本地区围绕文化旅游产业发展进行了实践探索

4. 居民消费和文化旅游资源逐步整合和聚集

二、本地区文化旅游产业发展的基础

1. 省市和周边文化旅游圈逐渐形成

2. 本地区文化旅游产业发展的自然资源和历史沉淀

3. 本地区文化旅游产业发展面临的历史机遇

4. 本地区文化旅游产业发展需要解决的突出问题

三、本地区文化旅游产业的指导思想、愿景与规划目标

1. 指导思想

2. 发展愿景

3. 产业定位

4. 规划目标

5. 产业规划

四、本地区文化旅游产业主要任务和重大工程

1. 主要任务

2. 重大工程

3. 龙头企业/示范村/基地

五、本地区文化旅游产业的发展路径和资源

1. 发展步骤

2. 主要资源

六、本地区文化旅游产业规划的实施保障

1. 出台规划执行激励政策，完善规划实施和监督机制

2. 强化基础投资和重大项目招商，推动重点工程建设

3. 成立产业投资基金，完善产业发展的融资平台

4. 构建项目营销和品牌管理团队，提升区域影响力

5. 强化文化和产业融合，提升文化旅游产业贡献度

（由于涉密，具体规划文稿此处省略）。

第十五节　城市住房发展规划

一、基本概念

住房发展规划是完善房地产市场调控长效机制。我国建立了国家、省区、城市三个层次的住房发展规划体系。

城市住房发展规划的编制规范包括：

1. 规划定位。城市住房发展规划是国民经济和社会发展规划的专项规划。在编制过程中，依据全国和省级住房发展规划、国民经济与社会发展规划、土地利用总体规划和城市总体规划，和本地的城市近期规划等相衔接。

2. 规划原则。立足住房的消费品属性，体现政府住房保障职责；注重住房发展与城市发展相适应；坚持各种规划衔接；坚持政府引导、专家参与、部门与公众参与。

3. 规划期限与范围。一般规划期 5 年，与五年规划衔接，规划范围与城市近期空间建设规划范围一致。

4. 规划内容。一是现状评估；二是规划目标、分项目标和发展目标；三是主要任务和重点工程，包括：住房供应体系、供应结构、住房保障、房地产市场、住房建设和消费模式、空间布局、社区环境与住宅质量改善等；四是空间布局与用地规划；五是开发时序安排，重点建设项目库；六是资源配置、资金筹措；七是规划保障。

5. 规划成果要求。规划成果应包括规划文本、图纸和附件，其中附件应包括规划说明书、专题研究报告与基础资料汇编，基础资料汇编可单独编制，也

可纳入说明书各章节的现状条件分析中。

规划成果包括文本、图纸和附件。

二、案例研究：北京市"十二五"时期保障性住房发展规划

1. 发展目标。"十二五"规划时期，北京市将加大保障性安居工程建设力度，"十二五"时期建设、收购各类保障性住房 100 万套，其中公开配租配售 50 万套，首都功能核心区人口疏解、棚户区改造等定向安路住房 50 万套。发放租金补贴家庭 10 万户。竣工各类保障性住房 70 万套。对符合保障条件的申请家庭努力做到"应保尽保"。

大力发展公共租赁住房，"十二五"时期供应数量占到公开配租配售保障性住房的 60% 以上。建设多元化的住房租赁体系，优化住房供应结构，合理引导住房消费，引导市民通过租赁方式解决住房问题。

稳步推进首都功能核心区人口疏解和房屋保护性修缮工程，完成城市和国有工矿棚户区改造任务，加大农村抗震节能房屋改造建设力度，多措并举改善群众住房条件。

进一步健全保障性住房建设、审核、分配和后期管理机制，全面实施保障性住房"阳光工程"，全程引入廉政风险防范和效能监察机制，充分保障人民群众知情权、参与权和监督权，确保住房保障工作公开、公平、公正。

2. 主要任务。落实各项支持政策和保障措施，完成 100 万套建设收购任务；创新建设管理模式，大力发展公共租赁住房；完善保障性住房准入、审核和分配制度，科学有效配路住房保障资源；加强保障性住房后期管理，促进持续健康发展；加快推进棚户区改造等保障性安居工程建设，多渠道解决群众住房困难。

3. 保障措施。一是积极推进住房保障立法工作，二是做好年度实施计划的制定和落实，三是加快完善住房保障信息管理平台，四是完善监督考核和问责机制，五是加强住房保障政策和实施成果的宣传。

第十六节　县市区农村垃圾处理规划

一、基本概念

县市区农村垃圾处理规划主要指针对农村垃圾处理问题而组织编制的关于

如何研究和确定特定地区农村垃圾规划编制依据、规划适用范围、垃圾处理现状、编制背景、工作目标、重点任务、主要项目、规划保障机制等内容的一种专项规划。

二、案例研究：县（市、区）农村垃圾处理规划编制规范

我国各个县市区农村垃圾处理规划编制的基本规范，一般如下：

1. 规划编制的目标与依据，包括：规划依据的上一层次规划，规划的法律依据、需要实现的效果等。

2. 规划的适用范围，包括：规划的执行对象与地点、概念等。

3. 规划编制原则，包括但不限于：遵循减量化、资源化、无害化原则，因地制宜，分类指导，防止污染，保护耕地和改善生态人文环境，促进乡村可持续发展，引导农村环境卫生设施有序建设。

4. 规划基本规范：规划经费来源和审核程序。

5. 规划编制，包括：规划委托、规划调研、规划评审、规划执行等；

6. 规划编制内容，包括：规划期限、现状、目标、项目和工程、重点任务、处理方式、步骤与计划、措施建议等。

7. 规划提交成果，包括：报告、图纸和附件等。

8. 规划效力、资质和生效期限等。

第十七节　土地利用总体规划

一、基本概念

土地利用总体规划是在一定区域内，根据国家社会经济可持续发展的要求和当地自然、经济、社会条件，对土地的开发、利用、治理、保护在空间上、时间上所做的总体安排和布局，是国家实行土地用途管制的基础。土地利用总体规划是指在各级行政区域内，根据土地资源特点和社会经济发展要求，对今后一段时期内（通常为 15 年）土地利用的总安排。

土地利用总体规划的成果包括规划文件、规划图件及相应的附件。土地利用总体规划实行分级审批制度。

二、案例研究：土地利用总体规划

土地利用总体规划有关研究和基本规定

马世发、蔡玉梅、念沛豪等在《土地利用规划模型研究综述》一书中提出，土地利用规划是实施土地可持续利用战略的重要调控措施，土地利用规划的核心内容是土地利用结构的优化调整。

土地利用结构优化是为了达到一定的经济、社会和生态最优目标，依据土地资源的自身特性和适宜性评价，对区域内各种土地利用类型进行更加合理的数量安排和空间布局，从而提高土地利用效率和效益，维持土地生态系统的相对平衡，实现土地资源的可持续利用。

土地利用结构调整，包括：

数理分析预测模型。数理分析就是利用数理推理框架实现预测，常用的有回归分析预测模型、灰色预测模型、Markov 预测模型、神经网络预测模型等。这些模型主要是对历史数据进行训练，通过校正模型参数实现规律顺推，是分析土地利用结构的简单有效的方法。

数量优化模型就是利用解析数学对优化方程进行精确求解，一般有线性规划和多目标规划模型等。优化模型要考虑调控目标，如传统上有社会、经济、生态三大效益目标等。基于生物智能的优化模型用不完全近似搜索策略，接近调控目标。

空间因果关系模型。土地利用在空间上的布局可以解释为一系列空间因素共同作用的结果，实际是一套因果关系分析系统。目前，典型的应用就是 CLUE – S 分析系统。土地利用格局的变化是每个微观地块的共同演化体现。利用微观个体间的相互作用，构建"自下而上"的离散动力学模型。

土地利用空间优化分区是在土地利用空间优化配置模型的基础上，根据空间管理的不确定性，再利用一定的地理综合原则构建的用途管制分区。

土地利用结构优化内涵包括数量结构和空间结构，土地利用空间布局是数量结构的空间落实，二者共同反映了区域土地利用结构调控。

我国土地利用总体规划是政府规划的重要构成部分。

（一）规划目标

一般包括：

（1）总目标。区域土地的可持续利用，实现区域可持续发展，三个效益的统一。

（2）具体目标。是总体目标下的子目标，是总目标的具体体现。

（二）规划内容

一般包括：

（1）土地利用现状分析。

（2）土地供给量预测。

（3）土地需求量预测。

（4）确定规划目标和任务。

（5）土地利用结构与布局调整。

（6）土地利用分区。

（7）确定实施规划的措施。

（三）规划的主要任务

一般包括：

（1）土地利用的宏观调控。是土地利用宏观管理体系的重要基础，是土地利用宏观控制的主要依据。

（2）土地利用的合理组织。通过土地利用总体规划在时空上对各类用地进行合理布局，制定相应的配套政策引导土地资源的开发、利用、整治和保护，以保证充分、合理、科学、有效地利用有限的土地资源，防止对土地资源的盲目开发。

（3）土地利用的规范监督。土地利用总体规划具有法律效力，任何机构和个人不得随意变更规划方案，土地利用总体规划是监督各部门土地利用的重要依据。

第十八节　历史文化名城（村）规划

一、基本概念

为了加强历史文化名城、名镇、名村的保护与管理，继承中华民族优秀历史文化遗产，2008 年 4 月 2 日国务院第三次常务会议通过《历史文化名城名镇名村保护条例》，自 2008 年 7 月 1 日起施行。

国家对历史文化名城、名镇、名村的保护给予必要的资金支持。历史文化名城、名镇、名村所在地的县级以上地方人民政府，根据本地实际情况安排保护资金，列入本级财政预算。

国家鼓励企业、事业单位、社会团体和个人参与历史文化名城、名镇、名村的保护。

具备下列条件的城市、镇、村庄，可以申报历史文化名城、名镇、名村：

1. 保存文物特别丰富。

2. 历史建筑集中成片。

3. 保留着传统格局和历史风貌。

4. 历史上曾经作为政治、经济、文化、交通中心或者军事要地，或者发生过重要历史事件，或者其传统产业、历史上建设的重大工程对本地区的发展产生过重要影响，或者能够集中反映本地区建筑的文化特色、民族特色。

申报历史文化名城的，在所申报的历史文化名城保护范围内还应当有两个以上的历史文化街区。

2013 年，住房和城乡建设部颁布《历史文化名城名镇名村保护规划编制要求（试行）》，涵盖历史文化名城、名镇、名村保护规划编制要求等内容。

二、案例研究：江苏省历史文化名村（保护）规划编制导则

《江苏省历史文化名村（保护）规划编制导则》大纲包括：总则、村庄保护与发展目标、历史文化保护、村庄建设发展、保护机制与实施策略。

规划图纸包括：历史文化遗存分布图、现状图、建筑分析图、保护规划区划图、空间格局保护规划图、建筑物保护与整治规划图、用地规划图（道路交通规划图）、基础设施规划图、规划总平面图、重要节点规划图。

规划任务：调查研究村庄的发展演变和历史文化遗存，总结历史文化价值及特色，确定各类保护对象，提出保护和利用措施，同时对村庄的发展建设做出规划安排。

历史研究：对村庄的历史沿革，包括村庄的起源、变迁、建制变化及主要发展阶段进行研究，关注村庄的社会结构，包括宗族世系、农村基层组织及其相关的生产关系、村庄经济等的发展变化、建筑分类和评价：对规划范围内的现状建筑入户调查，按年代、层数、风貌、质量、供能等分类和评价。

确定保护对象：根据历史研究和现状调查评估的结论，确定需要保护的各

类物质文化遗存和各类非物质文化遗产的名录。

划定保护范围：将文物保护单位和历史建筑相对集中，历史格局和风貌保存较为完好的区域，划定为历史文化名村的核心保护范围。

明确保护要求：提出文物保护单位、历史建筑等的保护、修缮、修复和展示利用的要求和措施；提出村庄历史空间格局和风貌的保护控制要求；提出历史环境要素的保护措施，以及与功能、景观相结合的展示利用方法；提出村庄自然景观环境保护要求，明确景观和生态修复与整治措施；提出承载非物质文化遗产的建筑和空间的展示利用方法。

明确建筑整治模式：各级文物保护单位、历史建筑应当按照相关法律、法规进行修缮、修复；其余建筑，应综合风貌和质量，逐栋明确整治模式。

历史文化名村保护、村庄保护与建设评估：通过访谈、问卷等形式对村民进行调查。内容包括：村民对历史文化名村历史文化价值的认知和保护方式的建议，对住宅建设、村庄环境及设施配套的意愿，对村庄发展建设的诉求和建议等。

鼓励公众参与：历史文化名村（保护）规划的编制与实施充分尊重村民意愿，按规定进行公示，广泛征求公众意见，调动社会各界参与历史文化名村保护的积极性。村集体将历史文化名村保护要求纳入村规民约，加强宣传教育，发动村民主动参与和监督保护工作。

第十九节　矿产资源规划

一、基本概念

矿产资源规划指根据矿产资源禀赋条件、勘查开发利用现状和一定时期内国民经济和社会发展对矿产资源的需求，对地质勘查、矿产资源开发利用和保护等做出的总量、结构、布局和时序安排。

二、案例研究：矿产资源规划编制实施办法

矿产资源规划是国家规划体系的重要组成部分，应当符合国民经济和社会发展规划，与国土规划、主体功能区规划相协调，与土地利用总体规划、环境保护规划等相互衔接。

涉及矿产资源开发活动的相关行业规划，应当与矿产资源规划做好衔接。

矿产资源规划包括矿产资源总体规划和矿产资源专项规划。

矿产资源总体规划包括国家级矿产资源总体规划、省级矿产资源总体规划、设区的市级矿产资源总体规划和县级矿产资源总体规划。

国家级矿产资源总体规划应当对全国地质勘查、矿产资源开发利用和保护进行战略性总体布局和统筹安排。省级矿产资源总体规划应当对国家级矿产资源总体规划的目标任务在本行政区域内进行细化和落实。设区的市级、县级矿产资源总体规划应当对依法审批管理和上级国土资源主管部门授权审批管理矿种的勘查、开发利用和保护活动做出具体安排。

下级矿产资源总体规划应当服从上级矿产资源总体规划。

国土资源部应当依据国家级矿产资源总体规划和一定时期国家关于矿产资源勘查开发的重大部署编制矿产资源专项规划。地方各级国土资源主管部门应当依据矿产资源总体规划和本办法的有关规定编制同级矿产资源专项规划。

矿产资源专项规划应当对地质勘查、矿产资源开发利用和保护、矿山地质环境保护与治理恢复、矿区土地复垦等特定领域，或者重要矿种、重点区域的地质勘查、矿产资源开发利用和保护及其相关活动做出具体安排。

国家规划矿区、对国民经济具有重要价值的矿区、大型规模以上矿产地和对国家或者本地区有重要价值的矿种，应当编制矿产资源专项规划。

国土资源部负责全国的矿产资源规划管理和监督工作。

地方各级国土资源主管部门负责本行政区域内的矿产资源规划管理和监督工作。

省级国土资源主管部门应当建立矿产资源规划实施管理的领导责任制，将矿产资源规划实施情况纳入目标管理体系，作为对下级国土资源主管部门负责人业绩考核的重要依据。

各级国土资源主管部门应当在矿产资源规划管理和监督中推广应用空间数据库等现代信息技术和方法。

各级国土资源主管部门应当将矿产资源规划管理和监督的经费纳入年度预算，保障矿产资源规划的编制和实施。

国土资源部负责组织编制国家级矿产资源总体规划和矿产资源专项规划。

省级国土资源主管部门负责组织编制本行政区域的矿产资源总体规划和矿产资源专项规划。

设区的市级、县级国土资源主管部门根据省级人民政府的要求或者本行政区域内矿产资源管理需要，负责组织编制本行政区域的矿产资源总体规划和矿产资源专项规划。编制省级矿产资源专项规划，应当经国土资源部同意。编制设区的市级、县级矿产资源专项规划，应当经省级国土资源主管部门同意。

承担矿产资源规划编制工作的单位，应当符合下列条件：

（1）具有法人资格。

（2）具备与编制矿产资源规划相应的工作业绩或者能力。

（3）具有完善的技术和质量管理制度。

（4）主要编制人员应当具备中级以上相关专业技术职称，经过矿产资源规划业务培训。

矿产资源规划编制工作方案应当包括下列内容：

（1）指导思想、基本思路和工作原则。

（2）主要工作任务和时间安排。

（3）重大专题设置。

（4）经费预算。

（5）组织保障。

矿产资源总体规划的期限为五至十年。矿产资源专项规划的期限根据需要确定。

矿产资源总体规划应当包括下列内容：

（1）背景与形势分析，矿产资源供需变化趋势预测。

（2）地质勘查、矿产资源开发利用和保护的主要目标与指标。

（3）地质勘查总体安排。

（4）矿产资源开发利用方向和总量调控。

（5）矿产资源勘查、开发、保护与储备的规划分区和结构调整。

（6）矿产资源节约与综合利用的目标、安排和措施。

（7）矿山地质环境保护与治理恢复、矿区土地复垦的总体安排。

（8）重大工程。

（9）政策措施。

第二十节 文化金融试验区

一、基本概念

2014 年 3 月，文化部、中国人民银行、财政部联合发布《关于深入推进文化金融合作的意见》。据报道，2014 年文化部与中国人民银行和专家多次沟通、论证，2015 年将发布具体申报情况。从全国情况看，各地对文化金融实验区的反响热烈，已经有 10 个地区申报，包括深圳、天津、吉林，以及北京的西城和东城等地区。

2015 年 5 月，中国人民银行营业管理部与北京市国有文化资产监督管理办公室联合签署《文化金融战略合作协议》，双方宣布，将共同打造"文化金融合作试验区"，支持首都文化创意产业发展。双方将在文化金融合作试验区制订资金、财税、土地、人才等先行先试政策，推动文化融资担保、文化融资租赁、文化小额贷款、文化投资基金、文化信托、文化保险、文化银行等产业的集聚发展。北京市文资办主任周茂菲表示，试验区将努力搭建金融机构与文化企业的对接平台、文化项目孵化平台、文化企业信用评估平台、文化要素配置平台、文化金融人才聚集平台、文化金融信息传播平台六大平台，并开展行业信用体系建设试点，探索文化企业信用贷款的融资新模式。在合作协议签订仪式上，中国农业银行、北京银行、招商银行等与部分文创企业签署了合作意向书。

二、案例研究：山东省潍城区争创文化金融合作试验区

潍坊市潍城区立足文化与创新性金融的区位特色，委托研究团队，研究、制定并积极推动"建设潍坊文化金融聚集区，争创国家级文化金融合作试验区行动方案"。

在此期间，2014 年 11 月，笔者受人民银行潍坊市中心支行邀请，为该行进行了"文化金融、科技金融与'三农'金融产品创新"专题讲座，图 108 为讲课主会场的现场场景。

本次"文化金融、科技金融与'三农'金融"专题讲座，笔者从分析全球和国内经济金融形势入手，着重介绍了当前经济金融现状、存在的问题和产业

图 108　人民银行潍坊市中心支行"文化金融、科技金融和'三农'金融"讲座

趋势，并以曼哈顿岛销售案例，阐述了金融的内在奥妙。

在文化金融创新方面，介绍了全国文化金融现状、困难、国家金融政策，实践创新并结合潍坊特点提出了潍坊市打造文化金融试验区的重点工程、空间布局、重要产业链以及实施思路，提出了文化金融创新的具体产品和方向。

在科技金融创新方面，讲解了美国等国际最佳实践、中国政府科技金融政策，科技金融的特点和融资模式，科技金融创新区建设和产品创新如股权融资、产权交易等提出了改革的思路。

在"三农"金融创新方面，分析了未来"三农"金融创新的机制体系、制度标准等，包括土地与林权抵押、房屋抵押、支农再贷款、发债、财政贴息等融资渠道、创新模式。

为了推动文化金融合作实验区的改革试点，当地政府与人民银行潍坊市中心支行沟通交流、互动协商，并签订了战略合作协议，研究制定了文化金融合作实验区实施方案，积极向上级政府、人行、文化部等交流申请，争创国家级或省级文化金融合作试验区。

其文化金融合作实验区实施方案的报告目录，如下：

一、产业政策

二、产业环境

（一）全球文化产业现状

（二）主要发达国家的文化产业政策

（三）文化会展聚集区

（四）文化金融聚集区

七、重点工程及重大项目

（一）文化金融一条街建设工程

1. 文化金融博物馆开发建设项目

2. 潍坊市重点文化产品品牌整合项目

3. "十笏园"文化产品品牌打造项目

（二）金融服务聚集区打造工程

（三）十笏园文化旅游区开发工程

1. 潍坊市文化旅游整合项目

2. 十笏园老潍县文化街开发项目

（四）国家级广告产业园深度开发工程

1. 广告产业园重点招商项目

2. 工业设计特别是节能环保与新兴产业策划聚集项目

（五）传统文化挖掘提升工程

重大项目：中医药文化开发项目

八、平台建设

（一）文化金融专业服务平台建设

（二）文化金融创新支持平台建设

（三）文化艺术品交易平台建设

（四）山东"十笏园"文化集团运营平台

九、运行机制

（一）完善领导机制

（二）成立研究院

（三）政策激励机制

（四）文化金融创新聚集机制

（五）文化金融多元融资机制

（六）文化金融交易机制

十、行动保障

（一）切实加强建设工作领导

（二）制订完善试验区建设扶持政策和管理办法

（三）优化各项管理服务，创新服务体制机制

第二十一节　科技金融创新试验区/金融综合改革试验区

一、基本概念

科技金融创新试验区是科技部"一行三会"联合推出的地区性科技与金融紧密结合的一种试验区。

金融改革综合试验区是国务院推出的地方性金融改革示范区域，主要是探索民间金融、小微金融等一系列改革措施，为全国各地的金融改革实践提供一定的推广经验。

2010年，结合专家评审意见和国家区域发展战略布局，科技部会同"一行三会"确定中关村国家自主创新示范区、天津市、上海市、江苏省、浙江省"杭温湖甬"地区、安徽省合芜蚌自主创新综合实验区等16个地区为首批促进科技和金融结合试点地区。

2012年，国务院批准广东省建设珠江三角洲金融改革创新综合试验区。

2012年3月28日，国务院常务会议决定设立温州市金融综合改革试验区，批准实施《浙江省温州市金融综合改革试验区总体方案》，引导民间融资规范发展，提升金融服务实体经济能力，为全国金融改革提供经验。

2012年12月，《福建省泉州市金融服务实体经济综合改革试验区总体方案》获国务院批准通过，泉州成为继温州金融综合改革试验区、珠三角金融改革创新综合试验区之后，第三个国家级金融综合改革试验区。泉州金改方案主要任务包括：建立健全服务实体经济的多元化金融组织体系，加大对小微企业及民生的金融支持力度，提升农村金融服务能力，加强泉台港澳侨金融合作，规范发展民间融资，扩大直接融资规模，提升保险服务水平，完善金融风险防控机制。

经国务院批复同意，中国人民银行等11个部委办2013年11月21日联合印发《云南省广西壮族自治区建设沿边金融综合改革试验区总体方案》，为云南沿边开放和金融改革带来新机遇。

2014年6月，广东省出台《关于深化金融改革完善金融市场体系的意见》，提出到2020年广东金融业增加值占GDP比重要达到9%以上，建成珠江三角洲

金融改革创新综合试验区，建成粤港澳紧密联系、在亚太地区具有较强集聚辐射能力的国际金融中心区域，建成与广东省经济地位相适应的金融强省。

二、案例研究：创建科技金融改革创新试验区

嘉兴市创建省科技金融改革创新试验区三年行动计划（2014—2016年）

经过三年的努力，建设成为浙江省科技企业创业创新的活跃区、创业投资基金的集聚区、科技金融服务创新的先行区、对接多层次资本市场的示范区、长三角科技金融合作的前沿区。

《计划》提出了发展风险投资、对接多层级资本市场、加大信贷支持、加快科技金融配套服务体系建设等十个方面的25条举措。

在风险投资方面，大力发展种子基金、天使投资，扩大创业投资引导基金规模，建立产业引导基金，并深化南湖区"基金小镇"建设。到2016年，全市种子基金总规模将力争达到5000万元，市创投达100亿元，设立产业引导基金达5只以上，进一步整合资源，建立完善以政府资金为引导、社会资金为主体的创业资本筹集机制和市场化的创业资本运作机制。届时，南湖区"基金小镇"有形平台建设将初显形象。

在对接多层次资本市场方面，启动科技型中小企业培育计划，遴选资质优良、符合高新产业发展导向的种子期、初创期科技型企业，纳入培育计划，大力支持其股改，争取到2016年，科技型企业完成股改不少于100家。加快推动科技型企业在区域性股权交易市场和"新三板"挂牌，到境内外市场上市，并推广直接债务融资工具，支持科技型企业并购重组，以此来支持科技型企业做强做优。

加强对科技型企业的信贷支持，在农行嘉科支行、嘉兴银行高新支行创新信贷模式的基础上，鼓励商业银行与各县（市、区）加强协作，新设或改组科技专营支行。随着科技保险、科技担保、科技小贷、融资租赁、互联网金融等业态的不断完善，以及金融服务和产品的不断创新，与科技型企业成长周期"无缝"契合的金融供应链逐步形成。

在配套服务方面，加强科技金融中介服务体系建设，逐步建立一个由科技主管部门、科技型企业、高新园区、科技企业孵化器、金融机构、中介机构等共同参与，面向全市的科技金融服务平台。嘉兴市将不断加强区域交流合作和

人才保障，扩大科技金融改革创新的品牌效应和影响力，加快推动科技成果、人才等要素的区域集聚，把嘉兴市建设成创业创新的乐园。

第二十二节 国家现代农业示范区

一、基本概念

国家现代农业示范区是以现代产业发展理念为指导，以新型农民为主体，以现代科学技术和物质装备为支撑，采用现代经营管理方式的可持续发展的现代农业示范区域，具有产业布局合理、组织方式先进、资源利用高效、供给保障安全、综合效益显著的特征。

二、案例研究：创建国家现代农业示范区

农业部《关于创建国家现代农业示范区的意见》（农计发〔2009〕33 号）提出了创建国家现代农业示范区。目前，国家陆续公布了包括北京顺义、山东省枣庄市滕州市、山东省潍坊市寿光市、山东省青岛市平度市、山东省东营市国家现代农业示范区、山东省莱州市国家现代农业示范区、山东省泰安市岱岳区国家现代农业示范区、山东省沂水县国家现代农业示范区等在内的三批国家现代农业示范区名单。

近年来，国家先后两批建设国家级生态农业示范县 100 余个，带动省级生态农业示范县 500 多个，建成生态农业示范点 2000 多处，连续多年实施了 10 个循环农业示范市建设。

2014 年，《农业部关于 2014 年申报创建国家现代农业示范区的通知》（农计发〔2014〕77 号）下达 54 个创建指标。《农业部关于 2014 年申报创建国家现代农业示范区的补充通知》追加 78 个指标，使第三批示范区申报总量达到 132 个。

创建目标。从 2010 年开始，用五年的时间，在全国范围内创建一批具有区域特色的国家现代农业示范区，使之成为现代农业生产与新型农业产业培育的样板区、农业科技成果和现代农业装备应用的展示区、农业功能拓展的先行区和农民接受新知识新技术的培训基地，引领区域现代农业发展，加速中国特色农业现代化进程。

拟申请创建的国家现代农业示范区，应符合以下基本条件：

1. 规划编制科学。示范区建设规划应符合当地经济社会和农业发展规划的要求，布局开放，形式多样，资源条件和生态环境具有代表性。

2. 主导产业清晰。示范区主导产业能够体现当地农产品生产优势与特色，产业化水平高，产业拉动作用明显。

3. 建设规模合理。示范区建设规模应与其生产条件、环境承载能力、技术应用和管理水平相匹配，处于本省前列，辐射带动能力强、范围广。

4. 基础设施良好。示范区内水、电、路等基础条件配套完善，设施装备达到标准化、规模化、机械化、无害化安全生产条件，管理服务设施齐全。

5. 科技水平先进。示范区具有稳定的技术依托单位，具有一定规模的新品种、新技术的展示示范场所，引进示范成效显著，土地产出率、资源利用率和劳动生产率明显高于周边地区，已培育和带动一批科技示范户、种养大户和农机大户。

6. 运行机制顺畅。示范区建设主体清晰，管理部门明确，规章制度健全。已建立科学的组织管理机制、高效的经营管理机制和健全的社会化服务机制。当地政府重视，切实加强领导，支持示范区发展，农民群众欢迎，发展环境良好。

设立示范区布局与重点建设任务。依据农业部优势农产品区域布局规划、新一轮"菜篮子"工程规划和特色农产品区域布局规划，重点在优势农产品区域、大中城市郊区和特色农产品区域择优创建国家现代农业示范区。

1. 优势农产品区域。在水稻、小麦等16个主要农产品生产优势区和复合产业带（区）创建一批国家现代农业示范区，突出粮棉油糖、畜禽和水产品等优势农产品的生产、加工、贮藏示范和技术培训功能。大力发展优质粮食产业，着力提升畜产品标准化规模养殖和水产品标准化健康养殖水平，努力把示范区建设成为高产、优质、高效、生态、安全农产品生产的亮点和样板，为提升优势区域粮食等大宗农产品综合生产能力，促进产业优化升级，发挥辐射带动作用。

2. 大中城市郊区。在直辖市、省会城市、计划单列市和百万人口以上大中城市郊区创建一批国家现代农业示范区，突出蔬菜、水果、食用菌和花卉等高效园艺作物安全生产示范、优质高效畜禽标准化生产示范，积极拓展农业多种功能，努力把示范区建设成为大中城市"菜篮子"产品生产示范基地，辐射带动我国城郊地区园艺产品安全生产、优质畜禽产品安全生产发展。

3. 特色农产品区域。在十大类特色农产品优势区域创建一批国家现代农业示范区，突出具有地方特色的农产品生产示范功能，努力把示范区建设成为优质、高效、生态特色农产品生产经营的核心示范区，为推进我国特色农产品产业持续高效发展，促进欠发达区域农民增收致富发挥示范带动作用。

示范区认定与管理：

1. 认定方式。国家现代农业示范区的认定，实行"创建单位申请，当地政府同意，省级农业主管部门初审，农业部批准"的方式，即：由示范区创建单位提出申请，由所在县或市人民政府审核同意后报送至省级农业主管部门；省级农业主管部门初审通过后，推荐至农业部；农业部现代农业示范区建设管理办公室组织评审，经农业部常务会议审定并公示后授予"国家现代农业示范区"称号。

2. 管理与考核。农业部成立现代农业示范区建设管理办公室，负责制订国家现代农业示范区管理办法和考核指标体系；负责组织示范区申报、评选和公示等工作；对示范区运行进行年度考核，定期发布国家现代农业示范区年度发展报告。

在示范区建设管理办公室下成立现代农业示范区专家委员会，开展咨询论证、评估和技术指导工作。

省级农业主管部门负责国家现代农业示范区筛选、初审、推荐和申报工作，并对示范区运行进行跟踪和监管。

国家现代农业示范区采取"目标考核、动态管理、能进能退"的考核管理机制，对考核不合格的示范区撤销"国家现代农业示范区"称号。

关于第三批现代农业示范区的审批导向是，坚持以县（场）为主创建的基础上，支持东部沿海地区、大城市郊区和大型垦区等部分条件较好的地级市或副省级、省级市，开展整市创建或选择部分县市开展区域创建。

创建市级示范区须符合以下要求：

1. 党委政府重视。市委市政府创建意愿强，推动现代农业发展的措施针对性强、力度大，能有效整合财政、组织资源开展建设。创建区域内有关县（市）积极性高，对整市创建认同度较高，非省直管县。

2. 现代化水平高。按照《国家现代农业示范区建设水平监测评价办法（试行）》，创建市2012年农业现代化建设水平综合得分处于全国前列且不低于60

分（一般应达到 70 分以上），区域内各县市发展水平较为均衡。

3. 代表性较强。创建市现代农业发展特色鲜明，具备一定规模的耕地面积，在产业类型、资源禀赋等方面具有典型性，引领带动能力强。

对尚无县级国家现代农业示范区的创建市，按照农计发〔2014〕77 号文要求的程序申报；对已有县级示范区拟扩大示范范围、创建市级示范区的，按照成熟一个审批一个的原则，由符合条件的市政府申请、经省级政府主要负责同志同意后报我部认定，不计入本次申报分配名额。我部将对市级示范区单独评审，严格标准、严控数量。

第二十三节　现代农业生态循环示范

一、基本概念

2015 年 1 月 6 日，农业部新闻办公室介绍农业部和浙江省政府签署的关于共建现代生态循环农业试点省合作备忘录的相关情况。农业部科技教育司司长唐珂表示，大力发展现代生态循环农业，推进农业发展方式转变，是保障粮食安全、农产品质量安全和农产品产地环境安全的必然要求，也是推进生态文明建设的具体举措，对于促进农业农村经济持续健康发展具有重要意义。

二、案例研究：现代农业生态循环

农业部部长韩长赋在全国农业工作会议上提出"一控两减三基本"的目标任务，要求大力发展现代生态循环农业，并将其作为转变农业发展方式、建设农业生态文明的重要举措和有效途径。农业部和浙江省共同推进浙江现代生态循环农业试点省建设，力争在未来 3～5 年内实现"两减少、三基本"目标。通过试点省建设，要在现代生态循环农业制度设计和长效机制方面创新出一些规律性、系统性的成果。

从浙江省的现代生态农业循环示范建设的实践情况看，该省全面开展农业水环境治理，依法重新划定畜禽养殖禁限养区，2014 年浙江省政府制定《关于加快发展现代生态循环农业的意见》。生态循环农业发展的法律、政策和规划保障体系基本构建。浙江省提出通过 3 年（2015—2017 年）左右时间的努力，全面推进"一控两减三基本"目标实现，即农业用水总量控制，化肥、农药施用总量减少，畜禽养殖粪便与死亡动物、农作物秸秆、农业投入品废弃物基本实现资源化利用或无害化处理，形成现代生态循环农业发展体系和农业可持续发展长效机制。

浙江省嘉兴县 2014 年《关于加快推进现代生态循环农业发展的实施意见》提出：坚持政府引导、市场主体、依法管理、示范带动，以"减量化、再利用、再循环"为原则，以资源高效利用和循环利用为核心，以农作模式集成创新为载体，以先进技术和设施装备为手段，以环境影响评价为标准，以统筹农业发展规划、优化农业产业结构、培育循环农业产业为着力点，推进生产技术、装备技术、环境技术等现代生态循环农业发展技术体系、管理体系、保障体系建设。通过三年左右时间的努力，基本构建成产业布局生态优化、资源利用循环高效、生产清洁产品优质、环境质量持续改善的现代生态循环农业体系。

第二十四节　规划环境评价报告

一、基本概念

环评报告书，全称环境影响评估报告书。是由环境保护部门对某些重大建设项目一旦实施后对该区域周边环境可能产生的影响的预见性评定。

环评报告，即环境影响评价报告，是新建、扩建、改建项目对环境造成的影响的预见性评定。根据对项目所在地的地下水、土壤的监测，对项目所用原材料、可能产生的废弃物、项目的环保设施的设计的评价，从而评估项目建成对环境的影响。

二、案例研究：规划环境影响评价

为做好规划环评，国家出台《环境影响评价法》，对环境影响评估进行了规范。2009 年 10 月 1 日国家出台《规划环境影响评价条例》，要求对各级政府或部门编制的土地利用的有关规划和区域、流域、海域的建设、开发利用规划（即综合性规划），以及工业、农业、畜牧业、林业、能源、水利、交通、城市建设、旅游、自然资源开发的有关专项规划，进行环境影响评价。

区域性规划环评指评估各类区域规划是否符合资源禀赋，与其环境容量和生态承载力是否相适应，人口和产业的密集程度能否承载规划项目建成后的环境影响。

区域性规划环评包括各级行政区域、特定自然区域、特定的自然资源开发区、生态系统保护区等。

区域性规划环评的主要内容：区域的自然结构（包括自然地理区位和经济地理区位）和承载力，经济发展方向、规模、总投资等基本评价和阐述，各种不同部门和行业的工业基地，主要产品规模，外部运入的配套原材料、化工原料污染特性，未来可能消耗的能源、资源等，工业基地的产品方向，区域内的经济和人口集聚态势和区域间的关系，规划区域是否处在流域的上游，下游人口和经济密集情况等。

各类发展规划要根据资源优势和环境承载能力，确定规划目标和行业定位，保障规划区域的生态与环境安全。

区域性规划环评需要评估区域规划的产业结构和方向，重大项目环境保护等。通过区域性规划环评，排除可能带来环境安全问题的行业、企业或产品，控制某些产业、工业区、开发区、矿区等，使区域性经济和社会发展规划，与环境承载力和环境规划等协调。

企业（项目）环评主要是对具体企业的主要产品生产及其排放的废弃物是否符合环境保护要求，如何进行厂区布局、污水处理、环境安全的风险管理等进行环境评估。

规划环评报告的主要内容，包括：

1. 规划依据与产业环境研究。研究和重点分析规划与相关法律、法规、政策及上位规划的符合性、适应性，本规划和同位有关规划的协调与衔接性。

2. 规划之间衔接研究。规划与生态环境功能区规划、环境保护规划、环境功能区划、城市（城镇）总体规划、土地利用规划、能源利用的协调性等。

区域性规划环评是针对区域性中长期规划的环评，有宏观和前瞻性的特点，也称为"战略环评"。在时间尺度上与项目（企业）环评不同。通过区域性规划环评，排除规划中那些可能给本区域或相邻区域带来严重的环境安全问题的行业、企业或产品生产，控制某些产业、某些城镇、工业区（开发区等）、资源开发的矿区等规模，使区域性经济和社会发展规划与环境承载力和环境规划等协调。

区域性环评指标包括：区域的自然结构和承载力；区域规划中经济发展方向、

规模、总投资等的基本评价和阐述；不同部门和行业的工业基地，主要产品的生产规模，需要从外部运入的配套原材料、化工原料的规模（数量）及其污染特性；工业基地的产品方向；区域内的经济和人口集聚态势和区域之间的关系。

各项评价指标的确定应该符合国家和地方有关政策与要求，构建不同规划期的环境目标和评价指标体系。

资源承载力指某区域一定时期内在确保资源合理开发利用的条件下，资源能够承载的人口数量及相应的经济社会活动总量的能力。资源包括土地资源、能源、水资源等。如：我们研究编制的潍坊节能环保产业园发展规划中，对当地空气质量的分析，如图 109 所示：

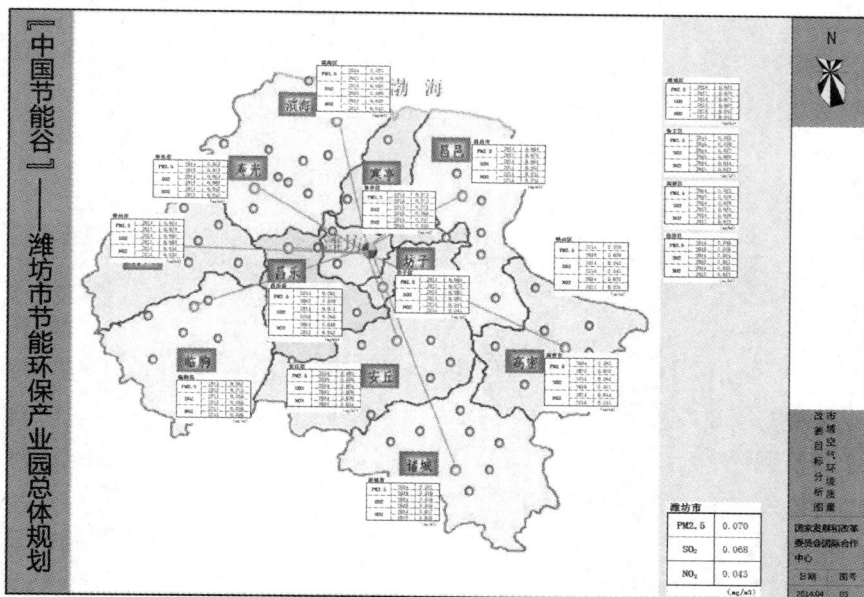

图 109　潍坊节能环保产业园空气质量分析

由图 109 可知，潍坊市空气质量总体良好，其中：潍坊市区 PM2.5 为 0.070，SO_2 为 0.068，NO_2 为 0.043。

环境承载力指在一定时期内，在维持相对稳定的前提下，环境资源所能容纳的人口规模和经济规模的大小。环境承载力分析通过调研区域环境质量现状，分析规划的环境影响，明确评价环境质量达标、生态影响及扰动情况，测算环境容量或纳污能力，明确规划开发的污染物排放总量符合性等。

3. 规划环评目标分析。规划的环境目标和评价指标体系主要为资源与能源评价指标、环境质量与污染控制指标以及经济发展指标等方面。

4. 规划存在的冲突与问题。重点研究规划之间的相符性和协调性等，分析明确环评报告与相关规划之间的主要矛盾。

5. 提出措施建议。主要是给出结论，提出优化调整的建议等。

第五篇
编制技巧与案例

本部分重点介绍政府规划的编写技巧及案例，包括但不限于：政府规划依据、内在规律、PEST、五力模型、产业价值链、GE、GAP、7S、标杆分析法、主要指标、问卷、大数据、改革趋势以及国外案例等。

第二十章　规划编写工具

第一节　政府规划编制技巧

一、确立政府规划的基本依据

一是建立政府规划的权限标准。政府对规划进行有限干预，赋予地方政府一定的自治权，同时，发挥市场在资源配置中的作用。行管立法的理念从国家本位向社会本位转变；权力主导向多元利益转变，充分考虑市场主体的利益诉求。

二是规范政府介入规划的标准。建立规划激励机制，通过公权与私权合作的管理机制，提高规划效率，降低实施成本。坚持政府有限干预，完善主体功能区规划制、建立动态管理模式、健全多元化主体制，确立地方分权；通过激励性管制，完善土地开发权指标交易制，赋予利害关系人利益补偿权。

三是规范规划主体的行为。该权力行使时，遵循合理比例、确定性与灵活性平衡、信赖保护与利益平衡原则，依法合规，以经济发展和社会公众利益为出发点，尽量与相对方协商，通过法律合同，达到预定的规划目的。

四是修订制约的标准。加强对决策权的控制，避免公权的权力异化和滥用。按照协商民主等模式，完善开发管制的协商制度，构建公私合作规划制。健全和规范权力监督制，加强行政监督、公众参与、立法监督与司法审查机制等。

二、建立多元主体参与的机制

采取自上而下、自下而上、上下结合的规划编制与审核方法，让各方参与特定规划的交流和公开讨论，如地方规划尽可能让当地政府、社会公众、各级人大、政协、群众代表等利益相关主体参与，发挥其参谋与外部监督作用，提高规划编制的质量与合规性。

三、遵循政府规划的内在规律

政府规划有其内在规律、逻辑关系和编制特征，在编制政府规划时，要研究分析有关内在规律及国家产业政策，遵循和运用内在规律，不断提高规划前期调研、编制、评审、执行、评估、优化的科学性、规范性和前瞻性。以城市景观规划为例，进行有关阐述。

城市景观规划应遵循的设计规律主要包括：研究和确立科学的设计过程理论与实践理念，逐步树立个人设计理念；正确处理设计过程、设计历史与创造新环境之间的关系，以及社会学、人类学和文化等对设计的影响；研究并分析景观场地条件，定义设计原则与可能涉及的学科知识；善于运用设计原则、关键设计概念、定义，准确分析项目；重点关注与聚焦独立的设计难点、解决方案，确定优化方案；引导和培养良好的沟通与交流能力，包括依据研究、规划编制、汇报交流、视觉表达、计算机与 CAD 技巧等。

四、树立"均衡化"规划思维

编制政府规划要树立均衡化的编制思路，善于分析与平衡各种规划之间、核心资源之间的有序协调、逻辑关系和相互匹配。

通过梳理、比较政府外网发布的数据资料和部门构成等，测算政府编制的一般比例。通过划分各级政府的界限，确定中央和地方政府、地方政府中各级政府的界限，清晰厘清政府编制之间的"混沌边缘"，进而形成明确的规模与比例。

通过梳理政府内网发布的政府设置信息和资料等，精确测算政府内部的编制比例。横向上，划分决策、执行、监督等基本界限，进行管理、执法、技术等职位分类；纵向上，划分领导和非领导，不同级别领导之间的界限，确定职位、职级相互之间的比例。

规划政府之间、部门之间细分组织的结构比例，对比官员内部的比例，确定各类官员群体之间的比值。使用 DEA 法，优选数据中优化标杆，采用历史回归分析法，确定政府编制规划的官员、官员趋势线及弹性系数，以其为基准，分析度量实际管理与理想计划之间的规律与相互关系。或者，使用加权平均系数等进行数据测算。

结合中央政府的公务员队伍改革与未来趋势，优化政府之间的编制、政府内部的编制结构，推动地方政府规划编制的资源配置改革深层次、系统化。

五、把握动态优化与适度调整的标准

世界各国政府规划的划分类型和标准复杂，理论体系差异较大。不同类型的政府规划，其前期调研、编制背景、实施条件各不相同，各类规划的编制成果与政府官员的执政理念、经济基础、产业形态、发展重点，以及政治经济环境密不可分。同时，政府规划作为政府经济社会管理的重要内容，具有时代性与科学性，它与不同时期的科学技术创新有着很大的关联和适应性。

政府规划的编制评审、规划执行、规划评估等，与上一层级政府规划的最新要求、本层级规划目标、产业发展重点、当前国际形势、国家产业政策等最新的变化与调整保持协调一致，这就要求规划编制与规划管理工作应该具有动态性、适应性和持续性。政府规划有关部门应定期进行规划的评估与优化管理，根据政策、产业和发展条件的重大变化，适度研究和主动调整那些已经不适合发展需要的规划指标或具体措施，使其尽可能地适应各级政府的经济发展和社会福利改善等目标。

第二节　政府规划编制工具

政府规划的模型工具很多，这里介绍常用的模型与分析工具。

一、PEST

PEST分析指宏观环境的分析，P是政治（Politics），E是经济（Economic），S是社会（Society），T是技术（Technology）。

在分析一个组织所处的外部环境或背景时，通常通过这四个因素分析该组织面临的形式或现状。

政治环境主要包括政治制度与体制，政局，政府的态度等；法律环境主要包括政府制定的法律、法规。

构成经济环境的关键战略要素：GDP、利率水平、财政货币政策、通货膨

胀、失业率水平、居民可支配收入水平、汇率、能源供给成本、市场机制、市场需求等。

影响最大的是人口环境和文化背景。人口环境主要包括人口规模、年龄结构、人口分布、种族结构以及收入分布等因素。

技术环境不仅包括发明，而且还包括与企业市场有关的新技术、新工艺、新材料的出现和发展趋势以及应用背景。

二、SWOT

SWOT 代表分析一个组织的优势（Strength）、劣势（Weakness）、机会（Opportunity）和威胁（Threats）。

SWOT 分析实际上是对一个组织或者特定区域内外部条件进行综合和概括，进而归纳分析可能的优劣势、面临的机会和威胁。

优劣势分析主要着眼于组织自身的实力及其与竞争对手的比较，机会和威胁分析主要研究组织的外部环境变化的影响。在分析时，应把所有的内部因素（即优劣势、集中在一起，用外部的力量对这些因素进行评估。

三、标杆分析法

标杆分析法是将一个组织的各项活动与从事该项活动表现最好的同行业进行比较，提出具体的行动方法，以弥补自身的不足。该法主要是将本单位经济发展或经营的各方面状况和环节与竞争对手或行业内外一流的机构进行对照分析的过程，是一种评价自身组织和研究其他组织的手段，是将外部组织的持久业绩作为自身组织的内部发展目标并将外界的最佳做法移植到本组织的经济发展与经营环节中的一种方法。

利用标杆法进行竞争对手分析，一是明确谁是真正竞争对手，二是明确竞争对手采用的基本竞争战略。

标杆分析法可分为战略层、操作层或者管理层的标杆分析。还可以分为竞争对手与瞄准一流组织的标杆分析。

标杆分析的主要步骤如下：

1. 确定标杆分析的具体项目。

2. 确定在哪些领域哪些方面进行标杆分析。

3. 收集分析数据，包括本组织和标杆组织的情况。数据主要是针对组织的经济环境、经营过程和主要活动，实施方案并跟踪结果。

4. 根据标杆分析确定的实现方案，完成 ERP 实施或规划评估。

四、五力模型

波特五力模型由迈克尔·波特（Michael Porter）在 20 世纪 80 年代初提出，他认为行业中存在决定竞争规模和程度的五种力量，这五种力量综合起来影响着产业的吸引力。

五种力量分别为：进入壁垒、替代品威胁、买方议价能力、卖方议价能力以及现存竞争者之间的竞争。

五、产业价值链

产业链是产业经济学中的概念，是各产业部门之间基于一定的技术经济关联，依据特定的逻辑关系和时空布局关系客观形成的链条式关联关系形态。

价值链概念是由哈佛商学院教授迈克尔·波特（Michael Porter）于 1985 年在《竞争优势》中提出的。他认为，"每一个企业都是在设计、生产、销售、发送和辅助其产品的过程中进行种种活动的集合体。所有这些活动可以用一个价值链来表明。"也是指一个企业的价值链或内部价值链。

六、GE 矩阵

GE 矩阵，又称通用电器公司法、麦肯锡矩阵、九盒矩阵法、行业吸引力矩阵。GE 矩阵用来根据一个组织的市场实力和市场吸引力对其进行评估。在需要对产业吸引力和业务实力进行定义时，可以以 GE 矩阵为基础进行战略规划。

在规划过程中，GE 矩阵的 5 个步骤分别为：

1. 确定战略业务单位，分析每个战略业务单位的内外部环境。根据一个组织的实际情况，或依据产品（服务）、地域，划分一个组织的业务，形成战略业务单位，针对每个战略业务单位进行内外部环境分析。

2. 确定评价因素及每个因素的权重。根据组织所处行业特点和发展阶段、行业竞争状况，确定市场吸引力和组织竞争力的主要评价指标，及各指标的权重。市场吸引力通常由行业的发展潜力和盈利能力决定，组织竞争力通常由组织的财务资源、人力资源、技术创新和管理经验、无形资源与竞争能力等决定。

同时，确定每个评价指标的权重。

3. 组织评估打分。根据行业分析结果，对各战略业务单位的市场吸引力和竞争力进行评估，打分和加权求和，得到每项战略业务单元的市场吸引力和竞争力综合得分。

4. 标注每个战略单位到 GE 矩阵中。根据总体得分，将每个战略业务单位的市场吸引力和组织竞争力用圆圈标在 GE 矩阵上。圆圈的大小表示战略业务单位的市场总量规模。还可以用扇形反映市场占有率。

5. 对各战略单位策略进行说明。根据每个战略业务单位在 GE 矩阵上的位置，对各个战略业务单位的发展战略指导思想进行系统说明和阐述。

七、GAP 差距分析

GAF 差距分析又称缺口分析、差异分析，差距分析指在战略实施的过程中，将客户实际业绩与战略期望的业绩予以对比，进行战略的评价与修订。

差距分析主要是分析差距产生的原因，提出减小或消除差距的方法。通过改变目标或者改变业务层的战略予以实现。

预测依赖于四个假设：

1. 一个组织的业务组合保持不变。

2. 在一个组织的产品和市场上取胜的竞争战略继续发展。

3. 对一个组织市场的需求和盈利机会沿着历史趋势发展。

4. 一个组织自身对各业务采取的战略会沿着历史演变模式发展。

如果预期的差距无法通过降低行业的市场潜力或额外的市场份额予以弥补，应将注意力转向评价一个组织的业务组合，目的是修改业务组合，增长成长率更高的业务，并剥离成长率低的业务。

1. 业务层面的差距分析。外部环境与经营战略差距（宏观环境与经营战略差距、行业环境与经营战略差距、行业竞争对手与经营战略差距）、内部环境与经营战略差距（能力与经营战略差距、组织业绩与经营战略差距、主要利益相关者与经营战略差距）。

2. 组织层面的差距分析。组织（总体）战略与组织能力差距分析以及组织（总体）战略与组织业绩差距分析。

八、7S 模型

7S 模型研究了一个组织在发展过程中需要全面考虑的要素，包括组织结构、制度、风格、员工、技能、战略、共同的价值观。也就是说，一个健康发展的组织，必须拥有和平衡发展战略、组织结构、制度、风格、员工、技能、共同的价值观等要素，才能实现有效的、一致的行动和预期的效果。其中，战略规划只是其中的一个要素。

在 7S 模型中，战略、结构和制度被认为是一个组织成功的"硬件"，风格、人员、技能和共同的价值观被认为是一个组织成功的"软件"。

其中：

战略是一个组织根据内外环境及可取得资源的情况，为求得组织生存发展，对组织目标、达到目标的途径和手段的总体谋划，它是组织经营思想的集中体现，是一系列战略决策的结果，同时又是制定组织规划和计划的基础。

战略实施需要健全的组织结构予以保证，组织结构是组织活动和组织机制赖以生存的基础，是组织的构成形式，即组织目标、协同、人员、职位、相互关系、信息等组织要素的有效排列组合方式。组织结构是为战略实施服务的，组织结构必须与战略相协调。

组织的发展和战略实施需要完善的制度予以保证，各项制度又是组织精神和战略思想的具体体现。

杰出的组织呈现出既中央集权，又地方分权的宽严并济的管理风格。不同的管理风格和组织风格影响组织的效率和组织的工作质量。

战略是组织发展的指导思想，只有组织的所有员工都领会了这种思想并用其指导实际行动，战略才能得到成功的实施。

人力准备是战略实施的关键。

在执行组织战略时，需要员工掌握一定的技能，这有赖于严格、系统的培训。

九、BDS

中国北斗卫星导航系统（BeiDou Navigation Satellite System，BDS）是中国自行研制的全球卫星导航系统。是继美国全球定位系统（GPS）、俄罗斯格洛纳斯卫星导航系统（GLONASS）之后第三个成熟的卫星导航系统。北斗卫星导航系统（BDS）和美国 GPS、俄罗斯 GLONASS、欧盟 GALILEO，是联合国卫星导航委员会已认定的供应商。

北斗卫星导航系统由空间段、地面段和用户段三部分组成，可在全球范围内全天候、全天时为各类用户提供高精度、高可靠定位、导航、授时服务、短报文通信等，已经初步具备区域导航、定位和授时能力。

北斗卫星导航系统空间段计划由 35 颗卫星组成，包括 5 颗静止轨道卫星、27 颗中地球轨道卫星、3 颗倾斜同步轨道卫星。

北斗导航系统是覆盖中国本土的区域导航系统，覆盖范围东经约 70°～140°，北纬 5°～55°。北斗卫星系统已经对东南亚实现全覆盖。由于卫星的位置精确可知，在接收机对卫星观测中，可得到卫星到接收机的距离，利用三维坐标中的距离公式，利用 3 颗卫星，就可以组成 3 个方程式，解出观测点的位置 $(X，Y，Z)$。考虑到卫星的时钟与接收机时钟之间的误差，实际有 4 个未知数，X、Y、Z 和钟差，需要引入第 4 颗卫星，形成 4 个方程式进行求解，从而得到观测点的经纬度和高程。

北斗导航的主要功能有：

1. 短报文通信。北斗系统用户终端有双向报文通信功能，用户可以一次传送 40～60 个汉字的短报文信息。

可以一次传送达 120 个汉字的信息。在远洋航行中有重要的应用价值。

2. 精密授时。北斗系统具有精密授时功能，可向用户提供 20～100ns 时间同步精度。

3. 定位精度。水平精度 100 米（1σ），设立标校站之后为 20 米（类似差分状态）。工作频率：2491.75MHz。系统容纳的最大用户数：540000 户/时。

2014 年联合国负责制定国际海运标准的国际海事组织海上安全委员会，正式将中国的北斗系统纳入全球无线电导航系统。这意味着继美国的 GPS 和俄罗斯的"格洛纳斯"后，中国的导航系统成为第三个被联合国认可的海上卫星导航系统。

根据中国卫星导航定位协会预测，到 2015 年，中国卫星导航与位置服务产业产值将超过 2250 亿元，至 2020 年将超过 4000 亿元。

北斗导航系统广泛应用于军事、气象、交通、航空、救济等领域。

十、标杆分析法

标杆分析法是将本组织的各项活动与从事该项活动最好的同行业进行比较，提出具体的改善措施或优化措施，弥补自身管理或业务定位的不足，是一种评价本组织和研究其他组织的有效手段，它将外部组织的持久业绩作为自身发展目标并将外界的最佳做法借鉴、移植到本单位的规划定位与经营管理中。

第三节　政府规划主要指标

一、经济指标

（一）国内生产总值

国内生产总值（GDP）指在一定时期内（一个季度或一年），一个国家或地区的经济中所生产出的全部最终产品和劳务的价值，常被公认为衡量国家经济状况的最佳指标。

（二）财政政策

财政政策指国家根据一定时期政治、经济、社会发展的任务而规定的财政工作的指导原则，通过财政支出与税收政策的变动来影响和调节总需求。

（三）货币政策

货币政策指政府或中央银行为影响经济活动所采取的措施，尤指控制货币供给以及调控利率的各项措施。

狭义货币政策指中央银行为实现其特定的经济目标而采用的各种控制和调节货币供应量或信用量的方针和措施，包括信贷政策、利率政策和外汇政策。

（四）国际收支

国际收支是一种统计报表，系统地记载了在一定时期内经济主体与世界其他地方的交易。大部分交易在居民与非居民之间进行。

（五）投资

投资指用某种有价值的资产，包括资金、人力、知识产权等投入到某个企业、项目或经济活动，以获取经济回报的商业行为或过程。可分为实物投资、资本投资和证券投资。

（六）社会消费品零售总额

社会消费品零售总额指批发和零售业、住宿和餐饮业以及其他行业直接售给城乡居民和社会集团的消费品零售额。其中，对居民的消费品零售额指售予城乡居民用于生活消费的商品金额；对社会集团的消费品零售额指售给机关、社会团体、部队、学校、企事业单位、居委会或村委会等，公款购买的用作非生产、非经营使用与公共消费的商品金额。

（七）消费需求

消费需求指消费者对以商品和劳务形式存在的消费品的需求和欲望。

（八）三次产业

根据社会生产活动历史发展的顺序对产业结构的划分，产品直接取自自然界的部门称为第一产业，初级产品进行再加工的部门称为第二产业，为生产和消费提供各种服务的部门称为第三产业。

我国的三次产业划分：

第一产业指农、林、牧、渔业（不含农、林、牧、渔服务业）。

第二产业指采矿业（不含开采辅助活动），制造业（不含金属制品、机械和设备修理业），电力、热力、燃气及水生产和供应业，建筑业。

第三产业即服务业，指除第一产业、第二产业以外的其他行业。第三产业包括：批发和零售业，交通运输、仓储和邮政业，住宿和餐饮业，信息传输、软件和信息技术服务业，金融业，房地产业，租赁和商务服务业，科学研究和技术服务业，水利、环境和公共设施管理业，居民服务、修理和其他服务业，教育，卫生和社会工作，文化、体育和娱乐业，公共管理、社会保障和社会组织，国际组织，以及农、林、牧、渔业中的农、林、牧、渔服务业，采矿业中的开采辅助活动，制造业中的金属制品、机械和设备修理业。

（九）工业总产值

工业总产值是以货币表现的工业企业在报告期内生产的工业产品总量。根据计算工业总产值的价格不同，工业总产值又分为现价工业总产值和不变价工业总产值，不变价工业总产值是指在计算不同时期工业总产值时，对同一产品采用同一时期或同一时点的工业产品出厂价格作为不变价。采用不变价计算工业总产值，主要是用以消除价格变动的影响。

（十）价格指数

价格指数是反映不同时期一组商品（服务项目）价格水平的变化方向、趋势和程度的经济指标，是经济指数的一种，通常以报告期和基期相对比的相对数来表示。价格指数是研究价格动态变化的一种工具。

（十一）居民收入

居民收入是居民从各种来源所取得的现期收入的总和，分为纯收入和毛收入，居民收入水平是直接影响市场容量大小的重要因素，它受制于宏观经济状况的影响，同时受到国家收入分配政策、消费政策的影响。居民收入水平直接决定消费者购买力水平，收入水平高，购买力就强，反之就弱。

（十二）服务业增加值

服务业增加值就是服务行业在一个周期内（一般以年计）比上个清算周期的增长值。

测算服务业年度可比价增加值的方法归纳分为两大类：双指标法和单指标法。双指标法考虑货物和服务的投入与产出变化，以及增加值为可比价的总产出减去可比价中间消耗的余额；单指标法主要是使用单一变量测算可比价增加值，且假设这个变量与增加值的变动相关。从理论上讲，双指标法优于单指标法，双指标法考虑产出和投入的变化，更符合增加值是剩余量的定义。

（十三）城镇化率

城镇化率（又称城市化率、城市化度、城市化水平、城市化指标）是一个国家或地区经济发展的重要标志，也是衡量一个国家或地区社会组织程度和管理水平的重要标志。

（十四）研究与试验发展经费

研究与试验发展（R&D）经费支出指统计年度内全社会实际用于基础研究、应用研究和试验发展的经费支出。包括实际用于研究与试验发展活动的人员劳务费、原材料费、固定资产购建费、管理费及其他费用支出。

基础研究指为了获得关于现象和可观察事实的基本原理的新知识（揭示客观事物的本质、运动规律，获得新发展、新学说）而进行的实验性或理论性研究，它不以任何专门或特定的应用或使用为目的。

应用研究指为了确定基础研究成果可能的用途，或是为达到预定的目标探索应采取的新方法（原理性）或新途径而进行的创造性研究。应用研究主要针对某一特定的目的或目标。

试验发展指利用从基础研究、应用研究和实际经验所获得的现有知识，为产生新的产品、材料和装置，建立新的工艺、系统和服务，以及对已产生和建立的上述各项做实质性的改进而进行的系统性工作。

（十五）耕地保有量

耕地保有量，即耕地总量，指在一定区域内的耕地总数量，等于上一年结转的耕地数量，扣除年内各项建设占用耕地的数量和农业结构调整占用及生态退耕的数量，加上年内土地开发、复垦和土地整理增加的耕地数量。

二、生态指标

（一）单位国内生产总值能源消耗

单位 GDP 能耗是反映能源消费水平和节能降耗状况的主要指标，一次能源供应总量与国内生产总值（GDP）的比率，是一个能源利用效率指标。该指标说明一个国家经济活动中对能源的利用程度，反映经济结构和能源利用效率的变化。

（二）单位国内生产总值二氧化碳排放

GDP 碳排放指产生万元 GDP 排放的二氧化碳数量，降低碳强度只是降低单位 GDP 排放二氧化碳的数量，不一定产生二氧化碳总量减少的结果。

（三）资源综合利用

资源综合利用指在矿产资源开采过程中对共生、伴生矿进行综合开发与合理利用；对生产过程中产生的废渣、废水（液）、废气、余热余压等进行回收和合理利用；对社会生产和消费过程中产生的各种废物进行回收和再生利用。

（四）主要污染物排放总量

污染物排放总量指特定经济组织或地区，在特定时期内，根据环境质量要求，实现一定的经济目标而排放的主要污染物总量。

（五）城市污水处理

城市污水处理指为改变污水性质，使其对环境水域不产生危害而采取的措施。

城市污水处理一般分为三级：一级处理，系应用物理处理法去除污水中不溶解的污染物和寄生虫卵；二级处理，系应用生物处理法将污水中各种复杂的有机物氧化降解为简单的物质；三级处理，系应用化学沉淀法、生物化学法、物理化学法等，去除污水中的磷、氮、难降解的有机物、无机盐等。

（六）二氧化碳排放强度

碳排放强度指每单位国民生产总值的增长所带来的二氧化碳排放量。该指标主要是用来衡量一国经济同碳排放量之间的关系，如果一国在经济增长的同时，每单位国民生产总值所带来的二氧化碳排放量在下降，那么说明该国就实现了一个低碳的发展模式。

（七）能源消费强度

单位 GDP 能耗是反映能源消费水平和节能降耗状况的主要指标，一次能源供应总量与国内生产总值（GDP）的比率，是一个能源利用效率指标。该指标说明一个国家经济活动中对能源的利用程度，反映经济结构和能源利用效率的变化。

（八）氮氧化物

氮氧化物（nitrogen oxides）包括多种化合物，如一氧化二氮（N_2O）、一氧化氮（NO）、二氧化氮（NO_2）、三氧化二氮（N_2O_3）、四氧化二氮（N_2O_4）和五氧化二氮（N_2O_5）等。

（九）森林覆盖率

森林覆盖率，亦称森林覆被率，指一个国家或地区森林面积占土地面积的百分比，是反映一个国家或地区森林面积占有情况或森林资源丰富程度及实现绿化程度的指标，又是确定森林经营和开发利用方针的重要依据之一。

三、社会指标

（一）城镇居民人均可支配收入

城镇居民人均可支配收入指反映居民家庭全部现金收入能用于安排家庭日常生活的那部分收入。它是家庭总收入扣除缴纳的所得税、个人缴纳的社会保障费以及调查户的记账补贴后的收入。

（二）农村居民人均纯收入

农村居民人均纯收入，又称农民人均纯收入，指农村居民家庭全年总收入中，扣除从事生产和非生产经营费用支出、缴纳税款和上交承包集体任务金额以后剩余的，可直接用于进行生产性、非生产性建设投资、生活消费和积蓄的那部分收入。也包括工资性收入、经营性收入、财产性收入、转移性收入。

（三）城镇登记失业率

城镇登记失业率指在报告期末城镇登记失业人数占期末城镇从业人员总数与期末实有城镇登记失业人数之和的比重。

（四）城镇新增就业人数

城镇新增就业人数反映特定时期某城镇增加了多少就业人员，它反映了某个区域的就业状况，以及落实国家劳动就业政策的重要指标，也是政府国民经济和社会发展五年规划的主要考核指标之一。

第四节　政府规划调研问卷

问卷调查法是政府规划前期调研和行业分析的一种重要手段与分析工具。

一、政府人员调研问卷

以我们研究团队在编制某政府发展规划，进行前期调研时，对当地政府人员和企业发放并收回的匿名问卷为例，进行有关说明。

政府部门访谈问卷示例，具体如表31所示：

表31　　　　　　　　　　　政府部门调查问卷

一、单项选择题（单选。请在选项对应的选项画√）
1. 您了解本地政府规划吗？（单选）
（1）非常了解（2）有些了解（3）一般（4）不太了解（5）不知道（注明原因）：
如果了解，青简单描述本地农业、工业和服务业规划内容：
2. 您认为本地产业发展的主要目标是什么？
（1）推动经济发展（2）改善百姓生活（3）提高政府业绩（4）塑造地方口碑（5）其他
3. 您对本地农业发展现状满意吗？
（1）非常满意（2）比较满意（3）基本满意（4）不满意（5）极不满意
4. 您对本地工业发展满意吗？
（1）非常满意（2）较满意（3）一般（4）不满意（5）极不满意
5. 您对本地服务业发展满意吗？
（1）非常满意（2）较满意（3）一般（4）不满意（5）极不满意
6. 您认为本地政府的经济发展思路清晰吗？
（1）非常明确（2）较明确（3）一般（4）不明确（5）没有规划
7. 您认为政府部门的职责分工和服务现状满足本地产业发展需要吗？
（1）非常满足（2）较满足（3）一般（4）不满足（5）阻碍发展
8. 您对本地的经济环境满意吗？
（1）非常满意（2）较满意（3）一般（4）不满意（5）极不满意

9. 您对本地在全省（市）经济排名满意吗？
（1）非常满意（2）较满意（3）一般（4）不满意（5）极不满意
二、多项选择题（多选题。请在选项对应的选项画√）
10. 您认为本地产业发展的优势有哪些？
（1）自然环境（2）政治环境（3）服务环境（4）交通环境（5）产业基础（6）人才技术（7）其他
11. 您认为本地产业发展的机遇是什么？
（1）优惠政策（2）政府重视（3）潜在市场（4）有专业人才（5）地理条件（6）其他
12. 您认为本地产业发展的挑战是什么？
（1）环境污染（2）产值与业绩考核（3）交通与人才劣势（4）产业基础薄弱（5）招商引资困难（6）其他
13. 您认为本地产业发展的劣势是什么？
（1）地理位置（2）产业基础（3）政策环境（4）人才资源（5）邻县竞争（6）产业布局（7）其他
14. 您认为本地产业存在的突出问题有哪些？
（1）环境污染（2）产业结构不合理（3）产业链和产业聚集没有形成（4）交通与人才缺少竞争力（5）财政实力较弱（6）发展理念落后（7）招商引资困难（8）其他
15. 您认为本地产业未来10年的发展目标是什么？
（1）经济超速发展（2）生态经济（3）追求产值增长（4）经济和生活质量同步发展（5）进入综合排名前5名（6）科技经济（7）智慧经济（8）人文经济（9）其他，如有，请填写：_____
16. 您认为本地产业发展的方向有哪些？
（1）高端装备制造业（2）新材料（3）新能源（4）生物医药（5）节能环保（6）金融与物流（7）信息技术（8）高端软件（9）文化旅游（10）工业设计和研发（11）其他，如有，请填写：_____
17. 您认为本地工业产业基础中，应优先发展哪些细分产业（请选5类)？
（1）铝材（2）乳制品（3）焦炭（4）机制纸（5）水泥（6）饲料（7）服装（8）饮料酒（9）煤气（10）机械电子
18. 您认为本地服务业的基础中，应优先发展哪些细分产业（请选5类)？

（1）创意文化（2）旅游（3）工艺品（4）金融（5）商贸物流（6）其他，请填写：_____
19. 您认为本地未来招商的重点领域是哪些（请选5类）？
（1）型材合金（2）酒类（3）文化旅游（4）金融投资（5）食品饮料（6）高端制造业（7）新能源（8）高端软件（9）信息技术（10）其他
20. 您认为本地政府未来的工作重点是哪些？
（1）转变观念（2）产业升级（3）改善服务（4）优化环境（5）引进大项目（6）无为而治（7）追求产值（8）其他，如有，请填写：_____
21. 您认为本地产业之间的关系是？
（1）工业为核心（2）服务业为核心（3）农业、工业和服务业协同（4）工业、服务业、城镇化、农业现代化融合（5）工业和服务业各自独立发展（6）其他，如有，请填写：_____
22. 你对本地未来10年的美好构想是什么？
请填写：_____
三、个人辅助信息（请在选项对应的选项画√）：
1. 您的职务：
（1）省部级（2）地市级（3）县科级（4）一般公务员（5）企业高官（6）企业员工（7）其他
2. 您的年龄：
（1）<25岁（2）26～35岁（3）36～45岁（4）46～55岁（5）>55岁
3. 您的工龄：
（1）<5年（2）6～15年（3）16～25年（4）26～35年（5）>35年
4. 您所在单位的类型：（1）政府（2）工业（3）服务业（4）农业（5）其他

二、企业人员调研问卷

我们在规划编制过程中，对工业企业进行了前期调研和匿名问卷发放。以工业企业调研问卷为例，具体如表32所示：

表32　　　　　　　　　工业企业调研问卷

一、企业基本情况
01 企业名称：_____。
填表人：　　　　　　　　　　联系电话：
填表人职务：①总经理级　②中层　③一般员工
工龄：①<5年　②6～10年　③11～20年　④>20年
02 主营业务：

03 企业类型

① 国有企业　　② 集体企业　　③中外合资/合作企业

④有限责任公司　⑤股份有限公司　⑥外资独资企业

04 企业规模

行业类别	指标名称	大型	中型	小型
服务业	从业人员数（人）	2000 及以上	300 ~ 2000 以下	300 以下
	销售额（万元）	30000 及以上	3000 ~ 30000 以下	3000 以下

①大型　　②中型　　③小型　　④微型

05 行业类别：①采矿业　②制造业　③电力、热力、燃气及水生产和供应业　④建筑业　⑤战略性新兴产业　⑥其他_____

本企业年业务收入排名前 4 的主要产品：_____

06 控股情况

①国有及国有控股　②集体控股　③私人控股　④港澳台商控股　⑤外商控股

07 本企业业务所处的产业链环节：　①方案设计和工业设计　②技术研发　③材料和辅料采购

④生产　⑤金融和物流　⑥销售　⑦售后服务　⑧其他（请注明）_____

08 企业的具体情况（请填写本年度数据）

总资产（万元）		净资产（万元）	
固定资产（万元）		员工总数（人）	
年产值（万元）		销售收入（万元）	
出口交货值（万美元）		年利税（万元）	

二、企业生产经营情况调查

1. 企业自有资金所占比重

①100%　②70% ~ 99%　③50% ~ 69%　④30% ~ 49%　⑤30% 以下　⑥其他_____

2. 企业融资的主要来源

①上市股权融资　②银行借贷　③职工筹资　④其他企业借贷　⑤社会分散资金股权融资　⑥社会分散资金债券融资　⑦其他_____

第一 □　　　　第二 □　　　　第三 □

3. 您所在企业主要处于生产链条中的哪个环节

①纯制造企业　②产品设计制造　③原料地　④中转集散地　⑤终端产品销售　⑥研发制造业

⑦其他_____

4. 您所在的企业是否为大企业提供配套产品　①是　②否

如果是，总共为几家大企业提供配套产品？_____家

5. 您提供配套产品的企业地域分布范围

（注：每后一选项排除前一选项的地域，若有三项以上，请按重要程度选三项）

①本工业区内　②本县内　③本地级市内　④本省内　⑤本国内　⑥国外　⑦其他（请注明）

第一　□　　　　第二　□　　　　第三　□

6. 您所在企业生产的原料主要来源

（注：每后一选项排除前一选项的地域，若有三项以上，请按重要程度选三项）

①本工业区为　②本县内　③本地级市内　④本省内　⑤本国内　⑥国外　⑦其他（请注明）

第一　□　　　　第二　□　　　　第三　□

7. 您认为大企业选择与您合作的主要原因

①成本优势　②生产灵活　③技术先进　④交货及时　⑤其他（请注明）_____

8. 专业化协作生产对本企业的影响

①正面影响　②无影响　③负面影响　④无法判断

9. 您所在企业与外地下游企业之间的产品联系通道主要是

①物流公司　②我方企业负责运出　③对方企业负责提取

10. 您所在企业与外地上游企业之间的产品联系通道主要是

①物流公司　②我方企业负责提取　③对方企业负责运出

11. 企业市场开发或者获取与其他企业协作机会的主要方式（请按重要程度选三项）

①业内交流　②展销会　③政府组织的推介活动　④中介推介活动　⑤利用网络　⑥其他（请注明）_____

第一　□　　　　第二　□　　　　第三　□

12. 是什么原因促使您所在的企业选择了生产中的分工协作

①有利于保持生产的稳定性　②独立设计和开发产品比较困难　③不需要独自开展经营活动　④能够得到原料和技术方面的支持　⑤其他（请注明）_____

13. 与大企业间的协作主要采用的形式（请按重要程度选三项）

①技术合作　②订单生产　③贴牌生产　④建立良好的供应商关系　⑤相互持股　⑥作为子公司　⑦产品捆绑销售　⑧共同投资新的项目　⑨其他（请注明）_____

第一　□　　　　第二　□　　　　第三　□

14. 企业单位产品利润在单个产品价值链总利润中所占比例_____

完整产品价值链中企业类别数量_____

本企业利润所占比例_____

15. 您所在的企业在生产过程中面临的主要问题

①配套产品价格很低，导致利润率较低

②订单工期没有规律，增加了安排生产的难度

③政府对中小企业的扶持力度不够

④污染问题　⑤产业升级问题　⑥产业配套不足

⑦地理位置偏僻　⑧其他（请注明）

第一　□　　　第二　□　　　第三　□

16. 您所在企业是否会坚持目前与其他企业的协作选择　①是　②否

如果是，您所在的企业会从哪些方面加强专业化协作？（请按重要程度选三项）

①采用新技术降低成本　　　　②投资兴建新的工厂／购置新的设备

③吸引、培养人才　　　　　　④改进原有的产品

⑤改善与供应商／客户的关系　⑥创造全新的产品和服务并推向市场

⑦通过合并，增加生产规模　　⑧其他（请注明）_____

第一　□　　　第二　□　　　第三　□

17. 企业主要设备情况

①80 年代以前　②80 年代　③90 年代　④2000—2005 年　⑤2005—2010 年　⑥2010 年以后

18. 企业全部职工，大学本科及以上文化程度的比重

①10% 以下　②10%～29%　③30%～49%　④50%～69%　⑤70%～89%　⑥90%～100%

多数职工主要集中在（　　　　　）的文化程度

19. 企业是否对职工进行专门的技能培训

①是　　②否

20. 对企业生产经营效率的影响程度

	很小	较小	一般	较大	很大	
熟练员工	1	2	3	4	5	□
管理人员	1	2	3	4	5	□
技术人员	1	2	3	4	5	□

21. 您所在企业普通职工月收入平均值为 ①1000 元以下　②1001～2000 元　③2001～3000 元　④3001～4000 元　⑤4001～5000 元　⑥5001～6000 元　⑦6000 元以上
22. 企业是否享受受政府支持政策（减免税费、资金支持、政府采购等）①是　②否
23. 目前影响企业发展的主要因素（请按重要程度选三项） ①资金紧张　②贷款难　③地理位置偏僻　④人力资源制约　⑤信息渠道不畅　⑥政府部门服务差　⑦市场准入限制　⑧市场经济秩序差　⑨税费负担重　⑩地区间贸易壁垒　⑪科研开发能力弱　⑫企业债务沉重　⑬经营成本上升　⑭房屋、土地限制　⑮其他（请注明）_____ 第一　□　　　第二　□　　　第三　□
24. 企业的研发投入占企业收入的比重（段值含低位数不含高位数） ①6% 以上　② 4%～6%　③　3%～4%　④　2%～3%　⑤2% 以下
25. 企业的品牌建设①自有品牌　②为别的品牌代工生产　③订单生产，无品牌
26. 企业开拓市场方式 ①注重各种媒体广告宣传开拓市场　　②注重社会资本开拓市场 ③经过中介机构接受订单　　　　　　④仅保持原有市场无需开拓 ⑤其他_____ 第一　□　　　第二　□　　　第三　□
27. 本企业的营销网络 ①遍布国内外　　　　②遍布国内市场　　　　③遍布省内市场 ④遍布本地级市　　　⑤遍布本县　　　　　　⑥无自己的销售网络
28. 企业的外部性 ①对其他企业影响（益、损、无）　② 对周围居民影响（益、损、无）　③对自然环境的影响（益、损、无）
29. 企业的垄断优势 ①生产效率：生产过程中的成本与价格优势（高、一般、低） ②产品差别：与其他企业相比除价格竞争之外的优势（高、一般、低） ③环境因素：本地与外地比较的环境优美，具有吸引力（高、一般、低）
30. 企业可持续发展的空间 ①未来市场需求（前景较好、一般、市场饱和） ②品牌影响力（较大、一般、较小、无影响） ③信息化对本企业影响（较大、一般、无影响） ④政府优惠政策影响（较大、一般、无影响） ⑤环境保护影响（较大、一般、无影响）

31. 你认为当地工业发展对服务业的推动作用大吗 ①很大　②一般　③小　④没有
32. 你认为本地区应大力发展、推动与工业发展相配套的服务业有哪些 ①餐饮业　②住宿业　③物流业　④金融业　⑤教育　⑥医疗行业　⑥其他_____（请注明） 第一　□　　　　第二　□　　　　第三　□
33. 您对本地区产业政策满意吗？ （1）非常满意　　（2）较满意　　（3）一般　　（4）不满意　　（5）极不满意
34. 制约本地工业企业发展的最大阻碍是，请填写：_____
35. 您认为本地区政府，最应该为企业提供的管理与服务有哪些 （1）优惠政策（2）经营环境（3）高效服务（4）信息技术平台 （5）金融服务（6）管理辅导（7）税收减免（8）土地资源（9）其他_____
36. 您认为本地区企业发展的主要挑战是什么？ （1）环境污染（2）产值与业绩考核（3）交通与人才劣势 （4）产业基础薄弱（5）招商引资困难（6）其他，如有请填写：_____
37. 您所在企业发展过程中，存在的突出问题和困难有哪些？ （1）环境污染问题（2）人才技术问题（3）产业配套问题（4）经营管理问题（5）优惠政策问题 （6）政府服务问题（7）金融服务问题（8）其他_____
38. 您认为未来工业和服务业发展的方向有哪些 （1）高端装备制造业（2）新材料（3）新能源（4）生物医药 （5）节能环保（6）金融与物流（7）信息技术（8）高端软件 （9）文化旅游（10）工业设计和研发（11）其他，请填写：_____
39. 您认为现有工业的基础中，应优先发展哪些细分产业（请选5类） （1）铝材（2）乳制品（3）焦炭（4）机制纸 （5）水泥（6）饲料（7）服装（8）饮料酒 （9）煤气（10）机械电子（11）其他_____
40. 您认为未来招商的重点领域是哪些（请选5类） （1）型材合金（2）酒类（3）文化旅游（4）金融投资（5）食品饮料 （6）高端制造业（7）新能源（8）高端软件（9）信息技术（10）其他_____

41. 您认为本地未来 5～10 年的政府工作目标是什么 （1）经济发展（2）生态政府（3）单纯追求产值增长 （4）经济和生活质量同步发展（5）进入本地区经济实力前 5 名 （6）按照目前增长速度发展（7）其他，如有，请填写：_____
42. 您所在企业，未来 10 年可能的投资方向和业务领域是什么 （1）型材合金（2）新材料（3）文化旅游（4）金融保险（5）食品饮料 （6）高端制造业（7）新能源（8）高端软件（9）信息技术（10）其他，请填写_____
43. 未来 10 年，本地区工业产业的发展目标是什么 （请填写）：_____
44. 您心目中未来 10 年，本地区发展的美好蓝图是什么 2020 年的城市形象描述（请填写）：_____

注：

1. 企业类型、规模等划分执行国家统计局、工业和信息化部等制度文件规定。

2. 在选项上直接划○或者√，如果对选项中的信息不清楚或者不存在可选项，可以写明。

3. 问卷选项可单选，也可多选，如果有顺序请用①②③的序号排序。

4. 如果您有合理的建议，请填在每个问题的右侧空白处。

5. 课题组对企业资料严格保密，仅用于规划参考，不公布个体资料，请如实填写。

第五节　政府规划评估技巧

一、基本技巧

关于政府规划评估的有关技巧，前面的章节专门有介绍，这里不再重复。

二、评估咨询

规划评估咨询的主要内容，包括但不限于：

1. 论证规划目标。

2. 评价规划方案。

3. 分析规划的比较优势和制约因素。

4. 提出评价意见和建议。

第六节　大数据与云应用

一、基本内容

大数据、互联网、云应用是我国政府规划未来重要的、基本的前期调研和经济分析的基础。

未来需要对数据架构进行大规模重组：包括对混乱的数据库进行筛选，创建清晰的数据库，满足政府规划的各类需求。

整合数据本身不会创造价值，需要高级的分析模型实现数据驱动的优化或预测。

未来相当长时期，各类规划技术和分析模型将与大数据、互联网等深度应用进一步融合，信息技术及规划模型的应用将不断创新和全面推广。

二、趋势判断

政府规划的电子化和信息化，引发了海量数据的生产和持续堆积。互联网、高端软件等新一代信息技术的快速发展，为政府规划的云应用提供了高端技术、网络化、信息化处理的条件。

空间规划涉及的研究对象的时间和空间的立体监测与记录，以及政府规划相关的各类数据的横向比较，都需要信息化和大数据的使用，必须采用互联网技术进行动态监测、搜集海量的行业数据和进行分类整理。

"多规合一"、一张图、一本账、一个平台，协同审批的政府规划改革与发展趋势，为大数据的信息处理和广泛应用提供了不可限量的、全方位的空间。

大数据、互联网与云应用等已经成为政府规划的重要工具和编制基础，也是政府规划有关部门和专业机构未来需要大力探索与积极构建的重要应用领域。

政府规划未来将更加依赖海量信息搜集、处理、分析，以及相关定量测算与数据支撑，定性规划与定量规划的深度融合将成为常态。大数据、云计算和互联网将成为政府规划前期调研、社会公众参与的重要渠道，规划检测、规划评估与规划调整将更多地使用大数据和互联网等信息技术与模型工具。

第七节　政府规划改革趋势

近几十年，伴随着我国改革开放、科技创新，以及政府职能的转变，我国政府规划经历了从无到有，从有到逐步完善，从逐步完善到"多规合一"，跨规融合的发展趋势。

一、两规协调

两规协调指对国民经济与社会发展规划、主体功能区规划、土地利用总体规划、城市总体规划、环境保护规划、生态保护规划等各种规划之间进行的每两项规划之间的改革研究与实践融合，如：主体功能区与土地利用总体规划、土地利用总体规划与城市总体规划、生态保护规划与环境保护规划两两之间的融合与协调等。20 世纪 90 年代，就有专业机构和规划专家开始从制度、技术、融合等层面，探索城市总体规划与土地利用总体规划的衔接与合并。2005 年建设部与国土资源部明确了两规修编次序，规定所有城市总体规划审批必须依据土地利用总体规划。主体功能区规划与土地利用总体规划的协调，也是需要探索和改革的重要内容。

二、三规协调

三规协调主要指国民经济和社会发展规划、城市总体规划与土地利用总体规划三者之间的协调。

在规划编制体制改革方面，有人建议和推动如何整合与调整国家发改委、国体资源部和住建部等不同部委的规划机构，建立统一的空间规划管理机构，形成国民经济和社会发展规划、土地利用总体规划、城市总体规划"三规合一"的规划编制组织运行体制。

2008 年颁布的《城乡规划法》第五条明确规定：城市总体规划等的编制应当与国民经济和社会发展规划，并与土地利用总体规划相衔接。由此，部分机构和专家从技术方面研究，探索"三规协调"、"三规融合"及"三规合一"等技术路线，提出了不同的整合意见。

三、四规协调

四规协调指国民经济与社会发展规划、主体功能区规划、土地利用总体规划和城市总体规划四个规划之间的协调与合并。部分专家提出了"四规协调"要集中在行政级别与规划重心方面，明确各自的基本规划，以基本规划为基础，向下一个行政层级进行目标分解和细化规划，向上一个层级进行汇总规划。也有专家提出："明晰规划边界，科学界定各项规划主导编制内容：国民经济和社会发展规划"确定目标"；土地利用总体规划"确定规模"；城市总体规划"确定布局"；主体功能区划"确定政策"。这种观点认为，主体功能区是一种纯粹的区域划分，是经济社会发展规划、土地利用规划和城市总体规划"三规分立"走向"三规合一"的空间平台。

四、"多规合一"

多规协调指规划体系与其他部门专业规划之间的协调。有专家认为，我国的空间规划体系是在国家发改委、国土资源部、住建部等部门规划体系基础之上，通过相互适应和融合而形成的，带有很强的自发特点，目前缺乏有效统领各类主要空间规划的综合性规划，不同规划之间的指标体系还没有形成衔接和协调，就会产生空间的冲突和矛盾，体现了空间规划编制的无序。

近年来，部分地方政府、国家发改委、国土资源部等开始探索与推动"多规合一"的改革试点，开始探索如何优化、整合分属国家不同部门的规划机构，逐步建立统一、协同的空间规划管理机构，探索"三规合一"（国民经济和社会发展规划、土地利用规划、城市规划）、"多规合一"的规划编制体制与规划审批程序，大胆推动规划政策与制度的适时修订。

为实现"多规合一"，有必要研究和探索主体功能区规划与城市规划一致性评价与协同规划技术，推进主体功能区规划有效实施和应用。逐步建立主体功能区规划与空间规划的耦合指标体系，尽快形成耦合机制与政策，实现一张图、一本账、一个平台、协同审批的"多规合一"改革与发展目标。

2014 年，国家发改委发布《关于开展市县"多规合一"试点工作的通知（发改规划〔2014〕1971 号）》，提出：为贯彻落实党的十八大和十八届三中全会精神，把中央经济工作会议和中央城镇化工作会议确定的目标任务落到实处，按照中办、国办有关工作部署，国家发展改革委、国土资源部、环境保护部、住房城乡建设部等部委将联合开展市县"多规合一"试点工作。现将有关事项通知如下：

（一）开展试点工作的重要意义

开展市县空间规划改革试点，推动经济社会发展规划、城乡规划、土地利用规划、生态环境保护规划"多规合一",形成一个市县一本规划、一张蓝图,是 2014 年中央全面深化改革工作中的一项重要任务。

开展市县"多规合一"试点,是解决市县规划自成体系、内容冲突、缺乏衔接协调等突出问题,保障市县规划有效实施的迫切要求;是强化政府空间管控能力,实现国土空间集约、高效、可持续利用的重要举措;是改革政府规划体制,建立统一衔接、功能互补、相互协调的空间规划体系的重要基础,对于加快转变经济发展方式和优化空间开发模式,坚定不移实施主体功能区制度,促进经济社会与生态环境协调发展都具有重要意义。

(二)开展试点工作的主要任务

开展试点的主要任务是,探索经济社会发展规划、城乡规划、土地利用规划、生态环境保护等规划"多规合一"的具体思路,研究提出可复制可推广的"多规合一"试点方案,形成一个市县一本规划、一张蓝图。同时,探索完善市县空间规划体系,建立相关规划衔接协调机制。具体任务是:

1. 合理确定规划期限。统筹考虑法律法规要求和相关规划的特点,探索确定统一协调的规划中期年限和目标年限,作为各类规划衔接目标任务的时间节点。以 2020 年作为规划的中期年限,研究探索将 2025 年或 2030 年作为规划中长期目标年限的可行性和合理性。

2. 合理确定规划目标。把握市县所处的大区域背景,按照县市的不同主体功能定位,以及上位规划的要求,统筹考虑经济社会发展规划、城乡规划、土地利用规划、生态环境保护规划等相关规划目标,研究"多规合一"的核心目标,合理确定指标体系。

3. 合理确定规划任务。按照资源环境承载能力,合理规划引导人口、产业、城镇、公共服务、基础设施、生态环境、社会管理等方面的发展方向与布局重点。探索整合相关规划的空间管制分区,划定城市开发边界、永久基本农田红线和生态保护红线,形成合理的城镇、农业、生态空间布局,探索完善经济社会、资源环境政策和空间管控措施。

4. 构建市县空间规划衔接协调机制。从支撑市县空间规划有效实施的需要出发,提出完善市县规划体系的建议,探索整合各类规划及衔接协调各类规划的工作机制。

(三)开展试点工作的组织实施

1. 试点方案的制定。国家发展改革委、国土资源部、环境保护部、住房城乡建设部要按照试点工作的总体要求，督促指导各自选定的试点市县组织跨部门、跨领域的科研队伍，尽快研究制定"多规合一"试点方案，探索实现"多规合一"的技术路径和具体内容。2014 年 11 月底，形成推进"多规合一"试点工作的方案，上报经济体制与生态文明体制改革专项小组。

2. 试点工作的组织。各试点市县要高度重视，主要领导要亲自负责，发展改革、国土资源、环境保护、住房城乡建设等部门要做好具体编制组织工作。有关省（区、市）发展改革、国土资源、环境保护、住房城乡建设等部门，要加强对试点方案的指导协调，按照要求做好试点方案的上报工作。国家发展改革委将会同国土资源部、环境保护部、住房城乡建设部，做好试点工作的统筹指导，加强对重点难点问题的调查研究，及时组织开展咨询论证，适时将试点经验进行提炼总结，上报中央全面深化改革领导小组推广实施。

通知还确定了全国部分"多规合一"试点改革的县市。

五、"十三五"规划编制

2014 年 4 月 17 日，国家发改委组织召开全国"十三五"规划编制工作电视电话会议，徐绍史主任对规划编制工作，特别是 2014 年的重点任务进行了部署，标志着"十三五"规划编制工作全面启动。

2014 年国家发改委在规划编制方面，主要的主要工作：一是做深做实前期研究；二是起草形成基本思路；三是启动相关规划编制工作；四是积极推进规划立法工作。

2014 年 9 月 2 日，中共中央政治局常委、国务院总理李克强主持召开国务院组成部门和相关单位负责人会议，研究部署"十三五"国民经济和社会发展规划编制启动工作。

李克强指出，"十三五"时期是全面建成小康社会最后冲刺的五年，也是全面深化改革要取得决定性成果的五年。编制"十三五"规划，必须贯彻党的十八大和十八届二中、三中全会精神，充分认识国际环境的深刻变化、我国发展新的阶段性特征和面临的风险挑战，坚持发展第一要务，突出改革创新，着力在推动科学发展、转变发展方式、破解深层次矛盾上奋发有为、取得更大进展，促进中国经济保持中高速发展、迈向中高端水平，实现提质增效升级。

研究编制"十三五"规划，要远近结合，更加注重以解决长远问题的办法来应对当前挑战。既要以五年为主，衔接 2020 年全面建成小康社会各项目标，又要考虑更长时期的远景发展。着力用结构性改革破解结构性难题，用简政放权激发市场活力和释放发展潜力，用科技创新、大众创业增添经济发展新动能，用提升开放水平拓展发展空间，使经济更有效率、社会更加公平、发展更可持续。

按照李克强总理的工作部署，科学谋划"十三五"发展，必须立足国情、把握关键，紧扣国计民生、着眼发展需要、顺应人民期盼，认真研究一批对经济发展和结构调整全局带动性强的重大工程，对推进社会建设、生态环保、改善民生作用显著的重大项目，对解决突出矛盾、增进公平效率有力有效的重大政策，为补短板、增后劲、促均衡、上水平提供支撑。

第二十一章 经典案例简析

第一节 新加坡宜居城市规划

一、基本情况

新加坡毗邻马六甲海峡南口，北隔柔佛海峡与马来西亚紧邻，建有两条长堤相通。南隔新加坡海峡与印尼廖内群岛有轮渡联系。新加坡是马来半岛最南端的热带城市岛国。新加坡在绿化和保洁方面的效果显著，有"花园城市"的美称。

新加坡约有23%的国土属于森林或自然保护区，都市化限缩了雨林面积，森林主要分布于武吉知马自然保护区及3个保护区，西部地段和离岸岛屿。该城市土地资源稀缺，通过编制政府规划，加强对土地等稀缺资源的有效管理与控制，较好地实现了建设宜居城市的发展目标。

为搞好新加坡的环境绿化工作，政府制定了具体的发展规划，分解落实并确保规划执行，初步实现了环境建设目标。为此，该城市研究并编制了《绿色和蓝色规划》，对城市环境建设等具体内容，进行了详细的约束性的勾画与控制，在推动新加坡城镇化发展的同时，努力实现绿色和清洁的环境；新加坡研究制定了不同发展阶段的城市绿化目标，确保了规划方案与城市绿化建设的方向一致；新加坡政府还出台《公园与树木法令》《公园与树木保护法令》等法律法规，分解和落实政府各部门的责任，制定了损坏绿化的处罚办法，增强了各界做好绿化工作的责任心。

二、规划特征

为了做好城市房屋建设规划，新加坡政府加强了陈腐市住房规划与管理。

政府设立了建屋发展局，主要解决经济适用房和廉租房的问题。新加坡的经济适用房称为"组屋"，政府对购买"组屋"人群的收入有一定限制。对于商品房开发，政府根据政策批租土地，引导其发展。为了控制房价，新加坡政府推出了公积金制度等一系列优惠措施：坚持"组屋"小户型、低房价原则；对居民购买"组屋"免税等。为了提升居民生活质量，建屋发展局在"组屋"的地址选择、样式设计及配套设施建设方面进行了细致的规划。

为发展公共交通，新加坡政府制定完善了城市交通总体规划，投入了大量资金，开展城市陆路交通网络的建设，将快速轨道系统延伸到新城镇和居住区中心，构建整体有效的交通系统。

新加坡政府通过编制和实施绿化、住房和交通等完善的基础设施与生态环境规划体系，为宜居城市的建设提供了良好的制度保障，避免了城市发展失控的风险，保证了当地政府不同规划和执行部门之间的合作，通过发动和允许公众参与规划进程，听取社会公众意见，修订和形成了可信、可行的政府规划。

三、主要借鉴

新加坡政府通过加强地方政府、重点企业和社会公众等的紧密合作与观点交流，通过引导各方参与规划编制与实施，有效整合、聚集了核心能力与优势资源，落实了建设计划，进而实现了宜居城市的建设目标。

第二节　巴黎的城市规划设计

一、基本情况

巴黎（Paris），是法兰西共和国的首都，法国最大城市，法国的政治、经济、文化、商业中心。法国首都巴黎是世界名城，有 800 多年的发展历史，素有"花都"之称。是一座旅游胜地，每天吸引无数来自各大洲的宾客与游人。

巴黎的城市设计与建设很有特色，主要是围绕塞纳河逐步扩大建设而形成的。17 世纪下半叶路易十四统治时期，巴黎有了较快发展，以卢浮宫为主的中心建筑群和以香榭丽舍田园大街为主轴线基本形成。19 世纪中叶拿破仑第三执政时，由豪斯曼主持对巴黎进行了较大规模的规划与改建。除了完成城市纵横两条轴线和两条环路的建设之外，为了美化市容、开发市区，便于军事行动和交通改善，当时在巴黎市区密集的街巷中，开辟了许多宽阔的放射型道路和便利的人行道，在道路交叉口建设了一些广场，道路与塞纳河交叉处形成了一些桥头广场、绿地和新的轴线，基本奠定了巴黎市区的城市骨架。

目前，巴黎被分成20个区。其中：

第1区，位于塞纳-马恩省河北岸，区内有举世闻名的卢浮宫博物馆、皇室宫殿、杜伊乐丽花园、磊阿勒大型综合商场、政府机关、教堂等，是游客区。

第2区，九月四日大道（Rue du Quatre Septembre）由东贯穿至西，有国家商会、国立图书馆、证券交易所、多家剧院及教堂等，是交通繁忙的商业住宅区，也是游客区。

第3区，有4家博物馆、4间教堂、剧院、中学、科技学院、国家档案局，商店林立，属于商业住宅区。

第4区，位于塞纳-马恩省河北岸，包括两个河中岛，圣安东尼大道、希和里大街；区内有著名的圣母院、巴黎市政府大楼、巴黎警察局、医院、两所博物馆、庞毕度中心，为巴黎的闹区。3.4区也是唐人街规模较大的地方之一。

第5区，又称"万神殿区"，先贤寺、植物园、教堂、著名的巴黎大学，各类学校；博物馆、纪念碑、书店，是巴黎文化、艺术、学术聚集的地区。

第6区，又称"卢森堡区"。位于塞纳-马恩省河南岸，商店、电影院、剧院、卢森堡公园、法国学院、建筑学院、牙医、矿物等及中小学校，法国上议院议政大楼。

第7区，又称"波旁宫区"。有闻名世界的艾菲尔铁塔、拿破仑墓、奥塞美术馆、军事博物馆、军事学院；位于塞纳-马恩省河南岸，是名胜、各国使馆、国家机构集中的地方，还有工商业及住宅区。

第8区，是巴黎市区最热闹、游客最多的一区，香榭丽舍大道、协和广场、凯旋门、时装店、精品店、香水店、五星级旅馆、高级餐厅、爱丽舍宫、内政部、海军部、玛德莲教堂等。

第9~20区的功能各异，分别承载了巴黎市的音乐、住宅、医疗、办公等功能。

二、规划特征

研究豪斯曼主持的巴黎城市设计的成功经验，主要有：

一是形成了开敞丰富的城市轴线。巴黎主轴线是东西走向，平行于塞纳河。

以其开敞和丰富多彩的面貌体现了当时法兰西王朝的财富和文化，它的优点是：城市主轴线与塞纳河平行，充分利用宽阔的水面和绿地，使城市空间开朗明快。除了主轴线外，还有许多副轴线，这些副轴线通向市内许多广场和建筑群，形成了许多对景和借景。轴线上串连名胜古迹、花园、广场、林荫道，它们各具特色，丰富多彩，便于吸引游人。

二是建设了星罗棋布的城市绿地。巴黎旧城区除了东西两端各有面积巨大的森林公园之外，还建设了很多公园和城市花园。在许多古建筑前，广场上种植了树木和花草等绿地。这些绿地面积不大，但很有特色，绿地星罗棋布，形成花都。据测算，巴黎人均绿地面积达 24 平方米，超出北京市的 5 倍左右。

三是精心规划和建造的广场建筑群。巴黎旧城在长期的建设过程中，形成了大量的宫殿、府邸、寺庙、教堂和其他公共建筑，这些建筑已经形成了广场建筑群。这些公共建筑和古迹质量较好，通过法律法规得到了有效保护，如 1977 年《巴黎市区整顿和建设方针》，规定：要保护 18～19 世纪形成的旧城的传统风貌，维持其传统的职能活动。城市规划对德方斯等副中心也进行了保护利用，对高层建筑加以限制。

三、主要借鉴

巴黎作为全球著名的大型城市，面临着经济发展、交通、住房、绿化等矛盾和问题，该城市通过规划引导，传承文化基因，重视社会舆论，重视法制建设，确保了城市建设的有效性和特有风格。这是我国政府规划编制过程中应该研究和借鉴的重要思路。

第三节　苏州国家环保高新技术产业园

一、基本情况

苏州国家环保高新技术产业园是 2002 年国家环保总局批准的首批国家级环保高新技术产业园。产业园分 A、B 两个区，A 区坐落于苏州国家高新技术产业区，位于新区鹿山路以南，联港路以西，占地总面积 378 亩，已规划总建筑面积 222983 平方米，规划总投资 28000 万元。B 区位于苏州高新区昆仑山路南、浔阳江路西、金沙江路东，占地 204 亩，规划建筑面积 81005 平方米，总投资 12188 万元，为机械加工类标准厂房。

二、运营特征

苏州国家环保高新技术产业园是集环保企业聚集、环保信息交流、环保知识培训、环保产品展示、环保科技服务于一体的专业园区。专业园区内配套了试验平台、生活社区、商业服务、科研办公场所，使企业产学研、吃住行实现一体化，节约了企业经营的成本，开创了富有特色的多功能工业社区，为安商、亲商、富商提供后勤保障。

苏州国家环保高新技术产业园是园中园，实施企业化运作。苏州国家环保高新技术产业园以苏州新区科技资金和投资机构为投入主体，以培育环保高新技术项目为重点，充分利用苏州新区的物质基础和人才优势。苏州国家环保高新技术产业园股份有限公司负责产业园建设和运营，资源共享。

以苏州高新技术产业开发有限公司（苏高新）、江苏省苏高新风险投资股份有限公司和苏州新区科技发展资金为投资主体，成立"苏州国家环保高新技术产业园股份有限公司"（简称苏环园），下设部门进行管理。

该模式以从事国内外环保高新技术领域研究开发的企业、高校科研机构和环保科技工作者为对象，利用自身优势和相关资源优势，对环保企业、环保高新技术项目和产品，在开发、研制和投入市场的过程中进行全方位服务，并根据情况对企业或项目参股或控股，以此发展苏州国家环保高新技术产业园，把苏州国家环保高新技术产业园办成中国环保产业的示范区。

苏州国家环保高新技术产业园股份有限公司（苏环园）的业务，一是作为公司所具备的一系列营业和服务性收入，原则上以现金为主，也可将相应收入转为投资；二是筛选所辖入驻企业或项目，确立符合既定投资标准的企业或项目，以现金、服务或固定资产对其进行股权投资或项目合作开发，在预计的未来投资收益或项目收入中提成。

财务安排方面，约1/2的总资本量投入服务功能系统及相关业务运营，总资本量的1/2投入投资功能系统建设，并作为自有资金投入被选企业或项目。对于服务业务收入，原则上技术研发服务充分发挥规模效应，使得对单个入驻企业而言，有显著的低成本运营的吸引力，园区在有效回收固定资产投资的基础上，仍有一定的收益空间；信息交流服务、投融资服务在相对应市场价格的基础上进行收费定位；日常经营管理服务在基本回收相应服务成本后微利运营。

按照市场原则，制定严格的园区投资标准。界定投资范围，实施专业化管理并最终获得预期的投资收益，伴随受资企业或项目成长，实现较高的投资回报。

在选择项目和企业时，充分利用产业园对处于研发阶段的技术和市场有了解深入、判断力强的优势，在看好发展前景的基础上，以现金或固定资产的方式，以独立投资或有其他投资者加入的情况下联合投资，最终达到参股或控股的目的。

三、技术应用

苏州国家环保高新技术产业园企业主要技术方向为大气污染防治、水污染防治、废弃物处置、节能和绿色能源等。入驻企业包括苏州美恩超导有限公司、栗田工业（苏州）水处理有限公司、卡乐电子（苏州）有限公司、苏州泽元科技有限公司、爱威电子（苏州）有限公司、罗福斯汽车部件（苏州）有限公司等企业。

四、主要借鉴

——功能一体化。专业园区配备了产业制造、试验平台、生活社区、商业服务、科研办公场所等综合功能。

——平台政府运营。产业园将部分综合型功能和投资服务纳入了政府管理的公司运营 起到了较好的产业引导与项目扶持的作用。

——企业化运作。以苏州新区科技资金和投资机构为投入主体，以培育环保高新技术项目为重点，充分利用苏州新区的物质基础和人才优势。苏州国家环保高新技术产业园股份有限公司负责产业园建设和运营，资源共享。

——产业相对集中。技术主要集中在大气污染防治、水污染防治、废弃物处置、节能和绿色能源等领域。

第四节　节能环保现状分析

为了跟踪研究全球和国家产业政策，立足各地产业特征，进行节能环保产业规划，我们规划编制组组织研究了全球和我国节能环保产业现状，有关报告部分文稿摘录如下：

一、全球现状

节能环保产业是指为节约能源资源、发展循环经济、保护生态环境提供物质基础和技术保障的产业，是国家加快培育和发展的七个战略性新兴产业之一。主要包括节能产业、环保产业和资源循环利用产业。其中，节能产业主要包括节能技术和装备、节能产品和节能服务，环保产业主要包括环保技术和装备、环保产品和环保服务，资源循环利用产业主要包括矿产资源综合利用、固体废物综合利用、再生资源利用、再制造等。

世界各国节能环保产业的内涵和称谓并不完全相同，统计口径也不一致，本规划按照节能产业、环保产业、资源综合利用产业这种大的分类方式，并结合主要国家节能环保产业发展特点，对全球节能环保产业的概况进行总结。

（一）产业规模

节能产业。根据国际能源署的报告，2010—2020 年，全球节能投资将达1.999 万亿美元，2020—2030 年节能投资达 5.586 万亿美元。目前，世界各国都在加大对节能产业的投入，欧盟计划投入 32 亿欧元用于环保汽车及智能化交通系统的研发，英国专门成立国家低碳技术投资公司来发展节能产业。节能产业的三个主要细分行业情况如下：一是节能装备，全球节能装备产业已经形成了一定规模，并且发展迅速。据美国商务部统计，2008 年全球节能装备产业市场规模达到 6150 亿美元，预计到 2015 年将达到 8000 亿美元；二是节能产品，以 LED 为代表，日本占据全球 LED 最大份额，在一半左右，我国大陆与台湾地区近年来迅速崛起；三是节能服务，美国是能源服务公司（ESCO）的发源地，是节能服务产业最发达的国家。据美国国家能源服务公司协会估计，2006 年美国的节能服务产业产值约为 36 亿美元。日本在 20 世纪 90 年代中后期也开始涌现与节能服务相关的业务活动，2007 年正式注册的节能服务公司已有 80 多家，营业额约 400 亿日元。现在，节能服务业每年正以 30% 左右的速度快速增长。

环保产业。世界上环保产业发展最有代表性的是美国、日本、加拿大和欧洲。美国是当今环保市场最大的国家，占全球环保产业总值的 1/3，预计美国的环保产业将持续增长。环保产业所提供的就业机会将从 2010 年的 550 万个增加到 2015 年的 600 万个，2020 年预计将达到 650 万个，成为美国经济的支柱产业，规模超过航天、电子信息、纺织和汽车等。近年来日本环保产业结构趋于合理，规模迅速扩大，产业地位明显上升，已经进入市场机制引导下的自律发展阶段。2010 年，日本环保产业达到 50 万亿日元（约合 5000 亿美元）的规模，就业人数增加到 150 万，成为国民经济的重要支柱之一。欧盟 15 国的环保产业 1998 年达到 1100 亿美元。其中，德国的环保产业产值最大。预计到 2020 年仅再生能源行业创造的就业岗位可达到 35 万个，到 2030 年德国环保产业产值将达到 1 万亿欧元，届时将超过机械、汽车等行业成为德国第一大产业。英国、法国的环保产业在欧盟也占有重要地位。

资源综合利用产业。2010 年世界发达国家再生资源产业规模达到 1.8 万亿美元。该产业回收总值以每年 15% ~ 20% 的速度增长，在今后 30 年内，该产业提供的原料将由目前占总原料的 30% 提高到 80%。

（二）产业技术

节能产业。在节能领域，美国注重提高能效，其建筑节能、新一代生物燃料和清洁能源运输工具、混合动力汽车和电动汽车、分布式能源等方面技术领先。日本在太阳能领域的节能设备世界领先。欧盟在节能环保领域也保持着世界领先地位。2009—2013 年，欧盟实施"环保型经济"中期规划，拿出数千亿欧元财政资金支持打造包括"绿色能源"、"绿色电器"、"绿色建筑"、"绿色交通"和"绿色城市"在内的"绿色产业"。欧盟在节能电器、第二代生物燃料、节能建筑等领域技术领先。

环保产业。美国的环保产业最早主要是终端污染控制与处理的传统环保产业领域，逐步外延至目前包括开采、生产、运输直到终端利用以及回收、处理及再利用等一个全生命周期的，涉及到能源、生态和气候变化的广义环保产业体系。美国环保产业的突出优势是环境监控系统生产、服务和开发技术，其中环境咨询占美国环境市场的 10% 左右。但是近年来，美国的清洁技术实际上在走下坡路，其在风能、太阳能、新能源汽车等传统领域的优势已被德国、日本等国家超越；日本环保产业的优势在于技术，主要集中在工程、建筑业和制造业，资源循环利用处于国际领先地位。先进的环保技术，不仅使日本降低了工业污染程度，而且发展了低成本、高效益的新型污染治理技术，创造了节约能源和其他资源的全新低废生产工艺流程，形成了一支有竞争力的生产环保设备的企业队伍。目前，日本的环保技术已经同电子技术和汽车技术并列为三大先进技术；欧盟的环保产业已有几十年历史，在世界环保市场中占有重要地位，许多环保领域处于国际领先地位，主要集中在废水处理、空气污染控制和废物管理。欧盟注重环保领域的资金投入，计划在 2014—2020 年拿出 34.5 亿欧元支持欧盟环境与气候变化方面的研发和创新。新一轮研发主要集中在环境、气候变化和多学科综合研究领域。环境专题重点支持环境与资源效率、生物多样性、环境监管与信息交流项目；气候变化专题的重点领域包括气候变化减缓、气候变化适应、气候变化管理与信息交流等；多学科综合专题将调动其他欧盟及成员国专项资金、私有企业资金参与，重点开展大范围的战略性环境与气候变化研发创新行动计划，如水资源、废弃物管理等。

（三）产业聚集

产业聚集是世界产业发展的普遍规律，是一种有效的产业空间结构形式。节能环保产业同样也出现了聚集发展的态势。

世界先进的节能环保产业主要集中在美国、欧洲、日本等发达国家和地区。这三个地区节能环保产业的产值占据了世界绝大部分份额。

美国加利福尼亚、德克萨斯、纽约、宾夕法尼亚、伊利诺伊、新泽西、马萨诸塞等州有较强的环保产业，产值一直名列前茅。

日本环保产业主要集中在九州、关西等地，尤其是日本关西地区是日本环保产业最集中、发展水平最高的地区，中小企业众多。

（四）市场需求

随着能源问题、环境问题、资源问题的日益严峻，全球市场对节能环保产业的需求越来越大，世界各国都把发展节能环保产业作为其实施绿色新政和推动经济转型升级的重要内容。

据统计，全球环保产业的市场规模从1992年的2500亿美元增至2013年的6000亿美元，年均增长率8%，远远超过全球经济增长率，成为各国重视的"朝阳产业"。《美国能效市场容量：展示节能的完整前景》报告称，到2030年，美国节能产业市场将达到7万亿美元的规模。

目前，世界环保产业市场集中在美国、欧洲和日本等发达国家和地区，达到90%以上，并以高于GDP增长率1～2倍的速度增长。

二、中国现状

（一）产业规模

节能环保产业作为我国七大战略性新兴产业之一，"十一五"以来得到较快发展。

我国节能产业产值不断增长，由2008年的5021亿元增长至2012年的9705

亿元,年均复合增长率18.4%,2013年节能产业产值约11617亿元。

在节能产业中,运用合同能源管理机制的节能服务业是发展较快的一部分。1998年在世界银行、全球环境基金的支持下,实施了"中国节能促进项目",分别在北京、山东、辽宁成立3个示范性的节能服务公司,将合同能源管理机制引入我国。合同能源管理作为市场化节能新机制,其投资、技术和节能效果等优势正逐步体现,被越来越多的用户接受。2006—2010年,全国运用合同能源管理机制实施节能项目的节能服务公司从76家递增到782家,增长了9倍;节能服务行业从业人员从1.6万人递增到17.5万人,增长10倍;节能服务产业规模从47.3亿元递增到836.29亿元,增长16倍;合同能源管理项目投资从13.1亿元递增到287.51亿元,增长22倍;合同能源管理项目形成年节约标煤能力从86.18万吨递增到1064.85万吨,实现二氧化碳减排量从215.45万吨递增到2662.13万吨,增长11倍;在"十一五"期间,节能服务业拉动社会资本投资累计超过1800亿元。截至2013年11月,中国节能服务公司已有4000多家,年产值约1653亿元,从业人员达到43.5万人,节能服务产业成为中国节能领域的重要力量。

我国环保产业起步晚,但随着近年人们环保意识的增强和工作力度的加大,环保产业获得快速发展,2011年环保产业产值提高到5673亿元,比2010年增长18.7%,2012年环保产业产值提高到6756亿元,同比增长19.1%。"十二五"期间,预计我国环保产业产值规模增长率保持在17%~20%之间。环保产业包括环保技术和装备、环保产品和环保服务三大领域,由于日益严峻的环保形势,环保装备也得到更多的重视,根据中国环保机械行业协会数据,环保装备制造业2013年1~9月工业总产值1600亿元,增长幅度为19.07%,出口交货值为69.79亿元,同比增长38.17%,增长幅度在机械行业61个出口行业中位居第一。根据2012年工信部发布的《环保装备"十二五"发展规划》的预期,我国环保装备总产值年均增长20%,2015年,环保装备总产值将达5000亿元。

山东省政府高度重视节能环保产业发展,陆续出台《山东省关于促进节能环保产业加快发展的指导意见(2009—2011年)》、《山东省人民政府办公厅关于加快发展节能环保产业的实施意见》等重要文件,引导和促进山东节能环保产业发展。经过多年发展,山东省节能环保产业在技术、装备、产品、服务水平等方面取得了很大进展,产业规模不断增长,力争到2015年,全省节能环保产业总产值达到5500亿元。山东将重点培植5个节能产业基地、4个资源循环利用产业基地和3个环保产业基地，同时围绕建材、化工、造纸、煤炭、建筑业、农业等领域，重点实施179个废物资源化项目，力争到2015年，全省资源综合利用产业实现产值550亿元。

（二）产业技术

随着我国节能环保产业发展，产业技术迅速提高，有些已达到或接近国际水平。

在节能领域，我国已推广普及干法熄焦、高炉煤气发电、等离子点火、变频调速、纯低温余热发电等一批重大节能技术装备。根据国务院《"十二五"节能环保产业发展规划》，"十二五"期间，国家围绕应用面广、节能潜力大的锅炉窑炉、电机系统、余热余压利用等重点领域，开展重大技术和装备产业化示范、规模化应用。

在环保领域，《环保装备"十二五"发展规划》提出支持和鼓励研发大气污染治理装备、水污染治理装备、固体废物处理设备、资源综合利用设备、环境监测专用仪器仪表、环境污染治理配套材料和药剂等技术和产品。当前，我国已经具备自行设计、建设大型城市污水处理厂、垃圾焚烧发电厂及大型火电厂烟气脱硫设施项目的能力，电除尘、袋式除尘技术已达国际先进水平。目前，在大力发展膜处理技术、污泥处理技术、脱硫脱硝技术、布袋及电袋复合除尘技术、挥发性有机污染物控制技术、固体废物焚烧处理技术等重大关键技术及装备。膜技术开发与应用、工业废渣综合利用、布袋除尘技术等领域取得了一批先进的科技成果，并实现了产业化，促进了我国环保产业向高端化、高附加值化发展。

山东省2013年印发《山东省节能环保产业重点技术、装备、产品和服务指导目录》，对节能环保产业的具体内涵进行了细化，共涉及节能产业、环保产业和资源循环利用产业三大领域、28个重点发展方向，具有战略性和前瞻性。节能技术，如节能锅炉窑炉、电机及拖动设备、余热余压气利用、高效储能、节能监测和能源计量、高效节能电器、高效照明产品及系统等都是重点发展方向；环保技术，如污水处理与回用、重金属及汞污染废水处理技术和设备、除尘技术设备、燃煤烟气脱硫脱硝技术及设备、煤炭提质加工清洁利用技术与装备、污泥处理等是重点发展方向；资源循环利用技术，如矿产资源综合利用、固废综合利用、建筑废弃物和道路沥青资源化利用等是重点发展方向。

（三）产业聚集

随着国家节能环保产业政策的陆续出台，各省市区结合各自实际，积极创建节能环保产业示范区"先试先行"，各类节能环保产业园区开始涌现。

作为国家战略性新兴产业的重要组成部分，我国节能环保产业发展迅速，参与者较为广泛。1992 年，第一个国家级环保产业基地（宜兴环保产业基地）批准，随后，国家部委为了促进环保产业发展，先后在全国批准了 14 个国家级环保产业园区和基地，环保产业初步形成了"一带一轴"的总体分布特征，即：以环渤海、长三角、珠三角三大核心区域聚集发展的环保产业"沿海发展带"和东起上海沿长江至四川等中部省份的环保产业"沿江发展轴"。从各区域情况看，长三角地区环保产业基础最好，并且最集中。以宜兴、常州、苏州、南京、上海等城市为核心聚集区；环渤海地区在人力资源、科技开发转化方面优势明显，北京、天津是中国北方环保技术研发转化中心，山东、辽宁在资源综合利用、环保装备和技术方面优势逐渐显现；此外，珠三角地区的佛山，中西部地区的武汉、西安、重庆，东北地区的哈尔滨等城市纷纷打造自身的环保产业园，并逐步形成了本地区的环保产业发展模式。

近年来，山东省重点培育了 20 家节能环保产业基地，分布在 14 个市，总占地面积 2955.2 平方公里，其中面积最大的占地 2000 平方公里，最小的占地 5 平方公里。截至 2010 年末，20 家基地共拥有规模以上节能环保企业 1345 家，实现产值 4062.87 亿元，其中节能产业产值 780 亿元，利润 60 亿元，形成了一定的特色基地，如在节能产业基地建设方面，以青岛为核心的节能家电基地，以淄博市博山区为依托建设的节能机电泵类产业基地，以潍坊光电子产业园区为依托建立的半导体照明 LED 产业基地等；在环保产业基地方面，以济南市为依托建立的环保产业综合制造业和服务业基地，以青岛市为依托建立的环境检测器、膜技术和水处理设备产业基地以及以淄博市为依托建立的水污染防治装备产业基地等；在资源循环利用产业基地方面，以莱西市为依托，以新天地等企业为支撑，建立的废旧电器电子产品资源化利用产业基地。以烟台资源再生加工示范区为依托，以鑫广绿环、富坤等企业为支撑，建设再生资源综合利用示范基地。以临沂市经济开发区为依托建设废旧金属再生利用产业基地；以高唐县为依托，以泉林纸业、国能生物等企业为支撑，建设的秸秆综合利用产业基地。2013 年山东省《关于加快发展节能环保产业的实施意见》提出，到 2015 年，重点培育 30 个节能环保产业基地。

（四）市场需求

随着环境保护、资源消耗问题的日益突出和监管政策、标准的逐渐严格，我国节能环保技术装备、节能环保产品、节能环保服务等需求日益增长。

目前中国一次能源转换有 25% 的节能潜力，终端消费有 26% 的节能潜力，一次能源消费的平均节能潜力达 26%，其背后是高达 10 万亿元以上的节能投资市场。以高效节能电机为例，我国电机总耗电量约占全社会总用电量的 2/3，节能电机效率比传统普通电机效率高 3% ~ 5%。2010 年 5 月 31 日，财政部、国家发改委联合出台《节能惠民工程高效节能电机推广实施细则》，将高效电机纳入节能惠民工程实施范围，采取财政补贴方式进行推广。2013 年 6 月工业和信息化部、质检总局组织编制《电机能效提升计划（2013—2015 年）》，提出到 2015 年，实现电机产品升级换代，50% 的低压三相笼型异步电动机产品、40% 的高压电动机产品达到高效电机能效标准规范；累计推广高效电机 1.7 亿千瓦，淘汰在用低效电机 1.6 亿千瓦，实施电机系统节能技改 1 亿千瓦，实施淘汰电机高效再制造 2000 万千瓦。

从山东省节能环保市场看，到 2015 年，全省二氧化硫、氮氧化物排放量比 2010 年要分别减少 14.9% 和 16.1%，控制在 160.1 万吨和 146.0 万吨以内；工业烟（粉）尘、挥发性有机物排放量比 2010 年分别减少 30%、18%，控制在 49.4 万吨和 67.3 万吨以内。到 2020 年全省环境空气质量计划比 2010 年改善 50%。预计"十二五"期间，仅建筑节能潜力就高达 2963 万吨标准煤，减排二氧化碳 7319 万吨，减排二氧化硫 59.3 万吨，利废 1.5 亿吨，节地 33 万亩。

从单位 GDP 能耗来看，山东省万元 GDP 能耗高于全国平均水平，经济结构不合理、发展方式粗放。2012 年，山东省二氧化硫与氮氧化物排放量分别为 174.9 万吨和 173.9 万吨，均居全国第一。万元工业增加值二氧化硫排放量为 8.7 千克，明显高于江苏（4.79 千克）、广东（3.52 千克）、浙江（6.09 千克）等省份。按照环保部确定的基数，山东省十大重点行业挥发性有机物排放量为 79.6 万吨，居全国之首。结构性污染突出，火电、钢铁、建材、化工和石油炼化五大行业创造的工业增加值不足 30%，污染物排放量却占 90% 左右。

从建筑能耗来看，山东省现存城镇民用建筑能耗远高于节能建筑的用能设计水平。旧城拆迁改造、建筑施工、交通运输、环卫保洁、秸秆焚烧、露天烧烤、餐饮油烟等生产和管理环节，没有严格执行国家和省有关扬尘控制规范和管理要求，城市扬尘和油烟等造成的颗粒物无组织排放严重。全省节能环保的任务重，压力大。

从机动车能耗来看，山东省机动车保有量大，油品质量落后，黄标车污染严重，氮氧排放量居高不下。建筑房屋装修、家具生产及喷涂等生活消费领域产生的挥发性有机物逐年增加，细颗粒物污染加剧，污染物积聚，造成严重雾霾天气。

我国和山东省节能环保产业存在的问题，主要有：商业模式不清晰、市场化程度差，产业集中度低，低水平运营；缺少龙头企业；缺少自主知识产权的关键技术，等。

上述节能环保产业现状的系统性分析，有助于规划编制和规划评审机构等清晰了解与把握特定产业的发展规律、产业结构、技术路线等，为下一步特定规划的产业定位、技术选择，以及经济指标测算等提供基本的规划研究及评审参考。

后　　记

政府规划是一门专业性很强的学问，它涉及政治、公共管理、经济、管理、金融、人力资源、统筹学等多个领域或学科，是一项系统工程。做好这项工作挑战很大，实践价值不言自喻。

基于对政府规划的专业偏好，以及笔者的实践经验，很久以来，有一种冲动和激情，希望把自己与研究团队对政府规划的实践和编制思路予以总结，结合对管理模型和分析工具的理解、创新、应用，对政府规划进行初步的、粗浅的、新视角的积极探索，形成一些规范的文字和报告，抛砖引玉，有机会与行业专家、学者交流互动，与部委和地方政府分享与讨论。通过实践交流与碰撞，推动官、学、研、产等各个领域的智慧集成与管理升华，更好地聚集与构建国家高端智库，提升我国政府规划的理论研究、分析模型和编制实践能力，提升地方经济的统筹谋划、资源配置与使用效率，为地方经济发展和社会公共服务能力提升，发挥积极的、探索性、前瞻的推动与建设性作用。

本书在编写修改过程中，得到国家相关部委、中央党校、国家行政学院、中国人民大学、北京大学、地方政府和社科院等政府人员、专家、教授、学者的无私支持与帮助，大家提出了很多建设性、宝贵的修改建议和意见，部分朋友还提供了规划实践案例。在此，谨表感谢。

如果本书能够对大家开展政府研究、规划编制实践有一定的参考借鉴与指导价值，将是我们最大的心愿。

书中不足之处，敬请理解、交流和指正。

联系邮箱：350807541@ qq. com.

公众微信号：huaxiazhiku，请扫描二维码：

2015 年 5 月于北京